Die sogenannten

gesetzlichen Vermächtnisse.

Eine erbrechtliche Studie

auf Grundlage des

römischen und österreichischen Privatrechtes

unter Berücksichtigung

anderer bedeutender Codificationen.

Von

Dr. **Ludwig Schiffner**,

Professor der Rechte.

Leipzig,

Verlag von Veit & Comp.

1895.

Dem

Leitsterne der österreichischen Civiljurisprudenz,

Joseph Unger,

in Verehrung gewidmet

von

einem dankbaren Schüler.

Vorwort.

Mit vorliegender Studie ist ein langjähriger Lieblingsgedanke nunmehr möglichst durchgeführt, welcher mich bereits als Rechtshörer, namentlich im Verkehre mit Arndts, und auch gelegentlich meiner ersten litterarischen Arbeiten angezogen. Schon in meinem Vermächtnißbegriffe hatte ich eine eingehende Behandlung der gesetzlichen Vermächtnisse in Aussicht gestellt, was zu meiner Freude von maßgebender Seite mit warmem Interesse aufgenommen wurde.

Eine monographische Darstellung dieser Lehre bedarf bei dem gegenwärtigen Stande der Litteratur keiner Rechtfertigung. Die fragliche Lehre eigne sich sogar nur zur monographischen Behandlung, indem sie mit dem Erbfolgerechte sowohl als mit dem Familiengüterrechte innig zusammenhängt und daher weder in einer systematischen Bearbeitung des Erbrechtes noch in einer solchen des Familienrechtes als eine eigene Materie vollständig und einheitlich ausgeführt werden könnte.

Als meine Aufgabe betrachtete ich hier, den in Rede stehenden erbrechtlichen Zwitter — vornehmlich für das heutige Recht — in allen seinen verschiedenen einzelnen Gestaltungen, unter Aussonderung der bloß ähnlichen Gebilde, sorgfältig aufzusuchen und darauf eine allgemeine Theorie zu bauen; eine Aufgabe, deren Schwierigkeiten der freundliche Beurtheiler, namentlich angesichts des überreichen Materiales, sich gegenwärtig halten wolle.

Manche der einschlägigen Erscheinungen mögen auf den ersten Blick unbedeutend erscheinen. Doch nur auf den ersten Blick; in Wahrheit ließ sich aus jeder derselben irgend ein Beitrag zu den allgemeinen Grundsätzen gewinnen. Übrigens traf ich bei Vorführung der besonderen Fälle eine Auswahl insoferne, als ich aus sachlichen Gründen einige Anwendungen gelegentlich in den ersten Theil einflocht.

Der kundige Leser wird entnehmen, daß diese Vorführung nicht etwa eine bloße Zusammenstellung oder auch nur eine Nachlese ist. Alle besonderen Gebilde wurden wesentlich eben vom allgemeinen Gesichtspunkte der Legalvermächtnisse aus beleuchtet; dabei wurden manche derselben aus einer Art Stillleben an's Licht gezogen; aber selbst bei einigen viel behandelten Fällen versuchte ich, von jenem Standpunkte aus einen neuen Einblick zu erlangen. Zugleich bot sich mir da übrigens eine willkommene Gelegenheit, in der so strittigen Frage nach der Zulässigkeit des Vermächtnißvertrages im österreichischen Rechte neuerlich Stellung zu nehmen.

Wenngleich als Grundlage der Arbeit das römische und das österreichische Privatrecht festzuhalten war, so hinderte mich dies nicht, eine vergleichende Umschau unter den anderweitigen Codificationen zu halten, welche auf dem Principe der Gesammtnachfolge aufgebaut sind und durch Zahl oder Art der Legalvermächtnisse Interesse erregen. Dabei widmete ich neben den bekannten hervorragenden neueren Gesetzbüchern und Gesetzentwürfen (unter welch' letzteren ich hier aus der neuesten Zeit den deutschen Entwurf eines b. G. B. und den ungarischen Erbrechtsentwurf hervorhebe), eine besondere Aufmerksamkeit dem von Bunge d. Ä. redigirten „liv-, est- und curländischen Privatrechte", welches Gesetzbuch deutsches und römisches Recht in gar beachtenswerther Weise verwebt und in der deutschen Litteratur wenig gewürdigt wird. Bei dieser Rundschau verlockte es mich aber begreiflich auch sehr, den Blick auf der Schweiz mit ihren so mannigfaltigen gesetzlichen Reichnissen aus dem Nachlasse länger ruhen zu lassen als es gewöhnlich geschieht.

Ungeachtet in den modernen Gesetzgebungen gar manche bezügliche Fälle unverkennbar deutschen Ursprungs sind, oblag es mir nicht, das deutsche Recht diesfalls ex professo zu behandeln, da demselben nach der herrschenden Auffassung der für uns maßgebende Gegensatz zwischen Singular- und Universal-Succession im romanistischen Sinne fremd ist. Ich glaubte mich in dieser Beziehung auf Verweisungen und Andeutungen beschränken zu sollen. Nur das s. z. deutsche Erbrecht in Tirol zog ich in etwas größerem Maße heran; doch bedarf dies wohl für einen Schriftsteller an der Stätte der einstigen Geltung keiner Entschuldigung; übrigens werden gerade die einschlägigen deutschen Institute der Tiroler Landesordnung — wie anderer heimischer Quellen — in Folge des Kampfes mit dem eindringenden römischen Rechte auch neben der römischen Erbfolge angewendet worden sein.

Innsbruck im Januar 1895.

L. S.

Inhalt.

I. Theil.

Von den gesetzlichen Vermächtnissen im Allgemeinen.

II. Theil.

Von einzelnen sog. gesetzlichen Vermächtnissen insbesondere.

III. Theil.

Auszuscheidende Fälle.

Abkürzungen.

A. = Anmerkung oder Artikel.

c. c. = code civil bez. codice civile.

C. R. oder Civ. R. = Civilrecht.

Comm. = Commentar.

d. = deutsch.

d. E. = Entwurf eines bürgerlichen Gesetzbuches für das deutsche Reich erster Lesung.

d. Mot. = Motive zu dem eben erwähnten Entwurfe.

d. Pr. R. = deutsches Privatrecht.

d. R. G. = deutsche Rechtsgeschichte.

E. = Entwurf.

Exc. = Excurse.

G. B. = Gesetzbuch.

Gdr. = Grundriß.

gem. oder g. = gemeines.

ges. V. = gesetzliches Vermächtniß.

G. H. = (österr.) Gerichtshalle.

Grünhut = dessen Zeitschrift für das Privat- und öffentliche Recht der Gegenwart.

G. U. W. = Sammlung von civilrechtlichen Entscheidungen des k. k. obersten Gerichtshofes von Glaser, Unger, Walther, bez. jetzt von L. Pfaff, Schey und Krupský.

G. Z. = allg. österr. Gerichtszeitung.

Harrasowsky — der Codex Theresianus und seine Umarbeitungen, herausg. v. H.

Hfd. (Hfkzd.) = Hofdecret (Hofkanzleidecret).

Huber = E. Huber Schweiz. Privatrecht.

Jhering = dessen Jahrbücher für die Dogmatik des heutigen römischen und deutschen Privatrechts.

J. G. S. = Justizgesetzsammlung.

J. M. E. = Justizministerialerlaß.

Kern = Kern's Einleitung zu dem ungarischen Erbrechtsentwurfe von 1887.

Kohler = dessen Abhandlung über den Dispositionsnießbrauch in Jhering's Jahrbüchern XXIV.

Lhb. = Lehrbuch.

L. O. = Landesordnung. Für Tirol ist hier die L. O. von 1573 bez. 1602 gemeint.

L. R. = Landrecht.

Magazin f. R. u. St. W. = Haimerl's Magazin für Rechts- und Staatswissenschaft.

m. c. = mortis causa.

Mommsen (F.) = dessen Entw. eines Reichsgesetzes über das Erbrecht sammt Motiven.

ö. = österreichisch.

P. oder Pand. = Pandekten.

Pfaff und Hofmann = deren Commentar zum ö. b. G. B.; die Excurse dazu sind mit Exc. citirt.

pr. = preußisch.

Pr. R. = Privatrecht.

Protokolle oder Ofner = der Urentwurf und die Berathungs-Protokolle des österr. a. b. G. B., herausgegeben von Ofner 1889.

R. G. B. = Reichsgesetzblatt.

r. R. = römisches Recht.

Stobbe = dessen deutsches Privatrecht.

u. E. oder ung. E. = Entwurf des ungarischen Erbrechtes von Teleszki, im amtlichen Auftrage übersetzt und eingeleitet von Kern 1887.

Unger = dessen System des ö. allg. Privatrechts.

V. = Vermächtniß.

V. J. S. = Vierteljahresschrift.

V. P. = österr. Verlassenschafts-Patent vom 9. August 1854.

w. g. G. B. = westgalizisches Gesetzbuch.

Z. f. ö. R. Gel. = Zeitschrift für österr. Rechtsgelehrsamkeit.

Die Litteratur ist hier in der Regel nach den neuesten Auflagen citirt. Die Paragraphe der vorliegenden Schrift sind bald ohne weitere Bemerkung, bald mit einem o. oder u. (oben, unten) angeführt. Für das corpus juris civilis wird der Text von Mommsen, Krüger, Schöll und Kroll benutzt.

I. Theil.

Von den sog. gesetzlichen Vermächtnissen im Allgemeinen.

§ 1. Litteratur.

Die sog. gesetzlichen Vermächtnisse werden zumeist insoferne nicht besonders beachtet, als die Scheidung zwischen Gesammtnachfolge und Einzelerwerb von Todeswegen vornehmlich nur auf dem Gebiete des gewillkürten Erwerbes vollzogen oder doch verwerthet wird.[1]

Abgesehen davon bestehen diesfalls ausschließlich Übersichten und Andeutungen.[2] Darunter finden sich vor allem mehrfache Hinweise anläßlich besonderer Anwendungsfälle,[3] dagegen nur wenige Bemerkungen allgemeiner Art; letztere nämlich bei Köppen in Ihering's Jahrb. V S. 218 f., System d. röm. Erbr. I S. 39 f., 136 f. und Lehrbuch d. röm. Erbr. § 65, — ihm folgt Petri Pflichttheilsrecht der armen Wittwe S. 36 f. —, bei Windscheid Pand. § 533 A. 3, Seuffert d. J. zu Seuffert d. Ä. Pand. § 598 A. 2, bei Pfaff und Hofmann Comm. II 1 S. 391 und Exc. II 1 S. 319 wie zu Arndts Pand. § 541 A. 2, bei Huber Schweiz. Pr. R. II S. 9 f.[4] An (kurzen) Zusammenfassungen sind die von Kuntze Cursus § 832, 816 und Exc. S. 383 und von einzelnen Bearbeitern des preußischen Rechts, namentlich von Koch pr. Erbr. § 84, 112 f.[5] und Förster pr. Pr. R. § 264 anzuführen.[6] Mitunter sind übrigens die betreffenden Übersichten zu weit oder zu eng.[7]

[1] Schiffner Vermächtnißbegr. S. 34 f.; vgl. Pfaff und Hofmann Exc. II 1 S. 318 und zu Arndts Pand. § 541 A. 2, andererseits noch Keller Pand. § 455 und selbst Kuntze Curs. § 911 ff. (gegenüber § 832).

[2] Wie mir Ihering s. Z. mittheilte, hatte Neuner eine Abhandlung über die gesetzlichen Vermächtnisse den Jahrbüchern für Dogmatik in Aussicht gestellt, aber dieses Vorhaben nicht ausgeführt.

[3] Beispiele liefern die unten folgenden Ausführungen des besonderen Theiles. Beachtenswerth sind namentlich einzelne bezügliche Andeutungen in den Motiven zum d. E., z. B. u. § 7, 10, 26, 31. [4] S. auch Sintenis g. Civ. R. § 161 a. A.

[5] Anders noch derselbe im Lhb. des pr. Pr. R. § 812, 844.

[6] Eine nur äußerliche Zusammenfassung bei Neuner a. u. § 2 a. O. und bei Witte preuß. Intest. Erbr. § 49 f. [7] Vgl. § 3, Schiffner S. 36 f.

Ich selbst habe die fragliche Materie bereits in der (ungedruckten) Schrift skizzirt (aber auch nur skizzirt), welche ich s. Z. der Wiener Juristenfacultät zur Habilitirung vorgelegt.[8] Eine kleine einschlägige Erörterung veröffentlichte ich dann in meinem Vermächtnißbegriffe S. 29 f.[9] In der gegenwärtigen Monographie soll nun der Stoff möglichst vollständig durchgearbeitet werden.

Was die systematische Stellung betrifft, so werden gewöhnlich die einzelnen gesetzlichen Vermächtnisse zum Theile in die Erbfolge, u. z. häufig in die außerordentliche Intestat-Erbfolge,[10] zum Theile aber in das Familienrecht eingeflochten. Allerdings wird in Folge des innigen Zusammenhanges eine systematische Darstellung der gesetzlichen Erbfolge sich den einen Fällen ebensowenig entziehen können, wie eine systematische Darstellung des Familiengüterrechtes den anderen Fällen. Aber immer wäre zum Ausdruck zu bringen dort, daß die betreffenden gesetzlichen Legate eigentlich keine Erbfolge sind, und hier, daß dieselben dennoch auch verlassenschaftsrechtlicher Natur sind.[11] Außerdem wäre jedenfalls im Erbrechte, und zwar in einem besonderen Abschnitte des gesetzlichen Verlassenschaftsrechtes, die Zusammengehörigkeit aller Legalvermächtnisse durch deren zusammenfassende Vorführung und Charakterisirung doch anzudeuten.[12] — Selbstverständlich wird eine monographische Darstellung wie die vorliegende durch jene systematischen Schranken überhaupt nicht beeinflußt.

§ 2. Die Bezeichnungsweise.

Fast allgemein wird die hier in Rede stehende Rechtsfigur gesetzliches Vermächtniß oder gesetzliches Legat genannt;[1] so noch jetzt

[8] Bezogen bei Pfaff und Hofmann Exc. II 1 S. 319 A. 22.

[9] Darüber Randa in Grünhut's Ztschr. II S. 473 f. Schwanert in der Jenaer Lit. Ztg. 1874 Nr. 6 meint, daß es außerhalb des Planes meiner dortigen Ausführungen gelegen habe, die Natur der sog. gesetzlichen Legate näher zu besprechen, während ich doch den Begriff des Vermächtnisses nach allen Seiten hin genau abzugrenzen hatte.

[10] Dagegen Baron P. § 409, Köppen Lehrb. S. 415 f. Ältere stellten den ususfructus legalis post mortem gerne in die Lehre vom Nießbrauch, z. B. Thibaut P. § 315, Bucher P. § 185; dawider Schrader civ. Abh. S. 103 f., Roßhirt Erbr. S. 175 f.

[11] Vgl. u. § 5, Huber Schweiz. Pr. R. I S. 338 f., 452 f., II S. 77, 135 f.

[12] S. schon Schiffner l. c. S. 37 f

[1] S. nur unten den besonderen Theil (fast in jedem §) und die bei Schiffner Ver-

von den Motiven zum deutschen Entwurfe (z. B. V S. 374). In Österreich ist diese Bezeichnung schon lange gebräuchlich, wenngleich zumeist für nicht privatrechtliche Fälle; für diese aber selbst in Gesetzen.[2]

Augenscheinlich enthält nun aber eine solche Ausdrucksweise eine contradictio in adjecto[3]: einerseits wird da eine Zuwendung als „gesetzliche“ d. i. als (vom Erblasser) nicht gewillkürte, und andererseits doch als „Vermächtniß“, mithin zugleich als gewillkürte hingestellt. Zudem paßt sie eher auf etwaige gesetzmäßige oder pflichtmäßige wirkliche Vermächtnisse des Erblassers.[4] Namentlich aber wird dabei für das römische und gemeine Recht die Möglichkeit eines Universal-Vermächtnisses übersehen und nur an Singular-Vermächtnisse gedacht, indem ja nur Einzelzuwendungen in Betracht kommen.[5]

Gleichfalls bedenklich ist die vorfindliche Zusammenfassung unserer Fälle als „gesetzliche Singular-Succession“, als „gesetzliche Sondernachfolge“ „auf den Todesfall“, als „mittelbare“ oder „singuläre (!) Intestatfolge“, als „Singular-Succession ab intestato“,[6] insoferne dieselben nämlich nicht durchaus Successionen sind und nicht gerade bloß bei Ermanglung eines Testamentes oder überhaupt einer maßgebenden letztwilligen Verfügung stattfinden; ganz abgesehen davon, daß unter

mächtnißbegriff A. 100, 125 Angeführten; neuestens Köppen Lhb. S. 398 f., 415 f. Die Ausdrucksweise findet sich z. B. schon bei Schweppe r. Pr. R. § 976, Glück Int. Erbf. § 125, Thibaut Pand. § 882. Ausdrücklich scheidet letztwillige und gesetzliche Vermächtnisse Kuntze Cursus (bes. 1. Aufl.) § 816. Das Hamb. Erbr. hat gar „legatum ab intestato relictum“ in einem eigenthümlichen Sinne, vgl. u. § 10, 63. [2] § 63.

[3] Schiffner Vermächtnißbegriff S. 33 f., Randa in Grünhut's Ztschr. II S. 474, Pfaff und Hofmann Comm. II 1 S. 391, 534, 742 und Excurse II S. 319, Krainz Syst. II § 517. S. auch Zitelmann in Gruchot's Beitr. XX S. 322 (u. § 41). Geradezu abgelehnt wurde (mit 24 gegen 21 Stimmen, in Folge meiner Ausführungen in der ö. G. Z. 1893 Nr. 11,) jene Terminologie in den Tiroler Landtagsverhandlungen 1893 (L. Berichte S. 315, 318, 330 f.) über den u. § 63 angeführten Schulbeitragsgesetz-Entwurf: von der Minorität ward dabei der Ausdruck „gesetzliches Vermächtniß“ gegen eine Schulsteuerpflicht der juristischen Personen (namentlich der kirchlichen) verwerthet, indem bei diesen ja von keinem Todesfalle und keiner Verlassenschaft die Rede sein kann.

[4] Vgl. Pfaff und Hofmann Comm. II 1 S. 534, Schiffner in der ö. G. Z. l. c., u. § 63; über sog. „nothwendige Legate“, „Pflichtlegate“ s. überhaupt die Nachweise bei Mittermaier d. Pr. R. § 463 A. 15, Stobbe d. Pr. R. § 300 A. 10.

[5] Schiffner Verm. Begr. A. 115, 145; vgl. Pfaff und Hofmann zu Arndts Pand. § 541 A. 2.

[6] S. die Redeweise von Witte pr. Int. Erbr. § 2, 49 f., Mayer r. Erbr. §. 71 A. 1, Koch pr. Erbr. § 84, 112 f. (der auch „Singularerbrecht“ schlechthin sagt), Kuntze Curs. 2. Aufl. § 816, Sintenis Civ. R. § 161, J. Schmidt preuß. R. u. Proc. 4. Aufl. II S. 181, Förster pr. Pr. R. § 264. Vgl. Bühler bünd. Erb. R. S. 116, auch u. § 52a.

„Sondernachfolge" (Special=Succession) nicht immer „Einzelnachfolge" (Singular=Succession) verstanden wird.[7]

Neuner wählte in seinem Grundriß zu einem neuen System für die Darstellung des Pandektenrechts[8] die Charakterisirung „indirecte Vermögenszuwendungen aus der Erbschaft kraft des Gesetzes", welche aber schon das Moment der Vereinzelung des Objects nicht hervortreten läßt.

Zutreffender wäre „gesetzlicher Einzelerwerb von Todeswegen[9] oder, noch allgemeiner, „gesetzlicher Einzel=Eintritt von Todeswegen".[10]

Ungeachtet obiger Beanstandung wird sich übrigens die gegenwärtige Arbeit von der Bezeichnung „gesetzliche Vermächtnisse" u. dgl. in Folge deren Kürze und Verbreitung wie mit Rücksicht auf den Wohlklang nicht frei machen können, ebensowenig wie von der gegensätzlichen Bezeichnung „gewillkürte" oder „letztwillige Vermächtnisse".[11]

Für einzelne besondere Arten der sog. legalen Vermächtnisse werden uns dann noch besondere Namen begegnen.[12]

§ 3. Häufigkeit und Quellen der gesetzlichen Vermächtnisse.

Die gesetzlichen Legate kommen in den meisten Privatrechts=Systemen vor,[1] freilich (naturgemäß) nirgends in sehr großer Anzahl.

Auch im römischen Recht finden sie sich, in mäßigem Umfang. Zwar meinen, wie vordem Koch preuß. Pr. R. § 812,[2] so noch Förster

[7] S. u. § 5. Einen eigenthümlichen Sinn hat die „Specialfolge" bei J. Schmidt l. c., nämlich als Nachfolge ex lege speciali. Die sonstigen Bedenken gegen die Termini „gesetzliche" und „Intestatfolge", welche sich bereits auf dem Gebiete der Gesammtnachfolge ergeben, s. nur bei den u. § 5 A. 5 Citirten.

[8] Im Anhang zu Neuner Wesen und Arten der Pr. R. Verhältnisse.

[9] So schlug mir brieflich Jhering vor. So Pfaff und Hofmann Exc. II S. 319.

[10] So Schiffner Verm. Begr. S. 14 f., 33 f., 39 f. Diese Charakterisirung billigt der Recensent in den jur. B. 1874 Nr. 2 und Randa in Grünhut's Ztschr. II S. 474: doch vermißt letzterer eine Determinirung, vgl. Schwanert in der Jenaer Lit. Ztg. 1874 Nr. 6. S. nunmehr u. § 5.

[11] Letztere hat u. a. auch das bayr. L. R. III 6 als Überschrift, wobei wohl eben an den Gegensatz gedacht ist. [12] Z. B. § 7, 12, 13, 35, 36.

[1] Vgl. Schiffner Vermächtnißbegriff A. 100, 125, Pfaff und Hofmann Excurse II S. 319.

[2] Im pr. Erbr. § 84 hält Koch später die „Intestaterbfolge" überhaupt „ausnahmsweise" für eine Singular=Succession.

preuß. Pr. R. § 264 und Roth deutsch. Pr. R. § 148 a. E., daß eine gesetzliche Nachfolge in einzelne Stücke oder Theile des Nachlasses dem römischen Rechte ganz fremd sei, während J. Schmidt preuß. R. und Pr. 4. Aufl. S. 180 im römischen Rechte doch Einen Fall der gesetzlichen Singular-Succession findet; nach Kuntze Cursus § 832 (vgl. Exc. S. 383) wieder soll dem klassischen Rechte die fragliche Erscheinung bis auf zwei Fälle unbekannt und selbst im nachklassischen Rechte nur „sporadisch" geblieben sein;[3] auch weist Windscheid Pand. § 533 A. 3 nur auf drei „vereinzelte Fälle".[4] Indeß lehrt ein Blick auf die unten folgende Ausführung der einzelnen gesetzlichen Legate, daß dabei von diesen und anderen Schriftstellern[5] eine Reihe von Fällen übergangen wird, und daß die gesetzlichen Legate im römischen Rechte nicht gar so selten sind. Allerdings entstammen sie vorwiegend erst dem neuesten Rechte, wo insbesondere eine Anzahl derselben als Folgen der Wiederverehelichung eingeführt wurde.[6]

Die römischen Fälle gelten dann, mit Ausnahme einzelner veralteten,[7] gleichfalls im gemeinen Rechte.

Im modernen Rechte aber sind einerseits jene Folgen der Wiederverheirathung zumeist verschwunden, wie auch andere römische Specialitäten;[8] andererseits sind jedoch neue gesetzliche Vermächtnisse hinzugekommen, namentlich aus dem deutschen Rechte, die erst in letzterer Zeit wieder einigermaßen zurücktreten. Während nämlich für das ältere deutsche Recht selbst, insoferne dies den Nachlaß nicht als einheitliches Ganze behandelte, sondern geradezu in einzelne Massen zerfallen ließ, die Theorie der gesetzlichen Vermächtnisse keine Bedeutung hat und überhaupt nicht in römischer Weise zwischen Universal-Succession und Singular-Erwerb zu unterscheiden ist,[9] haben doch die neueren Gesetzgebungen, welche das

[3] In der 1. Aufl. hatte Kuntze für das klass. R. gar nur Einen Fall angeführt. Übrigens sind zwei der von Kuntze für das spätere Recht angeführten Fälle in Wirklichkeit nicht zu den gesetzlichen Vermächtnissen zu rechnen (u. § 64, 65), und davon der eine Fall sogar ein bereits antiquirter (u. § 64). [4] S. aber Windscheid selbst § 593.

[5] Dies gilt gleichfalls von E. A. Seuffert zu seines Vaters Pand. § 598 A. 2, wenngleich seine Aufzählung eine der umfassendsten ist. Neuner l. c. (S. 237) schließt die Pflichttheilsergänzung absichtlich aus.

[6] § 53 ff. [7] § 14, 40, 60. [8] Z. B. § 39, 62.

[9] Vgl. (gegenüber Lewis Succ. des Erben S. VI, 205) Siegel d. Erbr. § 58 f., Pernice in d. krit. V. J. S. IX S. 82 f., Martitz ehel. Güterr. passim, bes. S. 120 f., 310 f., Stobbe d. Pr. R. § 278, 293, Heusler d. Pr. R. § 175 f., Pfaff und Hofmann Comm. II S. 9, Ficker Erbenf. d. ostgerm. R. II § 430, 462. Neuestens fand

römische Princip der Gesammtnachfolge recipirt haben, unbeschadet dieses Princips gewisse Sachcomplexe des Nachlasses nach deutschem Vorbilde gesondert zugewendet;[10] auch sonst bestehen da verschiedene gesetzliche Singular-Ansprüche des überlebenden Ehegatten deutschrechtlichen Ursprunges.[11] Am ergiebigsten sind hinsichtlich der gesetzlichen Vermächtnisse manche Schweizer Gesetzgebungen,[12] das liv-, est- und curländische Pr. R.[13] und das preußische L. R., wogegen das österreichische a. b. G. B. mehr die richtige Mitte inne hält. Im preußischen L. R. sind einzelne betreffende Gestaltungen sogar offenbar ungerechtfertigt[14]; übrigens werden dieselben von preußischen Schriftstellern irrthümlich noch vermehrt.[15]

Aber gleichfalls für das römische Recht werden einige Fälle von manchen ungehörig herangezogen.[16]

---

§ 4. Rechtfertigung der gesetzlichen Vermächtnisse überhaupt.

Unzweifelhaft läßt sich gegen die „civilistische Denkbarkeit" der sog. gesetzlichen Vermächtnisse „nichts einwenden", und sind dieselben „gleichsam durch die logische Symmetrie gefordert",[1] ebenso wie die vertragsmäßigen Vermächtnisse.[2]

Desgleichen erscheinen die gesetzlichen Legate vom praktischen und rechtspolitischen Standpunkte aus als angezeigt. Nach Kuntze Cursus § 832 allerdings sollen sie im Allgemeinen wider eine „weise und gesunde

---

übrigens Ficker, wie er mir mündlich mittheilt, in einzelnen älteren niederländischen Quellen allerdings wahre Universalsuccessionen nach dem Erblasser. De lege fer. Kohler dog. Jhb. XXIV S. 198 f.

[10] § 23, 31, 32, 47, 48; eigenartig der c. c. Nap. u. § 52a. [11] Z. B. § 33 ff.

[12] Z. B. § 23, 28, 31, 33, 38, 47, 48, 52, 61; vgl. Bühler bündn. Erb. . . R. S. 105, 116, Huber Schweiz. Pr. R. II S. 9.

[13] Über dieses interessante, von F. G. Bunge redigirte Gesetzeswerk aus dem J. 1864, welches deutsches und römisches Recht sorgfältig verwerthet, s. nunmehr Th. Bunge im Archiv f. bürg. R. IX bes. S. 13 f.; spätere Gesetze greifen übrigens nicht unbedeutend ein, Th. Bunge S. 18 f. In der deutschen Litteratur wird das Gesetzbuch nur wenig berücksichtigt, z. B. von Leist P. Comm. Bücher 37, 38 II S. 454 f., III S. 338 f. [14] § 47, 48, 62.

[15] Vgl. Witte pr. Int. Erbr. § 49 f., Koch pr. Erbr. § 112 f. (gegenüber seinem pr. Pr. R. § 812, 844), Schmidt l. c. S. 181, Förster § 264; dazu u. § 66, 67

[16] § 64, 65.

[1] Kuntze Curs. § 832. Vgl. Schiffner Verm. Begr. A. 122, Pfaff und Hofmann Comm. II 1 S. 742, auch u. § 5.

[2] Die bei Hartmann Erbvertr. S. 73 angedeutete „Proportion" läßt sich in ähnlicher Weise auch für die gesetzlichen Vermächtnisse aufstellen.

Ökonomie des Rechtssinns" verstoßen. Er meint nämlich: „Der Wille des Erblassers selbst zwar mag sich individualisiren und unter anderem auch zu Gunsten dieses oder jenes einiges aus der Erbmasse absondernd Vermächtnisse aussetzen; allein solche Zuwendungen pflegen auf so individuellen, wechselnden und zweifelhaften Motiven zu beruhen, daß das Gesetz hier nicht wagen kann, des Erblassers verschwiegenen Willen zu ergänzen; daß der Sterbenden Vermögen Erben finde, liegt im Interesse geordneten Rechtsganges; daß jemandem aus dem Nachlasse ein einzelner Vermögensvortheil zufließe, ist ohne Interesse für den Verkehr". Gegenüber solcher Begründung ist aber zu bemerken, daß im Allgemeinen das Gesetz bei den sog. gesetzlichen Legaten den Willen des Erblassers ebensowenig „ergänzt", wie bei der gesetzlichen Erbfolge, vielmehr auch bei jener eine sonstige „individuelle" Beziehung zum Erblasser berücksichtigt und so vornehmlich den (von Kuntze gleichfalls urgirten) „Familiensinn" verwirklichen will.[3] Mir scheinen nun gerade die gesetzlichen Vermächtnisse ein sehr geeignetes Mittel zu sein, mit welchem die verschiedensten individuellen Beziehungen nach Maßgabe ihrer Qualität und Intensität von Rechtswegen auf den Todesfall in mannigfaltigster Weise berücksichtigt,[4] eventuell zugleich gewisse unbillige Ungleichheiten im erbrechtlichen Wege einfach ausgeglichen[5] und überhaupt die verschiedensten Anforderungen der Billigkeit oder des Gemeinwohls entsprechend verwirklicht werden können.[6]

„Im Interesse geordneten Rechtsgangs" oder des „Verkehrs" kann es allerdings liegen, daß „jemandem aus dem Nachlaß" kraft Gesetzes ein bloßer „einzelner Vermögensvortheil zufließt", — man denke nur an den Nießbrauch des überlebenden Ehegatten, insoferne er den Kindern das Vermögen des Erblassers sichert und zugleich dem Ehegatten eine entsprechende erbrechtliche Stellung einräumt,[7] — während umgekehrt gar manche wirkliche Vermächtnisse „ohne Interesse für den Verkehr" sind.

Richtig ist allerdings, daß der Gesetzgeber Zuwendungen der fraglichen Art nicht aus „wechselnden und zweifelhaften Motiven" gewähren soll, ja daß manche der einschlägigen positiven Fälle nicht gerechtfertigt sind[8], und daß die gesetzlichen Vermächtnisse an Bedeutung entschieden gegenüber der gesetzlichen Erbfolge zurücktreten.

[3] § 5, 9. [4] S. u. § 9, 16. [5] Z. B. u. § 37, 43, 49 f., 54 f.
[6] Z. B. u. § 15, 30, 33, 34, 42, 51. [7] Dagegen die d. Mot. V S. 368, dafür Kohler bei Grünhut XVI S. 13. [8] Z. B. § 47 f., 62.

§ 5. Wesen der gesetzlichen Vermächtnisse. (Gesetzlich vermuthete oder fingirte oder stillschweigende Vermächtnisse?).

Die uns beschäftigenden juristischen Gebilde erscheinen, wie schon ihr Name besagt, als eine Art Zwitter, indem sie in der Mitte zwischen der gesetzlichen Erbfolge und den (letztwilligen Singular-) Vermächtnissen stehen, mit jener nämlich den Grund der Berufung und mit diesen die Tragweite der Berufung gemein haben. Mit Rücksicht darauf eben werden häufig bezügliche Fälle entweder als wirkliche Erbfolge oder schlechthin als Vermächtnißfolge hingestellt und nicht als ein selbständiges Drittes erkannt.[1]

Einerseits erfolgt bei unseren Fällen, in demselben Sinne wie bei der gesetzlichen Erbfolge, die Berufung (wie man sagt) durch das Gesetz oder, allgemeiner ausgedrückt, durch den Rechtssatz.[2] In den Quellen wird diese gesetzliche Anordnung häufig betont, u. z. ev. als gesetzliche Wohlthat;[3] nov. 1 c. 1, 4: licentia praebeatur et legatariis ... adire et hoc adquirere ... venient omnes res secundum legem ... vocamus; c. 3 § 2 C. de bon. mat. VI 60: maritus ... ex hac lege ad emolumentum vocandus est; c. 3 § 1 eod.: beneficio quod ... praescripsimus; l. 22 § 1 D. de adopt. I 7: hoc ... ad eum pervenit ... principali providentia; l. 8 § 15 D. de inoff. t. V 2: habeat quartam ex constitutione Divi Pii; ähnlich l. 2 § 1 D. fam. erc. X 2, l. 10 § 6 D. de v. et p. s. XXVIII 6, l. 1 § 21 D. de coll. XXXVII 6; s. ferner c. 2 pr. C. X 35 (34): lege ... curiarum deputasse corporibus; c. 3 § 3 eod.: secundum ... leges quartae ... habere solacium; nov. 22 c. 20 § 2: dabuntur haec filiis honore praecipuo ex nostra lege ... praemium est ex lege descendens u. s. w. Desgleichen spricht das preuß. L. R. II 1 § 520 von einem „Berufen" „durch Provinzialgesetze oder Statuten".[4]

Die gesetzliche Berufung bedeutet nun in unserer Lehre, wie bei der gesetzlichen Erbfolge weiteren Sinnes,[5] einfach eine Berufung, welche nicht

[1] S. z. B. § 29; dagegen Kuntze Exc. S. 383, Schiffner Vermächtnißbegriff S. 33 f. Bei manchen werden die gesetzlichen Legate nur aus systematischen Gründen unter die Erbfolge gestellt.

[2] U. U. ist eine gewohnheitsrechtliche Norm maßgebend, § 36 Nr. 3, § 50. Daß die Berufung zum Singularerwerb überhaupt parallel geht der Berufung zur Gesammtnachfolge, darüber s. Schiffner l. c. S. 34 f., Randa in Grünhut's Ztschr. II S. 474.

[3] Zu den folgenden Stellen s. § 12, 13, 15, 37, 39, 55, 60. Vgl. noch u. A. 31.

[4] S. noch d. E. § 1992 „kraft des Gesetzes".

[5] Vgl. u. § 10. Über diesen weiteren Begriff Pfaff und Hofmann Comm. II S. 677 f., 688, dazu schon Unger VI § 29 A. 2, Brinz P. § 366, 381.

auf Grund einer letztwilligen Anordnung erfolgt,[6] — l. 22 § 1 cit. D. de adopt.: hoc non judicio ejus ad eum pervenit, — sondern auf Grund eines anderen Thatbestandes, insbesondere auf Grund einer Familienverbindung mit dem Erblasser.[7] In Wahrheit wirkt das Gesetz bei den gesetzlichen Vermächtnissen nicht in höherem Maße als bei den letztwilligen Vermächtnissen; verschieden ist zwar der den Berufungsgrund bildende Thatbestand, aber das objective Recht ist es, welches an den einen Thatbestand wie an den anderen die Berufung knüpft.[8] Nur unter Vorbehalt dieses Standpunktes wird in gegenwärtiger Schrift, der Kürze und Herkömmlichkeit halber, von gesetzlichen Vermächtnissen, gesetzlicher Berufung, gesetzlicher Zuwendung u. dgl. gesprochen.

In dem Berufungsgrunde nähern sich also die gesetzlichen Legate der gesetzlichen Erbfolge und entfernen sie sich von den wahren Legaten, welche ja a defuncto relicta, § 1 J. de leg. II 20, „von einem" „Erblasser" „hinterlassen", § 647 a. b. G. B., d. h. zugewendet sind.[9] Damit hängt dann zusammen, daß sie bei Behandlung der Frage nach Anfall und Erwerb eben an die gesetzliche Erbfolge anzulehnen sind,[10] und daß sie bei besonderer Intensität des Berufungsgrundes selbst gegen wahre Vermächtnisse, ja überhaupt wider den erblasserischen Willen wirken können.[11]

Sehr häufig werden allerdings unsere Gebilde in Gesetzgebung und Litteratur dennoch in gewisser Weise auf den Willen des Erblassers zurückgeführt, indem da vom Gesetze ein angeblicher Zuwendungswille, insbesondere ein Vermächtnißwille desselben als selbstverständlich vorausgesetzt oder „fingirt" oder „angenommen" („vermuthet") oder „supplirt" werde; die gesetzlichen Vermächtnisse erscheinen bei dieser Auffassung als stillschweigende[12] — d. i. aber nicht bloß als stillschweigend

[6] Gewillkürte Zuwendungen finden aber u. a. statt in § 66, 67; s. auch Gengler d. Pr. R. § 159 (über Eingeschneitel und Handgeld): umgekehrt keine letztwillige Zuwendung u. § 56. [7] § 9.

[8] Vgl. neuestens nur Pfaff und Hofmann II S. 680. Die ungenaue Ausdrucksweise ist diesfalls besonders markant z. B. bei Trummer Hamb. Erbr. II S. 397.

[9] S. noch l. 36 D. de leg. II (testamento relicta), l. 116 pr. D. de leg. I (testator ... collatum velit); vgl. Arndts P. Comm. XLVI S. 344 f., Ellinger Comm. ad § 647, 535 a. b. G. B., Schiffner a. O. S. 29 f., Krainz System II § 489, 517, d. E. § 1756, 1842 mit § 535 a. b. G. B., Thibaut P. § 838, Stubenrauch Comm ad § 535. Dazu u. § 6, § 15 A. 19. [10] § 8 [11] § 10, 26.

[12] S. u. § 41, namentlich A. 13; daselbst c. 36 pr. C. de inoff. t. III 28: etsi non adjiciatur ... repleri, ... attamen ipso jure inesse eandem repletionem; mithin so zu sagen ein legatum, quod tacite inest.

erklärte [13] — oder als gesetzlich „fingirte“ [14] Legate oder als „gesetzlich „angenommene“ („vermuthete“) Vermächtnisse („legata praesumpta“)[15], bez. als supplirte Vermächtnisse. [16] Allein dies steht auf gleicher Linie wie die ältere, verwerfliche Auffassung [17] der gesetzlichen Erbfolge als einer Succession auf Grund des wahrscheinlichen oder vermutheten oder supplirten Willens des Erblassers; insbesondere finden die gesetzlichen Vermächtnisse, ähnlich wie die gesetzliche Erbfolge, zum Theile wider den wahrscheinlichen Willen des Erblassers statt, u. z. sogar in Fällen jener vermeinten Vermuthungen [u. dgl.;[18] und selbst in denjenigen Fällen,

[13] Von obangedeuteter Auffassung aus verhält sich das stillschweigende Vermächtniß zum stillschweigend erklärten Vermächtnisse wie die stillschweigende Bedingung (Verpfändung) zur stillschweigend erklärten Bedingung (Verpfändung). Gewöhnlich werden freilich die stillschweigend erklärten Legate schlechthin als „stillschweigende Legate“ bezeichnet. Über dieselben s. Windscheid P. § 633 A. 10 und vorzüglich Arndts P. Comm. XLVII S. 404 f. S. letzteren auch S. 185 f. eod., hinsichtlich der l. 77 D. de leg. I; wenn es hier heißt, fideicommissum ex rescripto Divi Pii debebitur, quasi videatur heres rogatus remittere id debitori, so ist dies kein stillschweigendes (d. i. gesetzliches) Vermächtniß in unserem Sinne, sondern ein stillschweigend erklärtes (wahres) Vermächtniß. Das quasi legatum in § 9 J. de f. c. hered. II 23 (Windscheid P. § 652 A. 17 und Citate) ist sogar ein ausdrückliches Vermächtniß des Erblassers. Hinsichtlich der stillschweigend erklärten Vermächtnisse s. ferner die Entscheidung des d. Reichsgerichtes X 31, Pfaff und Hofmann Comm. II S. 394, 407 f., dann u. § 44, wo auch Glück-P. Comm. IX S. 183 f. („quasi ex causa fideicommissi“) zu beachten ist. Hauptfälle bietet bekanntlich die heredis institutio ex re certa; zu dieser strittigen Lehre (Nachweise bei Windscheid P. § 553) s. nun Karlowa r. R. G. II S. 870 f. (Einen gesetzlichen heres ex re certa vermeint F. Schröder in dem u. § 27 A. 38 erwähnten Fall). S. noch liv-, est- und curl. Pr. R. A. 2152 f. — Ehrlich d. stillschw. Willenserklärung 1893 schließt die erbrechtlichen Willenserklärungen grundsätzlich aus.

[14] Vgl. u. § 41, übrigens auch die Fiction in l. 51 pr. D. fam. erc. (u. § 64); hinsichtlich der l. 75 (74) D. de h. i. s. u. § 44.

[15] Vgl. u. § 55 (nov. 22 c. 20 § 2: per praesumptionem, quia pater, dum ... moriens non expresssim in alium eas transposuerit, voluerit magis servare filiis), § 43 (s. nov. 18 c. 6 und die österr. Redactoren, auch die d. Motive V S. 699 f.: „regelmäßig anzunehmenden Willen“), § 44 (hess. E. III A. 133), § 45 (Zeiller Comm. ad § 1253), § 63, 64. S. noch Kuntze Curs. § 832 (gegen diesen v. § 4) und über eine ähnliche Präsumirung bei der Exeption (u. § 15) W. Eck Indignität und Enterbung S. 37 f.; s. ferner d. Mot. V S. 390 hinsichtlich des ehelichen Voraus (u. § 31) und IV S. 6 f. hinsichtlich der Brautgeschenke (u. § 38), endlich u. § 52a.

[16] Nov. 1 c. 1 in f. (u. § 12, 13, 15): cogitet, quia et ipse aliis moriens imperabit, et si non hujus legis mereatur auxilium, nihil horum, quae cum omni studio disposuerat, ad perfectum perducet; s. auch eod. § 3: complentes.

[17] Gegen dieselbe Unger VI § 4 A. 1, Pfaff und Hofmann Comm. II S. 4 f., 78, 677 f. und Exc. II S. 1 f.

[18] Vgl. nur § 15, 41, 43, 44. Überhaupt s. neuestens Bekker P. II S. 101, Regelsberger P. § 138 a. E. Vgl. auch Eck l. c.

in welchen ein erblasserischer Vermächtnißwille wahrscheinlich (ja vielleicht erweislich) ist, ohne (auch nur stillschweigend) als letzter Wille erklärt zu sein, ergibt sich das gesetzliche Vermächtniß in Wahrheit nicht als eine bloße Auslegung einer erblasserischen Zuwendung, sondern als eine Hineinlegung einer gesetzlichen Zuwendung.[19] —

Auf der anderen Seite nähern sich die gesetzlichen Vermächtnisse doch auch den wahren (Singular-) Vermächtnissen, insoferne es sich nämlich um die Tragweite der Berufung handelt: hier wie dort geht die Zuwendung auf einen Singular-Erwerb von Todeswegen, liegt also eine Einzel-Zuwendung mortis causa vor. Insoweit sind dann die Grundsätze der wahren Vermächtnisse sinngemäß anzuwenden,[20] wie dies im Folgenden namentlich für Inhalt und Gegenstand der Zuwendung, für die Personen des Honorirten und des Onerirten und für die Wirkung des Erwerbes wirklich geschieht. Eben in Folge dieser Übereinstimmung werden die gesetzlichen Einzel-Zuwendungen so vielfach nicht nur als (gesetzliche) Vermächtnisse bezeichnet, sondern auch mit Vermächtnissen verglichen oder gar als solche aufgefaßt,[21] und können u. U. gesetzliche Vermächtnisse wirklich an Stelle von letztwilligen treten[22] oder umgekehrt,[23] desgleichen die einen eventuell ergänzend zu den andern (durch Einrechnung) hinzutreten.[24]

Nach dieser Richtung hin ist die Natur der gesetzlichen Vermächtnisse, ähnlich wie bei den letztwilligen, in nachstehender Weise zu bestimmen: Vor allem enthalten dieselben (wenngleich sehr häufig, so doch) nicht durchaus die Anordnung einer „Succession",[25] wie gewöhnlich gemeint wird,[26] indem, abgesehen von einem gesetzlichen Fruchtgenusse[27] und einer gesetz-

---

[19] S. § 46, gegen Koch. [20] Vgl. d. E. § 1971 a. E. und Mot. V S. 374.

[21] S. nur u. die § 27 ff. Für alle drei Fälle s. neuestens die d. Mot. V S. 374, 390, 409. Dagegen s. schon Zitelmann a. u. § 41 A. 11 a. O. [22] § 12, 13.

[23] Z. B. das wahre Pflichttheilsvermächtniß, § 774 a. b. G. B. (dazu freilich Pfaff und Hofmann Exc. II S. 324). Vgl. Kretschmar Prälegat S. 191 A. 94 (mit u. § 64). Nicht hierher gehören die nothwendigen oder Pflicht-Vermächtnisse, § 2, 63. [24] § 26.

[25] So hinsichtlich der wahren Legate Arndts P. Comm. XLVI S. 85, Hartmann Begr. u. Natur d. Verm. S. 5, Schiffner Verm. Begr. S. 14 f., 40 und Citate, Randa in Grünhut's Ztschr. II S. 474, Pfaff und Hofmann Comm. II S. 391 und Exc. II S. 318 f.

[26] Z. B. Kuntze Curs. § 816, Sintenis gem. Civ. R. § 161, Randa l. c. („Nothsingularnachfolge"), Roth d. Pr. R. § 148 a. E., Köppen Lhb. S. 416, auch o. § 2. Für einzelne Fälle s. u. § 27 ff.

[27] Gegenüber Unger VI § 35 A. 11 s. Unger II § 72, Schiffner S. 15 f.

lichen Schuldbefreiung[28] mortis causa, schon die ev. Begründung einer gesetzlichen Forderung wider den Nachlaß auf Entrichtung eines Werthbetrages oder einer Rente oder auf ein gewisses sonstiges facere[29] keinesfalls unter den Begriff einer rechtlichen Nachfolge gezwängt werden kann, wenn dieser nicht ganz verflüchtigen und allen Werth für die Rechtstheoric verlieren soll. Allgemeiner ausgedrückt ist das Ziel der gesetzlichen Legate ein Erwerb oder noch besser — im Hinblicke auf begleitende Verbindlichkeiten und Lasten, die zuweilen schwerwiegend, ja auf- oder überwiegend sind,[30] — ein Eintritt in vermögensrechtliche Verhältnisse. Mit Rücksicht auf einen Erwerb mag man hier, in demselben Sinne wie bei der gesetzlichen Erbfolge, von einer gesetzlichen Zuwendung[31] sprechen.

Näher wird dann hier ein Singular- (Einzel-) Erwerb oder -Eintritt vorausgesetzt, der also auf vermögensrechtliche Verhältnisse als einzelne gerichtet ist[32] und vielfach sogar eine Singular-Succession (Einzelnachfolge) sein wird; m. a. W. die fragliche Zuwendung ist als eine Einzel-Zuwendung zu denken. Ausgeschlossen ist nämlich bei gesetzlichen Vermächtnissen eine Universal-Succession oder ein Universalerwerb;[33] es gibt selbst nach röm. R. keine gesetzlichen Universal- oder Erbschafts-Vermächtnisse. Ein Singular-Erwerb wird übrigens noch nicht dann zu verneinen

[28] § 21. [29] Z. B. § 22, 25, 41.

[30] Z. B. der socius liberalitatis imperialis (u. § 62) will den etwa überlasteten Geschenkantheil des verstorbenen socius wirklich haben. Bloß von einem Erwerbe oder einem „erbrechtlichen Vortheil" (Zürcher G. B. § 974), emolumentum commodum, praemium (s. u. § 37, 43, 55) hier zu sprechen, ist weder wirtschaftlich noch juristisch erschöpfend, — (dies zugleich zu o. § 2 A. 10, namentlich auch zu Schwanert a. dort a. O.), — wenngleich allerdings derart üblich, daß auch diese Schrift davon nicht ganz Umgang nehmen kann. Vgl. aber Pfaff und Hofmann Comm. II S. 391 und Exc. II S. 319 f. gegenüber Hartmann S. 14 f., 26 f., Schiffner S. 16 f.

[31] Mit Rücksicht auf das Vorstehende empfiehlt sich dieser Ausdruck mehr als gesetzliche „Begünstigung" (z. B. Kuntze Curs. § 832) oder „Wohlthat", beneficium (s. z. B. einzelne am Eingange dieses § angeführte Stellen, auch u. § 27, 62); s. aber freilich Bekker P. § 100, d. Mot. V S. 704. Mit der Charakterisirung der gesetzlichen Anordnung als einer Zuwendung (s. auch Neuner a. o. § 2 a. O.) ist übrigens zugleich eine bloße Erbtheilungsvorschrift ausgeschlossen, vgl. u. § 7, 51. Eine Zuwendung ist aber selbst die Conferirungsanordnung, u. § 43.

[32] S. die Allegate bei Schiffner S. 10 und ausdrücklich jetzt d. Mot. V S. 390.

[33] Zwischen Universal-Succession und Universal-Erwerb unterscheiden in eigenthümlicher Weise Pfaff und Hofmann a. u. A. 36 a. O. Im ältern r. Recht war der Unterschied in der That durch die usucapio pro herede gegeben. — Über den Gegensatz zwischen General- und Individual-Succession vgl. Stobbe § 290, 293, 315, 318, 320 f., Frommhold z. Gesch. d. Einzelerbfolge in d. Pr. R. in Gierke's Unters. XXXIII, dazu u. A. 35, § 51. — Im Besonderen vgl. u. § 19, 20, 23.

sein, wenn etwa innerhalb des Nachlasses eine Gruppe einzelner Vermögens-Bestandtheile, active wie passive, als ein besonderer, engerer vermögensrechtlicher Verband[34] Gegenstand eigener Nachfolge ist, zumal oft die einzelnen Stücke einer solchen Gesammtheit vorerst durch Prüfung oder Wahl aus der Nachlaß-Gesammtheit zu individualisiren und dann erst auszuscheiden sind. Wenn manche bei solchen Fällen, namentlich deutschrechtlichen Ursprungs, im scheinbaren Gegensatze zur Singular-Succession (Einzel-Nachfolge), eine „Universal-Succession", eine gesetzliche „Sonder-Nachfolge" (in diesem Sinne) oder „Special-Succession", eine „specielle Erbfolge" oder „Einzel-Erbfolge"[35] u. dergl. annehmen, so meinen sie dabei eben eine Succession in eine specielle universitas, in eine besondere Gesammtheit oder einzelne Masse der Erbschaft, welche Nachfolge gegenüber der recipirten romanistischen Universal-Succession oder wahren Erbfolge in die allgemeine universitas, in die Erbschafts-Gesammtheit eigentlich doch als eine Art von Singular-Succession sich herausstellt.[36]

Aus dem Charakter eines Singular-Erwerbes ergibt sich wieder, daß damit keine directe Haftung für die allgemeinen Erbschafts-Schulden oder -Lasten übernommen wird. Diese können höchstens mittelbar von Einfluß werden, insofern sich nämlich die gesetzliche Zuwendung selbst davor zurückzieht und sich auf einen reinen Nachlaß beschränkt.[37] Selbstverständlich aber übernimmt wie angedeutet der Erwerber geradezu die speciellen dinglichen oder obligatorischen Lasten, welche mit der fraglichen Zuwendung oder ihrem Gegenstande etwa besonders verknüpft sind.[38]

Wesentlich ist noch für unsere Materie, daß der fragliche Singular-Erwerb ein Erwerb von Todeswegen, eine mortis causa capio[39] ist,

[34] Vergl. weitere und engere „Erbverbände" und sonstige „Rechtsverbände" (darunter einen „Vermächtnißverband") in einem anderen Sinne bei Puntschart mod. Theorie des Pr. R. bes. S. 16 f., 391 f., 406.

[35] Letzteren Ausdruck gebraucht aber in anderem Sinne Frommhold a. a. O.

[36] S. u. § 23, 32, 47, 48, 52a und vgl. im Allgemeinen mit Stobbe d. Pr. R. § 278 und Heusler d. Pr. R. § 175, 177 namentlich Agricola Gew. z. r. Vormdsch S. 421, 438 f., 461, Huber Schweiz. Pr. R. II S. 9 f. — Dernburg pr. Pr. R. III § 98, 185 unterscheidet solche „Special-Successionen" ausdrücklich von „gesetzlichen Vermächtnissen" d. i. vom Singular-Erwerb. — S. noch gegenüber Pfaff und Hofmann Comm. II S. 275 und Exc. II S. 192 f.: Randa Eigenthumsr. § 1 A. 35, Schiffner Verm. Vertrag S. 42 f.

[37] S. besonders bad. L. R. Z. 757a, pr. L. R. II 1 § 522, 630, liv-, est- und curl. P. R. A. 1750, 1755, 1758, Huber IV S. 476. Dazu u. § 26, 31, 32, 35, 47, aber auch c. c. a. 351 (u. § 52a). [38] S. § 8, 47.

[39] Auch das gesetzliche Vermächtniß fällt unter den weiten Ausspruch der l. 8 pr.

u. z. in dem Sinne eines erbrechtlichen[40] (verlassenschaftsrechtlichen) Erwerbes, der gerade mit Rücksicht auf den erblasserischen Tod, um zur Ordnung des Schicksales des Nachlasses beizutragen, und nicht bloß aus Anlaß dieses Todes zugewendet wird.[41] Für den erbrechtlichen Charakter ist es, wie schon ein Blick auf die Pflichttheilsforderung lehrt, kein Hinderniß, daß einzelne Arten gesetzlicher Vermächtnisse von familienrechtlicher Grundlage und (selbst nach der Verwirklichung) von obligationenrechtlicher Anlage sind; insbesondere können ehegüterrechtliche Forderungen gegen den Nachlaß (gesetzliche) Singular-Ansprüche von Todeswegen sein, wenn sie nur wirklich dem „ehelichen Güter-Erbrechte", dem „Eheerbrechte" (w. S.) angehören und nicht bloß als eherechtliche vom Tode äußerlich abhängen.[42] — Vor dem Ableben des Erblassers ist hinsichtlich des betreffenden Erwerbes nur eine rechtliche Aussicht, eine Hoffnung eröffnet, deren Verwirklichung erst beim Überleben der in Betracht kommenden Person

---

D. de m. c. don. 39. 6 (quidquid propter alicujus mortem obvenit, mortis causa capitur), wie der l. 31 pr. eod. (mortis causa capitur, cum propter mortem alicujus capiendi occasio obvenit, exceptis his capiendi figuris quae proprio nomine appellantur; dazu Kuntze Exc. § 912, Martitz ehel. Güterr. S. 124 f., auch u. § 6). Doch wird dasselbe nicht angeführt selbst von Keller Inst. § 339 II und Schlagintweit in den dogm. Jhb. VI S. 318 f., obgleich beide nicht bloß Verfügungen des Erblassers vor Augen haben. Specielle gesetzliche Legate beziehen da ein Köppen in den dogm. Jhb. V S. 219 und System S. 39 (s. aber auch S. 267 f. eod. und Lhb. S. 25), Brinz P. § 385 A. 7 (s. jedoch § 421 A. 12), Agricola Gew. z. r. Vormdsch. S. 438 f.

[40] In der weiteren Bedeutung des heutigen Sprachgebrauchs; so z. B. Kuntze Curs. § 816 und Exc. S. 383, Zürcher G. B. § 974.

[41] Man kann hier l. 11 § 22 D. de leg. III, l. 8 in f. D. de usufr. ear. rer. VII 5 parallel anwenden. Fälle, die durch den Tod nur veranlaßt sind, s. u. § 31 A. 12, § 38 g. E., § 52a, § 53 A. 7, § 54 A. 7, § 64. Noch weniger gehören in unsere Lehre bloße Fortsetzungen lebzeitlicher Ansprüche, vgl. Koch Erbr. S. 1050, aber auch u. § 30, 42; dazu bayr. L. R. III 12 § 2 („successio" „quoad alimenta", „erben" den „bloßen Unterhalt").

[42] Vgl. u. § 28, 30—37, 42, 47, 48, worin der erbrechtliche Charakter gewisser Fälle gegenüber abweichenden Ansichten betont wird, welche dieselben nur in das Familienbez. Obligationenrecht verweisen. Roth d. Pr. R. II § 148 bemerkt ausdrücklich, daß auch das „eheliche Gütererbrecht" wie das „statutarische Erbrecht" in seinem Sinne die „Eigenschaft „der Singular-Succession" m. c. haben könne; s. gleichfalls Stobbe d. Pr. R. § 222, 294, liv-, est- u. curl. Pr. R. A. 1709 f. („von der Erbfolge der Ehegatten"), während die d. Mot. V S. 384 von „Nachwirkungen des ehelichen Güterrechtes" sprechen, (vgl. aber d. E. § 1382 f. „gütergemeinschaftliches Erbrecht"). Für das ältere deutsche Recht allerdings war im Ehegüterrechte auf den Todesfall mehr Eherecht als Erbrecht eingemischt, Heusler d. Pr. R. § 154 f., Pfaff und Hofmann Comm. II S. 737, 770, vgl. Huber IV S. 471 f. S. ferner hins. der systematischen Behandlung o. § 1.

möglich ist; auch diesfalls kann l. 1 § 21 D. de coll. XXXVII 6 bezogen werden: prematura est ... spes ..., cum adhuc vivat is, cujus de bonis quarta debetur; cf. nov. 22 c. 27 in f.: propter spem hujus possessionis.[43] Indeß sind gewisse gesetzliche Zuwendungen z. B. bei ihrer Realisirung von solcher Energie, daß sie da (nicht nur gegen den letzten Willen, sondern) kraft einer Art Verfangenschaft sogar gegen erblasserische Verfügungen unter Lebenden verfolgt werden können.[44]

Hiernach können wir zusammenfassend die gesetzlichen Vermächtnisse als Einzel-Zuwendungen von Todeswegen, die nicht auf Grund eines letzten Willens erfolgen, definiren.

Nicht das Entscheidende trifft Windscheid Pand. § 533 A. 2 (und mit ihm Seuffert d. J. Pand § 598 A. 2) in der Bemerkung, daß bei der in Rede stehenden Rechtsfigur „nach gesetzlicher Bestimmung dem Erben irgend etwas zu Gunsten einer anderen Person entzogen werde" es fehlt das Moment der Vereinzelung des Gegenstandes, während dasselbe von Windscheid ebenda bei den wahren Vermächtnissen des r. R. unrichtig beigefügt ist; außerdem ist nicht immer der Erbe beschwert, und, selbst wo dies der Fall ist, kann die Beschwerung nicht immer als eine Entziehung hingestellt werden.[45]

§ 6. Die Personenrollen.

In Betracht kommt:

1) die Person des Erblassers. Dieser ist zwar nicht der Geber des gesetzlichen Vermächtnisses,[1] aber letzteres wird doch aus seinem Nachlasse oder vielmehr[2] wegen seines Todes (durch das „Gesetz") gegeben; nur in solchem Sinne kann hier von einem „Hinterlassen" oder „Ver-

---

[43] Die d. Mot. V S. 409 wollen für den ehelichen Voraus (u. § 31) klargestellt haben, daß da in Folge seiner „vermächtnißähnlichen" Natur „nicht ein schon bei Lebzeiten des Erblassers bestehendes Recht der Ehegatten sich gleichsam mit dem Eintritte des Erbfalles consolidirt". Vgl. l. 71 D. de evict. XXI 2, dazu aber § 52a.

[44] S. u. § 9, 10. In anderen Fällen ist dagegen die Zuwendung ausdrücklich auf das zur Todeszeit Vorhandene gerichtet; so bei der Zuwendung einer reinen Nachlaßquote (§ 23); s. auch § 55, 58, 62, 52a; namentlich aber s. pr. L. R. II 1 § 514 f. hinsichtlich des Heergeräthes und der Gerade. Man vgl. damit das fideicommissum ejus quod supererit.

[45] § 6, 16.

[1] Vergl. o. § 5. Über den (eigentlichen) Vermächtnißgeber übh. s. Arndts P. Comm. XLVI S. 343 f.

[2] Vgl. § 16.

lassen“ des Erblassers — preuß. L. R. II 1 § 503 ff. — die Rede sein.[3] Im Allgemeinen kann nun nach jedem Erblasser ein gesetzliches Legat gegeben sein, wie ja auch ein letztwilliges Legat von jedem (testirfähigen) Erblasser gegeben werden kann. Etwas Besonderes enthalten aber noch jetzt die obigen Bestimmungen des preuß. L. R., wonach „katholische Geistliche und protestantische Prediger, die in einem wirklichen Kirchenamte stehen“, „nicht fähig“ sind, „Heergeräthe ... zu verlassen“, „ausgenommen“ „die Mitglieder geistlicher, auch katholischer Ritterorden, die nicht selbst Priester sind“; desgleichen wird daselbst auf eine particuläre Unfähigkeit Niftel zu verlassen hingewiesen. Auch abgesehen davon setzen einzelne gesetzliche Zuwendungen schon ihrer Natur nach lediglich bestimmte Kategorien von Erblassern voraus.[4]

2) Beschwert[5] mit einem gesetzlichen Legate kann jeder sein, der mit einem gewillkürten Legate onerirt sein kann,[6] wie schon daraus hervorgeht, daß ersteres eventuell (wirklich oder vermeintlich) an die Stelle eines letzteren tritt.[7] In der That sind gewöhnlich[8] Träger der gesetzlichen Vermächtnisse die Erben[9] oder doch gewisse Erben[10] (u. z. bald Intestat-

[3] S. auch pr. L. R. I 11 § 1088, II 2 § 397. Hinsichtlich der Bedeutung von relinquere, hinterlassen, vgl. § 5 A. 9, § 15 A. 19, auch die Ausdrucksweise im Hamburger Statut (legatum ab intestato relictum, u. § 2, 63) mit Arndts P. Comm. XLVII S. 179 f., l. 10 § 6 D. XXVIII 6, d. Mot. V S. 387. [4] Z. B. § 27 ff., 47, 48, 51, 52.

[5] Dieser Ausdruck bei einem bestimmten ges. Legat in den d. Mot. V S. 699, s. u. § 43; vgl. Brinz P. § 410. Eigenthümlich die Fassung von § 906 Zürcher G. B. („in der Meinung“).

[6] Über den (wahren) Vermächtnißträger Arndts P. Comm. XLVII S. 178 f.: zu Pfaff und Hofmann Comm. ad § 649 ist ein Excurs in Aussicht gestellt; s. nunmehr noch d. E. § 1756, 1842, Mot. V S. 10, 136 f. Aus l. 1 § 6 de leg. III (eorum fidei committi ... posse, ad quos aliquid perventurum est morte ejus, vel dum eis datur, vel dum eis non adimitur) ergibt sich, daß auch ein gesetzlicher Vermächtnißnehmer mit einem wahren Legat belastet werden kann; dies verträgt sich noch mit der Fassung bei Arndts P. § 542 und P. Comm. XLVII S. 181 f., bei Unger VI § 55 („unmittelbar oder mittelbar durch dessen Gunst erhält oder behält“) und Dernburg P. III § 103 („willkürlich entzogen werden könnte“). Dagegen scheint zwar c. 9 C. de f. c. VI 42 zu sprechen; allein nov. 1 c. 1 § 4 bestätigt die Wirksamkeit der Anordnung, worin überhaupt a ... mortis causa percipiente dari aliquid aut fieri testator voluerit (quaecumque, pr. eod.); vgl. § 5, 12, 13. Zu eng Windscheid P. § 626 („kraft des Willens ... etwas erhält“). [7] Vgl. § 5, 12, 13.

[8] Zu allgemein Windscheid P. § 533 und Seuffert d. J. zu Seuffert d. Ä. P. § 598 A. 2; vgl. § 5 a. E.

[9] Z. B. § 27, 30, 41, 42, 51, 54, 55, 56; dann § 39 (l. 22 pr. D. de adopt.: an heredes adrogatoris teneantur? et dicendum est heredes ... restituturos ... quartam partem). [10] Z. B. § 43.

erben,[11] bald Testamentserben,[12] bald Vertragserben[13]); aber unter Umständen erscheinen wahre Vermächtnißnehmer[14] gesetzlich beschwert, ja selbst gesetzliche Vermächtnißnehmer[15], — das sind dann gesetzliche After- (Weiter- oder Unter-) Vermächtnisse (Sublegate), unter welchen die gesetzlichen Nachvermächtnisse[16] hervorzuheben sind. Bei Ermanglung einer anderweitigen Bestimmung gilt die fragliche Last als den Erben u. z. nach Maß der Erbtheile auferlegt. Übrigens reicht eine gesetzliche Onerirung schon ihrem Zwecke zufolge nicht weiter als die Honorirung.[17]

3) Mit einem gesetzlichen Vermächtnisse bedacht (honorirt,[18] — „gesetzlicher Vermächtnißnehmer" oder „Legatar"[19]) kann im Allgemeinen jeder sein, der mit einem letztwilligen Vermächtnisse bedacht werden kann;[20] insbesondere auch eine juristische Person[21] und selbst ein Erbe.[22] Indeß bringt es die Natur gewisser gesetzlicher Zuwendungen mit sich, daß sie ausnahmsweise von einer erbrechtlichen Fähigkeit (oder Würdigkeit) völlig Umgang nehmen[23] oder andererseits wieder eine ganz eigenartige Fähigkeit voraussetzen; in letzterer Beziehung ist neuerdings auf das preuß. L. R. l. c. hinzuweisen, wonach „wer Heergeräthe oder Niftel zu verlassen nicht fähig ist, der . . . auch dergleichen von anderen nicht ziehen", nicht „nehmen" kann.[24] Auch abgesehen davon finden einige gesetzliche Zuwendungen mit Rücksicht auf ihren besonderen Zweck nur zu Gunsten bestimmter Klassen von Personen statt, namentlich diejenigen, welche nur nach bestimmten Klassen von Erblassern platzgreifen.

Die Person des Bedachten kann mehr oder weniger bestimmt sein, ev. selbst durch Substitution.[25] Eigenthümlich ist sie in der Rangordnung der nov. 1 c. 1 und in den decem personae der c. 1 § 3 C. de sec. nupt. V 9 wie der nov. 22

---

[11] Z. B. § 29, 37, 38, 43, 49, 53. [12] Z. B. § 44. [13] § 44, 45.

[14] Über § 783 a. b. G. B. vgl. u. § 41. [15] Z. B. nov. 1 c. 1 § 4 cit. (vgl. hier A. 6), liv-, est- u. curl. Pr. R. A. 1920 (u. § 25). [16] § 13. [17] Vgl. § 26, 43.

[18] Vgl. u. § 55 (nov. 22 c. 20 § 2: honore praecipuo ex nostra lege).

[19] So die Ausdrucksweise z. B. in den d. Mot. V S. 374 und bei Kirchstetter Comm. ad § 757 f.

[20] Vgl. l. 9 D. de m. c. don. et cap. XXXIX 6, Köppen in d. dogm. Jhb. V S. 219 f. Hinsichtlich der wahren Vermächtnißnehmer Arndts P. Comm. XLVI S. 376 f., Brinz P. § 421, 423, nun d. E. § 1844 f., Motive V S. 138 f.

[21] S. c. 2 pr. C. X 35 (34): quartam ... curiarum deputasse corporibus (u. § 60); s. ferner u. § 15, 59, 61; dazu die piae causae in nov. 131 c. 11.

[22] § 7. [23] S. § 22. [24] S. noch § 55 I. [25] § 12, 13.

c. 22 pr. bestimmt.[26] Auch gesetzliche Collectiv-Legate an gewisse Complexe von Personen kommen, wie naheliegend, vor: an Kinder (Descendenten) als solche[27] oder an erbende Kinder[28] oder an eine sonstige Kategorie von wirklichen Erben[29] oder an die eventuellen Intestaterben[30] einer Person[31] u. a. m. Sind da Kinder als solche berufen, so sind darunter im Zweifel nicht bloß Kinder ersten Grades, sondern auch entferntere Descendenten vorweggefallener Kinder begriffen, u. z. nach Verhältniß ihrer allfälligen gesetzlichen Erbtheile;[32] desgleichen ist anzunehmen, daß wenn die eventuellen gesetzlichen Erben berufen sind, die betreffenden Angehörigen „nach Maßgabe der Vorschriften über die gesetzliche Erbfolge" (d. h. aber nicht gerade für den Fall ihrer wirklichen gesetzlichen Erbfolge) mit dem gesetzlichen Legate bedacht sind.[33] Im Übrigen werden mehrere Honorirte an und für sich nach Köpfen theilen. Es ist aber möglich, daß mehreren ein und dasselbe Ganze gesetzlich zugewendet ist, nicht bloß je ein Theil desselben, — gesetzliches Collegat; z. B. pr. L. R. II 1 § 510, 521.[34]

§ 7. Gesetzliche Vorausvermächtnisse und sonstiger gesetzlicher Voraus Todes halber.

Wenn eine gesetzliche Einzelzuwendung von Todeswegen zu Gunsten eines Erben erfolgt, liegt, parallel dem letztwilligen Vorausvermächtnisse (l. Prälegate),[1] ein „gesetzliches Vorausvermächtniß"[2] (ges. Prä-

[26] Vgl. § 12, 58. S. gleichfalls die cit. Normen des pr. L. R. In nov. 131 c. 11 § 3 ist die nähere Bestimmung vom Gesetze einem Dritten überlassen.

[27] Z. B. § 54, 55, 57. [28] Z. B. § 14, 43, 46, 49, 50.

[29] Z. B. § 14, 52. [30] Vgl § 44, 45, 58.

[31] Zumeist des Erblassers; s. aber u. § 58 (nov. 22 c. 22), § 46.

[32] Vgl. § 14, 49, 57 mit l. 220 D. de V. S., ö. b. G. B. § 42 (s. aber auch § 681 eod., dazu Pfaff und Hofmann Comm. II S. 479 f.).

[33] S. d. E. § 1791 und übh. die Verweisungen in o. A. 30; dazu a. b. G. B. § 682 („derjenigen Verwandten", „welche nach der gesetzlichen Erbfolge die nächsten sind").

[34] Dazu hier § 8 a. E.. Vgl. § 62.

[1] Darüber die Litteratur bei Windscheid Pand. § 627. Dazu Karlowa r. R. G. II S. 920 f., Otto Göppert über den Grund der Regel ‚heredi a semet ipso inutiliter legatur' Diss. 1893, Bernstein zur Lehre vom römischen Voraus (leg. per praeceptionem) in der Ztschr. d. Savigny-Stiftung rom. Abth. XV S. 26 f.; über letztere Schrift sagt soeben Dernburg Pand. III § 115: „Die interessante Untersuchung läßt ... manche Bedenken bestehen." Über den Vorausvermächtnißvertrag s. Schiffner Vermächtnißvertrag § 17. Den Ausdruck „Vorausvermächtniß" wählt der d. E. § 1845 (Motive V S. 139), mit Unger, richtig statt des gewöhnlicheren Terminus „Vorvermächtniß"; vgl. u. § 13, Bernstein S. 97 f., 144; dazu u. A. 15.

[2] So die Motive zum d. E. V S. 390.

legat) vor, u. z. schon dann, wenn bestimmte andere Personen (namentlich wenn andere Erben) damit belastet sind,[3] im eigentlichen Sinne aber erst dann, wenn die Erben überhaupt und daher auch der Honorirte selbst damit belastet sind, nach Maßgabe der Erbtheile; ersteres z. B. im A. 1920 liv-, est- und curl. Pr. R.,[4] letzteres in einer ganz stattlichen Reihe von Fällen des römischen Rechts[5] und gar des modernen Rechts.[6] Es kann übrigens selbst dem Alleinerben ein gesetzliches Vermächtniß zukommen, l. 75 (74) D. de h. i. XXVIII 5.[7] Ist ein solches mehreren Erben (ev. als gesetzlichen Coprälegataren) zugewendet, so sind in gewissen Fällen ausdrücklich gleiche Theile vorgesehen;[8] aber auch im Zweifel werden hier gleiche Theile gelten müssen, wie beim römischen letztwilligen Prälegat.[9]

Die ungerechtfertigten Absonderlichkeiten dagegen, welche dem technischen Prälegate des röm. Rechts anhaften und von den meisten neuen Codificationen vermieden wurden,[10] haben wir beim gesetzlichen Prälegate nicht anzuwenden, auch im röm. Rechte nicht, indem uns keine positive Bestimmung dazu veranlaßt. Insbesondere wird das ganze gesetzliche Vorausvermächtniß als Einzelzuwendung zu behandeln sein. Hiedurch erscheint aber dasselbe zugleich als eine besondere Anwendung eines umfassenderen Instituts.

Es werden nämlich häufig überhaupt einzelne Gegenstände vom Gesetze m. c. derart zugewendet, daß sie den Bedachten aus dem Nachlasse in Voraus ausschließlich zukommen sollen, gleichsam als wären sie aus dem zu vertheilenden Nachlasse ausgesondert; man kann dann von gesetzlichem „Voraus“ oder „praecipuum“, von gesetzlicher „Prae-

[3] Während die Neueren in solchem Falle beim letztwilligen Prälegat von einem weiteren Sinn sprechen, nimmt in ähnlichem Falle Bernstein S. 39 bei seiner letztwilligen praeceptio umgekehrt den engeren Sinn an.

[4] S. u. § 25. Andere Beispiele u. § 43, 45.

[5] S. § 12, 13, 14, 44, 53, 55, 57.

[6] S. § 31, 47—52, 52a, 54; darunter besonders § 47 A. 22, pr. L. R. II 1 § 628 f., 640 f., d. E. § 1971, Zürcher G. B. § 851 ff.

[7] S. u. § 44. Über die Wirksamkeit eines wahren Legates an den Alleinerben (das man freilich nicht mehr Prälegat, Vorausvermächtniß oder dgl. nennen sollte) Pfaff und Hofmann Comm. ad § 648, aber auch Kretschmar Natur des Prälegats nach r. R. S. 1 f., Bernstein S. 52 f.

[8] S. u. § 55, 57, dann § 854 Züricher G. B. (u. § 52). Wenn übrigens u. im § 57 „gleichmäßige“ Theile gemeint sind, so sind dies doch nicht gerade die Erbtheile

[9] So auch im Falle der nov. 89 c. 12 § 2, 3 (u. § 14).

[10] S. nur die Nachweise bei Pfaff und Hofmann Comm. l. c., auch Kretschmar S. 192, Mommsen d. Erbr. § 351 S. 367 f., d. E. § 1845, u. E. § 282.

ception" oder „Vorausnahme" oder „Vorwegnahme" — und zwar mortis causa — sprechen.[11] Ein solcher Voraus kann nun eben zu Gunsten eines Erben stattfinden, als jenes gesetzliche Vorausvermächtniß, also ohne Einrechnung in den Erbtheil;[12] er kann aber auch ohne Rücksicht auf eine Erbfolge des Bedachten, also ev. zu Gunsten eines Nichterben platzgreifen.[13] In beiderlei Fällen ist derselbe bald eine Nachbildung des deutschrechtlichen Voraus,[14] bald ein römischer gesetzlicher Voraus.[15] Beachtenswerth ist die Ausdrucksweise in den röm. Quellen:[16] a decem personis ... deinde praesumi a fisco, c. 1 § 3 C. de sec. nupt. V 9; ipsa separatim ab ... hereditate praesumat, c. 4 § 3 C. ad s. c. Tert. VI 56; habeant praecipuas ... neque ipsos sibi praecipue hanc

[11] Diese Ausdrucksweise findet sich in Litteratur und Gesetzgebung hinsichtlich der nachverzeichneten beziehungsweise der obangedeuteten Fälle; s. die betr. § dieser Abhandlung; darin besonders die sofort angeführten römischen Quellen, dann pr. L. R. II 1 § 628 f., 640 f. („zum voraus"), Zürcher G. B. § 851—860 („Vorzugsrecht", „nehmen ... vorweg", „gebühren ... voraus"), § 900 („zum Voraus"), d. E. § 1971 („Voraus"), auch Förster pr. Pr. R. § 264 („vom Gesetz bewilligte Vorausnahmen"), Brinz P. § 471 bei A. 33. Bei Bluhme Encykl. § 471 kömmt die „Vorausnahme" mehr auf eine bloße Zurücknahme hinaus.

[12] Häufig wird diesfalls gesagt: „ohne Einrechnung in den Erbtheil", „vor der Erbtheilung", „ohne Ersatz an die Erbmasse"; s. z. B. die Allegate u. § 31 A. 24, § 47 A. 22. — Mommsen § 30, S. 157 f. ist principiell dagegen, daß Erben „gewisse Bestandtheile ... als ein Voraus vor den übrigen Erben in Anspruch ... nehmen". [13] S. u. § 31, 32, 35, 47, 48, 54, 55, 58.

[14] Über diesen s. Andeutungen bei Stobbe § 284 A. 10, § 301 g. E., § 320 („adeliger Voraus"). Eine Anlehnung an den deutschrechtlichen Voraus erblicken beim letztwilligen Vorausvermächtnisse der meisten modernen Gesetzbücher Unger VI § 55 A. 11, Kretschmar S. 192, s. auch Mommsen S. 367 f. Dagegen wird diesfalls in dem (vom römischen Prälegate abweichenden) § 1845 d. E. eine „Anlehnung an das deutschrechtliche Institut des Voraus abgelehnt, weil damit, wenn auch diese Lösung zu einem ebenfalls befriedigenden Ergebnisse führen mag, ein wenig klares Rechtsverhältniß geschaffen" werde, Motive V S. 139 f.

[15] Vgl. Windscheid P. § 608 A. 14, Köppen Lhb. S. 231, 243. Eine „materielle Präception" bei der Erbtheilung findet Kretschmar's cit. Schrift auch im römischen technischen Prälegate, beigemengt einem „simplen Vorvermächtnisse"; vgl. Windscheid § 627 A. 2. Bernstein's Arbeit wieder über den „römischen Voraus" erblickt, im Gegensatze zu dem heute sog. Prälegate e. S. des röm. R. (legatum heredi ab omnibus heredibus relictum), beim eigentlichen Präceptionslegate einen (letztwilligen) römischen Voraus (legatum extra hereditatem relictum), ein Aussonderungs- oder Ausscheidungsvermächtniß, welches eben ganz nur Legat sei. Dernburg Pand. III § 115 hingegen rechnet letztwillige Vermächtnisse, welche einen Voraus aus der Erbschaft zuwenden sollen, — er nennt sie Voraus- oder Ausscheidungsvermächtnisse, — zu den r. Prälegaten w. S., die zu Gunsten eines Erben seinen Miterben persönlich oder Dritten auferlegt sind. [16] S. über die folg. Stellen § 54, 55, 58. Dazu § 8.

partem vindicare, sed quasi paternae facta substantiae sit ..., c. 12 § 1, 2 C. comm. utriusque jud. III 38; dabuntur haec filiis honore praecipuo ex nostra lege, licet non fiant heredes und per praesumptionem, quia pater ... voluerit magis servare filiis, tamquam ex causa illorum sibimet adquisitas, nov. 22 c. 20 § 2; praedictas res ... licebit liberis vindicare, c. 6 § 11 C. de sec. nupt.; ex solido ... absolute unaquaeque soboles ... accipiat ..., liberi modis omnibus eam habeant ... et servetur ... lucrata dos, nov. 22 c. 29 pr.; liberi ... sibi speciale tamquam paternum ... vindicandum ... tantummodo filii ... pro soliditate possideant ... retineant[17] facultates, c. 4 pr., § 1, 4 C. de sec. nupt.; im Gegensatze dazu: reliqua ... commixta ... substantiae ... ad eorum velut proprias successiones perveniant, nov. 22 c. 29 § 1. Hier ist also die Aussonderung einzelner Gegenstände aus dem Nachlasse ausschließlich zu Gunsten gewisser Personen unzweideutig ausgesprochen, mit Zuhilfenahme von Fictionen oder Vergleichen.[18] Charakteristisch ist auch, wie das pr. L. R. in II 1 § 501 f. und den betr. Überschriften bei Heergeräthe, Niftel- und Wittwengerade von einer „Absonderung", von einem „Zuvörderstnehmen" in Ansehung von Stücken spricht, die eigentlich als „zum Nachlasse ... gehörend" anzusehen sind.[19]

Gegenstand des gesetzlichen Voraus m. c. kann alles sein, was Gegenstand eines letztwilligen Voraus sein kann; selbst ein vermögensrechtlicher Inbegriff, der gewissermaßen als ein Sondervermögen in dem Erbvermögen erscheint. In den romanistischen Fällen ist namentlich der Ursprung gewisser Güter (von einer gewissen Person her) für die Qualität als Voraus maßgebend.[20] Übrigens findet letzterer bald in Ermanglung eines maßgebenden erblasserischen Willens, bald im Widerspruche mit einem solchen statt.[21] Der gesetzliche Voraus bedeutet indeß an sich nicht etwa eine wirkliche Separation oder einen Vorzug gegenüber den Erbschafts-

[17] Vgl. Kretschmar S. 137, 192.

[18] Ungeachtet der juristischen Zugehörigkeit zum Nachlasse wird wirthschaftlich oder natürlich eine „Enclave" angenommen; vgl. Bernstein S. 81 f., 86 f.

[19] Vgl. noch d. E. § 1987, Mot. S. 409 (u. § 31), u. E. § 95 S. 2.

[20] Vgl. ob. Stellen, dann u. § 9, 54 f. Der eigenthüml. Voraus des Anerben (u. § 51) kann auch eine Summe betreffen, die im Nachlasse nicht vorhanden ist. Vgl. Bernstein S. 53 f.

[21] Vgl. die Einreihung unserer Fälle von Voraus u. im § 10, insbesondere einerseits pr. L. R. II 1 § 628 f., d. E. § 1975 f. Motiven S. 374, 390 (u. § 31), andererseits pr. L. R. II 1 § 513 (u. § 47, 48).

schulden.[22] Wohl aber zieht sich vor diesen unter Umständen die gesetzliche Zuwendung selbst nur insoferne zurück, als der übrige Nachlaß zur Deckung nicht ausreicht;[23] damit ergibt sich dann ein gewisser Vorzug vor letztwilligen Vermächtnissen.[24] Aber auch gegenüber gewissen gesetzlichen Vermächtnissen ist dem Voraus mitunter vom Gesetze ein Vorrang eingeräumt.[25]

Festzuhalten ist noch, daß in unsere Lehre nur der Voraus als gesetzliche Einzelzuwendung von Todeswegen gehört, wie denn auch derselbe in unseren einschlägigen Fällen häufig als „gesetzliches Vermächtniß" bezeichnet wird.[26] Dagegen sind schon begrifflich ausgeschlossen:

1) das gesetzliche Hineinvermächtniß[27] d. i. die gesetzliche Erbtheilungsvorschrift, wodurch einzelne Nachlaß-Gegenstände nicht voraus, schon durch Berufung zugewendet, sondern auf Rechnung eines zugewenderen Erbtheiles nur vorzugsweise zugetheilt, zugewiesen werden;[28] nicht jeder Vorzug bei der Erbtheilung ist bereits ein Voraus, insbesondere ist die bloße „Vorwahl" noch kein Voraus;[29]

2) die gesetzliche Bevorzugung eines Erben durch die Zuwendung eines größeren Erbtheiles; nicht jeder „Vorlaß" ist ein Voraus;[30]

3) ferner gesetzliche Präceptionen, welche nicht von Todeswegen stattfinden,[31] und

---

[22] Vgl. Bernstein S. 137. Über das Folgende s. überhaupt u. § 26.

[23] So im ehelichen Voraus des pr. L. R. II 1 § 630 (u. § 31). Dagegen d. E. § 1971, Motive V S. 374.

[24] S. indeß die Allegate u. § 31 A. 30. Vgl. auch Bernstein S. 133 f., 87.

[25] S. d. E. § 1987 f. Motiven S. 409.

[26] Von Dernburg pr. P. R. III § 98 aber nur der eheliche Voraus des pr. L. R., während er sonst beim Voraus von gesetzlichen „Specialsuccessionen" spricht, o. § 5. S. ferner Förster pr. Pr. R. § 264: „gesetzliche Sondernachfolge von Todeswegen".

[27] So könnte man nach Unger VI § 55 A. 11 a. E. (mit Mommsen ad § 351 und den Motiven zum d. E. V S. 140) sagen, wenngleich freilich eine eigentliche Zuwendung (o. § 5) hierin nicht erfolgt.

[28] S. u. § 31 A. 24, § 47 A. 22 und besonders § 51, 52. Dagegen wird z. B. von Roth bayr. Civ. R. § 374 unser Voraus gerade mit der Erbtheilung in Verbindung gebracht; s. auch Schultzenstein a. u. § 41 A. 11 a. O. S. 126.

[29] S. u. § 52.

[30] Vgl. E. Huber Schweiz. Pr. R. IV S. 558 f., 907 und schon seine Diss. über die Schweiz. Erbr. S. 80. Vgl. darüber noch u. § 52. Ein letztwilliger Vorlaß bei Stobbe § 301 g. E.

[31] Kein erbrechtlicher Voraus sind z. B. die durch den Tod nur veranlaßte gesetzliche praeceptio dotis (u. § 64), die rein ehegüterrechtlichen Vorausnahmen (prélèvements) bei Auflösung einer wirklichen Gütergemeinschaft

4) Präceptionen, die zwar von Todeswegen stattfinden, aber nicht gesetzliche sind;[32]

5) noch mehr gewillkürte Zuwendungen, die schon unter Lebenden endgiltig wirken und nur in Folge gesetzlicher Conferirungspflicht gewissermaßen zum Nachlasse hinein bezogen werden, obgleich sie zu demselben in Wirklichkeit nicht gehören.[33]

---

§ 8. Anfall und Erwerb der gesetzlichen Legate.

Die römischrechtliche Unterscheidung zwischen dies cedens und dies veniens der letztwilligen Vermächtnisse[1] kann für gesetzliche Vermächtnisse schon insoferne nicht maßgebend sein,[2] als diese, selbst im röm. R., nicht in ähnlicher Weise von der Verwirklichung der Erbfolge abhängen wie jene.[3] Aber auch die von dem Erbserwerbe unabhängige moderne Unterscheidung zwischen Anfall und Erwerb bei letztwilligen Vermächtnissen[4] kann in

(code N. a. 1470 f., 1492 f., bad. L. R. auch Z. 1474a, u. § 31), die Convalescirung der Schenkung des Vaters an sein Hauskind durch das Ableben des ersteren (c. 25 C. de don. int. v. et u. V 16, darüber Leist P. Comm. Bücher 37, 38 III S. 257 f., 285 f., 367 f.; s. aber Roth § 374 A. 30, — auch Kretschmar S. 191, der da eine Mittelstufe zwischen der gesetzlichen praeceptio dotis und dem „eigentlichen Vorvermächtniß" annimmt), und noch gewisse andere Fälle „gesetzlicher Präceptionen", s. Bernstein S. 29, 32 f., 91, 102 und die dortigen Citate, dazu Kretschmar S. 189 f.

[32] Ausgeschieden ist also ein letztwilliger Voraus (vgl. Stobbe § 301 g. E.), auch ein vertragsmäßiger Voraus (z. B. u. § 67, cod. Nap. a. 1515 f.: „préciput conventionnel"). [33] S. u. § 43 (auch über § 793 S. 1 ö. b. G. B.), Bernstein S. 29 f., 81 f., 87 f.

[1] Darüber besonders Arndts P. Comm. XLVIII 2; namentlich auch gegen Köppen, welcher in den dogm. Jhb. V S. 184 f. und System S. 267 f. hier in demselben Sinne wie bei der freiwilligen Erbfolge Delation und Adquisition auseinanderhält, und in den dogm. Jhb. XI S. 182 f., 196 f. die Modification hier wie dort beifügt, daß die Delation zugleich eine „bedingte" Adquisition sei. Seine Meinung hält Köppen noch jetzt im Lhb. S. 22 f. fest. Gegen ihn neuestens Steinlechner d. schwebende Erbr. § 34 f. passim. S. auch den Anonymus in Grünhut's Ztschr. XIII S. 409 f., XIV S. 101 f.; wider denselben aber Steinlechner S. 372 f. und passim.

[2] Vgl. aber W. Eck Indignität und Enterbung S. 67 f.

[3] Vgl. d. E. § 1992 und Motive V S. 417.

[4] Hiernach ist der Anfall eigentlich ein „vorläufiger Erwerb", der durch Ausschlagung rückgängig und durch Annahme definitiv werden kann. S. die Nachweise in den Motiven zum d. E. § 1867 V S. 178; dazu Zürcher G. B. § 1027, 1034, u. E. § 400. Für das österr. R. fordert freilich Unger VI § 62 A. 2 eine Annahme zum Erwerbe überhaupt; gegen denselben aber richtig für den ipso jure-Erwerb Randa Erwerb d. Erbsch. S. 37, Strohal Transmission p. o. S. 1 f., Pfaff und Hofmann Comm. II S. 488 (wo ein Excurs angekündigt ist), Meissels in Grünhut's Ztschr. XIX S. 43, Krainz Syst. II § 518; vgl. Wendler in d. ö. G. H. 1877 Nr. 102, 105. Abweichend Mommsen d. Erbr. § 374, S. 384, liv=, est= und curl. Pr. R. A. 2199 f.

unserer Materie an sich nicht maßgebend sein. Gerade in der Grundlage der Berufung[5] entfernt sich das gesetzliche Vermächtniß vom gewillkürten Vermächtnisse und nähert sich dasselbe der gesetzlichen Erbfolge: die Berufung erfolgt ja bei den gesetzlichen Legaten wie bei der gesetzlichen Erbfolge, so zu sagen, durch das „Gesetz", daher denn auch in den römischen Quellen hier wie dort das vocari ex lege wiederholt, in verschiedenen Wendungen, betont wird; diese Berufung durch das Gesetz bedeutet hier wie dort nichts anderes, als daß das Gesetz an einen gewissen Thatbestand, der keine letzte Willenserklärung ist, insbesondere an eine Familienverbindung mit dem Erblasser die Zuwendung mortis causa verknüpft.[6] Zudem erfolgt die gesetzliche Berufung zu einem Einzelerwerbe häufig eben bei der gesetzlichen Ordnung des gesammten Schicksales eines Nachlasses überhaupt, also neben der gesetzlichen Berufung zur Erbfolge[7], ja in gar manchen Fällen gerade zu Gunsten eines — wirklichen oder eventuellen — gesetzlichen Erben selbst.[8] Ergibt sich daraus aber nicht, daß die gleiche berufende Quelle überall in gleicher Weise berufe, soweit dies überhaupt möglich ist?, m. a. W. daß Anfall und Erwerb bei dem gesetzlichen Vermächtnisse möglichst dieselbe Bedeutung habe wie bei der gesetzlichen Erbfolge?[9]

Es wird also in denjenigen Rechtssystemen,[10] wo das (gesetzliche) Erbrecht nur durch Willenserklärung des Berufenen erworben wird, wie im römischen Recht (abgesehen von den heredes necessarii) und im österreichischen Recht[11] regelmäßig der „Anfall" des gesetzlichen Vermächtnisses den Erwerb desselben noch nicht bewirken, vielmehr nur ermöglichen, indem nämlich dazu eine Willenserklärung des Berufenen noch er-

---

[5] Hinsichtlich des Begriffes der Delation bez. Adquisition überhaupt s. nunmehr besonders Steinlechner l. c. (Ergebnisse S. 445 f.). Von einer „Anwartschaft" nach dem „unbeerbten" socius liberalitatis imperialis spricht Kuntze Cursus § 832; dazu vgl. Steinlechner S. 393 f. [6] Vgl. § 5, 9.

[7] Als Beispiele s. namentlich nov. 117 c. 5, ö. b. G. B. § 757, pr. L. R. II 1 § 628 f., b. E. § 1971, (u. § 27, 28, 31). [8] S. o. § 7.

[9] Über die Verschiedenheiten im Anfall und Erwerb zwischen den letztwilligen Vermächtnissen und der Erbfolge vgl. Pfaff und Hofmann zu Arndts Pand. § 554 A. 1 a.

[10] Über die modernen Codificationen s. überhaupt Gruchot pr. Erbr. I S. 37 f., 45 f., Mommsen S. 283 f., Stobbe d. Pr. R. § 282, Motive zum b. E. § 2025 f. V S. 485 f.; dazu Zürcher G. B. § 928 (wonach die gesetzlichen Erben ohne ihr Zuthun Erben werden), liv-, est- u. curl. Pr. R. A. 2622 (Antretungserwerb), u. E. § 374.

[11] S. freilich den Anonymus l. c.; dazu aber Steinlechner S. 434 f.

forderlich ist. Wollte man aus solchem bloßen Anfall bereits ein „Recht" „auf" das gesetzliche Vermächtniß[12] entstehen lassen, so ist dieses — wie bei dem bloßen Anfalle des gesetzlichen Erbrechtes das sog. „Recht auf" die „gesetzliche Erbfolge", — wenn überhaupt ein wirkliches subjectives Recht, jedenfalls nicht das Recht, auf dessen Erwerb es da eigentlich ankommt. In der That wird von den römischen Quellen in gar manchen einschlägigen Fällen ähnlich wie bei der Intestaterbfolge von deferri, vocari und andererseits von adire, adquirere gesprochen.[13] Vgl. c. 3 § 2 C. de bon. mat. VI 60: ex hac lege ad emolumentum vocandus; l. 2 § 1 D. fam. erc. X 2: quarta ad aliquem ... adrogatum deferatur; c. 6 § 3 C. de sec. nupt. V 9: id quod plus relictum ... fuerit, ... ad liberorum personas deferri; c. 9 eod.: revocata ad ... filios; l. 9 § 1 de his quae ut indign. auf. XXXIV 9: statim fisco deferetur; l. 5 § 2 eod.: legatum, quod tutori denegatur, ... filio relinquitur; c. 2, 3 C. X 35 (34): quarta pars bonorum mortui curiae debet offerri, ... curiae competit, ... curiae ... addicatur ..., deputanda.[14] Namentlich wird in nov. 1 cap. 1, 4 unmittelbar nach Anführung des vocari und des adire der Ereptoren hinsichtlich eines Erbtheiles des indignus gesagt, daß ganz das Gleiche für die Ereption eines Legates des indignus gelte; auch auf letztere also muß die „stufenweise Delation" und die Unterscheidung von der Adquisition daselbst bezogen werden: ad ... volentem venient ... secundum legem, — si nullus ... voluerit adire ..., ad alios ... deferri res, — vocari, — licentia praebeatur ... adire et hoc adquirere; auf den Erwerbswillen des Berufenen wird hier übrigens schon darum Gewicht gelegt, weil mit dem Erwerbe ein letztwilliges onus verknüpft ist, dessen Verwirklichung jenes Gesetz durchaus sichern will. In den Indignitätsfällen überhaupt spielt noch die Erwägung mit, daß die Ereption naturgemäß wegen ihres eigenthümlichen Eingreifens in eine fremde Rechtslage eine gewisse Activität des Eripienten, selbst des Fiscus erfordert.[15] Aber auch

[12] Vgl. u. das pr. L. R. II 1 § 512 mit Unger VI § 62 A. 2, 3, liv=, est= und curl. Pr. R. A. 2199.

[13] Siehe über die nachverzeichneten Stellen u. § 37, 39, 53, 57, 15, 60. Köppen betont diesfalls wiederholt die „Deferirung" des „gesetzlichen Vermächtnisses", in den dogm. Jhb. V S. 219, System S. 134, 138, 267 f., Lhb. § 63; s. desgleichen Petri Pflichttheilsr. d. armen Wittwe § 5. Für die gesetzlichen Vermächtnisse wird wirklich der Köppen'schen Vermächtnißtheorie (o. A. 1) regelmäßig beizustimmen sein.

[14] In c. 3 § 1a sec. nupt. beziehen sich die Worte sola possessione delata auf ein Fiduciarerbrecht, s. u. § 53.

[15] S. u. § 15, über nov. 1 cit. auch u. § 12, 13.

bei anderen gesetzlichen Vermächtnissen wird von einzelnen Schriftstellern ausdrücklich ein „Verlangen" des gesetzlich Bedachten für wesentlich gehalten.[16] Ähnliches wird dann wie angedeutet auch für das österreichische Recht gelten müssen.[17] Ausnahmen von der vorstehenden Regel werden dagegen eintreten, wenn bei einer gesetzlichen Einzelzuwendung m. c. eine Ablehnung gar unwirksam wäre; hier wird ein sofortiger Erwerb ohne, ja wider Willen stattfinden.[18] — Im Zusammenhange mit dem Anfalle steht dann die Frage nach der Transmission, welche also bei gesetzlichen Vermächtnissen an sich in demselben Sinne wie bei der gesetzlichen Erbfolge zu lösen sein wird;[19] indeß ist eine große Anzahl gerade dieser Zuwendungen schon ihrer Natur nach unübertragbar, wie namentlich der gesetzliche usus fructus post mortem und gewisse Rentenrechte von Todeswegen.[20]

In denjenigen Rechtssystemen andererseits, welche den (gesetzlichen) Erbserwerb ipso jure erfolgen lassen, wird auch der Erwerb der gesetzlichen Vermächtnisse ohne Willen des Bedachten erfolgen, nur nicht gegen seinen Willen; d. h. es steht da dem Bedachten doch frei, nachträglich abzulehnen; da geht also der Anfall eigentlich in einen vorläufigen Erwerb über, der durch Ablehnung rückgängig, aber durch Annahme endgiltig werden kann.[21] Es kömmt aber vor, daß selbst eine Gesetzgebung, die für den Erbserwerb auf dem ipso jure = Standpunkt steht, doch für (gewisse) Legalvermächtnisse den Antretungsstandpunkt einnimmt; so das preußische L. R. II 1 § 502f., welches bei Heergeräthe und Niftel scharf zwischen „Anfall", („Berufung", „Zukommen") und Erwerb („Nehmen", „Ziehen")

[16] S. u. § 57, 62. Dagegen glauben Vangerow P. § 488 Nr. 5 und Sintenis Civ. R. § 165, daß bei der Quart der armen Wittwe (§ 27) der Erwerb sofort mit dem „Angebote" selbst zu Theil werde; dagegen Köppen und Petri l. c.

[17] Insbesondere ist das „Zufallen" im § 1253 a. b. G. B. (u. § 45) ein Anfallen. Hinsichtlich des § 757 a. b. G. B. s. jedoch G. H. 1858 Nr. 1 (u. § 29 A. 76).

[18] S. u. A. 39.

[19] Vangerow und Sintenis a. O. lassen die Quart der armen Wittwe schlechthin auf die Erben derselben sofort übergehen. Allerdings wird die Vererbung der quarta Divi Pii anerkannt in l. 1 § 21 D. de coll. XXXVII 6, quia personalis actio est, aber es wird da vorausgesetzt, daß jam nata est quartae petitio; vgl. Köppen und Petri l. c. [20] S. u. § 19, 22, 26, auch c. Nap. a. 352 (u. § 52a).

[21] S. d. Motive zum b. E. § 1971 V S. 374, wonach die „Annahme" des ehelichen Voraus nur soviel wie „Nichtausschlagen" ist; vgl. übrigens S. 417 eod. zu § 1992. (Über den Mustheil u. § 32). In den Codificationen der bezüglichen Kategorie stimmen allerdings die gesetzlichen Legate hinsichtlich des Anfalls und Erwerbs zugleich mit den gewillkürten Legaten überein.

unterscheidet; es „begründet" nämlich „die Verwandtschaft" einen „Anspruch auf die Niftel" ꝛc. (§ 512), während zum Erwerbe eine „Meldung" „binnen Jahresfrist nach erfolgtem Anfalle" erfordert ist (§ 517 eod.); durch Versäumung dieser Überlegungsfrist ist Heergeräthe oder Niftel stillschweigend abgelehnt.[22]

Der Anfall eines gesetzlichen Vermächtnisses, mag er in dem einen oder dem anderen Sinne gemeint sein, erfolgt nun mit dem Tode des Erblassers, wofern er nicht durch eine vom Gesetze selbst gewollte Beschränkung hinausgeschoben ist.[23] Der Erwerb ist jedenfalls von der Verwirklichung der Erbfolge unabhängig; und wenn eine Willenserklärung des Bedachten (zum Erwerbe überhaupt oder doch zur Definitivität des Erwerbes) nothwendig ist, so kann sie an sich in beliebiger Form und zu beliebiger Zeit erfolgen; nur vereinzelt ist eine zeitliche Schranke für dieselbe bestimmt, pr. L. R. l. c.

Das Recht aus[24] dem erworbenen gesetzlichen Vermächtnisse kommt dann mit dem Rechte aus dem erworbenen letztwilligen Vermächtnisse[25] überein, indem ja die Tragweite der Berufung beiden gemeinsam ist.[26] Vor allem besteht dasselbe also in einer Vermächtnißforderung ex lege gegen den Beschwerten auf Erfüllung des Singularanspruches, welcher unter Umständen auch Früchte begreift.[27] Mehrere Quellenäußerungen beziehen sich auf eine solche gesetzliche Vermächtniß-Obligation zwischen Honorirten und Onerirten;[28] l. 8 § 15 D. de inoff. test. V 2: quartam ei quasi aes alienum concedendam; l. 1 § 21 D. de coll. XXXVII 6:

[22] Vgl. Koch pr. Erbr. § 113 („Der Meldung muß die Bedeutung der Erbschaftsantretung, im gemeinrechtlichen Sinne der Erwerbung des Successionsrechts, beigelegt werden"), Dernburg pr. Pr. R. III § 98 („Inanspruchnahme"). Im § 517 cit. wird die Meldung „zur Ausübung des Rechtes, bei Verlust desselben" gefordert; aber durch den Anfall ist nur ein „Anspruch auf die Niftel" ꝛc. im obigen Sinne eines Rechtes auf das Vermächtniß gegeben. S. gar § 513 eod. und hier noch § 5, 26.

[23] S. u. § 11.

[24] Vgl. Unger VI § 62 A. 3. Die Motive zum b. G. V S. 409 sprechen wohl diesfalls von einem „Rechte auf den Voraus".

[25] Unterholzner Schuldverh. II S. 503 f., Unger VI § 64, Windscheid P. § 647, Pfaff und Hofmann Comm. ad § 684 f., Salkowski P. Comm. XLIX.

[26] S. o. § 5.

[27] S. namentlich c. 2 cit. C. X 35 (34), nov. 131 c. 11. Über den allfälligen Anspruch auf Früchte seitens des wahren Singular-Vermächtnißnehmers s. die Litteratur bei Windscheid a. O. A. 13, darunter neuestens Salkowski S. 427 f., 488 f.

[28] Hinsichtlich der nachverzeichneten Fälle s. u. § 39, 60, 41, 27. Dazu bad. L. R. S. 760 f. („Forderung"), Z. 757a.

impuberi adrogato secundum divi Pii rescriptum quarta debetur ... personalis actio est; l. 22 pr. D. de adopt. et emanc. I 7: an heredes adrogatoris teneantur? et dicendum est heredes quoque restituturos et... quartam partem; c. 2, 3 C. quando et quibus debetur quarta pars ex bonis decurionum X 35 (34): quartam de facultatibus curialium ..., ad quemcunque ... deferantur, curiarum deputasse corporibus, — ex ... heredibus colligenda ... quartae datione u. s. w.; c. 30 pr. C. de inoff. test. III 28: id quod minus ... relictum est ad implendam eam exigere, ... non licebit ... heredibus ingratos eos nominare; nov. 115 c. 5 pr. hoc secundum ... nostras leges ab heredibus impleri; nov. 53 c. 6 pr: compleri hoc. Parallel der petitio legati[29] wird dann auch hier öfters von petitio, petere u. dgl. gesprochen; l. 1 § 21 cit. D. de coll.: si jam nata est quartae petitio; c. 1 C. X 35 (34).[30] Je nach Inhalt und Gegenstand der gesetzlichen Zuwendung kann dieser gesetzliche Vermächtnißanspruch sehr verschiedene Leistungen betreffen.[31] Die Befriedigung desselben erst führt zum Rechte am[32] gesetzlichen Vermächtnisse oder vielmehr am gesetzlich Zugedachten.

Es frägt sich dann, ob außer dem Erwerb jener Forderung auch ein „dinglicher" Rechtserwerb des Bedachten an einzelnen Nachlaßgegenständen, unmittelbar nach dem Erblasser abgeleitet, platzgreift? Im römischen und gemeinen Recht wird es sich diesfalls ähnlich verhalten wie seinerzeit bei dem legatum per vindicationem und dem legatum per praeceptionem und wie späterhin bei letztwilligen Vermächtnissen überhaupt, hinsichtlich welcher c. 1 § 3 C. comm. de leg. VI 43 sagt: si ... testator ideo legata vel fideicommissa dereliquit, ut omnimodo personae ab eo honoratae ea percipiant, apparet ex ejus voluntate etiam ... actiones contra res testatoris instituendas.[33] Es ist also entscheidend, ob anzunehmen ist, daß der (gesetzliche) Zuwendungswille auf eine stärkere, „dingliche" Wirkung gerichtet ist. Dies wird allerdings der Fall sein, wenn es heißt: absolute ... soboles ... accipiat, ... liberi modis omnibus ... habeant, nov. 22 c. 29 pr.; oder omnimodo praecipuum habeat, — praecipue vindicare, c. 12 § 1, 2 C. communia utriusque judicii III 38;

[29] C. 3 C. quando dies VI 53, l. 7 pr. D. quando dies XXXVI 2.

[30] S. u. § 39, 40, 60. [31] S. § 11, 16.

[32] S. wieder die Terminologie bei Unger VI § 62 A. 3.

[33] Über dinglichen Rechtserwerb bei den römischen Vermächtnissen s. die Litteratur in Arndts' P. § 560, dazu Steinlechner S. 399 f.

oder speciale ... vindicandum gegenüber den res, welche ad eorum velut proprias successiones perveniant, c. 4 C. de sec. nupt. V 9, nov. 22 c. 29 § 1; oder dabuntur haec filiis honore praecipuo ex ... lege, welche Gaben pater voluerit ... servare filiis und zwar tamquam ex causa (illorum) ... adquisitas, nov. 22 c. 20, 21; oder in Verbindung damit licebit liberis vindicare, c. 6 § 11 C. de sec. nupt., und dergleichen.[34] In den meisten Fällen aber wird sich eine Absicht für unmittelbare Zuwendung nicht entnehmen lassen;[35] so insbesondere auch nach modernem Recht;[36] selbst der Fruchtgenuß und der Voraus ist als solcher, ohne weitere Anhaltspunkte, nicht nothwendig unmittelbar nach dem Erblasser zugewendet.[37]

Auf den Erwerber gehen auch die mit dem gesetzlichen Vermächtnisse oder mit dessen Gegenstand etwa verknüpften obligatorischen und dinglichen Lasten über; Ulp. XVII § 1 f. (legata ... cum suo onere fiunt caduca), l. 5 § 4 D. de his quae ut ind. auf. XXXIV 9, nov. 1 cit.[38]

Wie angedeutet kann aber das gesetzliche Vermächtniß (wenigstens in der Regel)[39] auch abgelehnt werden,[40] — ausdrücklich oder stillschweigend. Ist dasselbe wirklich ausgeschlagen, so wird es zunächst an einen allfälligen Substituten oder gesetzlichen Collegatar gelangen,[41] wo dies aber nicht zutrifft, zum Vortheile des Beschwerten rückgängig gemacht.

[34] S. § 7, 54, 55, auch § 15, 20.

[35] Ausdrücklich wird in c. 2 cit. C. X 35 (34) mißbilligt, daß multi ... uniuscujusque rei sibi particulam vindicando ... totas dilacerant facultates; daher curialibus occupandi ... res mortui copiam denegamus; u. § 60.

[36] Sogar das „Eigen" im Zürcher G. B. § 900 f., 975 ist erst durch Herausgabe eines reinen Nachlaßtheiles zu verwirklichen, § 896 f. S. aber § 1943 des früheren Zürcher G. B. gegenüber § 2088 eod. (u. § 38). Koch pr. Erbr. § 113 läßt die einzelnen Bestandtheile der Wittwengerade nach preuß. L. R. unmittelbar zufallen; anders noch Koch pr. Pr. R. § 779, wo Erwerb des Vermächtnisses und Erwerb des vermachten Rechtes nicht gehörig auseinander gehalten war. — In Ansehung des wahren Vindicationslegates ist das moderne Recht nach zwei Richtungen gespalten; s. die Übersichten bei Gruchot pr. Erbr. I S. 555 f., Mommsen d. Erbr. S. 388 f. und in den Motiven zum d. E. V S. 133 f.; dazu Zürcher G. B. § 1027, liv-, est- und curl. Pr. R. A. 2206 f., u. E. § 408. Das a. b. G. B. § 684 hat nur einen obligatorischen Erfüllungsanspruch, anders als das w. g. G. B. Der d. E. § 1865 läßt absolut „einen unmittelbaren Übergang ... auf den Vermächtnißnehmer ... auch dann nicht stattfinden, wenn das Recht zum Nachlasse gehört", Motive V S. 176. Legislative Erwägungen bei Unger VI § 64 A. 1, Mommsen l. c. und in den cit. Motiven S. 134 f.

[37] Vgl. Bernstein a. o. § 7 o. S. 110.

[38] Vgl. § 6, 31, 47, c. c. a. 351, Motive zum d. E. V S. 374 f., Huber IV S. 476.

[39] Ausnahmen für das ö. R. u. § 30, 33, 34, 42, 22 a. E.

[40] Z. B. nov. 1 c. 1, 4 cit. (illo nolente), Eck Indignität und Enterbung S. 67, pr. L. R. II 1 § 517 cit., ob. Motive S. 409.

[41] Vgl. § 6, 12, 13, pr. L. R. II 1 § 521.

§ 9. Berufungsgründe.

Die Zuwendung eines gesetzlichen Vermächtnisses ist, wie angedeutet, an einen Thatbestand geknüpft, welcher nicht in einer letzten Willenserklärung besteht. Dieser Thatbestand ist im Allgemeinen eine gewisse Beziehung des Berufenen zum Erblasser, welche eine derartige Einzelzuwendung begründet erscheinen läßt, aber sehr verschieden gestaltet sein kann. Zumeist ist dieselbe eine innige Verbindung, es kann aber u. a. bereits eine losere Beziehung genügen; charakteristisch ist es, daß die römischen Quellen manchmal die gesetzliche Zuwendung des betreffenden materiellen Vortheils geradezu als solacium für den Verlust durch den Tod des Erblassers bezeichnen, freilich theilweise sogar in Fällen, wo die Beziehung des Berufenen zum Verstorbenen in Wirklichkeit keine so innige war; c. un. C. si liberalitatis imperialis socius sine herede defecerit X 14 (... ad consortem potius solacium quam ad personam aliam pars perveniat decedentis),[1] c. 3 § 3 C. quando et quibus debetur quarta pars ex bonis decurionum X 35 bez. 34 (curiam secundum ... leges quartae curialis morientis habere solacium), nov. 22 c. 22 § 1 (Si vero omnes defuncti sint, habeat consolationem suae infelicitatis mater, ut ea rursus recipiat), c. 4 § 3 C. ad s. c. Tert. VI 56 (Sin autem universae vel universi intestati diem obierint durae fortunae ad matrem solacia ex integro revertantur).[2] Am wichtigsten ist, wie bei der gesetzlichen Erbfolge, eine familienmäßige Verbindung mit dem Erblasser, namentlich durch das Band der Verwandtschaft und der Ehe.[3] Beachtenswerth ist übrigens, daß die verschiedenen Berufungsgründe mit verschiedener Energie begabt sind[4] und mitunter in einander greifen.[5]

Im Einzelnen sind hienach als besondere Arten anzuführen: ehe-

---

[1] Dem unbeerbten socius steht also der überlebende Gemeinschafter doch näher als eine ganz fremde Person.

[2] S. u. § 62, 60, 58. Vgl. noch c. 5 C. de hered. dec. etc. VI 62, auch u. § 52a.

[3] Pr. L. R. II 1 § 512: „es begründet die Verwandtschaft" einen „Anspruch auf die Niftel". Zu eng ist es, wenn Kuntze Curs. § 816 nur das Verwandschafts- und das Eheband als Successionsgründe für gesetzliche Singular-Successionen auf den Todesfall anführt. [4] Vgl. § 10, 26.

[5] Dies ergibt sich aus den folgenden §-Aufzählungen und A. 15, 16 von selbst, insoferne, als da mehrere Gründe für einen und denselben Fall eines gesetzlichen Vermächtnisses herangezogen sind.

liches Verhältniß,[6] Verlöbniß,[7] Kindesverhältniß,[8] elterliches Verhältniß,[9] die Eigenschaft des Berufenen als nächster Verwandter oder als nächster ev. Intestaterbe[10] oder als wirklicher Erbe[11], die Zugehörigkeit des Erblassers zu einer gewissen öffentlichen Anstalt[12] oder ein sonstiger öffentlicher[13] bez. privatrechtlicher[14] Verband mit dem Erblasser; ja mitunter spielt in eigenthümlicher Weise die Rücksicht auf einen gewissen erblasserischen Willen mit, welcher an sich die Zuwendung des „Vermächtnisses" nicht begründen könnte.[15] Theilweise entscheidet (außer einer Beziehung zur Person des Erblassers) zugleich eine Beziehung des Berufenen zu den betreffenden Vermögensobjecten des Erblassers,[16] namentlich zu solchen, die jenem gewissermaßen (naturaliter) schon vor dem Tode des Erblassers zu gehören scheinen.[17]

Nach den Berufungsgründen ist die unten folgende Darstellung der gesetzlichen Vermächtnisse im Ganzen geordnet, soweit dies andere, mehrfach sich kreuzende Erwägungen gestatten.

---

§ 10. Eingreifen der gesetzlichen Vermächtnisse bald ohne bald wider einen letzten Willen.

Indem die gesetzlichen Legate überhaupt nicht-letztwillige Zuwendungen sind,[1] finden sie bald ohne einen maßgebenden letzten Willen,[2] bald wider einen vorhandenen letzten Willen[3] statt. Letzterenfalls mag von gegenwilligen Legaten, oder, parallel der Notherbfolge, von Notheinzelfolge,[4] Nothvermächtnissen,[5] Nothbetheiligten[6] u. dgl. gesprochen

---

[6] § 27—37. [7] § 38. [8] § 14,25,39,40,43,49,50,54,55,57. [9] § 53,56,58,52a.

[10] § 41, 42, 44, 47, 48. S. namentlich auch die decem personae des Edicts in § 58 und überhaupt o. § 6. [11] S. § 7. [12] § 59.

[13] § 60, 61. Dazu nov. 38 c. 1, Gans Erbr. II S. 405 f.

[14] § 62. [15] Darüber § 5 und betreffende Citate in A. 12 f. eod.

[16] § 23, 28, 31, 32, 38, 47, 48, 51, 52, 54 f. Eigenthümliche Fälle bietet da noch jetzt der code Nap. in a. 351 f., 747, 766 (vgl. Planta zu § 489 bündn. G. B., Bühler bündn. Erb. . . . R. S. 60 f., Huber Schweiz. Pr. R. II S. 66, 76 f., 131 f.), welche Bestimmungen vom ital. und rumän. c. c. richtig gemieden wurden; Näheres u. § 52a.

[17] S. § 54 f., dazu § 10 a. E., § 7 bei A. 16 f.

[1] Vgl. o. § 5 A. 5. [2] § 25, 27—34, 37—40, 42—51, 52a, 53—55, 58, 62.

[3] § 14, 15, 27, 28, 30—34, 39—44, 47, 48, 54—58, 60. Dazu Huber Schweiz. Pr. R. II S. 261 f., 266 f.

[4] Bez. Notheinzelerwerb, vgl. Schiffner Vermächtnißbegriff S. 35 f., Randa in Grünhut's Ztschr. II S. 474.

[5] Die Ausdrücke nothwendige Legate und Pflichtlegate beziehen sich zunächst auf wirkliche Vermächtnisse, vgl. § 2, 63.

werden; insbesondere sind die gegenwilligen Singularansprüche eventuell Pflichttheilsansprüche bez. pflichttheilsähnliche Ansprüche.[7] Im ersteren Falle dagegen läge es nahe, von Intestatvermächtnissen, legata ab intestato relicta, von singulärer Intestatfolge u. dgl.[8] zu reden; jedoch wäre dies noch bedenklicher als die Bezeichnung der gesetzlichen Erbfolge mit Intestat-Erbfolge.[9]

Der in unserer Frage maßgebende letzte Wille ist nämlich nicht gerade stets als ein Testament zu denken, vielmehr in gewissen Fällen als eine letztwillige Einzelverfügung hinsichtlich des betreffenden Gegenstandes. Hiernach können die gesetzlichen Legate unter Umständen bei Ermanglung einer betreffenden letztwilligen Einzelzuwendung (eines bezüglichen Singularvermächtnisses) eingreifen,[10] u. z. ev. selbst neben einem Testamente; desgleichen u. U. wider eine bloße Einzel-Verfügung m. c. (sei es eine zuwendende, sei es eine ausschließende),[11] u z. ev. selbst ohne ein Testament.

Eigenthümlich ist, daß eine Reihe von gesetzlichen Vermächtnissen in eben derselben Quantität und Qualität sowohl bei entgegenstehendem wie auch bei ermangelndem letzten Willen gewährt sind,[12] als unentziehbare gesetzliche Legate, (so namentlich verschiedene Quarten des röm. R.),[13] weshalb da einige ausschließlich die eine oder die andere Seite

---

[6] S. Roßhirt Civ. R. § 536 a. E.

[7] S. § 27, 39, 40, 41, 60, aber auch § 30, 42. In gewisser Hinsicht können übrigens auch Intestatansprüche als Pflichttheilsansprüche wirken, s. u. A. 19, c. 3 C. de in off. don. III 29, Marcusen Rescission pflichtw. Schenkgn. S. 8.

[8] Vgl. o. § 2.

[9] Gegen letztere z. B. Unger System VI § 29 A. 2, Pfaff u. Hofmann II S. 677 f.

[10] Z. B. § 31, 43—45, 55, 62, ferner § 51 („subsidiäres“ „Intestat-Anerbenrecht“), § 46 (wo für die Zuwendung zwar ein letzter, aber nicht ein sonstiger Wille des Erblassers mangelt, s. u. A. 17). Unter den einschlägigen Stellen vgl. nov. 18 c. 6: si vero testati, nihil dicentes de eis; c. 12 pr. C. comm. utr. jud. III 38: si ... ille ... testamento condito ... scripserit heredes et nihil de hujusmodi rebus, quae ad eum reversae sunt vel pervenerunt, disposuerit ...

[11] Z. B. § 14, 15, § 43 A. 23, § 44, 57, 58, auch u. § 63 A. 18 (gegen einen speciellen Aufhebungswillen).

[12] D. Mot. V S. 390: „unabhängig von dem Willen des Erblassers“. Fälle ergeben sich von selbst aus der Übereinstimmung von §-Zahlen in o. A. 2, 3. S. insbesondere c. 3 § 1 C. X 35 (34): omnino quartam partem patrimonii curia consequatur; l. 10 § 6 D. XXVIII 6; nov. 22 c. 29: absolute ... accipiat, ... modis omnibus ... habeant; pr. L. R. II 1 § 513: „Demjenigen, welchen ein Recht auf Heergeräthe, Gerade und Niftel zukömmt, kann dasselbe durch letztwillige Verordnungen nicht entzogen werden;“ auch liv-, est- u. curl. Pr. R. A. 1751. Vgl. Roth d. Pr. R. § 148.

[13] § 27, 39 f., 60; 28, 32 f. Dagegen Zürcher G. B. § 974, it. c. c. a. 812, u. E. § 95.

betonen.[14] Die übrigen Kategorien gesetzlicher Vermächtnisse sind von sehr verschiedener Energie, indem sie entweder nur dispositiv bei Ermangelung eines maßgebenden letzten Willens[15] oder nur correctorisch wider einen letzten Willen[16] platzgreifen, so daß sie also entweder vor einem allfälligen letzten Willen sich einfach zurückziehen würden, — entziehbare gesetzliche Legate, — oder aber ausschließlich zur Überwindung eines solchen dienen. Die rein dispositiven Legalvermächtnisse sollen oft einen wahrscheinlichen[17] Willen des Erblassers, der nicht als letzter Wille (ausdrücklich oder stillschweigend) erklärt ist, durch eine gesetzliche Zuwendung berücksichtigen, (sog. gesetzlich vermuthete oder fingirte Vermächtnisse), gehen aber wie gesagt thatsächlich zuweilen gar so weit, daß sie eine Zuwendung selbst gegen den wahrscheinlichen Willen des Erblassers gewähren.[18]

Schließlich ist anzudeuten, daß die gesetzlichen Vermächtnisse in gewissen Fällen, — u. z. mitunter kraft einer Art Verfangenschaft,[18a] selbst gegen erblasserische Verfügungen inter vivos wirken.[19]

---

§ 11. Inhalt der gesetzlichen Vermächtnisse.

Die gesetzlichen Legate enthalten eine gesetzliche Berufung gewisser Personen von Todeswegen zum Eintritte in vermögensrechtliche Beziehungen als einzelne.

Für die Auslegung des bezüglichen Gesetzeswillens sind die Regeln über Auslegung von Gesetzen und, soweit möglich, von letzten Willen anzuwenden. Zum Theile ist die Interpretation durch eingehende Vorschriften über den Umfang des Zugedachten und über die Person des Bedachten sehr erleichtert, so namentlich bei gesetzlichen Zuwendungen von

[14] S. o. § 2 A. 1, 6 und namentlich u. § 27, 39.

[15] Z. B. § 25, 28, 29, 31, 37, 38, 45, 46, 52a, 53, 62. Besonders scharf die d. M. V S. 374 zu § 1975, 1987 d. E.: „der Voraus hat nicht den Charakter eines Pflichttheils. Der Erblasser ist daher befugt, den Voraus zu entziehen". S. auch § 974|2 Zürcher G. B.

[16] Z. B. § 14, 41, 42, 57, 58.

[17] Im Falle des § 46 sogar einen sonst erweislichen Willen des Erblassers.

[18] Vgl. § 5, 15, 41, 43, 44.

[18a] Vgl. Kohler in d. dog. Jhb. XXIV S. 248 f.

[19] In solchen Fällen finden sie gegen einen erklärten Willen, aber nicht gerade stets gegen den letzten Willen des Erblassers statt. So namentlich der Pflichttheil und die pflichttheilsähnlichen Ansprüche, § 41, 27, 39, 40, 60; so ferner § 57. Bei einzelnen gesetzlichen Zuwendungen heißt es nachdrücklich, daß die fraglichen Objecte in einem gewissen Bestande dem Bedachten jedenfalls gesichert sein sollen, serventur, vgl. § 7 bei A. 16 f., § 8, § 9 g. E., § 54. S. noch o. A. 7, aber auch o. § 5 A. 44.

bestimmten Sachgesammtheiten,[1] hier gewissermaßen in Parallele zu ähnlichen Interpretationsregeln für letztwillige Zuwendungen. Eigenthümlich ist die Bestimmung des preuß. L. R. II 1 § 537 f., daß „die Vorschriften der Provinzial- und statutarischen Gesetze" über Heergeräthe und Gerade „genau nach den Worten angewendet werden" müssen und „dabei keine ausdehnenden Erklärungen stattfinden" dürfen,[2] während „dunkle Vorschriften solcher Provinzial- oder statutarischen Gesetze ... nach den Grundsätzen dieses allgemeinen Landrechts erklärt werden" sollen.

Mitunter tritt das Gesetz bei einer Einzelzuwendung m. c. als Auslegung einer erblasserischen Verfügung auf, während dasselbe nicht selten in Wahrheit eine Hineinlegung einer gesetzlichen Zuwendung ist.[3]

Die gesetzliche Vermächtniß-Anordnung kann übrigens sich selbst beschränken, u. z. auch durch Beifügung einer (gesetzlichen) Bedingung[4] oder Befristung,[5] einer aufschiebenden oder einer auflösenden, insbesondere durch eine gemeine oder eine fideicommissarische (gesetzliche) Substitution; von einer solchen mag sie sofort gehandelt werden.

---

§ 12. Gesetzliche Ersatzvermächtnisse.[1]

Im Falle des Nichterwerbes eines (Singular-) Vermächtnisses kann dessen Gegenstand vom Gesetze ev. einer anderen Person zugewendet sein; es kann also ein gesetzliches Vermächtniß als Ersatz für ein sonstiges Vermächtniß desselben Gegenstandes angeordnet sein. Dasselbe erscheint dann als ein gesetzliches Ersatzvermächtniß, als eine Art gesetzlicher gemeiner oder directer oder Vulgar-Substitution hinsichtlich eines einzelnen Gegenstandes. Dafür gelten dann, soweit als überhaupt möglich, die Grundsätze über wahre Ersatzvermächtnisse und damit auch die über Ersatz-

[1] S. u. § 23.

[2] Gegen diesen veralteten Standpunkt s. nur Pfaff und Hofmann Comm. I S. 176, 183.

[3] Vgl. schon § 5, dann § 44, 46. Gegen Unger VI § 67 A. 6, § 72 A. 2 s. Pfaff und Hofmann II S. 662 f.

[4] Vgl. z. B. die gesetzliche Bedingung der Verehelichung (§ 25, 53 f.), der Ehelosigkeit (§ 22), des Kinderhabens (§ 14), der Kinderlosigkeit (§ 58), der Erblosigkeit (§ 61, 62). [5] Vgl. u. § 22.

[1] Dieser Ausdruck ist nach den Motiven zum d. E. V S. 208 gebildet, wenngleich diese (bei den wahren Vermächtnissen) ihn als technischen nicht für erforderlich halten. Parallel sind die Ausdrücke „Ersatzerbeinsetzung", „Ersatzerbe", d. E. § 1800 f.; vgl. aber Brinz Pand. § 373, auch u. § 13.

erbeinsetzungen. Insbesondere ist eine solche Ersatzberufung eine bedingte Berufung, freilich eine gesetzliche und zugleich gesetzlich bedingte.

Übrigens kann jener Ersatz bald für ein wahres, bald für ein gesetzliches Vermächtniß angeordnet sein.

Beides ist unter Umständen der Fall bei Entreißung eines Singular-Erwerbes wegen Indignität. So wird in nov. 1 c. 1, 4[2] bei Nichterfüllung des erblasserischen Willens nach einer gewissen Frist die Entreißung des Erworbenen einer ganzen Reihe von Personen nach einander in bestimmter Rangfolge vom Gesetze angeboten. Dies geschieht nun auch dann, wenn non ab herede, sed a legatario aut fideicommissario (eventuell per speciem) aut mortis causa percipiente[3] dari aliquid aut fieri testator voluerit. Dabei beachte man folgende Aussprüche der Novelle: eodem ordine in occasione ablatarum rerum servando, et incohante quidem ab substitutis . . ., terminante vero in fisco; — prius ad substitutum volentem venient omnes res secundum legem complentem quae relicta sunt, et sic illo nolente tunc ad coheredes[4] et legatarios et servos (libertate honoratos) et qui ab intestato et qui extra sunt et fiscum (secundum ordinem) . . . venient; — si vero nullus horum, de quibus testamento memoria facta est, voluerit adire . . ., tunc ad alios . . . deferri res; — primus secundum ordinem vocatus . . . ita vocetur prior, deinde qui post illum est, (et) ita de cetero donec ultimus relictus locum faciat etiam alicui exterius venientium, et adire et . . . implere u. dgl. Es wird also hiermit von der Novelle, zur Sicherung der Erfüllung des erblasserischen Willens, auch hinsichtlich eines Singular-Erwerbes des indignus ausdrücklich erklärt, daß da durch das Gesetz eine Reihe bestimmter anderer Personen auf den einzelnen Vortheil geradezu berufen wird, u. z. nach einander in einer gewissen Ordnung, indem, wenn ein Nächstberufener das ereptorium nicht haben will, an seiner Stelle ein anderer dazu berufen wird. Eine derartige „stufenweise gesetzliche Delation"[5] wird ebendort selbst unter mehreren Legataren als Ereptions-Berechtigten gemacht: etenim in legatariis et

---

[2] Vgl. darüber Vangerow P. II § 459, Sintenis Civ. R. III § 205, Brinz P. § 396 III, § 428 A. 6 („ordo vindicationis"). Über die Indignität überh. u. § 15. [3] Hierunter ist eben auch ein gesetzlicher Legatar begriffen, o. § 5, 6.

[4] Ist unter den auf einen Einzelerwerb gesetzlich Nachberufenen ein Erbe, so liegt insoferne zugleich ein gesetzliches Vorausvermächtniß (§ 7) vor.

[5] Zimmermann im Arch. f. prakt. R. W. XII S. 384. Vgl. o. § 8.

fideicommissariis hunc esse volumus ordinem, ut detur licentia aditionis priori u. dgl. Ein anderes interessantes gesetzliches Ersatz-vermächtniß bewirkt die Indignität nach nov. 22 c. 22 pr. in f.,[6] woselbst besonders der Passus gradibus in suo servandis ordine wieder zu betonen ist.

Auch römische Capacitäts-Beschränkungen[7] bei wahren Vermächtnissen veranlassen gesetzliche Ersatz-Zuwendungen. So namentlich, noch für das heutige Recht, im Falle des § 57.[8]

Eigenthümliche Substitutionen enthalten dann das preuß. L. R. I 12 § 531[9] und das Berner C. G. B. S. 160, 578.

Dagegen ist eine successio graduum ausdrücklich ausgeschlossen beim Heergeräthe und bei der Niftel-Gerade im preußischen L. R. II 1 § 520: „in allen Fällen, wo Heergeräthe oder Niftel denjenigen, welche sonst durch ... Gesetze oder Statuten dazu berufen sind, aus einem oder dem anderen der ... Gründe nicht verabfolgt werden dürfen, fallen dieselben nicht dem Nächsten nach ihm zu" ...

Kein reines (gesetzliches) Ersatzvermächtniß, wenngleich doch eine gesetzliche Vulgar-Substitution überhaupt ist es, wenn ein einzelner Gegenstand auf den Fall vom Gesetze zugedacht ist, daß derselbe nicht von Erben als solchen (mit der Erbschaft) erworben werden sollte, (wie eventuell nach dem Gutachten des französischen Staatsrathes u. im § 59).

§ 13. Gesetzliche Vorvermächtnisse und Nachvermächtnisse.

Eine fideicommissarische Substitution kann auch als eine gesetzliche Substitution[1] und als solche selbst beim Singular-Erwerb in Betracht kommen.

Vorerst kann ein gesetzliches Vermächtniß etwa mit der Bestimmung zugewendet sein, daß derjenige, welcher dies Vermächtniß zunächst erhält, dasselbe nach einer gewissen Zeit oder für einen gewissen Fall einem Dritten zu überlassen habe,[2] (gesetzliches Vor- und Nachvermächtniß[3]

[6] § 58. Über das mit beiden Beispielen in Verbindung stehende gesetzliche Nachvermächtniß s. u. § 13. [7] § 14.

[8] Von einer Art Substitution sprechen da auch Aubry und Rau droit civ. fr. § 609 A. 1. Beachte u. § 57 hinsichtlich der Quellenworte revocare, deducere. S. aber auch den Ausdruck translata in § 14. [9] § 46.

[1] Vgl. Pfaff und Hofmann II S. 407, 743 ff. — [2] Vgl. Motive zum b. G. V S. 209.

[3] Diese Ausdrücke werden hier den betreffenden gewillkürten Vermächtnissen (Dern-

oder gesetzliches successives Vermächtniß[4]). Dasselbe wird im Zweifel durch das Erleben des Substitutionsfalles gesetzlich bedingt sein, insoferne nämlich das Gesetz die Zuwendung nur an bestimmte Individuen machen will. Ein derartiges gesetzliches Vermächtniß trifft zu, wenn ein gesetzlicher Singularerwerb mortis causa wegen Indignität von einem Dritten entrissen wird;[5] die Unwürdigkeit greift nämlich nach der bereits vorhin verwertheten nov. 1 c. 1 § 4 gleichfalls dann Platz, wenn non ab herede, auch nicht a legatario aut fideicommissario, sondern von einem sonst mortis causa percipiente dari aliquid aut fieri testator voluerit, vorausgesetzt, daß der m. c. Percipirende den letzten Willen in gewisser Frist nicht erfüllt.

Die letztcitirten Worte ergeben übrigens auch die Möglichkeit eines bloßen gesetzlichen Vorvermächtnisses bei einem letztwilligen Nachvermächtnisse, wenn nämlich der Erblasser einen gesetzlichen Legatar mit einem Nachvermächtnisse beschwert hatte.[6]

Umgekehrt kann unter Umständen ein (bloßes) gesetzliches Nachvermächtniß vorhanden sein, während das Vorvermächtniß ein gewillkürtes ist. Fälle dieser Art bietet wieder die Indignität, insoferne nämlich da ein wahres (Singular-) Vermächtniß nach dem Erwerbe zu Gunsten einer anderen Person entrissen wird. So wird in ebenderselben nov. 1 c. 1 als Gegenstand der Entreißung eben auch ein fideicommissum per speciem und ein legatum angeführt, und zwar etwa zum Vortheile selbst eines anderen legatarius oder fideicommissarius oder eines servus libertate honoratus,[7] aber eventuell gar zum Vortheile eines Erben.[8]

---

burg Pand. III § 114, d. E. § 1884 und seine Motive V S. 208) nachgebildet und sind parallel den Ausdrücken „Vorerbe und Nacherbe", freilich auch, wie diese, leicht auf Vulgar-Substitutionen zu beziehen (vgl. nur Windscheid P. § 557 Anm. 1). Dagegen wird das gesetzliche Prälegat hier stets Voraus-, nicht Vorvermächtniß genannt, § 7.

[4] Gegen die Bezeichnung „successives Vermächtniß" s. die cit. Motive. Die Charakterisirung als „gesetzliche fideicommissarische Substitution" paßt nicht bloß bei Vermächtnissen. Koch pr. Erbr. § 112 wieder spricht in gewissen Fällen (s. unten bei A. 13) von mittelbarer singulärer Intestaterbfolge.

[5] Über die folgenden Indignitätsfälle s. übh. u. § 15.

[6] § 6. S. aber l. 22 § 1 D. de adopt. (u. § 39); vgl. l. 10 § 6 D. de v. et p. s. 28. b.

[7] Freilich paßt in solchen Fällen nicht völlig die Diction in § 1, 4 eod.; s. daher die Ausgabe von Schöll.

[8] Hier ist dann das gesetzliche Nachvermächtniß zugleich ein gesetzliches Vorausvermächtniß im Sinne des o. § 7. Für diesen Fall ist aber mit Rücksicht darauf, daß in nov. 1 c. 1 § 1 einmal von adcrescere gesprochen wird, festzuhalten, daß dem

Auch hinsichtlich des Anfalls des entrissenen Legats werden ebenda die bezeichnenden Worte gebraucht: vocari, — licentia praebeatur et legatariis et fideicommissariis ... adire et adquirere, — res ... quae auferuntur venient, — deferri, — deduximus ad ...[9] Ein anderes Beispiel begegnet uns in l. 5 § 6 D. de his quae ut indignis auferuntur XXXIV 9: si is, cui rogatus sum legatum restituere, falsum dixerit, restituere id fisco debebo; hier ist das Vorvermächtniß zugleich ein letztwilliges Nachvermächtniß. S. ferner nov. 22 c. 22.[10]

Desgleichen ist das „wechselseitige" „Substituirt"-Sein im S. 160 des Berner C. G. B. nicht zu übersehen.

Dagegen ist kein reines gesetzliches Nachvermächtniß, — wenngleich noch eine Art gesetzlicher fideicommissarischer Substitution, — dann vorhanden, wenn ein einzelner Gegenstand, der von Gesetzeswegen zunächst einem Erben als solchen (mit der Erbschaft) zugedacht und zugekommen ist, nach einer gewissen Zeit oder für einen gewissen Fall kraft Rechtssatzes einem anderen zu überlassen ist, wie nach dem österreichischen Hfkzd. vom 21. April 1815 Goutta'sche G. S. X Nr. 87.[11]

Ebensowenig liegt ein gesetzliches successives Vermächtniß insoferne vor, als der jemandem mortis causa zustehende Nießbrauch in der Folge von Rechtswegen zu Gunsten des bisher Beschränkten entfällt; letzterer macht da einen Gewinn jure consolidationis, und nicht einen Erwerb jure successionis[12] oder auch nur mortis causa.

Noch weniger endlich sind mit einigen Schriftstellern, namentlich für das preußische Recht, gesetzliche successive Vermächtnisse, — obzwar eventuell noch successive Singularerwerbungen, — in den Lehen, Erbzins- und Erbpacht-Verhältnissen, Colonaten, Familienfideicommissen, Familienstiftungen, Erb-Begräbnissen und -Kirchstühlen zu finden.[13]

§ 14. Incapacitätsfälle.

Wie schon angedeutet werden mußte, wird das Eingreifen eines gesetzlichen Berufungsgrundes zum Vortheile bestimmter Personen unter Umständen veranlaßt durch die Incapacität oder die Indignität anderer

---

Erben jener Gegenstand erst als einzelner anfällt, welchen ein anderer bereits erhalten hatte. [9] Dazu § 8 [10] § 58. 5 [11] S. u. § 9.

[12] Glück Intestaterbf. S. 591. Beispiele u. § 54 Anm. 7, auch Zürcher G. B. § 901 f. [13] § 66.

Personen, welchen durch jene gesetzliche Zuwendung ein Nachtheil zugefügt wird. Unter diesen Gesichtspunkt können die verschiedenartigsten Fälle gesetzlicher Vermächtnisse gebracht werden, daher eine Art Zusammenfassung im allgemeinen Theile angezeigt ist. —

Insoferne nun die römischrechtliche Incapacität[1] ein (Singular-) Vermächtniß betrifft, kann es sich ergeben, daß der Gegenstand, welchen der Bedachte nicht erwerben kann, vom Gesetze an seiner Stelle einem anderen einzeln zugewendet wird, (gesetzliche Ersatzberufung u. z. gesetzliches Ersatzvermächtniß).

In dieser Beziehung ist hier nov. 89 c. 12 § 2, 3 hervorzuheben,[2] wonach aus der letztwilligen Zuwendung desjenigen Mannes, welcher rechtmäßige[3] und erbberechtigte[4] Descendenten[5] hinterläßt, seine Concubinenkinder, d. h. nunmehr wohl überhaupt seine illegitimen[6] Kinder[7], und deren Mutter zusammen nicht mehr als ein Zwölftel, die Mutter allein

---

[1] Litteratur bei Windscheid P. § 550. Mit Recht ist die moderne Gesetzgebung der Unterscheidung einer erbrechtlichen Erwerbunfähigkeit abgeneigt, so das österr. Recht, so neuestens der d. E. (Motive V S. 516); s. auch Roth bayr. C. R. § 300 A. 129.

[2] Darüber eingehend Mühlenbruch P. Comm. XXXIX S. 323 f. Früheres Recht c. 2, 8, 12 C. de nat. lib. V 27. S. auch c. c. Nap. a. 908, ital. G. B. a. 768, das bayr. Recht bei Roth § 300 Bb, den Cod. Theres. II 12 n. 24 f. bei Harrasowsky II S. 206. Die meisten neueren Legislationen sind richtig gegen derartige Einschränkungen, ob. Motive V S. 15.

[3] Einige denken da nur an „eheliche" Abstämmlinge, z. B. Vangerow P. § 429, Sintenis C. R. § 167 A. 15, Wächter P. § 258; s. aber u. § 65 A. 15.

[4] Gegenüber Mühlenbruch S. 325 f. s. Köppen Syst. S. 320, Lhb. S. 70, auch Dernburg Pand. III § 85 („legitime Erben"). Die Erbeigenschaft ist hervorgehoben in c. 2 C. cit. und noch in nov. 89 c. 12 pr. in f., wo allerdings nicht bloß Descendenten in Frage kommen.

[5] Wenn manche von rechtmäßigen „Kindern" sprechen, so ist dies angesichts der Concubinenkinder, die von der Novelle nur als Kinder ersten Grades vorausgesetzt sind, irreführend; allerdings spricht die Novelle von filii hier wie dort. — Auch die rechtmäßige Gattin stellt (aus dem früheren Rechte) hieher Brinz P. § 368, (s. gleichfalls Mühlenbruch S. 190); Bering Erbr. S. 270 hinwieder selbst Ascendenten, während nov. 89 c. 12 § 3 diesfalls nur etwas Selbstverständliches sagt, — (dies zugleich gegen Mühlenbruch S. 325 f.).

[6] So nunmehr die Entsch. des Reichsgerichtes VIII Nr. 30, Dernburg l. c.; die Litteratur der so strittigen Frage der heutigen Anwendbarkeit s. bei Windscheid A. 9 und in obiger Entscheidung.

[7] Brinz P. § 368 A. 23 beschränkt (mit dem früheren Rechte) auch entferntere illegitime Descendenten, gegen die offenbare ratio der Novelle; s. die Entscheidung bei Roth § 300 A. 144.

nicht mehr als ein Vierundzwanzigstel[8] der Erbschaft erwerben können[9] und das zu viel Hinterlassene an die legitimen Descendenten fällt; eine ähnliche Beschränkung der Erwerbfähigkeit gilt sogar auch umgekehrt gegen den unehelichen Vater.[10] Bestand nun das zu viel Zugewendete in Vermächtnissen,[11] so fallen dieselben an die erwähnten legitimen Erben als sog. gesetzliche Vorausvermächtnisse, welche namentlich dann von Bedeutung sind, wenn noch sonstige Erben concurriren.

Andere Capacitätsbeschränkungen, in Folge von Wiederverehelichung bezw. von vorzeitiger Wiederverehelichung, werden in § 57, 58 auf Legate angewendet.

Dagegen bedarf keiner Darlegung die heute wohl nicht geltende Bestimmung, daß mulieres probrosae hinsichtlich der testamentarischen Erbschaften und der Vermächtnisse zu Gunsten des Fiscus incapaces sein sollen.[12]

Von unbestritten antiquirten einschlägigen Fällen[13] mag hier der betont werden, daß durch die lex Papia[14] und deren Weiterbildung auch Vermächtnisse gewissen dritten Personen an Stelle der bedachten incapaces zugewendet wurden. Insbesondere heißt es, daß Legate und Fideicommisse,

---

[8] Ein Versehen diesfalls bei Arndts in Weiske's R. L. III S. 917.

[9] Vangerow P. § 429 A. 2 nimmt (auch) hier Einsetzungsunfähigkeit an; vgl. übrigens schon Mühlenbruch S. 323 f., 190, Arndts l. c. S. 911 f., 917 f. (civ. Schr. II S. 68 f., 74 f.), Vering Erbr. S. 270; dagegen Köppen System S. 301, Lhb. S. 73, Windscheid l. c. S. noch Köppen System S. 322 f.

[10] Nov. 89 c. 13, Mayer Erbr. § 17, Arndts S. 917 cit. Gewöhnlich wird diese Gegenseitigkeit nicht ausgedrückt, trotz Citirung des c. 13; in der That ist eine solche Beschränkung des unehelichen Vaters ebenso wenig gerechtfertigt als jene der unehelichen Kinder. Und wie groß soll das Maximum des unehelichen Vaters sein, wenn z. B. von 5 unehelichen Kindern das eine stirbt mit Hinterlassung der unehelichen Eltern und von rechtmäßigen Kindern? $^1/_{72}$?! Die nov. 89 c. 13 sagt: eademque mensura ... et ipsi parentibus compensent ... sicut super eis sancivimus.

[11] Nov. 89 c. 12 pr., § 2: relinquere ..., dare ... quolibet modo; c. 8 C. cit.: et in legatis et fideicommissis eis relinquendis ... usque ad aestimationem sex unciarum ... Freilich paßt auf solche Einzelzuwendungen nicht in c. 2 C. cit.: jure reddetur; allgemeiner nov. 89 c. 12 § 2: hoc filiorum fieri legitimorum; desgleichen pr. eod.: plus ... venire.

[12] Windscheid A. 7. Der Vermächtnisse gedenkt ausdrücklich auch Suetonius.

[13] Einen solchen s. nun bei Karlowa röm. R. G. II § 96.

[14] Darüber besonders Vering Erbr. S. 276 f., Hartmann in der Z. f. R. G. V S. 219 f.

soweit sie ein orbus nicht erwerben konnte, translata[15] sunt ad eos qui (in eo) testamento liberos habent, aut si nullus liberos habebit, ad populum, Gaj. II § 286;[16] und zwar war prima causa in caducis vindicandis heredum liberos habentium,[17] deinde, si heredes liberos non habeant, legatariorum liberos habentium, Gaj. II § 206 f.[18] Und Ulpianus XVII § 1 f. sagt u. a. bezüglich der Legate an einen caelebs: Hodie . . . omnia caduca fisco vindicantur, sed servato jure antiquo liberis et parentibus;[19] beachtenswerth ist daselbst gleichfalls: et legata et fideicommissa cum suo onere fiunt caduca.

§ 15. Indignitätsfälle.

Die Ansicht, daß die römische Indignität[1] eines Erben für den Eripienten geradezu „Singular-Successionen" in die einzelnen Erbschaftsobjecte zur Folge habe,[2] ist mit Recht ebenso wenig zur Herrschaft gelangt,[3] wie die, daß der Ereptionsberechtigte da nur einen persönlichen Anspruch, eine condictio ex lege, auf Herausgabe der Erbschaft habe;[4] vielmehr wird überwiegend die Ereption der Erbschaft, wenn nicht als

[15] Dieser Ausdruck ist auch bei einer wahren Vulgarsubstitution gebräuchlich, l. 3 pr. D. de adim. v. transf. leg. XXXIV 4, Brinz P. § 423 A. 12.

[16] Dazu Schneider Anwachsungsr. bei Legaten S. 100, 121 f.

[17] Also wieder ein sog. gesetzliches Vorausvermächtniß.

[18] Der Vorzug des collegatarius conjunctus si liberos habeat, Gaj. II § 206 f. (dazu Ulp. XXIV § 12, Schneider S. 197 f.), gründet sich auf den letzten Willen.

[19] Dazu Ulp. XVIII.

[1] Dig. de his quae ut indignis auferuntur XXXIV 9, Cod. de his quibus ut indignis (hereditates) auferuntur et ad s. c. Silanianum VI 35. Litteratur bei Windscheid P. § 669 A.*; dazu Bering Erbr. S. 286 f., Tewes Erbr. § 60, Gruchot pr. Erbr. II S. 293 f., 300, W. Eck Indignität und Enterbung nach gem. R. 1894; für das österr. R. Pfaff und Hofmann Exc. II S. 9 f. Den Grundzug des modernen Rechts s. bei Stobbe d. pr. R. § 280 II. De lege ferenda Unger System VI § 5 A. 18, Eck S. 85 f. (letzterer auch über code c. N. und d. E.).

[2] So Heimbach in Weiske's R. L. IV S. 50 f. („nur durch Singular-Succession wie bei Legaten"); er gewährt daher die einzelnen „Eigenthumsklagen"; seine Hauptstütze ist Ulp. XIX § 2, 17.

[3] Mit Heimbach geht Koch pr. Erbr. S. 59 f., 1181 f. Windscheid P. § 674 ist wohl in demselben Sinne wie sein § 667 aufzufassen. S. übrigens die Motive zum b. E. V S. 516.

[4] Für letztere Meinung die bei Marezoll in d. Z. f. C. R. u. Pr. I S. 380 f. Angeführten, auch Schweppe r. Pr. R. § 978. Dagegen Löhr im civ. Arch. V S. 387 A. 11, Marezoll l. c., Heimbach l. c., Eck S. 26 f., 75 f. und schon die wiederholten Quellen-Ausdrücke vindicari fisco u. dgl.

wahre, directe Erbfolge,[5] so doch als eine der Erbfolge ähnliche, indirecte Gesammtnachfolge aufgefaßt.[6]

An diese Stelle gehört hiernach nur die Entreißung eines Singular-Erwerbes m. c. in Folge erbrechtlicher Unwürdigkeit.[7] Dieser wird vornehmlich sich auf ein (wahres Singular-) Vermächtniß gründen, — gewisse Indignitätsfälle bezogen sich bekanntlich nur auf Vermächtnisse, (nicht auch auf Erbschaften), während gewisse andere wieder sich nur auf Vermächtnisse nicht bezogen; der Einzelerwerb kann sich aber da gleichfalls als ein gesetzlicher ergeben, wie denn schon oben hervorgehoben wurde, daß die nov. 1 c. 1 § 4 ausdrücklich auch einen mortis causa percipiens im Gegensatze zum heres, legatarius und fideicommissarius als indignus voraussetzt.[8]

Bei den Vermächtnissen wieder wirkt die Indignität zuweilen derart, daß dieselben kraft Gesetzes lediglich unwirksam gemacht und nicht an Dritte zugewendet werden. Namentlich können sie unter Umständen zum Vortheile des Vermächnißträgers (also gewöhnlich des Erben) unwirksam werden, sei es daß dieser einfach von der Vermächtnißlast befreit (exonerirt) wird, sei es daß der Vermächtnißgegenstand an ihn zurückgelangt; hujus modi legatum illi quidem auferatur, maneat autem quasi pro non scripto apud heredem, c. 25 C. de leg. VI 37.[9] In solchen Fällen liegt nicht so sehr ein Singular-Erwerb von Todeswegen zum Vortheile des Eripienten, als vielmehr die Rückgängigmachung oder Vereitlung eines Er-

[5] Für eine wirkliche Erbfolge Marezoll l. c., Köppen System S. 323, 112 und Lhb. § 19; dieser betont die „Delation" des „Erbrechtes" an den Eripienten in eigenthümlicher Weise, dazu Eck S. 52 f. — Für das moderne Recht wird gewiß eine eigentliche Erbfolge anzunehmen sein; so insbes. für das österr. Recht. Von einem Erbanfall spricht denn geradezu der d. E. § 2048. Für das preußische Recht vertritt freilich Koch l. c. jene „Singular-Succession", „wie bei Singular-Fideicommissen", gewährt aber dennoch die hereditatis petitio.

[6] Die meisten sagen, der Ereptor sei heredis loco, wie der Universal-Fideicommissar, oder analog einem Erben u. dgl.; s. besonders Brinz P. § 431, Eck S. 27, 52 f., 57 f., 64, 67 f. („keine Erb-, sondern eine Ereptionsnachfolge" „in locum heredis").

[7] Vgl. Eck S. 68, (der von Begründung einer Singular-Succession durch Ereption spricht). Schon mit Rücksicht auf einen Singular-Erwerb ist der Ausdruck „Erbunwürdigkeit" nicht passend, Windscheid A. 3; weniger unpassend „Erwerbunwürdigkeit" (Brinz § 368).

[8] Vgl. Brinz P. § 428 A. 33, Eck S. 31, o. § 5, 13, aber noch Windscheid P. § 669 a. A.

[9] S. gleichfalls nov. 22 c. 22 pr. (u. § 58): venient ant manent apud heredes. Über l. 5 § 2 D. h. t. s. u. A. 19.

werbs von Todeswegen zum Nachtheile des Unwürdigen vor.[10] Im modernen Rechte findet diese Wirkung der Unwürdigkeit eines Legatars sogar regelmäßig statt.[11]

Im römischen und gemeinen Rechte wird dagegen das dem indignus zugefallene Vermächtniß sehr häufig einem Dritten,[12] — vorwiegend dem Fiscus, aber u. U. gewissen Privatpersonen, — einzeln zugedacht; bezeichnend ist dies in l. 5 § 2 h. t. a contrario so angedeutet: legatum quod . . . denegatur . . . transfertur, — die Ablation eines Legates erscheint hiermit als eine Art gesetzlicher Translation desselben (a persona in personam).[13] Hier liegt dann allerdings für den Dritten ein Singular-Erwerb von Todeswegen nach dem Erblasser vor, u. z. ein gesetzliches Nachvermächtniß,[14] beziehungsweise (wenn der vom Erblasser Bedachte nicht erworben hatte)[15] ein gesetzliches Ersatzvermächtniß. Bei solcher Ereption von Vermächtnissen wird seitens der Quellen, in demselben Sinne wie bei der Ereption von Erbschaften, Berufung und Erwerb[16] des Dritten auseinandergehalten. Einerseits nämlich erscheint die Ablation eines Legates als eine gesetzliche Delation; so heißt es: deferri, vocatur, nov. 1 c. 1 cit.;[17] quod . . . testamento accepit (legatum) . . . ex qua specie statim fisco deferetur, l. 9 § 1 h. t.;[18] filio

---

[10] Dagegen sagen einige ganz allgemein, daß die Ereptorien vom dazu Berechtigten „erworben" werden, durch „Succession"; s. z. B. Koch l. c., Wendt P. § 373 („gleichwie durch Succession"), Eck S. 68. Vgl. übrigens auch Windscheid A. 2.

[11] S. für das österreichische Recht Pfaff und Hofmann Exc. II S. 10, (während ich in meinem Vermächtnißbegriff A. 125 die Entreißung eines Legats wegen Unwürdigkeit nach § 121 a. b. G. B. unter die sog. gesetzlichen Vermächtnisse stellte, — dagegen Randa in Grünhut's Ztschr. II S. 474), für das preußische Recht Förster § 278 (dieser indeß in nicht zutreffender Fassung und unter Berufung auf Koch), Dernburg III § 101, über das bayr. L. R. Roth § 382 A. 18; s. ferner sächs. G. B. § 2425, Mommsen Entw. § 13, d. E. § 1874 und dessen Motive V S. 189, 516 f., ung. E. § 8.

[12] Darüber Windscheid A. 3a, Eck S. 24 f., 64 f., aber auch S. 81 f.

[13] Vgl. l. 15 pr. D. de s. c. Silan. XXIX 5, Brinz P. § 429 g. E.

[14] Nach Heimbach l. c. soll auch das Vermächtniß dem indignus trotz der Ereption „der Strenge des Rechts zufolge zugeschrieben" bleiben.

[15] Gegen Puchta Pand. und Vorl. § 558 f. Eck S. 49 f.

[16] S. gleichfalls Vangerow P. § 565 I B („angeboten") und übh. o. § 8. Dagegen scheint Eck S. 17 f., 65 von „positiver Berufung eines Eintrittsberechtigten" nur bei Erbschaften zu sprechen, ungeachtet S. 68.

[17] Die nov. 1 c. 1 § 4 bezieht sich nämlich wie gesagt auch auf Legate und Fideicommisse.

[18] S. Brinz P. § 431, der übrigens fisco defertur liest (anders derselbe § 368 A. 34). M. E. steht dies auf gleicher Linie wie das deferri bei Erbschaften; s. freilich

relinquitur, l. 5 § 2 h. t.;[19] adsignatur, c. 25 C. de leg. VI 37; licentia praebeatur et legatariis et fideicommissariis, nov. 1 c. 1 § 1. Andererseits wird noch ein adire et adquirere seitens des Berechtigten vorausgesetzt, nov. 1 c. 1 cit. oder ein vindicare, l. 26 D. h. t. ... Es tritt also, wie bei der Indignität eines Erben,[20] das „Ereptionsrecht" des Dritten bereits mit dem bloßen Dasein der Indignität des Legatars ein, die Ereption selbst aber nur mit einer Willenserklärung des Dritten.[21]

Nebst dem Vermächtnisse gehen auf den Ereptor auch darauf etwa lastende Verpflichtungen über, l. 5 § 4 D. h. t.[22]

Einzelne einschlägige Indignitätsfälle werden in gegenwärtiger Arbeit an anderen Orten eingeflochten; u. z. die Behauptung der Fälschung des letzten Willens, (wobei nach l. 5 § 6 D. h. t. das Vorvermächtniß zugleich ein letztwilliges Nachvermächtniß ist), desgleichen die Säumniß in der Entrichtung eines Vermächtnisses und überhaupt in der Erfüllung eines letzten Willens nach nov. 1 c. 1, 4 und die Nichteinhaltung der Wartezeit seitens einer Frau nach nov. 22 c. 22.[23] In beiden letzteren Fällen ist das gesetzliche Nachvermächtniß zugleich mit einem interessanten gesetzlichen Ersatzvermächtnisse verbunden und im dritten Falle überhaupt die Unwürdigkeit von ganz eigenthümlicher Art.

In der cit. nov. 1 c. 1 § 4 wird die Ereptionsnachfolge als ein legis

---

Pernice Labeo I S. 347, Eck S. 19, 53 (gleich „nuntiabitur"), allein wieder in demselben Titel die Diction ad fiscum venient, ... pertinere, ... transfertur u. dgl., wie denn auch bei Gajus II § 150 ad populum deferri [parallel ist den Worten translata ... ad populum eod. II § 286.

[19] Relinquere bedeutet hier nämlich nicht „gesetzlich belassen", sondern „gesetzlich hinterlassen"; parallel dem legatum relictum a testatore, z. B. gleich in l. 9, 26 h t. und in l. 28, 32 D. de excus. XXVII 1; vgl. Arndts Comm. XLVII S. 179 f., o. § 6. Es ist ja in der ob. Stelle nicht ersichtlich, daß der filius zum Alleinerben eingesetzt sei (wie etwa in l. 32 cit., — anders Keller Inst. S. 403), es wird nur betont, daß dessen utilitates desertae sunt; vgl. c. 25 cit., Zimmermann im prakt. Arch. XII S. 388 f. Dies spricht m. E. gegen Windscheid § 673 A. 2 und Köppen Lhb. S. 152, soferne diese in l. 5 § 2 h. t. keine Indignität, sondern bloße Ungiltigkeit wegen mangelnder Voraussetzung annehmen.

[20] S. besonders Brinz P. § 368, 431 („außerordentlicher Anfall", — „quasi adire"), Eck S. 50 f., 58 f., 65 f. gegenüber Heimbach l. c., Windscheid § 674. Für das österr. R. sprechen diesfalls kategorisch dagegen die § 121, 540 f. a. b. G. B., vgl. Pfaff und Hofmann S. 10 f. mit Unger VI § 5 A. 4. Die Mehrzahl der geltenden Rechte erfordert bei der Erbfolge, mit Grund, Anfechtung; vgl. d. E. § 2046 f. und Motive V S. 516, 520 f.; so wohl das preußische Recht, Dernburg pr. Pr. R. III § 101, dagegen Koch Erbr. l. c. (anders als in seinem pr. Pr. R. II § 871).

[21] S. dagegen d. E. § 1874 f., Motive V S. 189.

[22] Vgl. Eck S. 70 f. [23] § 12, 13, 58.

auxilium zur Verwirklichung der erblasserischen Disposition betont und einzelne Neuere gründen die Exeption überhaupt auf eine Vermuthung des erblasserischen Willens[23a]; allein in Wahrheit ist dieselbe zumeist gegen den wahrscheinlichen Willen des Verstorbenen.[24] In der nov. 1 entschied thatsächlich die Billigkeit für Personen, welche einen letzten Willen durch Erfüllung ehrten.[25]

§ 16. Gegenstand der Zuwendung im Allgemeinen.

Die gesetzlichen Vermächtnisse betreffen wie gesagt vermögensrechtliche Beziehungen als einzelne. Sie betreffen eben solche vermögensrechtliche Beziehungen, welche auch Gegenstand letztwilliger Vermächtnisse sein können. Dies zeigt sich schon darin, daß manche gesetzliche Legate (wirklich oder vermeintlich) an die Stelle von gewillkürten Legaten treten, sei es als Ersatz- oder Nachvermächtnisse,[1] sei es als „vermuthete" oder „fingirte Vermächtnisse";[2] dies zeigt sich ferner in der sehr umfassenden Art der Objectsbestimmung bei manchen Legalvermächtnissen,[3] wie in der Möglichkeit der Zuwendung von Vermögens-Inbegriffen.[4]

Da die gesetzlichen Vermächtnisse immer eine Forderung auf Verwirklichung erzeugen[5] wie die letztwilligen, mag man näher auch sagen: Gegenstand kann bei jenen wie bei diesen alles sein, was Gegenstand einer Forderung sein kann; namentlich also die Verschaffung des Eigenthums- oder eines anderen dinglichen Rechtes, die Übertragung oder Beseitigung einer bestehenden Forderung, die Überlassung einer Quote des reinen Nachlasses oder des Nachlaßwerthes, zu Eigen oder zum Genusse, oder endlich ein sonstiger facere. Daraus ergiebt sich zugleich, daß hier wie dort nicht lediglich Nachlaßbestandtheile in Betracht kommen.[6]

Bei etwaiger Verkehrsunfähigkeit des fraglichen Gegenstandes oder des fraglichen Erwerbers wird eine gesetzliche Zuwendung[7] überhaupt nicht erfolgen.

Übrigens handelt es sich selbst bei den gesetzlichen Legaten nicht lediglich um Rechte, sondern ev. auch um damit zusammenhängende Verbindlich-

[23a] S. o. § 5 bei A. 16; dazu in n. 1 c. 1 § 3: secundum legem complentem quae relicta sunt. [24] Eck S. 37 f. [25] Eck S. 59 f.

[1] § 12, 13. [2] § 5. [3] z. B. § 38, 54 f., 62. [4] § 23. [5] § 8.

[6] Vgl. mit Pfaff und Hofmann Comm. II S. 390, 396 z. B. § 18, 22, 25, 41, 51; ungenau Windscheid P. § 533 („entzogen"), für gesetzliche wie für wahre Legate.

[7] Hinsichtlich letztwilliger Zuwendungen Pfaff und Hofmann ad § 654.

keiten und Lasten,[8] u. z. bei Zuwendung von einzelnen Individuen sowohl, als von vermögensrechtlichen Inbegriffen, doch im letzteren Falle vorausgesetzt, daß nicht etwa lediglich ein reines Vermögen in Rede steht.[9]

Der Gegenstand der Zuwendung kann mehr oder weniger bestimmt sein. Eine geringere Bestimmtheit, aber doch noch eine Bestimmbarkeit tritt namentlich bei gesetzlichen Wahl- und Gattungsvermächtnissen[10] ein; auch kann sonst eine genauere Ermittlung des Zugedachten noch vorbehalten sein.[11]

Im Folgenden sollen, in Parallele zur Vermächtnißlehre, die einzelnen Arten von Gegenständen vorgeführt werden.[12]

§ 17. Zuwendung einzelner Sachindividuen.

Ein Legalvermächtniß kann vornehmlich die Verschaffung einer individuell bestimmten einzelnen Sache betreffen, — gesetzliches Speciesvermächtniß; insbesondere ist dasselbe als Ersatz- oder Nachvermächtniß nach einem letztwilligen Specieslegat denkbar.[1] Letzterenfalls können die besonderen Grundsätze über wahre Sachvermächtnisse[2] auch für uns (mittelbar) von Bedeutung sein. Im Übrigen besteht hier kein selbständiger Anhaltspunkt zur Anwendung dieser Grundsätze, zumal insoferne sie auf der Auslegung des erblasserischen Willens beruhen. Nur soviel ist zu bemerken, daß der Bedachte die fragliche Sache regelmäßig in dem Zustande erhält, wie sie sich zur Zeit des erblasserischen Todes befindet.[3]

§ 18. Gesetzliche Gattungsvermächtnisse.[1]

Vom Gesetze werden unter Umständen bloß der Gattung nach (rein generisch) bezeichnete Gegenstände ohne weitere Beschränkung zugewendet, so daß sie dem Bedachten ohne Rücksicht darauf gebühren, ob und

8 § 5, 8. 9 Vgl. § 19, 23. 10 § 18, 24.

11 Z. B. § 25, 41, auch § 22.

12 Hinsichtlich der Frage, ob pretium succedit in locum rei vgl. pr. L. R. II 1 § 516 und das ostpreuß. Prov. R. (u. § 24) mit code Nap. a. 747, 766 (u. § 52a).

1 Andere Beispiele in § 31, 38, 47, 48, 54 f., 62.

2 Über das legatum speciei Arndts P. Comm. XLVI S. 95 f., 223 f., XLVIII S. 341 f., auch Unger VI § 67, Brinz P. § 414 f., Pfaff und Hofmann Comm. II ad § 660 f. — 3 S. § 898 Zürcher G. B. (u. § 38), überhaupt o. § 5 A. 44, § 10.

1 Vgl. § 24.

wie viel Gegenstände der fraglichen Art im Nachlasse vorhanden sind; gesetzliche rein generische oder Gattungs-Vermächtnisse.

Die fraglichen generischen Dinge können etwa vertretbare sein (gesetzliche Summenvermächtnisse), insbesondere eine bestimmte Quantität Geld, sei es eine Geldrente,[2] sei es sonst eine Geldsumme,[3] — im Gegensatze zu vertretbaren Sachen, welche unter Beschränkung auf die im Nachlasse vorfindlichen Sachen solcher Art[4] zugedacht sind, insbesondere zum vorhandenen baren Geld.[5]

Aber auch unvertretbare Sachen können als bloß generelle zugewiesen sein; gesetzliche Gattungsvermächtnisse im eigentlichen Sinne.[6]

Selbstredend wird schon kraft der gesetzlichen Zuwendung die Quantität und Qualität im Wesentlichen bestimmt oder doch bestimmbar sein.[7] Soweit dann noch eine gewisse Unbestimmtheit bleibt, steht die genauere Bezeichnung, namentlich der näheren Gattung und der einzelnen Individuen, dem Beschwerten als Schuldner zu, u. z. ev. unter Berücksichtigung der persönlichen Verhältnisse des Bedachten.[8]

---

§ 19. Gesetzliche Vermächtnisse betreffend jura in re aliena.

Ein gesetzliches Vermächtniß kann darauf gehen, daß

1) ein beschränkendes dingliches Recht von Todeswegen begründet werde.

Vor allem ein gesetzliches Nießbrauchsrecht auf den Todesfall[1] (ein usufructus legalis mortis causa, — gesetzliches Nießbrauchs-

---

[2] § 22, 36.

[3] § 35, 36, 41, 50—52, 59. Über das (wahre) Geldvermächtniß überhaupt Arndts P. Comm. XLVI S. 203 f.

[4] § 32, 35, 47, 48. Das da berufene Institut des Heergeräthes und der Gerade gehört aber selbstverständlich nur theilweise hierher.

[5] Z. B. liv-, est- u. curl. Pr. R. A. 1723, 1752.

[6] Z. B. liv-, est- u. curl. Pr. A. 1920 (u. § 25): „Kleider und Geschmeide“; vgl. Tiroler L. O. III 40. Hinsichtlich obiger Terminologie vgl. Dernburg P. III § 110, Windscheid P. § 661, Pfaff und Hofmann Comm. II S. 418, 422 gegenüber Arndts P. § 571, 574, Unger VI § 68, 70, Windscheid § 655.

[7] Nur eine allgemeine Art der Bestimmung z. B. in § 22, 25, 41. Dagegen wird eine derartige Unbestimmtheit wie bei letztwilligen Genuslegaten (Windscheid P. § 655) bei gesetzlichen naturgemäß nicht vorkommen.

[8] Vgl. d. Mot. V S. 173 und z. B. § 22.

[1] Roth d. Pr. R. § 148 g. E. Von einem „gesetzlichen Vermächtnisse“ sprechen diesfalls die Motive zum hess. Entw. III S. 28; s. auch u. § 27, 29. — Verschieden

Vermächtniß), u. z. ein eigentliches wie ein uneigentliches, und nicht nur an einzelnen Gegenständen,[2] sondern selbst an der Erbschaft (oder einer Quote derselben), als ein gesetzlicher „Erbnießbrauch".[3] Auch in den Fällen nämlich, wo der Fruchtgenuß den ganzen Nachlaß oder eine Quote desselben betrifft, werden lediglich Einzelrechte, freilich an allen Stücken des reinen[4] Nachlasses, nicht aber etwa ein Gesammtrecht an der Nachlaßeinheit gewährt, also nur Einzelerwerbungen hinsichtlich des ganzen reinen Nachlasses, nicht aber eine Gesammtnachfolge in das Nachlaß-Ganze begründet, geradeso wie beim wahren (einseitigen oder vertragsmäßigen) Vermächtnisse eines Vermögens-Nießbrauches.[5] Gewöhnlich wird der gesetzliche Vermögensnießbrauch m. c. auf die Lebenszeit gewährt.[6] Sein wichtigster und häufigster Anwendungsfall ist ein ehelicher Nießbrauch[7] und eine gewisse elterliche Nutznießung[8] von Todeswegen.[8a]

Auch ein Pfandrecht kann von Todeswegen durch Rechtsatz begründet sein, an einzelnen Gegenständen, wie an einem Complexe derselben

davon das gesetzliche Vermächtniß des Ertrages einer Erbschaftssache oder Erbschaftsquote (vgl. Arndts P. § 575 A. 3, ital. c. c. a. 753, 819, u. § 24), s. aber liv-, est- u. curl. Pr. R. A. 1770 f. [2] Z. B. u. § 28, 53, dann bad. L. R. Z. 1570a, Huber IV S. 473 f.

[3] Letzterer Ausdruck nun z. B. in den Motiven zum d. E. V S. 368. Schaffhausner G. B. § 234: „erbrechtliche Nutznießung". S. auch Huber Schweiz. Pr. R. I S. 452 f., II S. 77.

[4] Vgl. Ofner Protokolle II S. 433 f. S. ausdrücklich z. B. Zürcher G. B. § 901, 897, Zuger G. B. § 269, 273. So auch beim wahren Vermögensnießbrauchs-Vermächtnisse, l. 69 D. ad l. Falc. XXXV 2, l. 43 D. de usu et usufr. leg. XXXIII 2, hier aber eventuell mit dem Wahlrechte nach l. 32 § 8 D. eod., Hanausek uneigentl. Nießbrauch S. 3 f. Dies Wahlrecht will Unger VI § 35 A. 12, § 71 A. 4 für das österr. Recht beim gesetzlichen Quotennießbrauch anwenden (s. aber u. § 29); vgl. Petri Pflichttheilsr. d. armen Wittwe S. 56. S. noch ital. G. B. a. 753, 819, ungar. Erbrechts-E. § 96, u. § 22, 24.

[5] S. überhaupt die Nachweise bei Schiffner Vermächtnißbegriff S. 12 und Vermächtnißvertrag S. 31 f., 92, dazu d. Motive II S. 558 f., Kohler S. 221 f., 291 f.

[6] Ausnahme z. B. Zürcher G. B. § 901 f. Andererseits s. ein vererbliches Nutzungsrecht bei Bühler bündn. Erbr. . . R. S. 44 f.

[7] S. u. § 27, 29, wo eben die Frage nach der Natur des Quoten-Nießbrauches acut ist. Der eheliche gesetzliche Nießbrauch m. c. ist in Österreich ein Gegenstück insbesondere zum vertragsmäßigen Advitalitätsrechte, Schiffner V. V. l. c. — Andere Fälle s. u. § 28, 37. Beachte den Sprachgebrauch im bad. L. R. Z. 745a, 1535a.

[8] Z. B. Bühler S. 42 f., 56, 61, 108, Huber II S. 77, 87, Stobbe § 291 A. 14, c. c. a. 754, Schaffh. G. B. § 1822. Nicht hieher gehört der Nießbrauch als bloße Consequenz oder Fortsetzung des lebzeitlichen elterlichen Nießbrauches, u. § 28 A. 11. Vgl. den Sprachgebrauch im bad. L. R. Z. 745a, 1570b. — S. ein Nutzungsrecht von Enkeln und Geschwistern bei Bühler S. 38 f., 108. Dazu u. § 65 A. 38. — Übh. Kohler S. 248 ff.

[8a] Dingliche Wohnrechte m. c. s. ev. zufolge § 28, 33, 34, 36, 51, 52.

oder gar an der ganzen Erbschaft; davon wird alsbald besonders gehandelt.

2) Es kann ferner ein schon bestehendes beschränkendes unmittelbares Recht kraft Gesetzes einer andern Person von Todeswegen einzeln zu übertragen sein, namentlich eine Emphyteuse oder eine Superficies oder ein Pfandrecht; so bei Entreißung eines Singularerwerbes wegen Indignität, z. B. nach der oft cit. nov. 1 c. 1,[9] so eventuell zu Gunsten des socius liberalitatis imperialis.[10]

Wenn dagegen ein (etwa mortis causa) erworbener Nießbrauch kraft Rechtens aus Anlaß des Ablebens des Nießbrauchberechtigten (oder aus anderen Anlässen)[11] aufgehoben wird, so macht der bisher Beschränkte einen Gewinn jure consolidationis, nicht jure successionis, ja überhaupt nicht mortis causa.[12]

§ 20. Gesetzliche Pfandrechte und Sicherungsrechte von Todeswegen.

Ein gesetzlicher Einzelvortheil mortis causa wird unter Umständen die bloße Sicherung eines sonstigen Anspruches betreffen.

Zunächst kann nämlich ein gesetzliches (stillschweigendes) Pfandrecht von Todeswegen begründet sein. So nach nov. 22 c. 44 am Vermögen der überlebenden Gatten, dem der Verstorbene etwas indicta viduitate zugewendet hatte, — zu Gunsten des eventuell Berechtigten.[1] So namentlich für den wahren Vermächtnißnehmer an demjenigen, was der Beschwerte aus der Erbschaft erhält,[2] nach c. 1, 2 C. comm. de leg. VI 43, nov. 108 c. 2; die eine dieser Gesetzesstellen (c. 1 § 2) zieht da deutlich eine Parallele zum letztwilligen Pfandrechte: cum enim hoc ... increbuit licere testatori hypothecam rerum suarum in testamento quibus voluerit dare et ... constitutiones ... tacitas hypothecas induxerunt, non ab re est etiam nos ... hypothecariam donare, quae

[9] S. übh. § 12, 13, 15. Aus der cit. nov. folgt, daß auch ein bestehendes derartiges Recht quod aufertur legatario venit ad (alium) legatarium oder adjiciatur aliis rebus. [10] § 62. [11] Z. B. Zürcher G. B. § 901 f. [12] § 13, 54.

[1] Litteratur bei Vangerow Pand. § 375 Nr. 6. Nov. 22 c. 44 § 2: hoc quod tacite ex hac lege damus; dazu Dernburg r. Pfdr. I § 50.

[2] Gegen ein solches Pfandrecht de lege ferenda Pfaff und Hofmann Comm. II 1 S. 511; s. aber Dernburg Pfdr. I § 40, Unger System VI § 65 A. 5.

et nullo verbo praecedente possit ab ipsa lege induci.[3] Dieses römische Pfandrecht des Legatars liegt dann u. a. dem bayrischen L. R. III 6 § 11 Nr. 4, der vormaligen österreichischen Gerichtsinstruction von 1783 und von 1785,[4] wie dem liv-, est- und curländischen Pr. R. A. 1409 zu Grunde. Selbstredend ist übrigens ein derartiges generelles Pfandrecht an der ganzen Erbschaft oder überhaupt an einem ganzen Vermögen nur eine Mehrheit von Einzelrechten, nicht ein Universalrecht.[4a]

Abgesehen davon kann von Todeswegen auch eine gesetzliche Forderung auf künftige Sicherung eines Anspruches bestehen, insbesondere auf künftige Begründung eines Pfandrechtes, u. z. eventuell durch den Richter. Eine solche Forderung ist wieder dem wahren Vermächtnißnehmer unter Umständen gewährt, in verschiedener Gestalt;[5] so nach römischem Recht ein Anspruch gegenüber dem Vermächtnißträger auf Bürgschaftsleistung, eventuell auf richterliche Besitzeinweisung, Dig. XXXVI 3 ut legatorum seu fideicommissorum servandorum causa caveatur, XXXVI 4 ut in possessionem legatorum vel f. c. servandorum causa esse liceat, Cod. VI 54 ut in possessionem legatorum vel fideicommissorum servandorum causa mittatur et quando satisdari debet;[6] so ferner nach bayrischem L. R. III 6 § 12,[7] nach preußischem L. R. I 12 § 290 f., 482,[8] nach dem code Nap. a. 2111 f.,[9] nach dem österreichischen Verlassenschaftspatent § 159 f.,[10] wie nach dem Zürcher G. B. § 1035; s. desgleichen Mommsen's Entwurf § 385 und den deutschen Entwurf § 1867. Über die Besitzeinweisung der Mutter eines ungebornen Erben in die Erbschaft gemäß Dig. XXXVII 9 de ventre in possessionem mittendo wird an anderer Stelle[11] gehandelt.

---

[3] Dazu nov. 108 c. 2: ex auctoritate hujus legis; auch o. § 5. Litteratur; Glück P. Comm. Bd. 19 S. 165 f., Löhr im Archiv f. civ. Pr. V S. 208 f., Dernburg l. c., Salkowski P. Comm. Bd. 49 S. 669 f.

[4] Unger Verlassensch. Abhandlg. S. 99. [4a] S. noch pr. L. R. II 2 § 318.

[5] Gegen eine übermäßige gesetzliche Fürsorge wegen der Sicherheit der Legatare mit Recht Unger Verl. Abh. S. 80 f., 90 f., 135 f. . . . , Pfaff und Hofmann Comm. l. c., Motive zum d. E. V S. 199.

[6] Weitere Quellen und die Litteratur bei Windscheid Pand. § 648, § 233 Nr. 2. Mitunter erstreckt sich der Anspruch auf Befriedigung aus den Früchten des eingewiesenen Objectes, resp. (u. § 22) auf Alimente. [7] Dazu Roth bayr. C. R. § 380.

[8] S. nur Förster pr. Pr. R. § 276, Dernburg pr. Pr. R. III § 146.

[9] Zachariä fr. Civ. R. § 618.

[10] Pfaff und Hofmann Comm. II ad § 688. S. auch u. E. § 408. [11] § 34.

§ 21. Gesetzliche Legate in Ansehung von Obligationen.[1]

Jedes gesetzliche Vermächtniß begründet eine Forderung für den Bedachten auf Verwirklichung, parallel der Vermächtnißforderung; ja gar manches begründet zunächst nur eine solche Forderung, dafern nämlich ein unmittelbar vom Erblasser abgeleiteter Erwerb nicht stattfindet.[2] Besonders scharf[2a] treten in letzterer Kategorie als gesetzliche Forderungen von Todeswegen hervor Renten- und Unterhaltsrechte,[3] Forderungen auf Überlassung eines reinen Vermögens oder einer Quote davon,[4] ferner der Pflichttheilsanspruch.[5]

Besondere gesetzliche Forderungsvermächtnisse greifen Platz:

1) wenn eine Forderung (sammt Accessionen) auf den Bedachten m. c. übertragen werden soll, was u. a. bei gesetzlichen Ersatz- und Nachvermächtnissen hinsichtlich einer letztwillig zugewendeten Forderung stattfinden kann, desgleichen bei gesetzlichen Zuweisungen von Vermögensganzen, in denen sich Forderungen befinden;[6] s. auch code Nap. a. 747, 766;[7] hiebei sind die Grundsätze des gewillkürten legatum nominis soweit möglich anzuwenden; insbesondere ist auch hier vorausgesetzt, daß die Forderung nach dem erblasserischen Tode zurecht besteht bez. zur rechtlichen Entstehung gelangt, während ihre Tilgung erst an den Erben die Zuwendung nicht aufhebt;

2) wenn der Bedachte von einer schon begründeten Schuld nun mortis causa befreit werden soll; ein solches gesetzliches Schuldbefreiungsvermächtniß ergibt sich zu Gunsten des überlebenden Verlobten in einzelnen Gesetzgebungen,[8] — nicht aber schon beim gesetzlichen Wegfall einer Vermächtnißlast wegen Indignität des (wahren) Legatars,[9] desgleichen nicht beim gesetzlichen falcidischen Abzug am (wahren) Legate.[10]

---

[1] Litteratur über das letztwillige Forderungsvermächtniß bei Windscheid P. § 657 f. und in den d. Mot. V S. 170, dazu Brinz P. § 415, Pfaff und Hofmann Comm. ad § 663 f.

[2] Vgl. § 8, 16, auch Pfaff u. Hofmann II S. 438. [2a] Vgl. pr. L. R. II 2 § 317.

[3] S. u. § 22 und unter den dortigen Nachweisen namentlich A. 4.

[4] S. u. § 23 und insbesondere die Ausdrucksweise im bad. L. R. S. 760 f. und im Zürcher G. B. § 906 („in der Meinung, daß er . . abgibt").

[5] S. u. § 41. S. noch § 43; ein eigenthümliches facere im A. 1920 liv-, est- u. curl. Pr. R., u. § 25. [6] S. § 12, 13, 23, dazu § 62. [7] Darüber u. § 52a. [8] § 38.

[9] § 15, 58.

[10] Köppen in Ihering's Jhb. V S. 218 meint freilich, daß da ein „Vermögenserwerb" „deferirt" werde wie bei der quarta Divi Pii. — Vgl. auch pr. L. R. II 2 § 319.

Für ein gesetzliches Schuldvermächtniß finden sich begreiflich keine Anwendungsfälle; namentlich erscheint nicht als solches die gesetzliche praeceptio dotis aus dem Nachlasse des Gewalthabers[11] und noch weniger der gesetzliche Rückanspruch auf eine lucrirte dos nach § 55 II.[12]

§ 22. Gesetzliche Renten und Alimente von Todeswegen.

Sind terminlich wiederkehrende Leistungen gesetzlich zugewendet (gesetzliche Rentenvermächtnisse), so liegt eigentlich eine Mehrheit von Zuwendungen vor, deren jede für sich anfällt, u. z. im Zweifel mit dem Anbruche der betreffenden Periode, welche vom erblasserischen Todestage an berechnet wird, analog dem letztwilligen Rentenvermächtnisse.[1]

In manchen Fällen erstreckt sich die Rente auf die ganze Lebensdauer des Berechtigten, als gesetzliche Leibrente Todes halber. Hieher gehört namentlich[2] das gesetzliche Leibgedinge der adeligen Wittwe (nach jüngerem Sachsenrecht),[3] in Ansehung dessen aber nicht selten von „doppelten Zinsen" des Eingebrachten statt von einer Rente im Betrage des doppelten Ertrages vom Eingebrachten gesprochen wird; noch jetzt gewährt das liv-, est- und curländische Pr. R. A. 1779, 1797 eo. die „doppelten Früchte" („Zinsen") als gesetzliches „Gegenvermächtniß" oder „Leibgedinge", u. z. bis zum Tode der Wittwe. Dazu bestimmt A. 1798 eod.: „Hatte die Wittwe nichts in die Ehe gebracht, so soll ihr nach Ermessen redlicher Leute ein Gewisses als Leibrente ausgesetzt werden".

Eine besondere Art ist das gesetzliche Alimenten-Vermächtniß, bei welchem die Rente eben in dem Unterhalte besteht, wie die Ansprüche aus § 795 und 796 a. b. G. B., die mit dem Dreißigsten und mit der Schwangerschaft zusammenhängenden Ansprüche der Wittwe (namentlich nach § 1243 a. b. G. B.),[4] das Alimentenrecht nach l. 14 D. ut in possessionem legatorum vel fideicommissorum servandorum causa esse

[11] Vgl. § 25, 64. [12] S. noch die s. z. Retention von Quinten der dos, u. § 52a.

[1] Über dieses die Litteratur bei Windscheid P. § 660, dazu Unger VI § 74, Pfaff und Hofmann Comm. II ad § 672 f., 687, 691.

[2] Auf einen lebenslangen Rentenanspruch soll nach Ansicht einzelner Schriftsteller sogar der Fruchtgenuß nach § 757 a. b. G. B. hinauskommen, s. jedoch u. § 29. S. noch bad. L. R. Z. 745a.

[3] S. u. § 36. Vgl. bad. L. R. Z. 1570b, 1535a („Wittumsrente"), ital. G. B. a. 753, 819, u. E. § 96, (u. § 24). [4] Über all' diese Ansprüche § 30, 33, 34, 42.

liceat XXXVI 4; in letzterer Stelle heißt es: quae legatorum servandorum causa in bonis est, in causa vescendi deminuet, si filia neptis proneptis uxorve esset nec nupta sit nec suum quicquam habeat.[5] Ein Recht auf Alimentirung von Todeswegen erstreckt sich jedenfalls nicht über die Lebenszeit des Bedachten hinaus, ist aber von beschränkterer Dauer schon insoferne, als es nur bis zur Verehelichung, bez. nur auf die Zeit des Bedarfes, bez. zu einem bloß vorübergehenden Zwecke gewährt ist, wie in den eben angedeuteten Fällen. Sind die wiederkehrenden Termine vom Gesetze nicht bestimmt, so werden dieselben mit Rücksicht auf Natur und Zweck eines solchen gesetzlichen Unterhaltes, ev. nach Analogie eines wirklich vermachten Unterhaltes festzusetzen sein. Insbesondere werden die in den § 795, 796, 1243 a. b. G. B. zugedachten Alimente, ähnlich wie nach § 691, 687, 1418 a. b. G. B., sofort mit dem erblasserischen Tode und mindestens monatlich in vorhinein gebühren.[5a] Das Maß des Unterhalts wird in der Zuwendung selbst, wenigstens allgemein, bestimmt sein, wie im § 795 als „nothwendiger", im § 796 als „anständiger" und im § 1243 als „gewöhnlicher" d. i. als gewohnter Unterhalt;[6] eventuell greift hier das richterliche Ermessen ein, wobei die persönlichen und Vermögens-Verhältnisse zu berücksichtigen sind, § 673 a. b. G. B. Diese Verhältnisse und dieses Ermessen werden auch die Frage lösen, ob der Lebensunterhalt in Geld als Geldrente oder in natura als Verpflegung zu leisten ist; in der Regel findet wohl ersteres statt.[7] Natur und Zweck eines gesetzlichen Alimentationsanspruches bringt es endlich mit sich, daß es da auf Erbfähigkeit und Erbwürdigkeit nicht wesentlich ankömmt,[8] und

[5] Ungenau Windscheid P. § 648 A. 9. — S. noch das deutsche Recht auf Wittwenstuhl und Leibesnahrung, u. § 36; vgl. ferner § 51, 52, — c. Nap. a. 762 f., bad. L. R. auch Z. 762a, ital. G. B. a. 752; desgleichen ist häufig mit dem Beisitze des Gatten (§ 28) ein Unterhaltsanspruch der Kinder verbunden. Vgl. dann Puß ungar. Pr. R. § 179, Kern zum ungar. Erbr. Entw. S. VIII. Daß materiell auch der römische erbrechtliche Anspruch der armen Wittwe auf einen Alimentationsanspruch hinausläuft, s. u. § 27. Über die hie und da beliebte Verquickung eines Unterhaltsanspruches mit dem Fruchtgenusse des überlebenden Gatten nach § 757 a. b. G. B. s. u. § 29. — Ein aus dem Nachlasse ev. gewährtes Zucht- oder Erziehungsgeld ist keine Rente, sondern ein Capital, u. § 50. — Daß Wohnansprüche m. c. auch dingliche sein können, s. o. § 19 A. 8a.

[5a] Vgl. u. E. § 96. [6] Näheres s. u. in den cit. einschlägigen Ausführungen.

[7] Vgl. Hofmann in Grünhut's Ztschr. I S. 565 f., Anders ö. Fam. R. § 38, Hussarek in Grünhut's Ztschr. XX S. 662 f., aber auch Pfaff und Hofmann Comm. II S. 464, 525.

[8] Vgl. u. § 30, 42 mit l. 11 D. de annuis legatis XXXIV 1.

daß die Erlöschung sich nicht durchaus nach den gewöhnlichen Grundsätzen richtet.[9]

§ 23. Gesetzliche Vermächtnisse von Complexen.

Von Rechtswegen ist häufig eine Sachgesammtheit[1] oder ein sonstiger Sachcomplex des Erblassers jemandem zugewendet (ges. Collectivvermächtnisse in diesem S.), wodurch im Zweifel diejenigen einzelnen Sachen zugedacht sind, die zur Zeit des erblasserischen Ablebens die fragliche Vereinigung bilden. Hieher gehören: der Voraus naher Angehöriger an bestimmten Kategorien von Nachlaßfahrnissen, namentlich an „Weißgeräthe" und „Leibgeräthe", an „Hausgeräthe", an Heergeräthe und Gerade;[2] ein particularrechtlicher Anspruch des überlebenden Gatten auf die gesammte „fahrende Habe";[3] Ansprüche der Wittwen auf gewisse Hausvorräthe;[4] das Recht gewisser Anstalten auf dortige „Effecten" von verstorbenen Pfleglingen.[5] Über den Umfang einiger solcher Sachverbände stellt das Gesetz mitunter eingehende Vorschriften auf, so (in Anlehung an die alten Gerade-Kataloge) noch das pr. L. R. II 1 § 523 f., so hinsichtlich der Fahrhabe noch das frühere Zürcher G. B. § 1961 f., wie das liv-, est- und curl. Pr. R. A. 1723 f., 1752 f. . . .

Auch eine Rechtsgesammtheit, eine als Einheit gedachten Mehrheit von Vermögensbestandtheilen verschiedenster Art, kann Gegenstand eines gesetzlichen (Singular-)Vermächtnisses sein. Doch folgt schon aus dem Begriffe des letzteren, daß die eigene Erbschaft des Erblassers als solche da nicht in Betracht kömmt; diese kann höchstens als reine Verlassenschaft, zu einer Quote, zugewendet sein, etwa kraft einer Art gesetzlichen legatum partitionis.[6] Die für uns hier maßgebende Rechtsgesammt-

[9] Vgl. § 8 A. 39 mit Windscheid P. § 414 A. 11, dann G. U. W. Nr. 1192, Jud. Buch Nr. 81.

[1] Über das wahre Vermächtniß einer Gesammtsache Arndts P. Comm. XLVI S. 200 f.; neuestens Karlowa r. R. G. II S. 922 f.

[2] S. u. § 31, 47, 48, 49. Parallelen: D. XXXIII 10 de suppellectile legata, D. XXXIV 2 de auro argento mundo ornamentis unguentis veste vel vestimentis . . . legatis; a. b. G. B. § 674, 678 f., dazu Pfaff und Hofmann Comm. h. l. Ein gesetzliches instrumentum legatum (cf. D. XXXIII 7) schließt das pr. L. R. II 1 § 629 aus, gewährt aber das liv-, est- und curl. Pr. R. A. 1724 („Gutsinventarien").

[3] § 28.

[4] § 32, 35. Vgl. D. XXXIII 6 de tritico vino vel oleo legato, XXXIII 9 de penu legata. [5] § 59.

[6] Vgl. u. § 27, § 28 (darin besonders § 896 f. Zürcher G. B.), § 39 A. 15 (wonach

heiten sind vielmehr besondere vermögensrechtliche Inbegriffe innerhalb der Erbschaft des Erblassers, wie die lucra nuptialia, die ja sehr mannigfaltig und umfassend sein können,[7] wie überhaupt ein zu einer gewissen Zeit[8] oder von einer gewissen Seite her[9] erworbenes Vermögen des Erblassers, worunter eventuell selbst die Erbschaft nach einem Dritten (ganz oder zum Theile) enthalten ist.[10] Dabei gebührt dem Berechtigten die fragliche Gesammtheit bald in dem Zustande, in dem sie sich zur Zeit des erblasserischen Todes befindet,[11] bald wird ein gewisser Zustand, der schon bei Lebzeiten des Erblassers vorhanden war, vom Gesetze gesichert.[12]

In allen diesen Fällen finden nun lediglich Einzel-Nachfolgen statt, in Specialmassen des Nachlasses. Wenn von mehreren in etlichen bezüglichen Fällen deutschrechtlichen Ursprungs nicht Singular-Successionen, sondern „Universal-Successionen" oder „Special-Successionen" („specielle Erbfolgen") angenommen werden, so sind dies in Wahrheit eben Successionen in specielle universitates, mithin gegenüber der übernommenen romanistischen Gesammtnachfolge doch bloße Singular-Successionen.[13]

---

laut einzelner Autoren der arrogatus impubes hinsichtlich der quarta Divi Pii „wie ein legatarius partiarius anzusehen" ist), § 38, 40, 45, 61 und namentlich die eigenthümlichen und eingehenden Normen über die distributio des Nachlasses bei der quarta curiae, u. § 60. Mitunter sind die Grundsätze der Erbtheilung für anwendbar erklärt, § 39. — S. ferner bad. L. R. Z. 757a, ital. G. B. a. 744 (u. § 65 A. 38): dann u. den Nachtrag. Über die frühere port. canonica in Bayern Roth b. C. R. § 358 Nr. 3.

[7] S. u. § 54 f. [8] S. u. § 59 über pr. L. R. II 19 § 56 f.

[9] S. u. § 53 f., 58, ferner c. Nap. a. 351 f., 747, 766 (u. § 52a). Die ältere deutsche Unterscheidung zwischen ererbtem und selbst gewonnenem Gut und das für das Erbgut maßgebende Fallrecht (paterna paternis, materna maternis, u. § 52a) ward in den neuen, auf die Universal-Succession gebauten Codificationen zumeist nicht aufgenommen, ja vielfach eigens abgelehnt; vgl. die Nachweise in den d. Mot. V S. 359 f.: dazu Bühler bündn. Erb. . . R. S. 107, Stobbe § 222, dann (hinsichtlich der Tiroler L. O.) Oberweis in der ö. W. J. S. XI S. 122 f., Pfaff und Hofmann Comm. II S. 771, ferner Putz ungar. Pr. R. § 226, 229; s. aber noch jetzt Bündn. G. B. § 509 f., Berner G. B. S. 160, Schaffhausner G. B. § 1817 f. („Stammgut" und „Vorschlag"), dazu Huber Schweiz. Pr. R. II S. 65 f., 86 f., 261 f., 266 f. S. ferner Oberweis S. 141 f., Pfaff und Hofmann II S. 740; Berner G. B. S. 518 f.

[10] Über die alte Unterscheidung zwischen Mobiliar- und Immobiliar-Nachlaß vgl. Siegel d. Erbr. § 25 f., Stobbe d. Pr. R. § 278, 290, 294, 225, Heusler d. Pr. R. § 177, Pfaff und Hofmann Comm. II S. 763, Ficker Erbenf.' d. ostgerman. R. II § 430: letzterer macht mich auf eine Combinirung mit dem vorstehenden Gegensatze der A. 9 in gewissen älteren Quellen — liegendes Erbe, fliegendes Erbe (Heergeräthe und Gerade), Gewinngut — aufmerksam; vgl. noch u. § 28. [11] § 55, 58, § 5 A. 44.

[12] Vgl. o. § 54, § 10 A. 19. [13] S. § 5, 32, 47, 48, 52a.

§ 24. Gesetzliche Wahlvermächtnisse.

Auch bei gesetzlichen Singular-Ansprüchen mortis causa kann unter Umständen eine Wahl unter mehreren Gegenständen zu treffen sein (gesetzliche Wahlvermächtnisse im weiteren Sinne oder gesetzliche indeterminirte Vermächtnisse).[1]

Dies ist schon bei nur generischer Bestimmung eines Gegenstandes der Fall (gesetzliche rein generische Vermächtnisse).[2]

Ebenso dann, wenn der Gegenstand aus den im Nachlasse vorräthigen Stücke einer gewissen Gattung erst zu individualisiren ist (gesetzliche indirecte Wahlvermächtnisse oder gesetzliche gemischt generische Vermächtnisse).[3] Dies trifft u. a. hinsichtlich gewisser Bestandtheile des Heergeräthes zu, z. B. nach dem preuß. L. R. II 1 § 523, wobei der Onerirte die Wahl hat, eod. I 12 § 388 f.; desgleichen theilweise hinsichtlich der Wittwen-Gerade, z. B. gemäß dem preuß. L. R. II 1 § 535, wo die Wahl der bedachten Wittwe gewährt wird.[4] Finden sich im Nachlasse keine Stücke der bezeichneten Art, so erfolgt überhaupt eine gesetzliche Zuwendung nicht.[5]

Endlich sind mitunter vom Gesetze mortis causa verschiedene einzelne Gegenstände (individuell oder generell) alternativ bestimmt, zwischen denen die Wahl erfolgen soll (gesetzliche alternative Vermächtnisse).[6] Z. B. kann der arrogatus impubes bei unzulänglicher Erbeinsetzung seitens des Arrogirenden unter Umständen die Ergänzung entweder der quarta Divi Pii oder des höheren descendentischen Pflichttheiles beanspruchen.[7] Ein anderes Beispiel bietet das italienische G. B. a. 744, 815 (in Abweichung vom code Nap. a. 757):[8] „J figli legittimi ... hanno facoltà di pagare la

---

[1] Über diese Terminologie vgl. Dernburg P. III § 110, Pfaff und Hofmann Comm. II S. 420. Über ein bloßes Vorwahlrecht § 52, 7. [2] § 18.

[3] Vgl. wegen dieser Bezeichnung nur Windscheid P. § 255 A. 17, § 655, Dernburg P. II § 25, III § 110, b. E. § 1863 f. und Motive V S. 173 f.

[4] Dabei kann dieselbe auch das Beste wählen, pr. L. R. I 12 § 393. (Hinsichtlich obiger Institute s. übh. u. § 31, 47 f.). S. auch das ostpreuß. Prov. R. bei Stobbe d. Pr. R. § 234 A. 25 und bezüglich der Hälfte gewisser Mobilien bei der Hubenbandsgerechtigkeit u. § 33. Vgl. noch Tiroler L. O. III 40.

[5] Z. B. das ostpreuß. Prov. R. l. c.: „Sind Stücke dieser Art im Nachlasse nicht vorhanden, so kann die Wittwe wegen des Fehlenden keine Vergütung im Gelde fordern". Vgl. § 16, 26.

[6] Litteratur über alt. V. bei Windscheid P. § 661, dazu Karlowa r. R. G. II S. 924 f. [7] § 39, 41. [8] § 65 A. 38. Eigentlich ein ges. V. mit alt. Ermächtigung.

quota spettante ai figli naturali in danaro o in beni immobili . . .“, ferner dasselbe a. 753, 819, (ung. E. § 96). Aber auch das neue Zürcher G. B. § 901, wonach unter gewissen Voraussetzungen dem überlebenden Ehegatten „nach seiner Wahl“ die Nutznießung einer bestimmten Quote der nach Abzug des Voraus übrig bleibenden reinen Verlassenschaft oder eine bestimmte Quote eben derselben zu „Eigen“ zukommt.[9] Dagegen ist die Alternative nach pr. L. R. II 1 § 123 und code c. Nap. a. 1570[10] kein alternatives gesetzliches Vermächtniß, weil keine Auswahl unter bloßen Zuwendungen von Todeswegen; ebenso wenig die Alternative im liv-, est- und curländ. Pr. R. A. 1797, 1777 zwischen dem Eingebrachten der Wittwe und dem dortigen „Gegenvermächtnisse“;[11] natürlich auch nicht die Alternative zwischen einem gesetzlichen und einem gewillkürten Vermächtnisse nach § 1258 österr. a. b. G. B. oder nach § 500 des Bündner G. B.[12]

Auf die gesetzlichen Wahlvermächtnisse sind im Allgemeinen die Grundsätze der gewillkürten Wahlvermächtnisse sinngemäß anzuwenden. Selbstredend wird übrigens das Gesetz zumeist die Person des Wahlberechtigten eigens feststellen; namentlich zu Gunsten des Bedachten (gesetzliche Wahlvermächtnisse engeren Sinnes).

§ 25. Gesetzliche Zuweisung des Heirathsgutes oder der Ausstattung aus dem Nachlasse.

Aus dem Nachlasse wird zwar in verschiedenen Fällen vom Gesetze ein Heirathsgut zugewiesen; doch läßt sich dies mit einem letztwilligen Vermächtnisse der dos[1] nicht vergleichen, mithin als ein gesetzliches Vermächtniß der dos nicht hinstellen.

Vorweg ist die gesetzliche praeceptio dotis aus dem Nachlasse des Gewalthabers[2] rein dotalrechtlicher und gar nicht verlassenschaftsrechtlicher Natur, wenngleich einige darin allerdings ein gesetzlich vermuthetes Legat erblicken. In den Fällen dagegen, wo eine lucrirte

[9] Theilweise abweichend vom früheren G. B. § 1947 f., 1957 f. Über ähnliche gewillkürte alternative Vermächtnisse Arndts P. § 579. [10] Vgl. § 33.

[11] Vgl. § 36, Bluntschli d. Pr. R. § 205, Stobbe d. Pr. R. § 234.

[12] S. noch das tirolische Gewohnheitsrecht bei Oberweis in der ö. V. J. S. XI S. 149.

[1] Darüber s. die Litt. bei Arndts P. § 577 und Windscheid P. § 658 A. 4, dazu Unger VI § 75, Pfaff und Hofmann Comm. II ad § 669 f. [2] S. u. § 64.

dos als gesetzlicher Voraus von Todeswegen gewährt wird,[3] ist zwar ein Legalvermächtniß, aber gar kein dotalrechtlicher Anspruch vorhanden, indem es sich da nicht um eine dos als solche, d. i. weder um Bestellung eines Heirathsgutes, noch um Erfüllung oder Beseitigung einer dotalen Restitutionspflicht, sondern ausschließlich um das verlassenschaftsrechtliche Schicksal eines seinerzeitigen lucrum aus der dos handelt.[4] Desgleichen ist die gesetzliche collatio dotis[5] eine rein erbrechtliche Ausgleichung für eine frühere Dosbestellung.[6]

Allerdings kann aber vom Gesetze eine Ausstattung als solche von Todeswegen zugewendet sein. Dies ist, abgesehen von der Niftelgerade,[7] in manchen Rechten[8] zu Gunsten der erblasserischen Töchter namentlich in Folge der erbrechtlichen Bevorzugung der Söhne[9] der Fall; von besonderem Interesse ist da noch jetzt A. 1920 des liv-, est- und curländ. Pr. R.: „Haben die Söhne aus den Landgütern den doppelten Antheil bezogen..., so müssen sie den Töchtern, ihren Schwestern, bei deren Verheirathung, nach Maßgabe des Werthes der Landgüter, die Hochzeit ausrichten, und sie mit Kleidern und Geschmeide aussteuern";[10] darin liegt für die miterbenden Schwestern ein gesetzliches Vorausvermächtniß w. S.[11]

§ 26. Die Frage nach der Unwirksamkeit.

Aus der Natur der gesetzlichen Vermächtnisse ergibt sich von selbst, daß eine Ungiltigkeit des Zuwendungswillens oder der Zuwendungserklärung nicht in Betracht kommen kann. Insbesondere bezieht sich der falcidische Abzug nur auf Zuwendungen des Erblassers.[1]

Vor unbedeckten Erbschaftsschulden zieht sich die gesetzliche Zuwendung[2] selbst zurück, insoferne sie sich von vornherein auf reines Nachlaßvermögen

[3] S. u. 54 f. [4] Einen eigenartigen Rückanspruch auf die dos prof. s. u. § 52a.

[5] S. u. § 43.

[6] Nicht hieher gehört auch die alte dos legalis für die Wittwe nach ungar. R., Putz Syst. § 176, 179, 212. [7] S. u. § 48.

[8] Vgl. Stobbe d. Pr. R. § 290 bei A. 36, 39, § 241 A. 29, § 324 A. 17, auch Czyhlarz b. m. ehel. Güterr. S. 6 f., Pfaff und Hofmann II S. 763, Tiroler L. O. III 34. Dazu Putz § 208, auch § 179.

[9] S. u. § 52. [10] Dazu o. § 6, 18, 21. [11] Vgl. o. § 7.

[1] Windscheid P. § 650 A. 1, 2; Zürcher G. B. § 1031.

[2] Hinsichtlich des wahren Vermächtnisses s. neuestens Salkowski P. Comm. Bd. 49 S. 701 f., u. E. § 404 f.

unter Wahrung erworbener Rechte Dritter beschränkt; so namentlich als Zuwendung eines Erbnießbrauches oder einer reinen Nachlaßquote oder einer Werthquote;[3] so auch in anderen Fällen, in denen sie nicht stattfindet, wenn „das Vermögen durch Schulden erschöpft wird," pr. L. R. II 1 § 522, 630. Mitunter beschränkt sich die gesetzliche Zuwendung auch gegenüber anderweitigen gesetzlichen Zuwendungen, welchen sie den Vorrang läßt, namentlich gegenüber dem Pflichttheile;[4] doch sind manche gesetzliche Vermächtnisse von solcher Energie, daß sie sogar vom Pflichttheile nicht alterirt werden können.[5] Im Verhältnisse zu letztwilligen Vermächtnissen (von nicht entgegenstehendem Inhalt) haben die gesetzlichen zuweilen einen Vorrang;[6] indeß gestatten sie nicht selten gar eine Einrechnung der ersteren.[7]

Von dem Rechtsbestande einer Erbeinsetzung sind unsere Zuwendungen als gesetzliche schon nach röm. R. nicht abhängig. Und wenn zur maßgebenden Zeit die betreffende Person unfähig oder weggefallen oder das betreffende Object untergegangen[8] ist, so erfolgt da eben keine Zuwendung. Überhaupt kann von einer gesetzlichen Zuwendung vor ihrem Anfalle begreiflich gar nicht gesprochen werden.

Eine Unwirksamkeit des Anfalls bez. Erwerbes kann nachträglich eintreten wegen Indignität,[9] wie durch bezügliche Willenserklärung seitens des Bedachten[10] und durch Verjährung der entstandenen Forderungsklage.[11] Eine einschlägige Verjährungsfrist erblickten einzelne im pr. L. R. II 1 § 517, zufolge der mißlungenen gesetzlichen Diction, während hier in Wirklichkeit

---

[3] Diese Fälle in § 19, 23, 41. S. bes. badisches L. R. Z. 757a, Zürcher G. B. § 896 f.

[4] S. ferner Zürcher G. B. § 897, 900.

[5] Vgl. Hofmann in Grünhut's Ztschr. I S. 557, Krainz System II § 530 nach A. 16, d. E. § 1987 und Mot. S. 409, dazu u. § 30, 42 und bes. § 33. S. jedoch auch u. § 29 A. 35.

[6] S. o. § 7, insbesondere pr. L. R. II 1 § 630, liv-, est- u. curl. Pr. R. A. 1750, 1755, 1758. Vgl. Zitelmann a. u § 41 A. 11 a. O. Dagegen folgern die d. Mot. V S. 374 zu § 1971 d. E. aus der Natur der gesetzlichen Vermächtnisse, daß der eheliche Voraus gegenüber den Nachlaßgläubigern dieselbe Stellung haben soll wie wahre Vermächtnisse.

[7] S. § 27, 29, 41, 42, 45. Vgl. die erbrechtlichen „Erwerbscompensationen" bei Kretschmar secum pensare S. 1 f.

[8] Vgl. § 18, 24, aber auch § 16 A. 12.

[9] S. § 15, wo angedeutet ist, daß eine Exeption auch gegen einen gesetzlichen Legatar statthaben kann.

[10] S. o. § 8, wonach aber nicht alle gesetzlichen Vermächtnisse wirksam abgelehnt werden können.

[11] Soferne dieselbe überhaupt verjährbar ist; s. aber z. B. § 1481 a. b. G. B.

das fragliche Recht noch nicht erworben erscheint und es sich nur um eine Überlegungsfrist handelt.[12]

Eine Endigung tritt bei den Legalvermächtnissen überall dort ein, wo der Erwerber etwas bloß auf Zeit bekömmt.[13]

II. Theil.

Von einzelnen sog. gesetzlichen Vermächtnissen insbesondere.

§ 27. Der justinianische Anspruch der armen Wittwe.[1]

Wichtige Fälle gesetzlichen Singular-Erwerbes m. c. enthalten bekanntlich nov. 53 c. 6 und nov. 117 c. 5,[2] welche sich an ein früheres Gesetz Justinians über die Ehescheidungsstrafen,[3] wie theilweise an die quarta Divi Pii[4] sich anschließen und die Unbilligkeit des ordentlichen Gattenerbrechtes mildern, freilich in sehr eigenthümlicher, nicht angemessener Weise.[5]

Hienach gebührt der Frau,[6] welche durch rechtsbeständige Ehe[7] mit

[12] Vgl. Koch pr. Erbr. § 113 g. E., Dernburg pr. Pr. R. III § 98. S. noch o. § 8. [13] § 13, 19, 22.

[1] Glück Int. Erbf. § 117 f., Löhr in seinem Magazin III S. 359 f. und im civ. Arch. XXII S. 1 f., Roßhirt Erbr. I § 28, Vangerow P. § 488, Sintenis gem. Civ. R. III § 165, 195, Köppen in den dogm. Jhb. V S. 218 f., System des h. r. Erbr. S. 37 f., 52 f., 138 f. und Grundriß des h. r. Erbr. § 90, Schirmer r. Erbr. § 13, Petri d. Pflichttheilsrecht d. armen Wittwe Inaug.-Diss. 1874 (vielfach Köppen folgend), Kerstorf in d. Ztschr. d. Anwaltsvereins f. Bayern XVI S. 331 f., F. Schröder Notherbenrecht § 37, 68. S. noch das Citat bei Kohler S. 251, 253 A. 1.

[2] Die Modificationen der nov. 117 sind nicht durchaus zugleich Meliorationen. Über das Verhältniß zur nov. 127 c. 3 (u. § 54) unrichtig Marezoll in d. Z. f. Civ. R. u. Pr. III S. 107 f.; vgl. Schirmer S. 239. [3] S. nur Glück § 117.

[4] Vgl. u. § 39. Zu weit geht Köppen System S. 138 f. und schon in den dogm. Jhb. V S. 218 f., desgleichen Petri § 5, 7 f.; vgl. Schröder S. 566.

[5] Mit der Begründung Köppen's im Syst. a. a. O. O. vgl. Unger System VI § 35 A. 3 (wonach der Anspruch der armen Wittwe materiell auf einen Unterhaltsanspruch hinausläuft), Gruchot pr. Erbr. II S. 525, Pfaff und Hofmann Comm. II S. 736 f. („Es gibt nichts Unklareres als dieses justinianische Zwitterding . . .“).

[6] Die nov. 53 hatte ein gleiches Recht dem Manne gegeben, welches aber die nov. 117 wieder entzog; (ungenau Koch pr. Erbr. S. 943). Dazu Puchta Vorl. § 456 („als des Charakters des männlichen Geschlechtes unwürdig“!), Köppen System S. 53, Schirmer S. 241 f., Petri S. 9 f.

[7] Gegen den von Älteren behaupteten Anspruch der Braut mit Recht Glück § 119 Beckhaus Erbr. § 25, Schirmer A. 23, Petri § 2. Vgl. u. § 38.

dem Erblasser bei dessen Tod verbunden war,[8] falls sie dürftig ist[9] und der Verstorbene wohlhabend war,[10] neben den ab intestato erbenden Verwandten[11] des Erblassers der vierte Theil des Nachlasses und nicht mehr, bis zu diesem Maximum jedoch neben den ab intestato erbenden Descendenten[12] des Erblassers ein Kopf- bez. Stammestheil[13] und in keinem Falle mehr als 100 Pfund Gold.[14] Den erwähnten Theil, in welchen übrigens alles einzurechnen ist, was der Wittwe durch Vermächtniß oder überhaupt mortis causa vom Manne zugekommen,[15] erhält dieselbe bei Concurrenz mit eigenen Kindern aus dieser Ehe[16] nur zum Nießbrauche,[17] auf Lebenszeit.

---

[8] Bei getrenntem Ehebande kann also der Anspruch nicht eintreten (s. aber Köppen S. 138). Nach einer sehr verbreiteten Ansicht wird für denselben selbst das factische eheliche Zusammenleben unmittelbar vor dem Tode erfordert, s. noch jetzt Schirmer A. 8a, Dernburg P. III § 137, Wächter P. § 281, während eine andere Theorie und Praxis für das gem. R. bei einer zeitweiligen (nicht einverständlichen) bloßen Scheidung von Tisch und Bett den Anspruch dann bestehen ließ, wenn die Scheidung ohne Schuld der Frau erfolgt war, siehe die Nachweise bei Glück § 119 und Schirmer A. 8a; dagegen mit Recht Windscheid P. § 574 A. 4, Seuffert's Archiv XXVI 45, Petri § 2.

[9] Manche halten sich streng an die Novellen, die von dürftigen mulieres indotatae sprechen; z. B. noch Sohm Inst. § 206. Allein entscheidend ist nicht die Dotirung, sondern die Dürftigkeit; so unter den neuesten Schriftstellern Windscheid l. c. A. 5., Brinz P. § 385, Petri § 3, Dernburg a. O., Wendt P. § 355, Leonhard Inst. § 121. Vgl. noch die Entscheidung des Reichsgerichts XI S. 153.

[10] Petri § 1.

[11] Schirmer A. 9, Windscheid A. 6.

[12] Über die frühere bezügliche Controverse hinsichtlich der Ascendenten und Collateralen Schirmer A. 11.

[13] Schirmer A. 12, Windscheid § 574 A. 8, § 572 A. 5.

[14] Diese Beschränkung, welche sich aus der angedeuteten Ehescheidungsstrafe und der s. z. Höhe der dos (nov. 22 c. 18) erklärt, wurde durch nov. 117 (leider) nicht beseitigt (s. aber Köppen System S. 139 f.); wohl aber durch die gemeine Praxis, Schirmer A. 10, 23, was freilich einige ignoriren.

[15] Von manchen Schriftstellern werden als Gegenstand der Einrechnung nur Vermächtnisse oder gar nur testamentarische Vermächtnisse erwähnt, (vgl. u. A. 31), von anderen, älteren Autoren wieder gar das eigene Vermögen der Frau; (in letzterem erblickt übrigens Sintenis § 165 anscheinend einen „Voraus"!).

[16] Riedel in der Ztschr. f. Civ. R. u. Proc. IX S. 277 f., Schirmer A. 12, Brinz § 385 A. 27; ungenau z. B. Förster pr. Pr. R. § 262 a. A. Über den Fall, wenn die Wittwe sowohl mit eigenen als mit Stiefkindern concurrirt, vgl. Schirmer A. 13, 23, Windscheid P. § 574 A. 9, Brinz l. c., Petri S. 44 f. S. noch Marezoll in der ob. Ztschr. III S. 99, 102.

[17] Die nov. 117 bestimmt nämlich: ita quippe ut usum solum (*χρῆσιν μόνην*) in talibus rebus mulier habeat, dominium autem illis filiis servetur (*φυλάττεσθαι*); vgl. u. § 29, 53. Gegen die vereinzelte Annahme eines wirklichen usus Schirmer A. 13; gegen das von Löhr (früher) und mit ihm von anderen vertretene beschränkte Eigenthum der Wittwe am Antheile mit einer bloßen Aufbewahrungspflicht s. richtig Vangerow l. c. Nr 4, Schirmer l. c., Petri S. 47 f. S. noch Kohler S. 251 f.

Einen gleichen Anspruch wie ab intestato hat die dürftige Wittwe auch gegen den Willen des Erblassers, d. i. aber nicht bloß gegen den letzten Willen desselben.[18]

Einige Schriftsteller lassen sogar den ganzen Anspruch in einem Pflichttheilsanspruch schlechthin aufgehen; so vornehmlich Köppen Grundriß § 50, 90, System S. 140 f. und Lehrbuch S. 398 f., Petri „das Pflichttheilsrecht der armen Wittwe" § 5, Brinz Pand. § 385.[19] Es ist nun allerdings die Unentziehbarkeit unseres Anspruches sehr beachtenswerth. Auch ist derselbe als gegenwilliger gewiß ein eigenthümlicher Anspruch, daher man ihn diesfalls mit den Citirten und anderen für einen „anomalen" oder „außerordentlichen Pflichttheil" bezeichnen mag; eigenthümlich ist er nämlich schon darum, weil er dem Intestatanspruche gleichkömmt,[20] daher u. A. in einem Fruchtgenusse besteht.[21] Dennoch darf aber der Intestatanspruch als besonderer nicht verkümmert werden, in dem Falle eben, wo er in Ermanglung eines Testamentes gegen die Intestaterben zusteht.[22]

Umgekehrt legen manche wieder das Gewicht nur auf den Intestatanspruch, indem sie den betreffenden Pflichttheilsanspruch nicht zur gebührenden selbständigen Geltung bringen.[23]

Auch sonst ist die Natur des Wittwentheils Gegenstand großer Meinungsverschiedenheit. Offenbar sagen diejenigen viel zu wenig, welche hier

[18] Die nov. 53 erwähnt nur den Fall, wenn der Erblasser der Frau weniger als den gesetzlichen Wittwentheil hinterlassen hat (Glück § 121, Windscheid § 593 A. 1, Schröder § 68, dazu hier A. 31), umgekehrt einzelne Neuere nur den Fall, wenn der Erblasser ihr nichts hinterlassen hat, während in der That beide Fälle hierher gehören. Hinsichtlich der Geltendmachung des Anspruches gegen verkürzende Verfügungen des Erblassers unter Lebenden vgl. Schröder S. 565 f. und die dort Angeführten, dazu Petri S. 59 f., Brinz § 385.

[19] Abweichend von der 1. Aufl. § 190. S. ferner schon Schweppe r. Pr. R. § 976, Arndts in Weiske's R. L. V S. 698 (civ. Schr. II S. 62) und nun wieder Rivier successions § 26. Von anderen wird zwar ein Intestatanspruch als solcher betont, aber die Lehre systematisch ausschließlich oder vorzüglich in das Notherbenrecht gestellt; vgl. Vangerow P. § 488, 422.

[20] Dazu u. A. 32. Gegenüber Köppen System S. 139 f. Petri S. 37.

[21] Dieser wird nicht immer beachtet, s. z. B. Roßhirt S. 198, Arndts P. § 606, Sintenis § 195.

[22] Übrigens mag man den Intestatanspruch wegen seiner Besonderheiten unter die außerordentliche Intestatfolge einreihen, wie dies vielfach geschieht.

[23] Z. B. Hunger r. Erbr. § 132, Bucher P. § 382, Bering P. § 254, 262 f., Roth bayr. C. R. § 355, 341, Dernburg P. III § 137.

ein speciale legis beneficium[24] oder eine „indirecte Vermögenszuwendung aus der Erbschaft kraft Gesetzes"[25] bemerken. Unter denjenigen aber, die eine bestimmtere Äußerung abgeben, entscheiden sich viele (namentlich aus früherer Zeit) schlechthin, — also selbst insoferne der Wittwe nur jener Genuß gebührt, — für ein wahres Erbrecht,[26] andere wieder schlechthin gegen ein wahres Erbrecht der Wittwe,[27] während Mittelmeinungen das Recht derselben bald für ein Erbrecht, bald für einen Singularanspruch erklären,[28] u. z. für diesen vornehmlich im Falle jenes bloßen Nießbrauches[29] oder im Falle einer unzulänglichen[30] Einzelzuwendung des Erblassers[31] oder auch bei sonstiger Verkürzung durch letzten Willen;[32] in letzteren

---

[24] So die von Glück § 125 A. 72 Vorgeführten; vgl. noch Thibaut P. § 882 und Glück selbst, freilich auch diesen S. 765. S. übrigens o. § 5.

[25] S. Neuner a. o. § 2 a. O.

[26] S. die Citate bei Glück § 125 A. 73, dann Hunger § 132, Göschen Civ. R. § 931, Deurer Inst. § 229, aber noch Arndts in Weiske's R. L. V S. 698 (civ. Schr. II S. 62), Wächter P. § 281, Wendt P. § 355, Leonhard Inst. § 121, 123; vgl. Seuffert's Archiv XV Nr. 231 A. 1. Zahlreiche Autoren stellen unseren Erwerb unter die Intestat-Erbfolge, ohne denselben damit schlechthin als Erbfolge anzusehen.

[27] Vangerow Nr. 5, Sintenis § 165 Nr. 4 und A. 2, Köppen in den dogm. Jhb. V S. 219 f., System S. 39 f., 138 f., Gdr. § 50, 90, Lhb. S. 398 f., 415 f., Brinz P. § 431 A. 2 („überwiegend", s. aber § 385), Baron Pand. § 409, Windscheid § 574 A. 10, Petri § 5.

[28] S. ausdrücklich Pfaff und Hofmann Comm. II S. 737. Nach Vering P. § 254 werde die Wittwe an dem ihr von den Erben zu Eigen herausgegebenen Theile indirecte Universal-Successorin, auf diese Herausgabe habe sie aber eine Forderungsklage; vgl. u. A. 32. Eigenartig jetzt Tewes bei Grünhut XIII S. 553; dazu s. u. den Nachtrag.

[29] Roßhirt S. 199 f., 174 f., Bucher P. § 382, 185, Böcking Abriß III § 30 A. 10, Arndts P. § 481 A. 4, Schirmer bei A. 15, Tewes Erbr. § 17, Unger VI § 35 A. 11, Schröder § 37, 68, Dernburg P. III § 137 u. a. m.

[30] Gegenüber Schirmer A. 16 und Unger § 35 A. 4 s. Pfaff und Hofmann II S. 750 A. 65.

[31] Nov. 53 c. 6 pr.: si tamen legatum aliquid reliquerit ei vir, minus (a) quarta parte, compleri hoc ... S. Schweppe r. Pr. R. § 976, Glück § 125, Thibaut P. § 882, Wening Civ. R. § 434x, Roßhirt S. 199, Mühlenbruch P. § 637, Mayer r. Erbr. § 71 A. 8, Seuffert P. § 562, Beckhaus Erbr. § 25, Vering Erbr. S. 394, Roth bayr. Civ. R. § 355 A. 23. Dagegen lassen Arndts in Weiske's R. L. V S. 698 (civ. Schr. II S. 62), Schirmer A. 16 ein wahres Erbrecht der Wittwe auch in diesem Falle eintreten (gegen Einrechnung).

[32] Selbst einige derjenigen, welche ab intestato die Wittwe als eine Gesammt-Nachfolgerin erkennen, nehmen doch contra tabulas entw. eine Universal-Succession derselben überhaupt nicht an (z. B. Beckhaus § 78, 25, 33, Wendt P. § 365) oder nur in dem Falle, wenn durch andere die Intestaterbfolge herbeigeführt wird, (s. Arndts in Weiske's R. L. VIII S. 161, civ. Schr. II S. 641, Pand. § 606, Tewes Erbr. § 143, Wächter P. § 328), oder endlich ungeachtet einer „Universalsuccession" eine bloße

Fällen, wie auch bei Anhängern der zweiten Richtung ist da zugleich öfter von einem („gesetzlichen") „Vermächtnisse" die Rede, s. Schweppe r. Pr. R. § 976, Glück Int. Erbf. § 125, Roßhirt Civ. R. § 536, Arndts in Weiske's R. L. VIII S. 161 (civ. Schr. II S. 641) und Pand. § 481, 606, Sintenis gem. Civ. R. § 165, Köppen zu wiederholten Malen,[33] Vering Erbr. S. 394, Tewes Erbr. § 143, Kuntze Cursus § 832, Windscheid Pand. § 574 A. 10, § 593 A. 2, Petri l. c. § 5, F. Schröder Notherbenrecht § 37, 68.

Meines Erachtens ist das Recht der Wittwe stets auf einen Singular-Erwerb (d. i. aber nicht auf eine Singular-Succession[34]) von Todeswegen gerichtet, indem es nur eine Forderung ist auf Überlassung einer reinen Erbquote, u. z. bald zur freien Verfügung (zu „Eigenthum", als „dominium"), bald zum bloßen Nießbrauch; die Verwirklichung des letzteren ergibt dann eine Mehrheit einzelner Nießbrauchsrechte an einzelnen Nachlaßbestandtheilen und nicht etwa ein universelles Recht an der Nachlaßeinheit.[35]

Für eine solche Forderung der Wittwe spricht schon die Analogie des gewöhnlichen Pflichttheiles und seiner Ergänzung,[36] ebenso das Vorbild der quarta Divi Pii und anderer römischer Quart-Forderungen, die als Pflichttheile auch in gleichem Maße wie als Intestatantheile gebühren,[37] desgleichen jene Maximalschranke von 100 Pfund Gold.[38] [39] Hauptsächlich aber spricht dafür nachstehende Erwägung.

Justinian hat in der späteren nov. 117 c. 5 sowohl für den Fall, wo die Frau vom Ehemann bei seinen Lebzeiten ungerechtfertigt verstoßen

persönliche Klage der Wittwe (Glück § 126, Francke R. der Notherben S. 482, Roth bayr. C. R. § 355).

[33] S. denselben o. A. 1.

[34] S. aber Schirmer A. 17, Unger A. 11, für den Fall des Nießbrauchs der Wittwe. Mit Hinblick auf die Forderung derselben sollte von einer Nachfolge nicht einmal im weiteren Sinne die Rede sein, s. aber Sintenis § 165 B Nr. 4. Vgl. o. § 5.

[35] S. nur Vangerow N. 5, Schirmer und Unger l. l. c. c. Dazu o. § 19.

[36] Vgl. insbesondere mit nov. 53 c. 6 pr. (o. A. 31) die Stellen u. § 41 A. 9.

[37] S. u. § 39, 40, 60; namentlich vgl. da mit dem Wortlaute unserer Novellen c. 2, 3 C. X 35 (34): pars ... substantiae (patris), — si quid minus ... derelictum, ... ex substantia ... adimpleri.

[38] Vgl. Sntenis § 165 A. 2. Schröder S. 561 A. 2 will diesfalls (von seinem Standpunkte aus) zur singulären Stellung eines gesetzlichen heres ex re certa seine Zuflucht nehmen, wobei er aber doch schließlich zu einem gesetzlichen Singular-Vermächtnisse der certa res hätte gelangen sollen.

[39] Sintenis l. c. legt mit Unrecht auch Gewicht auf den Novellen-Ausdruck accipere (λαμβάνειν) und auf den „Ausschluß des Accrescenzrechtes".

worden war, als auch für den Fall, wo die Frau mit dem Ehemann bis zu seinem Tode zusammengelebt hatte, geradezu die Kinder zur Erbschaft des Verstorbenen berufen, die Frau aber bei Zuweisung eines bestimmten Antheils aus dem Vermögen des Mannes in einen unverkennbaren Gegensatz zu den Kindern gebracht: in utroque casu . . . filios . . . ad paternam vocari hereditatem, uxorem autem ex utroque horum casuum . . . quartam partem ex substantia viri accipere;[40] außerdem hat Justinian für beide Fälle jetzt u. U. den bloßen Nießbrauch der Frau eingeführt, welchen er zugleich mit deren eventuellem „dominium" auf Eine Linie gestellt; es ist also da der Anspruch der dürftigen Wittwe dem Anspruche der verstoßenen Frau, der selbstredend nur ein Singular-Anspruch sein kann, absichtlich nicht nur quantitativ, sondern auch qualitativ[41] gleichgesetzt. Dagegen hatte Justinian in der früheren nov. 53 c. 6 pr., welche einen Nießbrauch noch nicht gekannt, geradezu die arme Wittwe im Vereine mit den Kindern des Verstorbenen zur Erbfolge berufen: in successione morientis et hujusmodi uxorem cum filiis vocari;[42] und diese „successio" ward im § 2 eod. hinsichtlich der Wittwe nochmals betont. Desgleichen sind im § 1 eod. die Worte subjacere hujusmodi rebus (propriis) viri creditoribus nullo modo valentibus, nisi forte secundum quod in illius jura ex hac lege heres extiterit doch von einer Erbfolge der Wittwe zu verstehen, wie denn auch der correspondirende griechische Ausdruck *συγκληρονομεῖ* mit obigen Worten cum (filiis) vocari offenbar gleichbedeutend ist; es ergibt sich da nämlich, daß die Wittwe als gesetzliche Erbin für die Schulden des Erblassers nach Verhältniß ihrer Erbquote selbst mit ihren res propriae haftet.[43] Es war also in der nov. 53 der Anspruch

[40] Dazu nov. 22 c. 18: substantiam illam . . . secundum nostras leges . . . esse quae pura debitis videatur.

[41] Nach der „juristischen Form", Dernburg P. III § 137. Der von Schröder S. 285 angenommene „Zweifels"-Fall liegt hier gar nicht vor.

[42] Vgl. mit beiden Novellen hinsichtlich der Ausdrucksweise nov. 22 c. 46.

[43] Die Beziehung obiger Novellenworte auf das eigene Vermögen der Wittwe wird nicht betont von Vangerow Nr. 5 (gegen diesen Arndts in Weiske's R. L. V S. 698, civ. Schr. II S. 62), Windscheid A. 10 u. a. Letzterer versteht jene Worte dahin, „daß die Frau für die Schulden des Mannes nur bis zum Betrage ihres Viertheiles aufzukommen habe, und damit ist" ihm schon in der nov. 53 ausgesprochen, „daß sie eigentlich Erbin nicht ist"; aber auch eine etwaige Haftung „bis zum Betrage" eines Nachlaßantheiles müßte vom Standpunkte des Urhebers des beneficium inventarii

der dürftigen Wittwe dem Anspruche der verstoßenen Frau, wenngleich quantitativ, so doch nicht qualitativ nachgebildet. Da nun die nov. 117 sich selbst unmittelbar vor ihren obangeführten Bestimmungen als eine Veränderung der bisherigen bezüglichen Vorschriften ankündigt (in praesenti melius utramque legem disponentes sancimus), so muß man annehmen, daß sie mit jenen Bestimmungen eben auch die rechtliche Natur des Anspruches der Wittwe in der angegebenen Weise verändern will. In der Litteratur freilich wird für diesen Punkt (abgesehen von Fruchtgenusse) wesentlich eine Übereinstimmung zwischen den zwei Novellen vertreten, u. z. von den einen, um auf beide einen Singular-Anspruch, von anderen, um auf beide einen Erbanspruch der Wittwe zu gründen, wobei jene namentlich eine völlige Nachbildung der poena repudii betonen, diese aber zumeist schon die cit. Worte heres extiterit als entscheidend erklären.[44]

Die praktische Wichtigkeit der Frage nach der rechtlichen Natur unseres Anspruches wird dann von verschiedenen Seiten[45] besonders in der Art des Erwerbes,[46] in den Rechtsmitteln,[47] der Schuldenhaftung, der Accrescenz und der erforderlichen Zeit der Dürftigkeit verwerthet.

Der absonderliche gemeinrechtliche Anspruch der armen Wittwe ist zum Glücke durch die Particular-Gesetzgebungen, welche zumeist dem Ehegatten überhaupt eine entsprechendere erbrechtliche Stellung einräumen, in seinem Anwendungsgebiete sehr eingeengt worden. Indeß hat derselbe auf diese Gesetzgebungen einen gewissen Einfluß geübt.[48]

---

die Erbenqualität nicht nothwendig ausschließen. Gegen Windscheid s. gleichfalls Schröder S. 284 f., der zugleich auf die spätere byz. Interpretation und Gesetzgebung verweist. — Gegen den Erklärungsversuch Köppen's in d. dogm. Jhb. l. c. (Petri S. 51 f.) s. Windscheid l. c., Seuffert d. J. zu Seuffert Pand. § 562 A. 16, Schröder a. O.

[44] Insbesondere bemerkt Schröder S. 285, daß die nov. 117 „unverkennbar das bisherige Recht nur in einzelnen Punkten ergänzen oder ändern" wolle und „keine Umgestaltung der Grundlagen" beabsichtige. Ich kann aber aus derselben nur jene Absicht der Verbesserung erkennen und keine Unterscheidung zwischen „einzelnen Punkten" und „Grundlagen"; übrigens frägt es sich noch, ob nicht Justinian, wenn schon den Fruchtgenuß, so auch sonst den rechtlichen Charakter des Anspruches eher zu den „einzelnen Punkten" gerechnet hätte als zu den „Grundlagen".

[45] Vgl. besonders Vangerow l. c. a. E., Köppen a. o. A. 27 a. O., Schirmer S. 242 f., Sintenis § 165, Petri S. 40 f., 55 f. — [46] Vgl. o. § 8 A. 13, 16, 19.

[47] S. o. A. 18, aber auch A. 28, 32. [48] S. namentlich u. § 29.

§ 28. „Statutarische“ Singularansprüche des überlebenden Ehegatten.

Unter den so mannigfaltigen Gestaltungen,[1] welchen die erbrechtliche Stellung (das „statutarische“[2] Recht) des überlebenden Ehegatten in den Particulargesetzgebungen, selbst in den noch geltenden, gefunden, gibt es solche,[3] worin von Rechtswegen für denselben ein bloßer Singularerwerb Todes halber begründet wird.[4] Letzterer erscheint zumeist in der Bezeichnung „Erbrecht der Ehegatten“ („eheliches“, bez. „ehegüterrechtliches“ „Erbrecht“, „Eheerbrecht“, „erbliches Eherecht“) oder „portio statutaria“ („Erbgebühr“) u. dgl. mitbegriffen.[5]

Abgesehen von einem wahren Erbrechte[6] wird nämlich von verschiedenen Gesetzgebungen dem Ehegatten ein Nießbrauch („ehelicher Nießbrauch“)[6a] von Todeswegen gegeben, sei es nur an einigen bestimmten Gegenständen,[7] sei es gar an der Erbschaft,[8] u. z. an der ganzen Erbschaft oder an einer Quote[9] derselben; insbesondere findet bekanntlich häufig

---

[1] S. nur Stobbe d. Pr. R. § 222, 233, 240 f., 294 und die dortigen Nachweise; dazu die 4. Aufl. von Gengler d. Pr. R. § 188 f., 150.

[2] Über die Terminologie vgl. mit Roth bayr. C. R. I § 86 und d. Pr. R. II § 148 namentlich Stobbe § 294 III.

[3] Bluntschli d. Pr. R. § 207 hält sie gar für die „gewöhnlichen“ Fälle.

[4] Manche nehmen diesfalls schlechthin (also auch bei einem Nießbrauche oder einer Forderung des Gatten?) eine gesetzliche (statutarische) Singular-Succession an, z. B. Bluntschli l. c., Roth d. Pr. R. l. c., Stobbe § 294 a. E. — Über die ältere Streitfrage, ob die portio statutaria überhaupt eine Universal-Succession sei, s. die Citate bei Stobbe § 294 A. 20; s. aber noch Bluntschli a. O.

[5] Vgl. u. a. Bluntschli § 206 f., Roth d. Pr. R. § 148, Stobbe § 222, 294, Huber IV S. 471 f., 447, Luzerner G. B. § 418, Zürcher G. B. § 896 f., liv-, est- und curl. Pr. R. A. 1709 f., sammt Überschriften. Einen guten allgemeinen Ausdruck hat § 974 Zürcher G. B.: „erbrechtliche Vortheile“.

[6] Das „gemischte System“ gewährt neben einem wahren Erbrechte zugleich ein Nießbrauchsrecht; z. B. Huber II S. 148 f.

[6a] Vgl. Kohler S. 187 f., 281 f.

[7] Über die ältere deutsche Leibzucht des überlebenden Gatten an den Grundstücken und der Errungenschaft s. Stobbe § 222 VI. Vgl. Huber IV S. 473 f. Eigenartig bayr. L. R. I 6 § 35 f., bad. L. R. Z. 1570a.

[8] Die Motive zum hess. Erbr. III S. 28 erkennen einen solchen Fruchtgenuß als ein gesetzliches Vermächtniß. — Gegen die Beschränkung des überlebenden Gatten auf den Nießbrauch s. überh. diese Mot. S. 27 f. und schon Mommsen Erbr. S. 166 f. Dafür Zrodlowski Entw. eines b. G. B. § 784, Kern S. VIII f. S. noch o. § 4 A. 7, u. § 29.

[9] So nach österr. R. (u. § 29), so mehrfach nach Schweizer Rechten — und zwar nach letzteren mitunter sogar nicht bloß bei der Kindes-Erbfolge! —, s. z. B. Luzerner G. B. § 418. 429, Zürcher G. B. § 901 f., 973 (alternativ mit einer geringeren Quote des reinen Nachlasses zu „Eigen“ und theilweise abweichend vom früheren G. B. § 1947 f.,

bei bekindeter Ehe ein ehelicher („statutarischer") „Erbnießbrauch"[10] oder ein „Beisitz" an den Erbtheilen der erblasserischen Verwandten statt,[11] wobei der überlebende Gatte ev. mit der Verpflegung und Ausstattung der Abkömmlinge belastet ist.[12] Zuweilen aber gebühren dem Ehegatten von Todeswegen[13] gewisse Nachlaßgegenstände zu vollem Recht, namentlich gewisse Mobilien[14] bez. Mobilien-Complexe,[15] ja hie und da

1957 f.), Zuger G. B. § 269, 303, Bündner G. B. § 500 (alternativ mit einem allfälligen letztwilligen Vermächtnisse); vgl. übh. Huber Schweiz. Pr. R. II S. 142 f. („Widmannsrecht"), 272 f., IV S. 379, 473 f.; s. noch bad. L. R. Z. 745a, ital. G. B. a. 753 f., 812 f., u. E. § 33, 95.

[10] Dieser Ausdruck z. B. jetzt in den Motiven zum d. E. V S. 368, welche sich übrigens gegen einen solchen Nießbrauch aussprechen; s. auch dieselben Motive IV S. 422, 428.

[11] S. die Nachweise bei Gruchot pr. Erbr. II S. 549 f., Roth bayr. C. R. § 355 13, Stobbe § 241 (für das ältere Recht § 222 IV); darunter besonders pr. L. R. II 1 § 645 f., II 18 § 410 f. und das westphälische Gesetz von 1860. Dazu Zürcher G. B. § 902 f. (mit Unrecht sieht Bluntschli Erläut. ad § 1948 des früheren G. B. keine erbrechtliche und nur eine familienrechtliche Bestimmung), die complicirten § 1839 f. des Schaffhausner G. B. (dazu § 234), dann liv-, est- u. curl. Pr. R. A. 1711 f., 1759 f., 1822 f. (der A. 1719 sagt, daß da die Kinder während des Wittwenstandes ihrer Mutter „gewissermaßen nur eine Anwartschaft" auf das väterliche Vermögen haben), Kern S. IX. Übh. s. noch Bühler bündn. Erb. R. S. 82, 90, 102 f., Huber Schweiz. Pr. R. I S. 347 ff., II S. 142 f., IV S. 498 f. Ein betreffendes s. z. Tiroler Gewohnheitsrecht bezeugt Oberweis in der ö. V. J. S. XI S. 150. Nach der Tiroler L. O. III 20 sollte zwar, im Falle nicht mehr als 25 fl. zugebracht war, der überlebende Gatte alle Habe lebenslang „nießen", doch war dabei wohl nicht an eine eigentliche Nutznießung, als vielmehr an eine gesetzliche fideicommissarische Substitution zu denken; s. aber Oberweis S. 140 f., Pfaff und Hofmann Comm. II S. 740. S. endlich Ogonowski ö. Ehegüterr. S. 71 f., 84, Pfaff und Hofmann S. 739. — Übrigens ist zu beachten, ob der Fruchtgenuß des überlebenden Elterntheils an den Erbquoten der Kinder wirklich auf Grund des ehelichen Verhältnisses zum Erblasser von Todeswegen oder etwa auf Grund des elterlichen Verhältnisses zu den Kindern, etwa gar wie sonst unter Lebenden gebührt; vgl. daher bad. L. R. Z. 745a, 1570b, Bluntschli Erl. ad § 1958 des früheren Zürcher G. B., R. Schröder ehel. Güterr. II 1 S. 222, Heusler d. Pr. R. § 159, Huber Schweiz. Pr. R. I S. 452 f., II S. 77, Mot. zum d. E. V S. 368. Letzteres ist der Fall z. B. beim römischen Nießbrauche des Vaters als Gewalthabers (Schirmer Erbr. § 16 S. 293 f.), desgleichen im württembergischen L. R. (Bierer w. Pr. R. III S. 44 f., 74 f., der aber nicht im Einklang mit sich selbst ist), theilweise im Schaffhausner G. B. § 1839 f., 230 f., im liv-, est- und curl. Pr. R. A. 1753 f., 1788, 218 f.; dennoch werden auch diese Fälle zumeist in das „Erbrecht" eingereiht, und Köppen Gdr. § 50, Lhb. S. 399 f. nimmt in einem solchen Falle des r. R geradezu ein „gesetzliches Vermächtniß" an.

[12] Z. B. Zürcher G. B. § 902 f., liv-, est- u. curl. Pr. R. A. 1716, 1721. Gegen eine solche Belastung die Motive zum d. E. V S. 369.

[13] Hier ist wieder abzusehen von rein eherechtlichen Ansprüchen, die nicht zugleich erbrechtliche sind.

[14] Roth d. Pr. R. § 148: „Mobiliarerbrecht". — [15] S. § 31 f., 35, 23.

vollends die „fahrende Habe" des Erblassers (ganz oder zur Quote).[16] Unter Umständen steht ihm ein Recht auf einen Theilbetrag der reinen Verlassenschaft[17] oder auf den Unterhalt oder sonst auf eine Rente zu.[18] Endlich findet sich auch ein Anspruch auf Güter gewissen Ursprungs.[19]

Weitere Verschiedenheiten ergeben sich nach den concurrirenden Personen,[20] ferner je nachdem der ehegattliche Anspruch entziehbar oder unentziehbar ist,[21] desgleichen wofern Wittwer und Wittwe einander gleichstehen oder nicht,[22] endlich je nachdem ein betreffender Vortheil auf Lebenszeit[23] oder bis zur Wiederverehelichung[24] oder bis zu einem anderen Zeitpunkte[25] gewährt ist.

[16] Z. B. das frühere Zürcher G. B. § 1957, 1959 f., liv=, est= u. curl. Pr. R. A. 1722 f., 1744, 1752, 1756, 1795 u. a. Über das ältere deutsche Recht Bluntschli d. Pr. R. § 206 f., Martitz ehel. Güterr. S. 90 f., 122 f., 310 f., Stobbe § 222 A. 5, 28, 30, Heusler § 154. Vgl. Huber IV S. 472 f. Über das ältere Recht in Österreich vgl. Hasenöhrl österr. Landesr. S. 246, Pfaff und Hofmann II S. 738 f. (u. a. über die Tiroler L. O. III 40 f.).

[17] Z. B. Zürcher G. B. § 896 f.. Auch gehört hieher eventuell (A. 21) der statutarische Pflichttheil.

[18] S. § 30, 33 f., 36, 22, auch pr. L. R. II 1 § 617 (Recht auf Belassung der Wohnung).

[19] Hinsichtlich der Errungenschaft vgl. Stobbe § 222 VI, wo auch ein Tiroler Weisthum angegeben ist. Ein bezügliches altes Tiroler Gewohnheitsrecht erwähnt Oberweis S. 149. — S. noch Berner G. B. S. 519 f., Kern S. VII f., dazu o. § 23 A. 9.

[20] Von Bedeutung ist diesfalls bes. der Unterschied zwischen „beerbter" und „unbeerbter" Ehe u. z. nicht nur im zeitlichen und gegenständlichen Umfange, sondern auch schon in der Existenz des Singularanspruches; vgl. österr. G. B. § 757 f. (u. § 29), pr. L. R. II 1 § 645 f., Luzerner G. B. § 418, Zürcher G. B. § 901, Zuger G. B. § 269, Bündner G. B. § 500, liv=, est= u. curl. Pr. R. A. 1709 f., 1740 f., ital. c. c. l. c., u. E. l. c.

[21] Cf. § 10. Z. B. verfügt Unentziehbarkeit Zürcher G. B. § 974 bis auf 3/4 der „erbrechtlichen Vortheile", dazu Bluntschli Erl. ad § 1948; s. auch liv=, est= und curl. Pr. R. A. 1751, 2022. Über den statutarischen Pflichttheil s. überhaupt u. § 41; hieher gehört dieser selbstredend nur insoferne, als er kein Erbanspruch ist; mitunter gebührt er nur zur Nutznießung, s. w. g. G. B. II § 568 und die Schweizer R. wie das ital. G. B. nebst u. E. in o. A. 9; dawider Bruns a. u. § 41 a. O. S. 199 f., 210 f.

[22] Eine verschiedene Stellung z. B. u. § 31 namentlich A. 33, 34 (worin besonders das frühere Zürcher G. B. § 1947 f., 1957 f. zu beachten ist), § 32—36; dazu bayr. L. R. I 6 § 15, 36 f., das gegenwärtige Zürcher G. B. § 902 f., Zuger G. B. § 269 2. Absatz, (Landtwing Erläut. S. 32), die Tiroler L. O. III 20, 40 f., liv=, est= u. curl. Pr. R. A. 1709 f., 1752 f.

[23] So ö. b. G. B. § 757 cit., pr. L. R. II 1 § 645 f., früheres Zürcher G. B. § 1957 f., liv=, est= und curl. Pr. R. A. 1726 f., 1754, 1759, u. E. l. c. S. überhaupt Stobbe § 241 A. 7, § 222 A. 4.

[24] Z. B. bad. L. R. Z. 745a, 1570a und b, Zürcher G. B. § 901, 904 (früher auch § 1947 f.), Zuger G. B. § 269, Schaffhausner G. B. § 1839 f., Bündner G. B. § 500, liv=, est= und curl. Pr. R. A. 1714, 1722 u. a., auch Zrodlowski Entw. eines b. G. B. § 784. Vgl. Stobbe § 241 A. 11.

[25] Namentlich bis zur Eigenberechtigung oder Ausrichtung der Kinder, z. B. Zürcher G. B. § 902 f. Vgl. Stobbe § 241 A. 9, indeß auch o. A. 11. — S. überh. noch o. § 22.

§ 29. Der „lebenslange Genuß" des überlebenden Ehegatten nach § 757 a. b. G. B.[1]

Der § 757 des österreichischen b. G. B. bestimmt: „Dem überlebenden Ehegatten des Erblassers gebührt, ohne Unterschied, ob er ein eigenes Vermögen besitze oder nicht, wofern drei oder mehrere Kinder vorhanden sind, mit jedem Kinde ein gleicher Erbtheil; wenn aber weniger als drei Kinder vorhanden sind, der vierte Theil der Verlassenschaft zum lebenslangen Genusse; das Eigenthum davon bleibt den Kindern."[2]

In dem Streite, der sich an fast alle Glieder dieser Bestimmung knüpft, ward bis in die neueste Zeit nahezu einhellig doch vorausgesetzt, daß da vom Gesetze dem überlebenden Gatten mit dem „lebenslangen Genusse" der Fruchtgenuß gewährt sei,[3] was freilich einzelne Schriftsteller nicht hinderte, dennoch zugleich in der Durchführung ein „fruchtgenußartiges obligatorisches Verhältniß" oder geradezu ein obligatorisches Verhältniß anzunehmen.[4] Die seinerzeitige Meinung Weiske's in Haimerl's Magazin f. R.- u. St.-Wissenschaft V S. 170 f., welcher ein beschränktes Eigenthum des Gatten nach § 613 a. b. G. B. vertreten,

[1] Über das gesetzliche Gattenerbrecht des österr. G. B. überhaupt s. namentlich Unger System VI § 35, Pfaff und Hofmann Comm. II S. 733 f., 741 f.; letztere kündigen einen eingehenderen Excurs dazu an.

[2] Im Wesentlichsten übereinstimmend mit dem w. g. G. B. II § 557 (Satz 1 und 2, — Martini's Entw. II 16 § 29, bei Harrasowsky Cod. Ther. V S. 145), bis auf wenige Punkte (u. A. 14); zur endgiltigen Redaction (worüber nur dürftige Aufschlüsse sich finden) Pfaff und Hofmann S. 733 f., Protokolle (herausg. von Ofner) I S. 455 f. Bedeutend sind dagegen die Abweichungen gegenüber dem Erbfolgepatente v. 11. Mai 1786 § 24, wie schon von Horten's Entwurf II 16 § 41 f. (bei Harrasowsky IV S. 259 f., dazu Harrasowsky selbst eod. A. 13, Pfaff und Hofmann S. 746 f.) und vollends gegenüber dem Codex Theres. II 20 n. 159 f. (Harrasowsky II S. 398 f.). Vgl. u A. 32 ff. Über die gesch. Entwicklung (darunter die niederösterreichische Erbrechtsordnung von 1720 Titel XIV und das Erbfolgepatent v. 11. Mai 1786 § 24) s. Würth in der ö. G. Z. 1854 Nr. 133 f., R. Schröder ehel. Güterr. II 1 § 25, Ogonowski ö. Ehegüterr. (III. Geschichte) passim, Pfaff und Hofmann S. 738 f.; für Böhmen und Mähren Czyhlarz z. Gesch. d. ehel. Güterrechts im böhm.-mähr. L. R. passim. — Über das erste Eindringen des justinian. Anspruchs der Wittwe Beckmann idea juris statut. S. 192, Ogonowski S. 106.

[3] Z. B. bei Unger A. 9 f., wie (früher) bei Pfaff und Hofmann Exc. II S. 319; desgleichen in dem, unserem a. b. G. B. hier theilweise nachgebildeten Luzerner G. B. 418 („lebenslange Nutznießung"), ital. G. B. a. 753 und u. E. § 33, 95. Über die Redactoren des b. G. B. u. A. 20.

[4] So namentlich Krainz; s. u. bei A. 71, 74.

blieb lange Zeit vereinzelt, zumal sie von Unger System VI § 35 A. 10 zurückgewiesen ward.[5]

Nunmehr aber wird von Pfaff und Hofmann Comm. II S. 742 f. eine ganz ähnliche Ansicht mit bekannter Umsicht ausgeführt: es sei im § 757 dem Gatten das „eingeschränkte Eigenthumsrecht mit den Rechten und Verbindlichkeiten eines Fruchtnießers" im Sinne des § 613 a. b. G. B., also ein beschränktes gesetzliches Erbrecht eingeräumt, indem der Gatte da hinsichtlich einer Quote als gesetzlicher fiduciarischer Erbe sich ergebe, welchem die ihn überlebenden Descendenten des verstorbenen Ehegatten gesetzlich bedingt substituirt seien. Bei dem Gewichte dieser Auffassung und ihrer Vertreter ist dazu hier vorerst Stellung zu nehmen.[6] Gestützt wird dieselbe einmal auf die praktische Erwägung, daß bei Annahme eines Fruchtgenusses die Art der Aussonderung der Portion des Ehegatten gekünstelt sei;[7] ein Vorwurf, welcher, wenn überhaupt, so vorweg schon gegenüber der nov. 117 und noch jetzt, sogar in höherem Grade, gegen manche Gesetzgebungen, die dem Gatten den Nießbrauch einer Erbschaftsquote gewähren,[8] erhoben werden kann. Zuzugeben ist dann, daß es sehr unbillig ist, wenn nach dem Ableben von erbenden Descendenten in dem bloßen Fruchtgenusse des überlebenden Gatten eine so einschneidende Beschränkung desselben fortdauert selbst zu Gunsten ganz fremder Personen (als Erbeserben); dies mindestens[9] in dem Falle, wenn der überlebende Gatte Stiefparens jener Descendenten war und dieselben nicht beerbte. Zudem wäre die Annahme einer gesetzlichen fideicommissarischen Substitution eine einfache und an sich gewiß mögliche Construction.[10] Es frägt sich nun aber, ob unsere Gesetzesbestimmung, ungeachtet sie von

[5] Gegen Weiske dann gleichfalls Larcher in der G. H. 1883 Nr. 43. S. noch u. A. 12, 21, 22.

[6] „Mit Randa" wird obige Anschauung nur als ein „interessanter Constructionsversuch" erklärt von Ofner in Grünhut's Ztschr. XVII S. 396 f. Gegen dieselbe nun auch Maitisch in der 5. Aufl. von Kirchstetter's Comm., der sie aber einfach „an dem lapidaren Schlußsatze" des § 757 scheitern läßt. Die Herausgeber von Stubenrauch's Comm. stimmen zwar Pfaff und Hofmann bei, meinen aber zugleich, daß diese das Recht des Erben hier „auf einen bloßen lebenslänglichen Genuß beschränken".

[7] Vgl. die Formulirung bei Krainz II § 489. Dagegen s. freilich auch Ofner l. c.

[8] S. nur das Zürcher G. B. § 901 und das Zuger G. B. § 269.

[9] Vgl. übrigens Ofner l. c.

[10] Vgl. schon o. § 13. S. auch o. § 28 A. 11 hinsichtlich des liv-, est- und curländ. Pr. R., des württ. L. R. und der Tiroler L. O.; desgleichen das böhmisch-mährische Recht bei Pfaff und Hofmann Comm. II S. 739 unten.

einem „lebenslangem Genusse“ spricht, wirklich als eine solche Substitution auszulegen ist. Die genannten Autoren finden einen Anhaltspunkt dafür namentlich in dem Umstande, daß der folgende § 758, falls „kein Kind, aber ein anderer gesetzlicher Erbe vorhanden“ ist, dem überlebenden Gatten „das unbeschränkte Eigenthum auf den vierten Theil der Verlassenschaft“ zuweist; jener „lebenslange Genuß“ sei nämlich diesem „unbeschränkten Eigenthum“ entgegengesetzt und daher das „eingeschränkte Eigenthum“ des § 613. Ferner betonen dieselben, daß im § 757 dem Gatten nicht der lebenslange Genuß an einem Erbtheile, sondern umgekehrt „ein ... Erbtheil ... zum lebenslangen Genusse“ gewährt wird; und das Bedenken, welches in den Endworten des § — „das Eigenthum davon bleibt den Kindern“ — liegt, wollen sie dadurch beseitigen, daß sie hinzudenken „vorbehalten“, widrigens das Wort „bleibt“ nicht gerechtfertigt wäre. Allein die eben hervorgehobenen Stellen erscheinen im a. b. G. B. mit denselben Worten und in demselben Sinne wie bereits im westgalizischen G. B. II § 557; in diesem aber bedeutet der „lebenslange Genuß“ des Gatten sicher nicht das „eingeschränkte Eigenthum“ eines Fiduciarerben, indem das w. g. G. B. über die rechtliche Stellung eines solchen Erben überhaupt gar keine Anordnung enthält.[11] Vielmehr hat hier das w. g. G. B. und ebenfalls das a. b. G. B. den Anspruch der armen Wittwe aus der nov. 117 c. 5 nachgebildet,[12] wie sie ja denselben auch in anderen wesentlichen Punkten, — nicht bloß, wie Pfaff und Hofmann S. 736 f., 746, 750 gegen Unger l. c. A. 6 bemerken, in äußerlichen Punkten, — nachgebildet haben, insbesondere durch Wiederannäherung an die niederösterreichische Erbrechtsordnung des J. 1720 Tit. XIV, welche diesfalls gerade dem gemeinen Rechte, nach der damaligen Theorie und Praxis, sehr entsprochen und von welcher sich das Erbfolgepatent des J. 1786 § 24 einigermaßen entfernt hatte;[13] das a. b. G. B. ging in der Annäherung an das gemeine Recht diesfalls selbst noch weiter als das w. g. G. B.,[14] so daß die Bestimmungen des ersteren mit der „romanisirenden“ Erbrechtsordnung von 1720 sachlich zumeist[15] sogar über-

---

[11] Pfaff und Hofmann Comm. II S. 242.

[12] Trotz „germanisirender Tendenz“ erinnert Weiske l. c. doch an eine gewisse romanistische Auffassung (u. A. 22); vgl. Unger A. 10.

[13] Würth l. c., Pfaff und Hofmann II S. 738, 740, 753.

[14] S. u. A. 41, 51, 60. [15] S. aber u. A. 34, 38, 51.

einstimmen. Die Verwandtschaft unserer § 757 f. mit dem justinianischen Recht[16] bekundet sich überhaupt in nicht Geringerem, wie in der Quart als Maximum des Gatten neben Verwandten des Erblassers, in der weiteren quantitativen Beschränkung auf einen Kopftheil neben drei oder mehr Kindern, in der qualitativen Beschränkung des Gatten neben Kindern, u. z. auf den lebenslangen Genuß, in der Wahrung des „Eigenthums" am Gattentheile für die Kinder, in der Zuweisung des vollen „Eigenthums" an den Gatten bei Concurrenz mit Nichtdescendenten, in der Einrechnung gewisser Zuwendungen des verstorbenen Gatten; außerdem lehnten sich die Redactoren des a. b. G. B. im Einflusse der Scheidung von Tisch und Bett (§ 759) an eine damalige gemeinrechtliche Doctrin und Praxis, während sie durch Abstrahirung vom Geschlechte des überlebenden Gatten einer (schon 1720 sanctionirten, irrigen) gemeinrechtlichen Auffassung unbewußt folgten.[17] Vielfach erscheinen daher die § 757 f. geradezu nur als Übersetzung der nov. 117 c. 5. Man vergleiche: „wofern drei oder mehrere Kinder vorhanden sind, mit jedem Kinde ein gleicher Erbtheil", — Si ... amplius fuerint filii, tantum ... accipere ... quantum uni competit filiorum; „wenn ... weniger als drei Kinder vorhanden sind, der vierte Theil der Verlassenschaft", — si quidem usque tres habuerit filios ..., quartam partem ex substantia ... accipere. Der „lebenslange Genuß" insbesondere ist ganz parallel dem usus[18] der Novelle, worunter aber der Fruchtgenuß, und weder der Gebrauch,[19] noch ein beschränktes Eigenthum des Gatten zu verstehen ist; in der That erklärten unsere Redactoren den (schon) im Erbfolgepatente von 1786 § 24 vorkommenden „Genuß" ausdrücklich als „Fruchtgenuß und nicht" als ein „Eigenthum",[20] wie denn auch im b. G. B. § 504, 509, 521 ein „Genießen" gerade bei dem Fruchtgenusse als charakteristisch hingestellt wird.[21] Für ein beschränktes

[16] Über die Umbildung der Novelle in anderen (allerdings auch namhaften) Punkten vgl. Zeiller Comm. h. l., Pfaff und Hofmann II S. 741, 748.

[17] Wenngleich in bewußter Abweichung vom richtig verstandenen röm. R. (s. A. 16, 32). Übrigens reden in den Protokollen einzelne unserer Redactoren unwillkürlich dennoch nur von der Wittwe, s. Pfaff und Hofmann S. 734. [18] Dazu u. § 53.

[19] S. für das gemeine Recht Schirmer Erbr. § 13 A. 13; für das österr. Recht Unger A. 9, desgleichen den consequenten Sprachgebrauch des b. G. B. § 504, 509, 521, (wo es beim Gebrauche nicht „genießen", sondern „benützen" heißt).

[20] Ofner Protokolle I S. 459 und bei Grünhut l. c., s. noch Erbrechtsodg. v. 1720 („Nutznießung"), C. Ther. l. c. n. 162 und Harrasowsky IV S. 259 A. 13, ital. G. B. a. 753, u. E. l. c., jedoch auch Pfaff und Hofmann II S. 736, 745 f. Das Luzerner G. B. wählte „Nutznießung". [21] Dies zugleich gegen Weiske l. c. S. 177.

Eigenthum des Gatten sprechen keineswegs die Endworte des § 757 — „das Eigenthum davon bleibt den Kindern" —, welche nämlich mit dominium ... filiis servetur correspondiren und daher ebensowenig wie diese Novellenworte einen bloßen „Vorbehalt" des künftigen Eigenthums für die Kinder oder etwa eine bloße Verpflichtung des Ehegatten zur „Aufbewahrung" des Eigenthums für die Kinder bezielen;[22] es wird vielmehr damit vom Gesetze das gegenwärtige „Eigenthum" den Kindern nachdrücklich[23] gewahrt, indem im § 757 dem „lebenslangen Genusse" des Gatten als bloß beschränkendem Recht (an fremder Erbschaft) das Recht der Kinder doch als „das Eigenthum" (wenngleich als beschränktes Eigenthum) so gegenübergestellt wird, wie in der Novelle (usum solum..., dominium autem).[24] Wenn dann dem „lebenslangen Genusse" des Gatten (neben erbenden Descendenten) noch das „unbeschränkte Eigenthum" desselben (bei Concurrenz mit anderen gesetzlichen Erben) im § 758 entgegengesetzt wird, so ergibt dies nicht, daß jener Genuß ein „eingeschränktes Eigenthum" sei, sondern heißt das lediglich, daß der Gatte da nicht mehr usum solum, sondern etiam dominii jure habere soll;[25] m. a. W. es ist da das volle „Eigenthum" des Gatten an dem Antheile in einen Gegensatz zu dem ev. bloßen Fruchtgenusse desselben gebracht; dabei lag zur Hervorhebung des Eigenthums als „unbeschränkten" ein Anlaß insoferne vor, als unmittelbar vorher im § 757 das „Eigenthum" der

[22] Für das gemeine Recht hatte Löhr allerdings eine Art „beschränkten Eigenthums" der armen Wittwe mit solcher Aufbewahrungspflicht (unter Beistimmung anderer) angenommen, jedoch später zurückgezogen; vgl. o. § 27 A. 17, Unger A. 10 (gegen Weiske). Selbst wenn das a. b. G. B. das urgirte Wort „vorbehalten" gebraucht hätte, wäre dasselbe nicht nothwendig gegen einen Fruchtgenuß zu deuten; s. nur Arndts P. § 481 („die Proprietät bleibt jenen vorbehalten").

[23] Maitisch l. c. — Die Erbrechtsordnung von 1720 und Martini's Entw. sagten „verbleibt", erstere setzte noch dazu „unverthunlich", was sich mit der dortigen wahren „Nutznießung" des Gatten allerdings verträgt; vgl. übrigens Pfaff und Hofmann S. 747.

[24] Im a. b. G. B. geschieht dies nach einem Strichpunkte, im w. g. G. B. nach einem Punkte. Besonders scharf ist der Gegensatz in Martini's Entw. l. c. und gar bei den Redactoren des b. G. B. in den Protokollen I S. 459; dazu S. 455. Vgl. noch die Diction in nov. 22 c. 46, 47 (u. § 53).

[25] Jene Entgegensetzung geschieht seitens des a. b. G. B. in einem neuen §; anders im w. g. G. B. und im Entwurfe Martini's. In letzterem hieß es übrigens „das unbeschränkte Erbrecht". Die Erbrechtsordnung v. 1720 ist hier wieder eine wörtliche Übersetzung der nov. 117 („allein die Nutznießung" — „auch das Eigenthum"). — Das dem a. b. G. B. hier nachgebildete Luzerner G. B. läßt das Wort „unbeschränkt" weg: s. auch ital. G. B. a. 754, u. E. § 34. — Mit nov. 117 vgl. wieder nov. 22 c. 46, 47.

Kinder sich als ein (durch den Fruchtgenuß des Gatten) beschränktes ergibt. Und wenn bei der bekämpften Construction im Falle des § 757 das Eigenthum am Gattentheile nur denjenigen Descendenten „vorbehalten" wird, welche beide Ehegatten überlebt haben, so ist darauf hinzuweisen, daß diese Gesetzesbestimmung „das Eigenthum" schlechthin „den Kindern" zuspricht und darunter solche Kinder meint, welche zur Zeit der Delation nach dem erstverstorbenen Gatten „vorhanden sind" (mindestens als nasciturі), oder besser, welche zur angegebenen Zeit wirklich concurriren; u. z. dies wieder mit der Novelle (Si ... fuerint filii, ... dominium ... illis filiis servetur quos ex ipsis nuptiis habuit. Si vero ... filios ex eo non habuerit, ... etiam dominii jure habere ...); wird ja auch die Virilportion des Gatten nach den zur Zeit des Erbfalls concurrirenden Descendenten bestimmt.[26] Ein starkes Argument finden die genannten Verfasser ferner in der Vorschrift über Einrechung in den Gattentheil, § 758, und doch ist eine ähnliche schon für den römischen Fruchtgenuß der armen Wittwe anzuwenden.[27] Desgleichen gilt die in Zeiller's Comm. h. l. angegebene ratio legis, auf welche dieselben sich berufen, auch für diesen römischen Fruchtgenuß[28] oder für einen sonstigen bloßen Fruchtgenuß des überlebenden Gatten. — Unter Würdigung all' dieser Umstände erscheinen endlich die Verweisungen in Zeiller's Comm. ad § 480 und 757 keineswegs als bedeutungslos,[29] sondern als eine Bestätigung der Fruchtgenuß-Natur des im § 757 gewährten Gattenrechtes.[30]

Näher ist dann letzteres folgendermaßen zu bestimmen: Der überlebende[31] Ehegatte, ob Mann ob Frau,[32] erhält[33] ohne Rücksicht auf Dürftigkeit bez. Wohlhabenheit[34] nach dem verstorbenen Ehegatten neben der

[26] Pfaff und Hofmann S. 744.

[27] Vgl. freilich Glück Int. Erbf. § 124, der aber ein Anhänger des abgelehnten beschränkten Eigenthums der Wittwe ist.

[28] Vgl. Vangerow P. § 488 Nr. 4. S. auch die Erbrechtsodg. v. 1720, o. A. 23.

[29] Die von Zeiller vervollständigten „Titel" des § 480 cit. stammen noch aus Horten's Entwurf II 23 § 4 f. (Harrasowsky IV S. 296 f.), wo aber dem überlebenden Ehegatten der Antheil „allezeit eigenthümlich" zufiel.

[30] S. noch u. A. 75.

[31] Gegen Hüttner ges. Erbf. S. 286 f. s. Pfaff und Hofmann A. 48.

[32] Diese Gleichstellung (der „Conpersonen"!) fand sich schon in der Erbrechtsordnung von 1720, vgl. o. bei A. 17. Im Cod. Ther. und in Horten's E. ist ungeachtet principieller Gleichstellung doch die Wittwe begünstigt, von dem u. A. 34 angedeuteten Gesichtspunkte aus. Unwillkürlich sprechen übrigens öfters noch unsere Redactoren nur von der Wittwe, Pfaff und Hofmann S. 734 f.

[33] Übergroßen Nachdruck legt Weiske l. c. S. 176 f. auf das „gebührt" im § 757.

[34] Noch auf dem römischen Standpunkte war die Erbrechtsordnung von 1720.

ab intestato[35] erbenden[36] Descendenz[37] des Erblassers, mag diese aus eben der Ehe herrühren oder nicht,[38] gesetzlich nur den lebenslangen[39] Fruchtgenuß,[40] und zwar nie mehr als an einem Viertheile,[41] aber neben mehr als drei[42] solchen Descendenten (resp. Descendentenstämmen)[43] den Fruchtgenuß[44] bloß an einem der resultirenden Kopftheile[45] (Stammestheile) der

Aber ungeachtet der principiellen Abstrahirung von Vermöglichkeit und Vermögenslosigkeit wird doch noch der ehegattliche Anspruch mit einem Unterhaltsanspruche verquickt im Cod. Ther., im E. Horten's, im Patent von 1786 (dazu Harrasowsky IV S. 259 A. 13), selbst von unseren Redactoren (Pfaff und Hofmann S. 734, 736), ja sogar von Krainz System (u. A. 71).

[35] Vgl. Protokolle I S. 455 f. („ab intestato"). Zugleich als Pflichttheil erschien der Gattentheil im Cod. Ther. und im E. Horten's. — Nicht beistimmen kann ich der eigenartigen Auffassung in G. U. W. Nr. 11451, 12905 und bei Krainz System II § 530 A. 1 (s. letzteren selbst I § 258 A. 22). — Abweichend die Nachbildungen (o. A. 3).

[36] So ist das „Vorhandensein" im § 757 zu verstehen, Hüttner ges. Erbf. S. 289 f., Pfaff und Hofmann S. 748 f.

[37] Nach dem Patente v. 1786 § 24 erhielt der Gatte den bloßen Genuß auch neben solchen Verwandten des Erblassers, die nicht dessen Descendenten sind; dazu cf. Cod. Theres. l. c. (aber auch Harrasowsky IV S. 259 A. 13), Protokolle I S. 459.

[38] Eine absichtliche Verbesserung des r. R. (und der Erbrechtsordnung von 1720); s. Protokolle I S. 455 f., Zeiller Comm. h. l., Hüttner S. 290, Damianitsch im Jurist VI S. 363 f., Pfaff und Hofmann S. 733 f., 740, 744 f. (gegenüber G. H. 1857 Nr. 12), S. 748 f.

[39] Dazu Protokolle I S. 456 ff., Pfaff und Hofmann S. 734, 736, 748. Einen lebenslangen Genuß gewährt schon die Erbrechtsodg. v. 1720; über die Tiroler L. O. III 20 s. o. § 28 A. 11. Dagegen dauerte der Genuß nur bis zur Wiederverehelichung im Patente v. 1786 und im Cod. Theres.

[40] S. bereits o. A. 20, 39. Nur der E. Horten's ließ den Gattentheil „allezeit eigenthümlich" zufallen; dazu Harrasowsky IV S. 259 A. 13; der Cod. Theres. wieder hatte den „Fruchtgenuß" bloß in einem besonderen Falle und nur als ein Maximum.

[41] Darin verläßt unser b. G. B. das w. g. G. B., welches immer eine Virilportion bestimmte, (s. auch schon Beckmann idea juris statut. S. 192) und nähert sich den Erbrechtsgesetzen v. 1786 und 1720; dazu s. Protokolle I S. 458 f. und schon Harrasowsky IV S. 259 A. 13. S. auch ital. G. B. a. 753. De lege ferenda Pfaff und Hofmann S. 736 ff., 757 f. und Hofmann in Grünhut's Ztschr. I S. 550. Das Luzerner G. B. l. c. und § 429 verläßt diesfalls das a. b. G. B.; desgleichen theilweise der u. E. § 33.

[42] Hinsichtlich der gesetzlichen Formulirung s. Pfaff und Hofmann A. 57.

[43] Protokolle I S. 455 f., Zeiller Comm. h. l., Unger A. 5 und Citate, Pfaff und Hofmann S. 749.

[44] Gegen Grünberg in Haimerl's Magazin IV Nr. 9 s. Unger A. 6 und Citate, auch Würth Nr. 133 f. (namentlich auf Grund der geschichtlichen Entwickelung), Pfaff und Hofmann A. 34a, Krainz II § 489 A. 7, Larcher in der G. H. 1883 Nr. 42. Grünberg stützt sich (für ein Eigenthum des Gatten) auf den ersten Strichpunkt im § 757, welcher erst nach der Superrevision (Ofner Protokolle I S. 459, II S. 743) angewendet wurde; vgl. übrigens die Interpunction in § 651, 689, 724 f., 793, 1253 a. b. G. B.

[45] Nicht passend ist im § 757 „mit jedem Kinde ein gleicher Erbtheil"; doch besser

Intestat-Verlassenschaft,[45a] zu Lasten der Intestaterben.[46] Wenn dagegen keine Descendenten des verstorbenen Gatten erben, so gebührt dem überlebenden ab intestato das „unbeschränkte Eigenthum" eines Viertheils bez. der ganzen Erbschaft, § 758, 759; darunter ist offenbar das wahre und freie (Mit- bez. Allein-) Erbrecht (das volle sog. Erbeigenthum, das „unbeschränkte Erbrecht", Martini's Entwurf l. c.,) zu verstehen,[47] u. z. auch hinsichtlich des ev. Viertheils, zumal die besonderen Gründe, welche das dominium der armen Wittwe als ein (freies) Forderungsrecht ergeben, hier nicht zutreffen können.[48] Nach § 758[49] wird übrigens[50] auch „in dem Falle des § 757 dasjenige, was gemäß der Ehe-Pacten ... oder einer letzten Anordnung[51] dem überlebenden Ehegatten aus dem Vermögen des andern[52]

---

als „Genußtheil" (im Patente von 1786 und noch bei Krainz II § 489) und gar als „Kindestheil" (z. B. in der Erbrechtsordnung v. 1720, den Protokollen I S. 455 f., der G. H. 1858 Nr. 1 und noch im Schaffhausner G. B. § 1840; — gegen eine solche Bezeichnung Pfaff und Hofmann S. 742. Wider Reisky, der in der G. Z. 1854 Nr. 99 f. bei Bestimmung des Kopftheiles den Gatten nicht mitzählen will, s. Zeiller Comm. h. l., Gspan in der G. Z. 1852 Nr. 58, Würth l. c. Nr. 136 a. E., Unger A. 8 und Cit., Pfaff u. Hofmann A. 56, Krainz A. 5, Larcher l. c. Nr. 41. Vgl. ital. G. B. l. c. — Stets bestimmte ein Viertel der Cod. Theres. (vgl. das erwähnte Luzerner G. B.), während der E. Horten's den ev. Kopftheil nur von der Hälfte des Nachlasses („eigenthümlich") zuwies. Der u. E. l. c. hat je nach der Zahl 1/4, 1/3, 1/2, Kern S. IX.

[45a] U. E. § 33/2.

[46] Vgl. aber o. A. 35.

[47] Unger A. 4, Pfaff u. Hofmann S. 750. Vgl. ital. G. B. a. 754 f., u. E. § 34.

[48] Nicht maßgebend ist der Ausdruck „fordern" im § 1258 a. b. G. B. Allerdings ist aber der Gattentheil nur ein Theil des reinen Nachlasses im Cod. Theres. l. c. n. 167 f. (obwohl da dem Gatten „die sonst einem jedweden anderen Erben ... gebührende Erbsforderung" zugestanden wird) und in Horten's Entwurf l. c. § 46.

[49] Über und wider die da verfügte Einrechnung Pfaff und Hofmann h. l.

[50] Das verbindende „doch" im § 758 weist wohl nicht, wie Pfaff und Hofmann l. c. glauben, auf „unbeschränkt" hin, sondern überhaupt auf die gesetzlichen Zuwendungen an den Gatten in beiden voranstehenden Fällen; vgl. das w. g. G. B., wo kein neuer § gemacht war.

[51] Der im b. G. B. noch aufgeführte „Erbvertrag" ist ohnehin unter den „Ehe-Pacten" begriffen. Das w. g. G. B. wie die früheren Gesetze dagegen führten die letzten Willen nicht auf, daher das b. G. B. sich hier wieder dem justinianischen Rechte mehr genähert hat. Dazu Ofner Protokolle I S. 455 f., II S. 397 f., 551, 743, Harrasowsky IV S. 259 A. 13. Der Cod. Ther. und der E. Horten's (verfügten nicht nur umfassende Einrechnungen, sondern) versagten gar im Falle der Errichtung von Heirathsbriefen der Regel nach (vgl. o. A. 34) einen erbrechtlichen Anspruch überhaupt; dies im Zusammenhange mit dem böhmischen Rechte, Pfaff und Hofmann S. 738 f., 746.

[52] Darüber s. die unerquicklichen Verhandlungen in den Protokollen I S. 456 f. Pfaff und Hofmann S. 734 f.

zukommt, in den" Antheil[53] desselben „eingerechnet",[54] selbstverständlich wenn nicht ein anderer Wille des Zuwendenden feststeht;[55] zugleich ist dieser gesetzliche Fruchtgenuß (und überhaupt der gesetzliche Anspruch) des Ehegatten auf den Todesfall nur alternativ mit einem etwaigen vertragsmäßigen Fruchtgenusse des Ehegatten[56] — und analog wohl auch sonst mit einem allfälligen letztwilligen Fruchtgenusse desselben[57] — an der Erbschaft oder einer Erbschaftsquote zugedacht, § 1258 a. b. G. B.[58] Vor allem wird aber für unseren ehegattlichen Anspruch vorausgesetzt, daß die Ehe bis zum Tode des Erblassers giltig bestand, § 1266 a. b. G. B.;[59] zudem „hat ein aus seinem Verschulden" — uneinverständlich — von Tisch und Bett „geschiedener Ehegatte" keinen „Anspruch", § 759.[60]

Falls nun der überlebende Ehegatte wirklich Fruchtnießer einer Nachlaßquote wird, sollte über die Natur seiner rechtlichen Stellung kein weiterer Zweifel bestehen. Dennoch wurde diesfalls bei uns ein lebhafter Streit geführt. Auf der einen Seite wurde selbst in solchem Falle dennoch ein wahres Erbrecht des Gatten angenommen, vorzüglich in Folge der Ausdrucksweise der cit. § 757f., 1258, 1266;[61] so seitens

---

[53] Über den gesetzlichen Ausdruck „Erbtheil" u. A. 61. Die Einrechnung erfolgt hier nicht in den Genußwerth (s. aber Nippel Comm. h. l., Pann in der G. Z. 1859 Nr. 59 f., und ev. Kirchstetter Comm. h. l.), auch nicht in den Genußertrag (dies gegen Hüttner ges. Erbf. § 121 f., Winiwarter sowie Ellinger Comm. h. l., Krainz II § 513), sondern in den sog. Genußtheil, Patent v. 1786, Stubenrauch Comm. h. l., Unger A. 14, Pfaff und Hofmann ad § 758.

[54] Durch bloße Abrechnung. Einige Schriftsteller freilich ziehen hier die Collation herein; s. nur Krainz II § 513.

[55] Gegenüber G. U. W. Nr. 7044 s. Pfaff und Hofmann S. 752. Vgl. Horten's Entw. l. c. § 46.

[56] Über den Advitalitätsvertrag Schiffner Vermächtnißvertrag § 4.

[57] Vgl. mit den Protokollen II S. 397 f., 435 f., 548 f.: Zeiller Comm. h. l., Stubenrauch l. c., Unger A. 14, Pfaff und Hofmann a. O., Lacher in der G. H. 1883 Nr. 39. S. noch o. § 24.

[58] Über das Verhältniß unseres Anspruches zum Anspruche aus § 796 f. u. § 30.

[59] Dazu Cod. Ther. und Horten's Entw. a. O. Die Erbrechtsordnung v. 1720 setzte „conliche" (!) Liebe und Treue bis in den Tod voraus.

[60] Damit weicht unser G. B. wieder vom w. g. G. B. ab und nähert sich dasselbe der (jedoch besser gefaßten) Erbrechtsordnung v. 1720 bez. der damaligen gemeinen Theorie (o. § 27); Protokolle I S. 458, II S. 743, Pfaff und Hofmann S. 735, 754 f.

[61] Darüber, daß hier „Erben" rc. in einem weiteren Sinne gemeint ist, s. nur Unger A. 11. Noch markanter als das b. G. B. war diesfalls der superrevidirte Entwurf in der Rubrik, Ofner Prot. II S. 743. Übrigens will unser § 759 mit „Erbtheil" nur stylistisch das w. g. G. B. („diesen Theil") verbessern. — Das Luzerner G. B. § 418 fügt bei: „als Eherecht".

Hüttner's ges. Erbf. § 135, Zlobitzky's in der Ztschr. f. ö. R. Gel. 1845 I Nr. 4, in den Commentaren von Nippel ad § 535, 757, von Basevi und von Stubenrauch ad § 757,[62] bei Gruchot preuß. Erbr. II S. 529, ja noch in Nr. 4186, 4842 der Glaser und Unger'schen Sammlung von Entscheidungen. Und doch ist ein solcher Quoten-Nießbrauch offenbar „nur" ein „einzelnes" „Recht" im Sinne des § 535 a. b. G. B. oder vielmehr eine Summe von einzelnen Rechten an fremden Objecten.[63] Mit Rücksicht darauf erblickten und erblicken andere in dem fraglichen Fruchtgenusse ein (gesetzliches) Vermächtniß; so geradezu Heyßler im Jurist II S. 77 f., Füger ö. Erbr. I § 3, III § 35, Swoboda in der ö. V. J. S. VIII S. 127 f.,[64] so gewissermaßen Unger System VI § 35[65] und Kirchstetter Comm. h. l., desgleichen Pfaff und Hofmann (in früherer Zeit) Excurse II S. 319,[66] Larcher in der G. H. 1883 Nr. 40; s. auch G. U. W. Nr. 7388 (II. Instanz), Budwinski Erkenntnisse d. Verwaltungsgerichtshofes Nr. 135, 824. Winiwarter und Ellinger wieder erklären sich in ihren Commentaren h. l. sowohl gegen ein gesetzliches Erbrecht, wie gegen ein gesetzliches Legat, u. z. für ein „einzelnes Recht auf (?) den Nachlaß", bez. für eine „gesetzliche Servitut".[67] Sachlich kommen aber auch sie da auf ein gesetzliches Vermächtniß hinaus. Allerdings vom sprachlichen und constructiven Standpunkte aus empfiehlt es sich, den ehelichen Fruchtgenuß für ein Drittes[68] zu erklären. Als solches ergibt sich aber einfach die gesetzliche Einzelnachfolge[69] oder besser (o. § 2, 5) der gesetzliche Einzelerwerb von Todeswegen; vgl. Schiffner Vermächtniß-

62 Von letzterem im Widerspruche mit seinen Ausführungen ad § 535. — Nicht hier einzureihen ist natürlich die obige Erbrechtstheorie von Weiske, wie von Pfaff und Hofmann.

63 Ausdrücklich gegen ein Erbrecht sind G. U. W. Nr. 2445, 3575 und neuerlich (aus der Zeit nach obigen Entscheidungen) Nr. 5703, 7388. S. gleichfalls G. H. 1858 Nr. 1 und u. A. 66. Vgl. noch o. § 19.

64 S. denselben auch in s. hist. dogm. Eröter. S. 78 f. und in der G. H. 1873 Nr. 99 f.

65 Dieser sagt: „der erbberechtigte Gatte ... befindet sich in der rechtlichen Stellung eines Legatars, dem der Nießbrauch an einer Quote des Erbvermögens vermacht worden ist". S. ebenfalls Stobbe d. Pr. R. § 236 g. E.

66 Nunmehr s. derselben Comm. II S. 741 f. — 67 D. i. idem per idem!

68 Gegen ein Drittes Stubenrauch l. c., weil das Gesetz ein solches nirgends ausdrückt!

69 S. Unger § 35 (bei und in A. 11), Budwinski l. l. c. c., F. Schuster Verf. außer Streitsachen 3. Aufl. S. 381, Pfaff und Hofmann Comm. II S. 742.

begriff S. 32f. Ähnliches gilt dann gegen Krainz System II § 489, 532, wenn er hier „weder ein eigentliches Erbrecht,[70] noch ein Legat" findet; auch er kommt sachlich doch auf ein gesetzliches Legat hinaus, wenn er dann „vielmehr eine ... auf dem Nachlasse kraft gesetzlicher Vorschrift haftende Zahlungsverbindlichkeit" behauptet. Übrigens ist es auffallend, daß Krainz hier einerseits (§ 513) einen „Fruchtgenuß" und andererseits (§ 258) ein „fruchtgenußartiges obligatorisches Verhältniß", ja (§ 532) eine „Alimentations"-Forderung[71] annimmt. Dies steht indeß im Zusammenhange mit der Frage nach der Durchführung unseres Genusses.

Es ist nämlich eine sehr strittige Frage, ob dem überlebenden Ehegatten der „Genuß" an der betreffenden Nachlaßquote in natura[72] oder an dem entsprechenden Werthbetrage,[73] oder ob ihm sonst eine Geldabfindung, etwa gar eine Rente gebührt; Krainz entscheidet sich eben für letztere und läßt daher gegen die Absicht des Gesetzes einen dinglichen Nutznießungs-Anspruch eigentlich gar nicht zu.[74] Meines Erachtens ist an sich dem Gatten der Fruchtgenuß an den einzelnen Gegenständen der (reinen) Verlassenschaft selbst und nur, wo dies nicht möglich ist, an dem entfallenden Geldbetrage einzuräumen; das folgt schon aus § 158 des Verlassenschafts-Patents, wonach auch der Fruchtgenuß eines Erbtheiles auf die einzelnen dem Fruchtgenusse „unterworfenen Güter" einzutragen bez. auf die einzelnen beweglichen „Gegenstände" selbst zu versichern ist;[75] s. außerdem § 510, 1257 a. b. G. B.

Abgesehen davon werden in Litteratur und Praxis noch sonst Con-

[70] S. aber Krainz II § 435. [71] S. jedoch denselben § 442 a. E. und o. A. 34.

[72] Für die Auffassung des „Genusses" als Erbrecht ergäbe sich dieser „Natural"-„Genuß" von selbst; s. jedoch Nippel Comm. h. l. Vgl. Links Rechtsprechung des obersten Gerichtshofes 1889 III Nr. 735: Anspruch auf ein Viertel der Verlassenschaft (nicht bloß der reinen) zum Fruchtgenusse in natura ohne Aufhebung der gemeinsamen Benutzung und Verwaltung des Nachlasses.

[73] So wohl Winiwarter h. l.; s. ausdrücklich Larcher Nr. 43. Unger A. 12 und mit ihm Kirchstetter h. l. gibt den Erben die Wahl, den Nießbrauch an den betreffenden Erbschaftssachen oder an dem entsprechenden Geldbetrage einzuräumen; s. schon o. § 19. Ein anderes Wahlrecht hat das ital. G. B. a. 753, 819 und der u. E. § 96.

[74] Vgl. Pfaff und Hofmann A. 53, aber mit diesen o. § 8.

[75] Pfaff und Hofmann S. 748 berufen sich auf den § 158 V. P. zugleich als auf ein weiteres Argument für ihre Construction; allein die darin verfügte Gleichbehandlung ist nur eine äußerliche und entspricht selbst der Legatentheorie, zumal da die Substitution gleichfalls bei Legaten betont wird.

sequenzen aus der rechtlichen Natur des Gattenrechtes, — u. z. mehrfach je nach Verschiedenheit der Auffassung verschieden — gezogen.[76]

§ 30. Unterhaltsanspruch des überlebenden Ehegatten nach § 796 des österr. a. b. G. B.[1]

Während die Mehrzahl der neuen Gesetzgebungen[2] dem überlebenden Ehegatten mit Recht[3] einen bestimmten nicht entziehbaren Nachlaßtheil gewähren, gibt das österreichische a. b. G. B. demselben am Ende des Hauptstückes von dem Pflichttheile ꝛc. ganz eigenartig wider einen letzten Willen statt eines Pflichttheiles nur einen Unterhaltsanspruch unter gewissen Voraussetzungen; damit nähert sich dasselbe am meisten dem römischen Rechte, worin die obbehandelte Quart der armen Wittwe materiell auf einen Alimentationsanspruch hinausläuft,[4] — doch wird bei uns der Anspruch auch dem Wittwer gewährt. § 796 a. b. G. B.[5] verfügt

[76] Vgl. Stubenrauch h. l. mit Krainz II § 489, dann G. U. W. Nr. 2445, 4186 mit Nr. 3204, 7388 hinsichtlich der Erbserklärung bez. Erbschaftsklage, — eod. Nr. 4842 mit Nr. 3575 hinsichtlich der Schuldenhaftung; s. noch eod. Nr. 5703 (in Ansehung der Sicherstellung persönlicher Gläubiger des Gatten), Nr. 8764 (wegen der Frage nach dem Bezuge während der Abhandlung), G. H. 1858 Nr. 1 (wonach der Gatte zu erklären hat, ob er den Genuß beansprucht oder nicht, — allerdings nur wegen Ersichtlichmachung nach § 174 V. P., dazu o. § 8), endlich die vorhin angedeuteten Erkenntnisse des Verwaltungsgerichtshofes (über die „Gebühren"-Bemessung).

[1] Hofmann in Grünhut's Ztschr. I S. 546 f. S. auch § 22.

[2] Eine Übersicht bei Gruchot pr. Erbr. II S. 516 f., 532 f., Stobbe d. Pr. R. § 294, in den Motiven z. deutschen Entwurfe (welcher in § 1975 gleichfalls dem Ehegatten einen Pflichttheil gewährt) V S. 384; dazu liv-, est- und curl. Pr. R. A. 2022 f., Zürcher G. B. § 974 (vorher § 2038, darüber Bluntschli Erläut.), Berner G. B. S. 516 f., Schaffhausner G. B. § 1909, Zuger G. B. § 303, ung. E. § 95 f.

[3] S. Trendelenburg Naturrecht § 144, Motive zum hess. Entw. III A. 115 (III S. 81), Mommsen d. Erbr. S. 452 f., die Verhandlungen des 14. d. Juristentages, Bruns in d. Ztschr. f. vgl. R. W. II S. 199 f., 210 f., die cit. Motive zum d. E. Vgl. auch einzelne der österr. Redactoren in den u. A. 5 angeführten Protokollen. Wenn Unger System VI § 78 A. 7 bemerkt, „daß dort, wo die wahre eheliche Gesinnung vorhanden ist, jeder Gatte dem anderen" ohnehin „durch freiwillige Verfügung in entsprechender Weise bedenken wird", so gilt Ähnliches wohl auch von einer wahren verwandtschaftlichen Gesinnung zwischen Eltern und Kindern, und hat das Notherbenrecht eben einen etwaigen naturwidrigen Mangel an entsprechender Familien-Gesinnung zu überwinden, vgl. Mommsen S. 452 f., Schultzenstein Pflichttheilsr. S. 226, freilich auch Hofmann S. 547.

[4] Vgl. Köppen System S. 139, 37 f., Unger l. c., Mommsen l. c.

[5] Im w. g. G. B. II § 562, 568, 576, 583 war dem überlebenden Ehegatten, „wenn in dem Heirathsbriefe eine Vorsehung für den Todesfall" nicht getroffen worden, allerdings ein Pflichttheil gegeben, desgleichen (§ 588) im Falle einer concreten gesetzmäßigen Ausschließung vom Pflichttheile (wie sonst einem Notherben, u. § 42,) der „unentbehr-

nämlich: „Ein Ehegatte hat zwar kein Recht auf einen Pflichttheil; es gebührt ihm aber, wenn für den Fall des Überlebens keine Versorgung bedungen worden ist, und so lange er nicht zur zweiten Ehe schreitet, der mangelnde anständige Unterhalt. Ein aus seinem Verschulden geschiedener Ehegatte hat darauf keinen Anspruch." Hienach steht dem überlebenden Ehegatten, mit Ausnahme des aus seinem Verschulden geschiedenen,[6] bis zur Wiederverehelichung[7] aus dem Nachlasse[8] des Verstorbenen statt eines Pflichttheiles[9] ein unentziehbarer Anspruch auf den etwa mangelnden[10]

---

liche Unterhalt", wobei überhaupt „noch nicht geschiedene Eheleute" vorausgesetzt wurden. Die Gründe der Beseitigung dieses Pflichttheils s. bei Ofner Protokolle I S. 463 f., 483, 492 f., wonach u. a. vordem „mit gutem Erfolg" Rechtens gewesen sei, daß dem Gatten kein Pflichttheil gebühre; besonders entschieden gegen einen Gattenpflichttheil war der „gattenfeindliche" Zeiller (vgl. Hofmann S. 550 f.). S. auch denselben im Comm. ad § 796 („zum Überflusse"!), Winiwarter Comm. eod.; darüber Hofmann S. 546. — Das w. g. G. B. stimmte diesfalls überein mit Martini's Entw. II 17 § 1, 7, 14, 22, 27, Harrasowsky Cod. Ther. V S. 146 f. Kleiner (aber gleich dem Intestaterbtheile) war der Pflichttheil des Gatten noch in Horten's Entw. II 16 § 41 f. (Harrasowsky IV S. 259 f.); zugleich wurde der Wittwe, wenn ein Heirathsbrief errichtet worden, das ihr zum standesmäßigen Unterhalt etwa Fehlende aus der Verlassenschaft gewährt, doch keinesfalls mehr als der Pflicht- oder Erbtheil. S. bereits Cod. Ther. II 20 n. 157 f., Harrasowsky II S. 397 f., auch o. § 29 A. 34 ff.

[6] Anders w. g. G. B. (o. A. 5). Vgl. Hofmann S. 547 f., 566 f. (u. A. 22). Dem aus seinem Verschulden geschiedenen Gatten gebührt selbst nicht der nothwendige Unterhalt; der § 795 a. b. G. B. (u. § 42) ist da nicht analog anzuwenden; G. U. W. Nr. 1910, 2606, 2646, 3860, 6715, Hofmann eod., Kirchstetter Comm. h. l., Anders ö. Fam. R. S. 151, 159, Hussarek in Grünhut's Ztschr. XX S. 663.

[7] Diese Beschränkung wurde erst im letzten Redactionsstadium beigefügt, Ofner Protokolle I S. 483. Dazu Zeiller Comm. h. l., Hofmann S. 549.

[8] Über die Beitragspflicht s. verschiedene Ansichten bei Zeiller in Pratobevera's Material. III S. 412, Winiwarter Comm. und Stubenrauch Comm., (welche, wie für den Anspruch aus § 795, — s. u. § 42 —, den § 783 a. b. G. B. anwenden wollen), Hofmann S. 565 (ähnlich), Anders S. 159; richtig Ellinger Comm. h. l. und Krainz System II § 442.

[9] Gegen Hüttner ges. Erbfolge § 132 f. s. Hofmann S. 547.

[10] Von unseren Schriftstellern wird der Anspruch schlechthin ausgeschlossen, wenn eine „Versorgung bedungen" wurde, wenngleich dieselbe zum anständigen Unterhalt nicht ausreicht. Aber ist im letzteren Falle das Bedungene wirklich eine „Versorgung"?, (vgl. die früheren Redactionsstadien, o. A. 5); „mangelt" da nicht doch der anständige Unterhalt? Sollte man es da nicht vielmehr ähnlich halten wie hinsichtlich der mulier indotata (o. § 27)? Andererseits wird wieder der gesetzliche Ausdruck „bedungen" zu sehr betont, wenn man (Zeiller Comm., Nippel Comm. und Kirchstetter Comm. h. l., G. U. W. Nr. 6184) eine (hinreichende) letztwillige Fürsorge den Alimentationsanspruch nicht ausschließen läßt; „mangelt" da noch der anständige Unterhalt? Zu eng Krainz II § 442. Hinsichtlich der Beweisfrage Hofmann S. 568. — Übrigens gebühren die Alimente auch nur für die Dauer des Mangels.

standesmäßigen[11] Unterhalt zu, u. z. ohne Beschränkung auf einen bestimmten Nachlaßtheil.[12]

Hinsichtlich des rechtlichen Charakters dieses Alimentationsanspruches gehen die Meinungen aus einander. Winiwarter und Stubenrauch erklären denselben in ihren Commentaren geradezu als einen (gesetzlichen) Erbtheil weiteren Sinnes, mithin als einen rein erbrechtlichen Anspruch. Unger System VI § 78 A. 7 verweist ihn in das eheliche Güterrecht und das Obligationenrecht. Desgleichen bezeichnet ihn Hofmann l. c. S. 549, 560 als einen familienrechtlich-obligatorischen Anspruch, nämlich seinem Grunde nach als einen familienrechtlichen, seiner Erscheinung nach als einen obligatorischen, aber nachdrücklich als keinen erbrechtlichen Anspruch; ähnlich Anders ö. Fam. R. S. 158f.[13] Hussarek wieder l. c. S. 499 erblickt hier ein eigenthümliches Zwittergebilde eines Anspruches, welcher weder ein rein erbrechtlicher noch ein rein familienrechtlicher sei, oder an anderer Stelle, S. 527, ein erbrechtliches Gebilde, welches sowohl mit familien- als mit obligationrechtlichen[14] Elementen durchsetzt sei. Unzweifelhaft ist nun unser Anspruch von familienrechtlicher Grundlage und von bleibender obligationenrechtlicher Anlage.[15] Damit verträgt sich aber meines Erachtens, ebenso wie bei anderen Ansprüchen, recht wohl, daß derselbe zugleich, der wirklichen Begründung nach, wesentlich ein Anspruch von Todeswegen, ein erbrechtlicher Anspruch im w. S. ist, u. z. im Hinblick auf die Art seines Zusammenhanges mit dem erblasserischen Tod.[15a] Er ist nämlich nicht etwa die bloße Fortsetzung eines nach § 91 a. b. G. B. gegenüber dem Erblasser bestandenen Unterhaltsanspruches[16], auch nicht die Haftung des Nachlasses des bisherigen Pflich-

---

[11] Über den anständigen Unterhalt s. Lößl in den jur. Bl. 1892 Nr. 43, Hussarek S. 651 f., G. U. W. Nr. 1910, 889. Stubenrauch Comm. h. l. (frühere Auflage) wollte dem erbunfähigen Gatten, analog nach § 795, nur den nothwendigen Unterhalt geben. S. auch o. A. 6, u. A. 22.

[12] Zeiller und andere meinen, daß die Alimente keinesfalls den eventuellen gesetzlichen Erbtheil des Ehegatten übersteigen dürfen; dagegen ö. G. Z. 1852 Nr. 28, die Comm. von Ellinger und Kirchstetter, Hofmann l. c. S. 550 f., 560 f., Krainz II § 532, Anders S. 159; für eine derartige Beschränkung ist im § 796 (hinsichtlich § 795 f. hier § 42) kein Anhaltspunkt. Vgl. noch o. A. 5 g. E.

[13] S. aber diesen auch S. 95. Larcher in der G. H. 1883 Nr. 43 bewegt sich in keinem erschöpfenden Gegensatze. — [14] S. indeß Hussarek S. 485 f.

[15] Näheres über den bezüglichen Inhalt des Anspruches bei Hofmann S. 565 f., Anders S. 159, Hussarek S. 662. S. aber ev. § 19 A. 8 a. [15a] Vgl. o. S. 14.

[16] Hfkgr. Vdg. v. 7. Juli 1847 F. 906 M. G. S. Nr. 32 (bei Damianitsch

tigen für einen unter Lebenden begründeten Anspruch.[17] Er ist vielmehr in Folge des Todes des einen Ehegatten, ähnlich wie z. B. die Alimentenforderung nach § 1243 a. b. G. B.,[18] für den überlebenden Gatten gegen den Nachlaß von Rechtswegen neu begründet,[19] u. z. wie nach § 795 a. b. G. B. mit Rücksicht darauf, daß der Unterhaltsbedürftige keinen Pflichttheil hat, mithin geradezu als erbrechtlicher Ersatz für den erbrechtlichen Anspruch auf den Pflichtheil;[20] man beachte nur den Eingang des § 796 und dessen Stellung im Hauptstücke vom Pflichttheile unter der mit § 795 gemeinsamen Rubrik;[21] zudem war in Martini's Entwurf und im w. g. G. B., ganz parallel der Verpflichtung des Erblassers zur Hinterlassung des Pflichttheiles, geradezu auch die Verpflichtung des Erblassers zur Hinterlassung des Unterhaltes (an den vom Pflichttheile ev. ausgeschlossenen, nicht geschiedenen Gatten) hervorgehoben.

Trotz seiner erbrechtlichen Natur erfordert unser Unterhaltsanspruch nicht etwa Erbfähigkeit und Erbwürdigkeit des überlebenden Gatten.[22]

Ges. und Vdgen. Nr. 342): „diese Verbindlichkeit" wird „durch den Tod des einen oder anderen Ehegatten aufgelöst, daher der rückbleibende Gatte seinen Anspruch auf den Unterhalt gegen die Verlassenschaft des Verstorbenen im ordentlichen Rechtswege auszutragen hat", (bez. „neu zu liquidiren" hat, Anders S. 160, mit Rücksicht auf die nunmehrigen Verhältnisse). S. auch die Comm. v. Stubenrauch (frühere Aufl.) ad § 796 und von Kirchstetter ad § 1264 f., Hofmann S. 552 f. (wo die Unterschiede gegenüber § 91 cit. hervorgehoben sind, cf. Rittner ö. Eherecht S. 315 A. 17), Krainz System II § 440, 442, Anders S. 97 f., 133, (aber außerdem S. 159 eod.). S. ferner G. U. W. Nr. 3653: das abweisende Urtheil über eine Alimentationsklage der Ehegattin gegen den Ehemann schließt Erhebung des Alimentationsanspruches gegen die Erben nicht aus; dazu Nr. 3136, 6286, freilich auch ö. G. Z. 1852 Nr. 28. Vgl. endlich die Motive zum d. E. V S. 447, IV S. 710.

[17] Vgl. darüber Hofmann S. 552 f., auch Hussarek S. 530 f., 539 f. mit Stubenrauch Comm. h. l.

[18] Über das Verhältniß zwischen § 796 und 1243 (u. § 33 f.) s. Hofmann S. 568 f., Krainz II § 442, Anders S. 159 f.

[19] Krainz System II § 489, 530, 532 rechnet denn auch den fraglichen Unterhalt zu den „nach dem Tode des Erblassers entstandenen", kraft gesetzlicher Vorschrift auf dem Nachlasse haftenden pflichtmäßigen Lasten, neben den Fällen der § 757, 796, 1243. S. gleichfalls Anders S. 95.

[20] G. U. W. Nr. 3653: „Surrogat des Pflichttheilsrechtes".

[21] Der § 796 ward eben an Stelle des in den früheren Codificationsarbeiten gewährten ehegattlichen Pflichttheils (und des im w. g. G. B. dem enterbten Gatten eingeräumten nothwendigen Unterhalts) gesetzt und daher an das Ende des erwähnten Capitels gerückt, zu dem nothwendigen Unterhalte des ausgeschlossenen Notherben; Ofner I S. 483. — Vgl noch die ähnliche Art der Einbeziehung des schuldigen geschiedenen Gatten im § 759 a. b. G. B.

[22] S. gegenüber Winiwarter h. l. und Stubenrauch h. l. (o. A. 11): Kirchstetter

Er ist näher ein unentziehbarer, ev. ein gegenwilliger Anspruch, wenngleich, wie das Gesetz selbst sagt, — kein Pflichttheil. Vom letzteren unterscheidet er sich schon durch die Art seiner Umfangs-Bestimmung, durch seinen Zweck und Inhalt, wie durch seine Subsidiarität. Und obwohl er vom Willen des Erblassers unabhängig ist, darf er auch nicht einfach nach Analogie des Pflichttheiles behandelt werden.[23]

Übrigens gebührt der anständige Unterhalt dem überlebenden Gatten von Rechtswegen nicht bloß wider ein Testament des verstorbenen Gatten, sondern umsomehr auch bei Ermangelung eines Testamentes, ja eines letzten Willens überhaupt, u. z. insoferne als der Intestaterbtheil dazu nicht hinreicht.[24]

§ 31. Der Voraus des überlebenden Ehegatten an bestimmten Fahrnissen.[1]

In Verbindung mit Heergewäte und Gerade steht der gesetzliche „Voraus" (das „praecipuum")[2] an gewissen Nachlaß-Fahrnissen, welchen der überlebende Ehemann bez. die überlebende Ehefrau schon nach manchen älteren deutschen Rechten[3] mit Rücksicht darauf erhält, daß diese

l. c., Hofmann S. 566 f. (der aber gewisse zur Scheidung bez. Trennung berechtigende Thatsachen der verschuldeten Scheidung gleichstellt), Krainz II § 442, Anders S. 159, neuestens die Herausgeber von Stubenrauch's Comm. — Hinsichtlich der Zulässigkeit eines Verzichtes vgl. § 42, 33, 22 a. E.

[23] Hofmann S. 548 f., Anders S. 158 f., Hussarek S. 499. Dagegen soll nach Winiwarter l. c. der Unterhalt „wenigstens in einiger Hinsicht nach der Natur eines Pflichttheils beurtheilt werden", s. auch Stubenrauch und Nippel h. l., desgleichen o. A. 8.

[24] Ellinger Comm h. l., Hofmann S. 549, Krainz II § 442, Anders S. 158, ö. G. Z. 1852 Nr. 28, vgl. auch Larcher l. c.; dagegen Hüttner ges. Erbf. S. 306 f., Winiwarter l. c., Stubenrauch l. c., G. U. W. Nr. 6286.

[1] Die (ältere) Litteratur bei Mittermaier d. Pr. R. § 442. Über das sog. lebendige Heergeräthe und die Wittwen-Gerade ist theilweise auch die u. § 47, 48 angeführte Litteratur heranzuziehen. Über die hereinspielende Haubenbandsgerechtigkeit und gesetzliche Morgengabe u. § 33, 35.

[2] Beide Bezeichnungen sind sehr gewöhnlich, erstere auch in den Quellen; jetzt hat sie auch der d. E. § 1971; das pr. L. R. II 1 § 628, 640 f. sagt „zum voraus"; Heydemann Joachimische Const. S. 128, 176 spricht aber von „eigentlichem Voraus", von „eigentlichen praecipua" nur im Gegensatze zum (todten und lebendigen) Heergeräthe wie zur (solchen) Gerade; vgl. u. A. 13. S. noch die Bezeichnung als (erbliches) Ehe-recht in diesem Sinne z. B. bei Bluntschli d. Pr. R. § 206*, o. § 28.

[3] S. überhaupt die Nachweisungen bei Mittermaier l. c., Heydemann S. 127 f., Siegel d. Erbr. § 31 a. E., Gruchot pr. Erbr. II S. 543 f., Martitz ehel. Güterr. S. 99 f., 314 f. Agricola Gewere S. 424 f., R. Schröder ehel. Güterr. I S. 145, II

Fahrnisse für den Überlebenden als Angedenken oder Bedarf in Folge des bisher im ehelichen Zusammenleben gemachten Gebrauches von besonderer Bedeutung sind.[4]

In Österreich findet sich ein solcher deutschrechtlicher Voraus dermalen nicht; wohl aber vordem, namentlich in Schlesien,[5] wie nach dem böhmisch-mährischen Rechte,[6] ev. nach der Tiroler Landesordnung III 40[7] und kraft des Triester Statuts.[8] Noch jetzt besteht ein solcher u. a. nach dem bayrischen L. R. I 6 § 36, 38,[9] nach dem württembergischen L. R. IV 4,[10] nach Hamburger R.,[11] (nach dem c. Nap. a. 1481, 1570,[12] nach liv-, est- und curl. Pr. R. A. 1795), dann insbesondere nach dem preußischen L. R. II 1 § 508, 513f., 522, 528f., 628f., 640f.[13] und nach einigen Schweizer

1 S. 171 f., 181 f., II 3 S. 50, 93 f., 143 f., 179, Stobbe d. Pr. R. § 222 A. 10, § 240 A. 3, Motive zum d. E. V S. 372.

[4] Vgl. die Charakterisirung der Beziehung zu den fraglichen Sachen (o. § 9) im pr. L. R. a. u. a. O., im bad. L. R. Z. 1474a, in den Motiven zum d. E. l. c. Vgl. diesfalls ferner Mittermaier l. c. (der Überlebende soll „hier begünstigt werden, um nicht erst den zufälligen Ausgang der Theilung abwarten zu müssen"), Heydemann S. 128 („gleichsam theuere Reliquien zum Andenken"), Martitz S. 99, 112, Stobbe § 293 bei A. 30. Dagegen findet Gaupp germ. Abh. S. 78 eine bezügliche Bestimmung für „kindlich naiv", und Mommsen Entw. § 30, S. 169 lehnt auch diesen Voraus ab; wider letzteren s. die ob. Motive. S. noch u. A. 17, 32.

[5] Ogonowski ö. Ehegüterrecht S. 75, 78.

[6] Czyhlarz ehel. Güterr. im böhm. m. L. R. S. 29 f., 131; s. auch über das Iglauer Stadtrecht und das Prager R. Tomaschek Oberhof Iglau S. 254 f., Schröder l. c. passim. Dazu u. A. 19, 22, 33, 36, Ogonowski S. 84.

[7] Hier unter den sog. Wittibrechten oder Wittibsprüchen; vgl. Oberweis in der österr. V. J. S. XI S. 148 f. Dazu u. A. 19, 22, 33, 36, o. § 18, ferner das u. § 32 cit. Weisthum von Ischgl und Galtür. — Über das s. z. Lemberger R. s. u. A. 22, 24.

[8] Harrasowsky Cod. Ther. I S. 132 über das Triester Statut. S. hinsichtlich der deutschen Erbländer überh. Beckmann idea juris statut. passim bei Ogonowski S. 105. — Vgl. noch Putz ungar. Pr. R. § 212.

[9] Ungenau Mittermaier § 442, Roth bayr. C. R. § 355, 374, ob. Motive. S. noch bayr. Statuten bei Roth § 374 A. 39.

[10] Litt. bei Bierer w. Pr. R. § 243 A. 6, dazu Griesinger w. L. R. VII S. 253 f.

[11] Baumeister Hamb. Pr. R. § 104, Trummer Hamb. Erbr. § 189 f.

[12] Im code c. Nap. a. 1492, 1495 erfolgt le prélèvement des linges et hardes (Zachariä fr. C. R. § 521), — „die Vorausnahme des Weißgeräthes und Leibgeräthes", bad. L. R. S. 1495, — nicht gerade auf den Todesfall. S. gleichfalls bad. L. R. Z. 1474a und schon o. § 7 A. 31.

[13] Die (auf die eheliche Gütergemeinschaft bezüglichen) § 640 f. werden bei Dernburg pr. Pr. R. III § 98 nicht erwähnt (s. aber § 191 eod.); auch faßt derselbe die volle Gerade nicht als Voraus auf, u. A. 25, 27.

Rechten,[14] so nach dem Zürcher G. B. § 900,[15] dem Zuger G. B. § 269, dem Berner G. B. S. 537. Auch der deutsche Entwurf § 1971 gewährt dem überlebenden Ehegatten einen derartigen „Voraus".[16]

In Ansehung seiner Gegenstände,[17] unter welchen das Weißgeräthe und das Leibgeräthe[18] oder doch das Bett[19] und die Hochzeitsgeschenke[20] eine gewisse Rolle spielen, war und ist der Voraus bald ganz beschränkt, bald aber besonders erweitert, namentlich auf den Hausrath[21] oder auf ein sog. lebendiges oder Wittwers-Heergeräthe bez. auf eine sog. lebendige oder Wittwen-Gerade;[22] insbesondere im pr. L. R. l. c., wo bald ein geringer Fahrniß-Voraus, bald der Hausrath, bald

---

[14] S. die Citate bei Stobbe § 222 A. 10, dann Planta Bündn. Civ. G. B. zu § 500, Huber Schweiz. Pr. R. I S. 363, II S. 140 f., IV S. 474.

[15] Theilweise abweichend vom früheren Zürcher G. B. § 1946 f., 1952, 1956 f., s. u. A. 19, 21, 24, 34. Nicht folgt dem Zürcher G. B. diesfalls das Schaffhausner G. B. § 1838 f.

[16] S. desgleichen ung. E. § 34,95, — Zrodlowski Entw. § 784 („sofern" der Ehegatte „nicht aus seinem Verschulden vom Erblasser geschieden war"). Vgl. noch sw. R. Buch. P § 55.

[17] Darüber Sydow d. Erbr. S. 258 f., 287, Heydemann S. 127, Siegel § 31, 57, Martitz S. 90 f., 310 f., Agricola § 43 (insbes. über das „ingedömte"), ob. Motive S. 373 f. Als „einfältig" wird die Hereinziehung von „Pferden und Wagen" in das pr. L. R. gescholten, vgl. Koch pr. Erbr. S. 976 f., auch u. § 35. — Mitunter liegt hier ein gesetzliches Wahlvermächtniß (§ 24) vor, wie im § 47.

[18] Hinsichtlich des bad. L. R. s. o. A. 12.

[19] So u. a. früher im böhm.-mähr. L. R., in der Tiroler L. O., im Iglauer R., im früheren Zürcher G. B., so im bayr. L. R. und nun wieder im Zuger G. B. S. noch die Citate bei Stobbe § 222 A. 10, dann Schröder II 3 S. 50.

[20] Diese jetzt im Zürcher und im Zuger G. B., im d. E. (Motive l. c.). S. noch das s. z. gemeine Sachsenrecht bei Roth d. Pr. R. § 144.

[21] S. neuestens Zürcher G. B. l. c. (wie theilweise schon das frühere G. B. § 1947 f., vgl. auch Huber Schweiz. Erbr. S. 60) und u. E. § 34, 95. — Der ev. Anspruch des überlebenden Gatten auf die gesammte fahrende Habe (§ 28) gehört nicht mehr hieher. — Über eine Einmischung des Mustheils und der gesetzlichen Morgengabe u. § 32, 35.

[22] So genannt im Gegensatze zum todten H. bez. zur todten G. (§ 47 f.), weil dem überlebenden Ehemanne bez. der überlebenden Ehefrau gewährt, und zwar ist das lebendige Heergeräthe aus der todten Gerade zu „berichten". Vgl. Heydemann S. 128, Martitz S. 99 f., 112, 314 f., 327 f., Agricola S. 422 f., aber auch Grimm Rechts-Alterth. S. 575, Schröder II 3 S. 3 f., 179. Für Österreich s. das frühere Lemberger R. bei Bischoff österr. Stadtr. S. 75, dazu u. A. 24; als eine Art (Wittwen-)Gerade ergaben sich gleichfalls die mobilia circa ipsam im Iglauer R., der „fräuliche Hausrath" im Prager R.; s. noch das böhm.-mähr. L. R. bei Czyhlarz S. 29 f., die u. § 32 erwähnten Weisthümer von Ischgl und Galtür (Stobbe § 218 A. 23), die Tiroler L. O. l. c., Pfaff und Hofmann Comm. II S. 738 f. Über die allmälige Zurückdrängung der Wittwengerade gilt Ähnliches wie bei Heergeräthe und Niftelgerade (§ 47 f.); speciell s. hinsichtlich der übrig gebliebenen adeligen Gerade die Nachweise bei Stobbe § 234 A. 23 f.

(subsidiär) eine volle (Wittwen=) Gerade gewährt wird,[23] während jetzt der deutsche Entwurf „das Haushaltsinventar, welches die Ehegatten im gewöhnlichen Gebrauche gehabt haben, mit Ausnahme der Gegenstände, welche Zubehör eines Grundstücks sind, sowie die Hochzeitsgeschenke“ zuweist.

Als „Voraus“ charakterisirt sich unser Anspruch, insofern die Sachen dem Gatten nicht auf Rechnung eines Erbtheiles gebühren oder gewissermaßen aus der Erbmasse ausgesondert erscheinen; er ist nicht ein Anspruch bei der bloßen Erbtheilung.[24] Vielmehr geht er auf eine gesetzliche Einzelnachfolge[25] von Todeswegen[26] in einzelne Fahrnisse oder in einen

---

[23] Vgl. Witte pr. Int. Erbr. § 24. Das pr. L. R. gebraucht den Ausdruck „Hausrath“ in einem engeren Sinne, gibt aber häusliche Fahrnisse in einem weiteren Umfange; vgl. Dernburg III § 191. Über pr. L. R. II 1 § 641 f. noch u. § 49.

[24] In diesem Sinne pr. L. R. II 1 § 640 („vor der Theilung zum voraus“), Zürcher G. B. § 900, 855 („ohne Ersatz an die Erbmasse“), Zuger G. B. § 269 („ohne Abrechnung an der Verlassenschaft“), d. E. und Mot. l. c. („außer dem Erbtheile“), u. E. § 34; s. auch Mittermaier l. c., Heydemann S. 125, Dernburg § 191. Vgl. über den Voraus übh. o. § 7. Dagegen reiht Roth b. C. R. § 374 den Voraus bei der Erbtheilung ein. Ein Vorzug bei der bloßen Erbtheilung ist allerdings dann vorhanden, wenn dem Gatten die fraglichen Fahrnisse gegen den gemeinen Schätzungswerth eingeräumt werden, wie nach jenem Lemberger R., nach dem pr. L. R. im Falle des § 649 II 1 und ev. nach dem (neuen) Zürcher G. B. § 900.

[25] Witte § 21 f., Koch pr. Erbr. § 112, 115, Förster pr. Pr. R. § 264, Martitz S. 161, Agricola S. 421 („nicht Universal=Succession, aber .. Succession in eine .. universitas“), S. 461, Schiffner Vermächtnißbegriff A. 125, Roth d. Pr. R. § 148 a. E., Stobbe § 294 a. E., ob. Motive V S. 390; vgl. Gruchot pr. Erbr. II S. 532. Dagegen s. auch Heydemann S. 128, Bierer § 243. Nicht consequent Sydow § 49, 51. Vgl. dann die Ausdrucksweise bei Gengler d. Pr. R. § 175, auch u. A. 26. Dernburg III § 98, 191 erkennt zwar an, daß unser Voraus keine „Special“=„Erbsuccession“ begründet, nimmt aber die Wittwen=Gerade diesfalls aus. Vgl. noch hier § 47 f., 35, 5, 23.

[26] Daß ein „erbrechtlicher Vortheil“ vorliegt, darüber s. u. a. Gerber d. Pr. R. § 248 A. 3, der die Wittwengerade als ein „erbrechtliches Wittwenrecht“, ein „Geradeerbrecht der Wittwe“ erklärt, (freilich zugleich als einen „Ersatz für den Verlust ihres Eingebrachten“), Martitz S. 90 f., 122 f., 160, bes. Agricola S. 420 f. („mortis causa capio“), S. 432 f., 452 f., 461, Dernburg § 191 A. 10, Stobbe § 234 III („Erbrecht“, s. aber § 218 Nr. 5), Roth d. Pr. R. § 148 („eheliches Gütererbrecht“), s. ferner Zürcher G. B. § 974 und namentlich die ob. Motive V S. 409, wonach der d. E. § 1987 geradezu klar stellen will, daß da nicht etwa ein schon bei Lebzeiten des Erblassers bestehendes Recht des Ehegatten sich gleichsam mit dem Eintritt des Erbfalles consolidirt. In gewissen älteren deutschen Quellen werden die fraglichen Complexe zum „fliegenden Erbe“ (vgl. o. § 23) gerechnet. Andererseits s. jedoch Witte § 23 f., Brackenhöft in Weiske's R. L. V. S. 752, 766, Heydemann S. 54, Siegel § 27, Gaupp S. 78 f., Förster § 262 (die volle Gerade ist diesem kein erbrechtlicher Anfall, sondern eine Entschädigung für die von der Frau eingebrachten Mobilien) und namentlich Heusler d. Pr. R. § 193, 147, 154, nach welchem die Wittwengerade kraft der „Fahrniß=Gemeinschaft“ gebührte; dazu Kohler bei Jhring XXIV S. 197 f.

einzelnen Fahrniß-Complex, weswegen hier von verschiedenen Seiten wieder ein gesetzliches Vermächtniß betont wird, wie von Dernburg pr. Pr. R. III § 98, 191[27] und jetzt von den Motiven zum deutschen Entwurfe V S. 374;[28] ja letztere erblicken S. 390 da für den — miterbenden — Gatten geradezu ein „gesetzliches Vorausvermächtniß".[29] Daraus ergibt sich dann, daß der überlebende Gatte mit Rücksicht auf die fraglichen Fahrnisse für die Erbschaftsschulden an sich nicht zu haften braucht. Andererseits steht demselben nicht etwa mit dem Voraus ein Absonderungsrecht oder ein Vorzugsrecht vor den Erbschaftsgläubigern zu; wohl aber zieht sich die gesetzliche Einzelzuwendung vor Erbschaftsschulden unter Umständen nur insoferne zurück, als der übrige Nachlaß zu ihrer Deckung nicht hinreichen sollte; vgl. pr. L. R. II 1 § 630, 520.[30]

Im Allgemeinen sind auf den fraglichen Voraus die für wahre (Singular-) Vermächtnisse geltenden Grundsätze sinngemäß anzuwenden, wie dies gar ausdrücklich der deutsche Entwurf § 1971, 1987 (Motive V S. 374, 409)[31] bestimmt.

Indeß findet unser Anspruch bald nur in Ermanglung eines letzten Willens, bald auch wider einen solchen statt;[32] bald für jeden überlebenden

[27] Nur hinsichtlich der Fälle in § 628f. pr. L. R. II 1.

[28] Zugleich wird da von einem „Vermächtnisse" schlechthin gesprochen (v. „anderen V.", „übrigen V.-Nehmern") und S. 409 von einem „vermächtnißähnlichen Erwerbe". Nach Mittermaier l. c. erscheint der Überlebende „nur als Legatar".

[29] Koch § 95 C: „mit den Rechten eines Prälegats". Dazu u. A. 36.

[30] Witte § 21, Gruchot II S. 532, Dernburg § 98, 191. Dazu o. § 5, 7, 26 und insbesondere d. E. § 1971, 1987, Motive V S. 374, 409. — Über das ältere deutsche R. s. Martitz S. 156f., 160f., aber auch Agricola S. 387.

[31] Daselbst ist auch von Annahme und Ausschlagung des Voraus die Rede. — Übrigens hat nach dem d. E. § 1987 (Mot. S. 374, 409) der Voraus des Gatten doch den Vorrang vor dem Pflichttheil der Eltern des Erblassers.

[32] Während nach älteren Particularrechten der Voraus des überlebenden Gatten wohl zumeist unabhängig vom letzten Willen gebührte (vgl. Martitz § 21 A. 27, § 29 A. 5, Stobbe V S. 216), ist dies nach pr. L. R. II 1 § 513 nur hinsichtlich der Wittwengerade der Fall (s. auch Gerber § 248 A. 3: „nothwendiges Erbrecht"), nicht nach § 628f. eod. (Dernburg III § 210); desgleichen neuestens nicht nach dem d. E. § 1975 („der Pflichttheil des Ehegatten erstreckt sich nicht auf den Voraus"; Motive V S. 374, 390: „der Voraus hat nicht den Charakter eines Pflichttheiles", indem eben „die Rücksicht auf der regelmäßig anzunehm'enden Wittwe des Erblassers „den Voraus rechtfertigen" soll, vgl. o. § 5); dagegen sichert das Zürcher G. B. § 974 (vordem § 2038) dem Überlebenden jedenfalls einen Werthbruchtheil (3/4) des Voraus. Über die Berechnung des Pflichttheiles bei Vorhandensein eines Voraus pr. L. R. II 2 § 397, Stobbe S. 242, aber auch d. E. § 1987, Motive V S. 409, (mit Rücksicht worauf § 1975 anders zu fassen wäre), u. E. § 95.

Gatten, bald nur für die Wittwe;[33] bald in stets gleichem, bald in verschiedenem Umfang;[34] ferner bald gegenüber allen, bald nur gegenüber gewissen Erben;[35] dann bald nur neben einem sonstigen Verlassenschafts-Antheile des Überlebenden, bald ohne Rücksicht auf einen solchen;[36] mitunter endlich selbst im Falle einer Gütergemeinschaft.[37]

§ 32. Der Mustheil.[1]

In den Ländern sächsischen Rechts gebührte bekanntlich der überlebenden[2] Ehegattin[3] (nach späterem Recht übrigens nur der adeligen) unter anderem der Mustheil,[4] der „Speisetheil", welcher ursprünglich aus der Hälfte von der am Dreißigsten[4a] oder überhaupt bei der Erbauseinandersetzung auf dem Hofe des Mannes noch vorräthigen Hofspeise[5] bestand.

[33] S. einerseits pr. L. R. II 1 § 628f., das Zürcher und Zuger G. B., wie den d. und ungar. E., andererseits s. Z. die Tiroler L. O. (gegenüber ob. Weisthümern), das böhm. mähr. L. R.; vgl. die Nachweise bei Stobbe § 222 A. 10.

[34] Jenes im Zuger G. B., wie im d. E. und ungar. Entw. Veränderlich nach dem Geschlechte des Überlebenden nicht nur in jenen Rechten, die geradezu ein Wittwer-Heergeräthe bez. eine Wittwen-Gerade anerkennen, sondern z. B. noch im früheren Zürcher G. B., s. dazu Stobbe l. c.; veränderlich nach den Personen der concurrirenden Erben im pr. L. R., nach dem Werthverhältnisse zur Verlassenschaft im neuen Zürcher G. B. (theilweise wieder abweichend vom früheren).

[35] Ersteres bei Roth b. C. R. § 374 A. 39, anders im pr. L. R. (vgl. Förster § 262, Dernburg § 98); im d. E. (und u. E.) nicht neben Abkömmlingen, Mot. S. 373.

[36] Neben einem Erbtheile — (nur in solchem Falle darf man diesfalls von einem gesetzlichen Vorausvermächtnisse sprechen) — nach dem d. E. und u. E.; neben einem Nießbrauche oder einem reinen Nachlaßtheile nach dem Zürcher G. B.; neben sonstigen erbrechtlichen Vortheilen nach der s. Z. Tiroler L. O. (das von Pfaff und Hofmann II S. 740 angeführte beschränkte Dritttheilsrecht bezieht sich auf die nichtadelige Wittwe, die aber dafür keine Gerade anzusprechen hatte, Oberweis XI S. 149). Ohne Rücksicht auf solche Vortheile s. Z. das böhm.-mähr. L. R. Alle diese Fälle sind nach pr. L. R. möglich.

[37] S. nur Stobbe § 240 A. 3, § 233 A. 6, darunter besonders pr. L. R. II 1 § 640f.

[1] Haubold sächs. Pr. R. § 405, Siegel d. Erbr. § 28, Homeyer der Dreißigste in den Abh. d. Berliner Akad. 1864 S. 168f., 256f., Martitz ehel. Güterr. S. 106f. und bes. Agricola Gewere z. r. Verm. § 46. Ältere Litt. bei Mittermaier d. Pr. R. § 444, Sydow Erbr. S. 261.

[2] Aber auch schon der geschiedenen. [3] S. jedoch Siegel S. 164.

[4] Die häufige Schreibweise „Mußtheil" paßt mehr für den Pflichttheil und für Umdeutungen wie bei Grimm deutsches Wörterbuch VI S. 2781, dagegen die Bezeichnung „cibaria" („domestica") mehr für die ganzen bezüglichen Vorräthe. [4a] § 33 A. 1.

[5] Von manchen wird, gegen den überwiegenden Wortlaut der Quellen, „Mustheil" identisch mit „Hofspeise" genommen, u. z. entweder letztere für die Hälfte der Consum-

Auch der Mustheil[6] war eben einer jener Vermögenstheile des Erblassers, in welche nach alter deutscher Auffassung besondere Nachfolgen[7] stattfanden, und zwar näher ein gesetzlicher[8] Voraus[9] von Todeswegen. Derselbe war nämlich nicht ein bloß ehegüterrechtlicher Anspruch,[10] sondern ein wahrer Anspruch mortis causa,[11] indem da der Wittwe nicht so sehr ein Ersatz für zugebrachte oder miterrungene Vorräthe beschafft,[12] sondern eine angemessene Versorgung von Todeswegen behufs Fortsetzung der Wirthschaft in der nächsten Zeit gewährt wurde.[13]

Das Recht auf den Mustheil durfte der Mann durch Verfügungen m. c. nicht beeinträchtigen.[14] Die Wittwe konnte dasselbe zwar nicht vor dem Dreißigsten geltend machen, aber das Recht selbst war ihr sofort mit dem Tode des Erblassers erworben, so daß es sohin ev. auf ihre Erben

---

tibilien oder ersterer für die ganzen betreffenden Vorräthe. Über die einzelnen Gegenstände der Hoffpeise o. A. 1.

6 Nicht vgl. die andere Hälfte der Vorräthe, s. Siegel § 28, 54, indeß vgl. R. Schröder Gesch. d. ehel. Güterr. II 3 S. 2, 3.

7 S. Runde d. Pr. R. § 600, Heydemann Joachim. Constitution S. 172f., 227 (der da auch von „singulärer" und „Specialerbfolge" spricht), Martitz S. 161, Agricola S. 461; vgl. Koch Erbr. S. 969, 976, 1046. Von einer Erbfolge der Wittwe redet da Sydow § 49, im weiteren Sinne. S. jedoch auch Czyhlarz z. G. d. ehel. Güterr. im böhm.-mähr. L. R. S. 32. Heusler Inst. d. d. Pr. R. § 177 führt bei seinen speciellen Universalsuccessionen den Mustheil nicht auf, wohl aber Stobbe § 278, 293. Dazu o. § 2, 5, 23.

8 S. Sydow § 49 („gesetzliche Succession"), Gengler d. Pr. R. § 159 („Natur eines Legalanspruches"), Agricola S. 461 („von Rechtswegen") und den von letzterem berufenen Schöffenspruch („von beschribenen, nicht von gegebenen rechte"). Von einer „Gebühr" spricht das unten cit. Tiroler Weisthum.

9 Siegel § 28. S. auch Haubold § 405 („Vorrecht"), Martitz S. 315 („praecipuum"), dazu aber eod. S. 161; vgl. o. § 7.

10 Im Systeme wird dieser begreiflich häufig an das Familiengüterrecht u. z. an die fraulichen oder Wittwen-Gerechtigkeiten geknüpft; z. B. Gengler l. c.

11 S. Gengler l. c., Schröder II 3 S. 3f., Martitz S. 120f., Agricola S. 461f. („in der Form einer mortis causa capio"); vgl. bei Gerber d. Pr. R. § 248 mit § 226, bei Stobbe § 293 A. 2, § 234 IV mit § 218. S. dagegen Siegel § 27 (der nur die Gegenstände des Mustheils im Verlassenschaftsrechte darstellen will unter Hinweisung auf das alte Sprichwort „Nahrung ist kein Erbe"), Lewis in Holtzendorff's R. L. verbo Mußtheil, Heusler § 147, Pfaff und Hofmann Comm. II 1 S. 770f., 740.

12 Vgl. Martitz S. 108 mit Agricola S. 465f., Heusler l. c. (der auch hier ein „Fahrnißgemeinschaftselement" erblickt). Das unten cit. Tiroler Weisthum gewährt die billige Gebühr für „erlittene" Zeit und getreue Haushaltung.

13 Vgl. Witte Erbr. S. 70, Martitz S. 108, 315, Lewis l. c., Stobbe § 218.

14 Vgl. Runde-Danz d. Pr. R. § 600 mit Agricola S. 465, 447f.

überging;[15] und mit dem fraglichen Singularerwerbe trug sie keine Schulden des Mannes.[16]

Die sächsischen Bestimmungen sind zwar z. B. auch in Rechtsbücher des südlichen Deutschlands übergegangen;[17] allein sie sind hier thatsächlich im Widerspruche mit anderen Stellen.[18] Für südliche deutsche Lande läßt sich eine ernstliche Übereinstimmung mit dem Sachsenspiegel nur in dem Weisthum von Ischgl und Galtür in Tirol von 1460 nachweisen,[19] wonach man „einer wittfrauen .. in .. essender speis, wie vorhanden, ir billiche gebühr erfolgen" soll „für erlittene zeit und getreue haushaltung".[20]

Nach einer Ansicht[21] soll überhaupt die Tiroler Landesordnung III 40[22] unter den „Wittibenrechten" auch den Mustheil zuerkennen. In der That tritt in der Tiroler Landesordnung der deutsche Charakter des Erbrechtes allgemein scharf hervor,[23] und ist da einer adeligen Wittwe neben einer Gerade ev. „die Jahrspeise, .. so lange sie im Jahr ihren Wittibenstand nit verrukt" zu erfolgen. Allein daß diese „Jahrspeise" nicht der Mustheil ist, geht schon daraus hervor, daß nach der L. O. III 41 bei Entrichtung der einer Wittwe gemäß L. O. III 40 zum Theile gebührenden fahrenden Habe ausdrücklich „Wein, Traid und alle andere essende Speiß außgenommen und für kain fahrende Hab geachtet noch erkannt werden soll". Die „Jahrspeise" ist aber auch nicht jene „zu einem Jahre" erforderliche „Speise", auf welche spätere sächsische Rechtsquellen die zu theilende Hofspeise einschränkten;[24] die „Jahrspeise" der L. O. hat ja an sich keine Beziehung zur Hofspeise, zu den Speisevorräthen, ganz abgesehen davon, daß sie keine getheilte Speise ist; zudem wurde in den Gebieten des sog. Dritttheilsrechtes, welches eben in der L. O. III 40 hinsichtlich der fahrenden

[15] Dazu Homeyer S. 208f.

[16] Vgl. die o. § 31 A. 30 Citirten und speciell noch Agricola S. 461 gegenüber Lewis l. c.

[17] S. Homeyer S. 168f., Agricola S. 463.

[18] S. Schröder II 1 S. 159f., 175.

[19] Tiroler Weisthümer II Nr. 17 S. 190f. Stobbe § 218 A. 32 erklärt dies als eine directe Beeinflussung.

[20] Das Weisthum führt außer „essender speis" noch die „mässerei" an, d. h. gewisse Maß-Gefäße; vgl. Tiroler L. O. III 41.

[21] So Pfaff und Hofmann Comm. II 1 S. 740.

[22] Abgedruckt sind die bezüglichen Bestimmungen bei Oberweis in der ö. V. J. S. XI S. 148f.

[23] Vgl. Oberweis l. c. IX S. 323, dazu eod. XI S. 135, Pfaff und Hofmann S. 770f.

[24] S. Sydow S. 261, 267, Siegel § 28, dann bes. Martitz S. 107, 316 und Agricola S. 467f. Vgl. noch jetzt c. c. für Neuenburg a. 1205 f.

Habe erscheint,[25] ein Mustheil meistens überhaupt nicht gegeben.[26] Die fragliche „Jahrspeise" ist vielmehr einfach der Jahresunterhalt und als solcher eine ganz andere Art von Wittwenversorgung,[27] ebenso wie die „zimbliche Unterhaltung nach Gelegenheit ihres Standes", welche die nicht-adelige Wittwe nach der L. O. III 40 im Trauerjahre anzusprechen hat.[28]

Eine wirkliche Erinnerung an den Mustheil enthielt dagegen — außer der Oels'schen L. O. in Schlesien[29] — das böhmische Landrecht, wonach der Wittwe kraft Gesetzes u. a. das zur Zeit des Todes des Mannes gedroschene Getreide gebührte, welches sie für die Wirthschaft aufbewahrt hat. Eine Erinnerung ist dies, weil hier allerdings ein „Speise"-Vorrath (der bisher unter der Obhut der Frau stand) in Betracht kommt.[30] Freilich auch nur eine Erinnerung, indem der Anspruch jene Getreidevorräthe ganz, andere Speisevorräthe aber gar nicht betrifft, während zugleich der Dreißigste nicht maßgebend ist. Wohl darum erblickt Czyhlarz hier nur einen Bestandtheil eines modificirten böhmischen Geraderechtes, wie denn überhaupt sich schon früh in deutschen Quellen eine Vermischung von Mustheil und Gerade findet.[31]

Da der Mustheil mehr für bäuerliche Verhältnisse paßte, kam er schon bald in den Städten ab. Im heutigen Recht ist er fast überall verschwunden;[32] insbesondere im Königreiche Sachsen infolge des Mandats vom 31. Jan. 1829 und in Böhmen infolge der erneuerten L. O. von 1627;[33] jenes Tiroler Weisthum aber, das noch 1638, 1780 und 1793 bestätigt worden war, ist jedenfalls durch das a. b. G. B. gegenstandslos geworden, welches den Mustheil nicht kennt.

Allerdings erhält noch nach preußischem L. R. II 1 § 532 die überlebende Gattin „auch die zum Hausgebrauche gewidmeten Vorräthe an Eßwaaren". Und in der That wird hierin von Witte (pr. Int. Erbr. S. 96)

---

[25] Vgl. Pfaff und Hofmann S. 740.

[26] S. Martitz S. 316 A. 26.

[27] S. § 33. Vgl. Agricola S. 468f.

[28] Würth in der G. Z. 1854 Nr. 136 spricht auch hier von „Jahrspeise".

[29] Ogonowski ö. Ehegüterr. S. 74.

[30] Über den fraglichen Anspruch s. Czyhlarz S. 30f., Pfaff und Hofmann S. 738. Eine Ähnlichkeit besteht übrigens auch im Falle der Ehescheidung und hinsichtlich der Nichthaftung für die erblasserischen Schulden, s. Czyhlarz A. 2, 12. — Keine solche Erinnerung ist jedoch das laut Czyhlarz l. c. nach früherem mährischen R. gebührende Drittel des Viehs mit getheilten Hufen.

[31] Agricola S. 432.

[32] Vgl. Roth d. Pr. R. § 144 A. 20, Stobbe § 234 IV. Abgelehnt ist der Mustheil in den d. Mot. V S. 360.

[33] Czyhlarz S. 131f.

eine Art Mustheil, ja von Koch (Comm. h. l. und Erbr. S. 969, 976, 1046) geradezu der deutsche Mustheil erblickt, wobei letzterer zugleich wieder eine der „landrechtlichen Singularsuccessionen" ab intestato findet. Indeß werden vom a. L. R. diese Vorräthe, infolge ebengedachter Vermischung, „zur vollen (Wittwen-) Gerade gerechnet"; auch sind hier nur die zum Hausgebrauche gewidmeten Vorräthe, diese aber ganz und ohne zeitliche Bestimmung in Frage. Übrigens ist die ganze Gerade selbst nach preuß. R. von keiner sonderlichen Bedeutung mehr.[34]

In ähnlicher Weise werden aber noch im liv-, est- und curländischen Privatrechte A. 1723 zu der an die Wittwe ev. fallenden fahrenden Habe namentlich „die auf den Gütern und im Hofe vorräthigen ... Bodenerzeugnisse" gerechnet.[35] S. auch c. c. für Neuenburg a. 1205 f.

§ 33. Andere Ansprüche der Wittwe im Zusammenhange mit dem Dreißigsten.

Nach deutschem Recht hatte bekanntlich die Wittwe, wie andere Angehörige des Erblassers, das Recht, bis zum Dreißigsten,[1] bis zur Erbschafts-Auseinandersetzung[2], in der bisherigen Haushaltung und Verpflegung zu bleiben.[3]

Im gemeinen Recht fehlt es an einer derartigen Bestimmung. Doch geht überall, wo ein bezüglicher Rechtssatz mangelt, die Sitte dahin, daß die Wittwe noch eine gewisse Zeit nach der Beerdigung des Erblassers, eventuell bis zur Erbtheilung aus dem Nachlasse verpflegt wird.[4] Diese

[34] § 47, 48.

[35] Nach demselben Artikel gehören zur fahrenden Habe in Estland auch die bereits aus den Gütern des Mannes abgeführten, noch unverkauften Bodenerzeugnisse; vgl. damit Haubold § 405 A. b., Bunge liv- u. estl. Pr. R. § 262, 270, 271.

[1] Litteratur bei Stobbe d. Pr. R. § 281 A. 9, worunter namentlich Homeyer in den Abhandlungen der Berliner Akademie 1864 S. 87 f.; dazu Heusler d. Pr. R. § 180, welch' letzterer sich u. a. gegen die Annahme einer Gewere der Wittwe bis zum Dreißigsten wendet.

[2] Einen Anspruch auf das Verbleiben im Gute und auf die Leibesnahrung hatte die Wittwe auch bis zur Leistung der gelobten, aber nicht sichergestellten Morgengabe; s. Martitz S. 316, 330 f., dann Agricola Gewere z. r. Vormdsch. S. 468, der dies als einen erbrechtlichen Vortheil erklärt; dazu Tiroler L. O. III 38. Übrigens wurde diese Morgengabe zumeist wohl bei der Erbauseinandersetzung geleistet.

[3] Das ältere Motiv, die Ruhe des Sterbehauses, z. B. bei Bluntschi Erl. z. § 1981 des f. Zürcher G. B., auch u. A. 22; vgl. die bald folgende Entscheidung aus Seuffert's Archiv. Das spätere Motiv s. bei Heusler l. c. Die (unhaltbare, s. Homeyer S. 224 f.) Fiction des Fortlebens des Erblassers hat noch Sintenis Comm. z. § 2249 sächs. G. B.

[4] Stobbe l. c. A. 14.

Sitte und eine betreffende Pietätspflicht wird von der Entscheidung in Seuffert's Archiv XXI Nr. 44 ausdrücklich constatirt, wonach der Wittwe eine „mäßige Zeit" für die Vorbereitung zu einer neuen selbständigen Einrichtung gegönnt und bis dahin die Fortführung der Wirthschaft auf Kosten des Nachlasses gestattet ist; dabei wird der vorstehenden Regel „mindestens insoferne auch rechtliche Bedeutung" beigelegt, daß die Wittwe, so lange da die Erben die Auflösung des Haushaltes nicht begehren, bona fide annehmen darf, es solle der Sitte gemäß gehalten werden, daß also insbesondere die Erben für diese Zeit der Wittwe die etwa ausgelegten Wirthschaftskosten zu vergüten haben; zugleich werden die 42 Tage seit dem Tode des Erblassers, nach welchen erst in dem concreten Falle die Erben jenes Begehren an die Wittwe stellten, als „nicht unverhältnißmäßig lange" Zeit anerkannt.

Dagegen ist von vielen Particularrechten, in Nachbildung des Dreißigsten, geradezu ein Recht der Wittwe auf die bisherigen Alimente mit fester zeitlicher Begrenzung statuirt. Ein Bedürfniß freilich nach einem solchen Anspruche überhaupt besteht nur in solchen Gesetzgebungen, welche der Wittwe nicht ohnehin eine genügende erbrechtliche Stellung gewähren.

Am reinsten erhielt sich der Dreißigste noch im Zürcher G. B. § 897, 923[5] und im sächsischen G. B. § 2249;[6] diesen folgt Mommsen's Entwurf § 218.[7] Desgleichen darf nach Maßgabe des A. 1768 des liv-, est- und curländischen Pr. R. die Wittwe während der 30 Tage von niemandem mit Ansprüchen an die Erbschaft „belästigt" werden.[8]

Zumeist erscheint aber das Recht der Wittwe auf die Alimente über einen Monat ausgedehnt.[9] Mitunter sogar auf ein volles Jahr (Trauerjahr, Wittwenjahr, Gnadenjahr); so s. Z. in der Tiroler L. O. III 40 als ev. „Jahrspeise" der adeligen, bez. als „zimbliche Unterhaltung" der nichtadeligen Wittwe, so lange dieselbe im Jahre den Wittwenstand

[5] Früheres G. B. § 1981, dazu Bluntschli Erl. — S. gleichfalls Solothurner G. B. § 476, Schaffhausener G. B. § 1866, Huber Schweiz. Pr. R. I S. 344, II S. 391, IV S. 671. Gegen eine rechtliche Normirung Planta zu § 476 Bündn. G. B.

[6] S. schon Haubold sächs. Pr. G. § 346 A. a.

[7] Motive dazu S. 283.

[8] S. noch A. 1844, 2686, die aber nicht auf die Wittwe sich beschränken.

[9] Homeyer S. 210 f., Stobbe A. 14. S. auch pr. L. R. II 1 § 617 („freie bisherige Wohnung des Überlebenden im etwaigen erblasserischen Hause bis zum Ablaufe des nächsten Vierteljahres nach demjenigen, in welchem der Sterbefall erfolgt ist").

nicht verrückt,[10] so ferner vordem in Görz und Gradiska,[11] so noch jetzt im Hamburger Recht[12] und insbesondere (alternativ) im code Napoléon a. 1570.[13] Ja hie und da hat die Wittwe durch ein Jahr vollends den Besitz und Genuß des Nachlasses oder doch der Nachlaßgrundstücke, wie kraft der schleswig-holsteinischen Huvenbands- (Haubenbands-) Gerechtigkeit[14] und wie nach A. 1721, 1770 f., 1783 f., 1792, 1796 des liv-, est- und curländischen Pr. R., in welch' letzterem übrigens unter Umständen die Frist von Jahr und Tag maßgebend ist, A. 1742 f., 1769.[15]

Nur wenig über den Dreißigsten ausgedehnt ist der Unterhaltsanspruch der Wittwe im österreichischen a. b. G. B.[16] § 1243.[17] Der „Wittwe[18] gebührt" da nämlich „noch durch sechs Wochen nach dem Tode des Mannes „die gewöhnliche" d. h. die gewohnte[19] „Verpflegung aus der Verlassenschaft; so lange sie aber diese Verpflegung genießt, kann sie

---

[10] Vgl. o. § 32 und Oberweis in der ö. V. J. S. XI S. 148 f.

[11] Hier wahlweise, Harrasowsky C. Ther. I S. 132; vgl. u. A. 13.

[12] Darüber Trummer Hamb. Erbr. § 314 f., Baumeister Hamb. Pr. R. II S. 247 f.

[13] Hiernach hat die Wittwe während des Trauerjahres außer der Wohnung und Trauerkleidung nach ihrer Wahl (o. § 24) entweder den Ertrag der dot oder die Alimente aus dem Nachlasse des Mannes anzusprechen. Damit vgl. a. 1465, Zachariä fr. C. R. § 233. S. gleichfalls das ital. G. B. a. 1415 und den rumänischen c. c. a. 1279. — Vgl. noch das syrisch-r. R. Buch P § 55, wonach die Wittwe mindestens 10 Monate im Hause blieb.

[14] S. die Citate bei Roth d. Pr. R. § 144 A. 28. Kraft dieser Gerechtigkeit gebührt aber der Wittwe auch noch die Hälfte gewisser Hausgeräthe (nicht durchaus Geradestücke) und gewisser Hausvorräthe (nicht durchaus Speisevorräthe); s. Mittermaier d. Pr. R. § 444 (der hier eine Eigentümlichkeit in dem Erbfolge- oder Successionsverhältnisse erblickt), Gengler d. Pr. R. § 159, Stobbe § 234 A. 25.

[15] Ein „Wittwerjahr" in A. 1757, 1765, 1789 eod. — Nicht privatrechtlich ist das Gnadenjahr der Predigerswittwe nach preuß. L. R. II 11 § 838, liv-, est- u. curl. Pr. R. A. 1801 f. — Vgl. noch Kern S. VIII.

[16] Ähnlich Cod. Ther. I 3 n. 266 (Harrasowsky I S. 135, dazu S. 132 f.), Horten's Entw. I 3 § 93 (Harrasowsky IV S. 60), josefin. G. B. I 3 § 118, Martini's Entw. III 10 § 24 (Harrasowsky V S. 201), w. g. G. B. III § 338.

[17] Über das Verhältniß zum § 796 a. b. G. B. s. o. § 30 A. 18.

[18] Nicht der geschiedenen, Krainz System II § 442 (in ungenauer Fassung, vgl. u. A. 25).

[19] Man beachte das Wörtchen „noch" im cit. §. S. Winiwarter Comm. h. l., Hofmann in Grünhut's Ztschr. I S. 568 f., Anders ö. Fam. R. S. 159 f. Der Cod. Ther. hatte ausdrücklich „wie vorhin bei dessen Lebzeiten"; s. auch den Entw. Horten's und das jos. G. B. Dagegen wird auf den „standesmäßigen" Unterhalt Gewicht gelegt in Nr. 1639 G. U. W.; vgl. Harrasowsky I S. 132 f. — Über den Fall, daß die Verpflegung der Frau bei Lebzeiten des Mannes nur zum Theile aus dessen Vermögen bestritten wurde, s. Winiwarter h. l.; es war da eben nur die theilweise Verpflegung seitens des Mannes „gewöhnlich".

keinen" ihr etwa ausgesetzten „Wittwengehalt beziehen". Offensichtlich hängt diese Bestimmung mit dem Dreißigsten zusammen[20], nur ist hier die Frist mit der deutschen Frist für die Verpflegungsansprüche der schwangeren Wittwe in Einklang gebracht.[21] Dieselbe wird denn auch von der Theorie und Praxis in ähnlicher Weise motivirt, wie die deutsche Bestimmung.[22] Seiner Natur nach ist dieser Anspruch auf die sechswöchentliche Verpflegung verwandt dem Anspruche aus dem § 796 a. b. G. B.,[23] also ein familienrechtlicher (ehegüterrechtlicher) Anspruch obligatorischer Anlage, aber nicht eine Fortsetzung des Anspruches aus dem § 91 a. b. G. B.,[24] vielmehr doch zugleich ein von Todeswegen entstandener Anspruch an die „Verlassenschaft".[25] In Nr. 1639 der Sammlung von Glaser und Unger wird daher von einer Instanz die Möglichkeit in Erwägung gezogen, die fragliche Forderung als ein „gesetzliches Legat" anzusehen. Dieselbe Instanz gelangt jedoch zu dem unrichtigen Ergebnisse, daß unsere Alimente doch nach § 692 a. b. G. B. ebenso den Gläubigern nachstehen müßten,[26] wie der Pflichttheil der Kinder, während sie in Wirklichkeit da zu denjenigen, den Erbschaftsschulden gleichgestellten, „anderen pflichtmäßigen Auslagen" gehören, durch welche der Pflichttheil mitgetroffen wird, wie durch sonstige spätere Verminderungen des Nachlasses (§ 786 a. b. G. B.).[27] Der in Rede stehende Unterhalt kann übrigens durch Verfügungen des Mannes nicht entzogen werden; ebenso wenig durch

[20] Hofmann l. c., Stobbe § 281 A. 14, Anders und Krainz a. a. O. O.

[21] Unger System VI § 50 A. 15. Vgl. u. § 34.

[22] S. Stubenrauch Comm. h. l., Hofmann und Anders l. l. c. c., G. U. W. Nr. 1639 cit. [23] Vgl. o. § 30 A. 18.

[24] S. schon die Verschiedenheit in Umfang und Voraussetzungen, dann § 30 über das Recht aus § 796, Krainz II § 440, andererseits freilich Stubenrauch, Hofmann („gewissermaßen"), Anders a. a. O. O., G. U. W. Nr. 1639, 3136.

[25] S. Krainz o. § 30 A. 19 (aber auch denselben II § 442 bei A. 4). Es ist daher gleichfalls dieses Alimentenrecht gemäß Hfkgr. Vdg. v. 7. Juli 1847 Nr. 32 M. G. S. (§ 30 A. 16) gegenüber der Verlassenschaft nach der Sachlage zur Todeszeit neu zu liquidiren; s. Anders selbst l. c. Hussarek bei Grünhut XX S. 498 f. erkennt wohl auch den Anspruch aus dem § 1243 nicht als einen rein familienrechtlichen.

[26] Eigenthümlich die dortige Motivirung damit, daß die Wittwe keineswegs eine Forderung an die Gläubiger des Gatten habe. S. freilich Cod. Ther., Horten's Entw. und jos. G. B., (dazu Harrasowsky I S. 132 f. A. 27, IV S. 60 A. 57), Kirchstetter Comm. h. l. Richtig die dritte Instanz in ob. Nr. 1639 hinsichtlich der Wirkung des Concurses über das Vermögen des Mannes, Stubenrauch h. l., Krainz II § 442.

[27] Unger VI § 81, Krainz II § 530. Vgl. o. § 26.

Ablehnung oder Verzicht der Frau, falls sie des Unterhaltes bedarf;[28] ein Verzicht liegt übrigens unter anderem im sofortigen Bezuge des etwaigen Wittwengehaltes.[29]

§ 34. Ansprüche der Schwangeren.

Nach römischem Recht[1] hat bekanntlich eine Frauensperson (nicht bloß die Wittwe), welche beim Tode des Erblassers (wenigstens wahrscheinlich) schwanger ist, im Interesse des Ungebornen als künftigen Erben, einen gesetzlichen Sicherungs-Anspruch von Todeswegen, u. z. eigentlich zum Behufe der Alimentirung. Sie hat da nämlich Anspruch zunächst auf gerichtliche Besitzeinweisung in die Erbschaft (missio in possessionem ventris nomine) und in Folge davon auf den standesmäßigen Unterhalt aus dem Nachlasse für die Dauer der Schwangerschaft, übrigens selbst gegen einen letzten Willen;[2] daß der Unterhalt der Frau sonst mangelt, wird nur bei solchen (erbberechtigten) nascituri vorausgesetzt, welche nicht als Descendenten des Erblassers geboren würden. In Ansehung der Alimente hat die Eingewiesene eine gesetzliche Forderung an den Nachlaß; l. 9 D. h. t.: quod in ventris alimenta deminutum est, detrahitur velut aes alienum.

Verschieden davon verhält es sich jedoch in sächsischen und diesen nachgebildeten deutschen Rechtsquellen.[3] Hier soll die schwangere Wittwe, und nur die Wittwe, in der bisherigen Wohnung und Verpflegung aus ihrem eigenen Interesse einfach belassen werden, u. z. nur provisorisch d. i. während der Schwangerschaft, nach Stadtrecht aber noch durch 6 Wochen seit der Entbindung;[4] indeß muß spätestens am Dreißigsten die Wittwe sich „barhaft" beweisen.

---

[28] Cod. Ther. l. c. Der E. Martini's hat: „in der Regel". Vgl. § 42, § 22 a. E.

[29] Winiwarter, Stubenrauch, Hofmann, Anders a. a. O. O.; Cod. Ther.: „insgemein". S. aber jos. G. B. und Horten's Entwurf.

[1] Dig. XXXVII 9 de ventre in possessionem mittendo et de curatore ejus; dazu Dig. XXV 5, 6. Litteratur bei Windscheid P. § 618; darunter s. besonders Leist Pand. Comm. Bücher 37, 38 IV S. 1f.

[2] L. 1 pr. h. t.: vice contra tabulas possessionis.

[3] S. Sydow d. Erbr. S. 282f., Siegel d. Erbr. S. 203, Trummer Hamb. Erbr. I S. 318, Homeyer d. Dreißigste S. 239f., Martitz ehel. Güterr. S. 167, 330, Agricola Gewere S. 469, — im Zusammenhange mit deren Auffassung des Dreißigsten. Über den Gegensatz zwischen röm. und deutschem R. vgl. noch Unger System VI § 50 A. 15 und schon Schilter prax. jur. rom. ex. 36 § 125f.

[4] Als gesetzlichen erbrechtlichen Vortheil betont dies Agricola S. 469.

Beim Eindringen des römischen Rechts wich das deutsche auch hier meist zurück.[5] In der heutigen gemeinrechtlichen Praxis aber hat jene missio in possessionem als solche keine Bedeutung mehr, vielmehr reducirt sie sich nun auf einen bloßen Unterhaltsanspruch.[6]

Mit Recht haben auch fast alle neuen Codificationen die römische missio selbst nicht beibehalten.[7] Wohl aber hat die Mehrzahl derselben der Mutter eines nasciturus u. U. geradezu einen Unterhaltsanspruch nach dem Erblasser gewährt, aus Humanität und im socialen Interesse.[8] Hieher gehören insbesondere das preußische L. R. I 9 § 377, 381, II 18 § 962, das österreichische b. G. B. § 1243, das sächsische G. B. § 2543, der hessische Entwurf III A. 6 und der deutsche Entwurf § 2027.[9]

Die deutschrechtlichen Grundsätze hinsichtlich der schwangeren Wittwe liegen namentlich dem österreichischen b. G. B. zu Grunde.[10] Nach § 1243[11] „gebührt" nämlich schlechthin und ohne Rücksicht auf ihr Vermögen „der Wittwe . ., wenn sie schwanger ist,[12] bis nach Ablauf von sechs Wochen nach ihrer Entbindung die gewöhnliche" d. i. die gewohnte[13] „Verpflegung aus der Verlassenschaft", worin übrigens auch die Ent-

---

5 Trummer a. O., Homeyer a. O. Vgl. Tiroler L. O. III 25.

6 S. Sintenis gem. Civ. R. § 194 A. 11, Leist S. 63, Hellmann in d. Festschrift f. Planck S. 268, aber u. a. noch Dernburg Pand. III § 159.

7 Motive zum d. E. V S. 490. Anders bayr. L. R. III 1 § 12 und eventuell Mommsen Entw. § 324, S. 352f.

8 Ob. Motive S. 489, wo des österr. R. aber nicht gedacht ist.

9 Einen Alimentenanspruch geben übrigens auch das bayr. L. R. I 4 § 10 Nr. 3f. und Mommsen § 278.

10 Unger l. c., Hofmann in Grünhut's Ztschr. I S. 569 (wo auch das gesetzliche Motiv), Leist S. 65, Anders ö. Fam. R. S. 159. Dazu u. A. 12, 13.

11 S. über diesen § schon o. § 33; s. daselbst auch die Natur des in Rede stehenden Anspruchs und die früheren codificatorischen Arbeiten; übrigens ist unser Anspruch abgesondert im Cod. Theres. I 3 n. 270f. (Harrasowsky I S. 132f.), dagegen wiederholt ebendort II 21 n. 184f. (Harrasowsky II S. 429f.), in Martini's Entw. II 18 § 41 (Harrasowsky V S. 154), wie im w. g. G. B. II § 630.

12 Vorsichtsmaßregeln hatten diesfalls der Cod. Theres. n. 270 f. cit., n. 185 f. cit. (dazu Harrasowsky I S. 132 f., bayr. L. R. I 4 § 10, — über die da erwähnte „Anzeige" der Schwangerschaft vgl. das deutsche R. bei Sydow S. 282f., Trummer I S. 319, Homeyer S. 240, Martitz S. 167 —), Horten's Entw. II 18 § 30 (Harrasowsky IV S. 270), Martini's Entw. § 41 cit., w. g. G. B. § 630 cit. Die Bestimmungen im Cod. Theres. und in Horten's Entw. hinsichtlich des Unterhaltsersatzes bei einer calumnia der Wittwe erinnern an das röm. R. (vgl. u. bei A. 20).

13 S. o. § 33, auch Cod. Theres. n. 270 cit. („so wie bei Lebzeiten des Mannes"). Dagegen gewährten den „standesmäßigen" bez. „angemessenen" Unterhalt die übrigen o. A. 11 angeführten Stellen; vgl. u. bei A. 19.

bindungskosten begriffen sind.[14] „So lange sie aber diese Verpflegung genießt, kann sie keinen Wittwengehalt beziehen", während in der Beanspruchung des sofortigen Wittwengehalts wieder ein Verzicht auf den Unterhalt (nicht auf die Entbindungskosten[15]) liegt.

Die übrigen jener neuen Codificationen haben in den Alimentationsanspruch mehrfach einzelne römischrechtliche Elemente eingemischt. Der Unterhalt gebührt da nämlich der Mutter eines erbberechtigten[16] nasciturus im Interesse des Kindes[17] (nicht gerade der schwangeren Wittwe — in eigenem Interesse) und nur während der Schwangerschaft; auch wird hie und da bei derjenigen Schwangeren, die nicht Wittwe des Erblassers ist, noch vorausgesetzt, daß ihr der Unterhalt sonst mangle.[18] Daß der letztere ein standesmäßiger sein soll, hebt der deutsche Entwurf hervor.[19] Endlich erinnert an das röm. R. die Verpflichtung zum Ersatze der genossenen Alimente im Falle der Unredlichkeit,[20] wenngleich diese Ersatzpflicht schon aus allgemeinen Grundsätzen sich ergibt.[21]

Mit der verschiedenen Behandlung des Unterhaltsanspruches steht dann dessen systematische Stellung im Zusammenhange. Während er vom österr. b. G. B. in das Familienrecht (vereint mit dem Dreißigsten überhaupt) gestellt wird, ist er sonst meist im Erbrechte normirt, u. z. bald unter dessen allgemeinen Grundsätzen, bald beim Erbschaftserwerbe, bald bei der Erbtheilung.

---

[14] S. außer den Comm. zu § 1243: Hofmann S. 568, Anders S. 160, Krainz System II § 442. Ausdrücklich gewähren die Niederkunftskosten Cod. Theres. n. 270 cit., n. 184 cit., Horten's Entw. I 3 § 93 (Harrasowsky IV S. 60), josef. G. B. I 3 § 118.

[15] S. Cod. Theres. n. 271 cit., Horten's Entw. l. c., jos. G. B. l. c. Vgl. Hofmann S. 568 gegenüber den Comm. von Nippel und von Stubenrauch, welch' letzterer das jos. G. B. mißversteht.

[16] Der hess. Entw. erwähnt gleichfalls die Berufung des Ungebornen zu einem Vermächtnisse.

[17] Vgl. Kreittmayr zum bayr. L. R. I 4 § 10 Nr. 3 f., pr. L. R. l. c. und die Motive zum d. E. V S. 489.

[18] So vom sächs. G. B., dem hessischen und dem Mommsen'schen Entwurf a. a. O. O.; gegen eine solche Unterscheidung ob. Motive l. c. Der d. E. selbst gewährt den Unterhalt überhaupt nur als einen subsidiären, während das bayr. L. R. und das preuß. L. R. denselben überhaupt als nicht subsidiären zugestehn; über letzteres L. R. s. nur Gruchot pr. Erbr. I S. 65, Förster pr. Pr. R. § 267 A. 25, freilich auch ob. Motive.

[19] Pr. L. R. II 18 § 962: „gehörig verpflegt". — Abweichend sind jene Codificationen unter einander in der Frage, woraus die Alimente zunächst zu entnehmen seien.

[20] Pr. L. R. I 9 § 377, s. auch bayr. L. R. I 4 § 10, III 1 § 12.

[21] Mommsen S. 316, ob. Motive S. 490.

§ 35. Die gesetzliche Morgengabe.[1]

Nachdem schon deutsche Volksrechte einen Anspruch der überlebenden Ehefrau auf eine Morgengabe als auf eine gesetzliche Wittwenversorgung bei Ermanglung einer entsprechenden gewillkürten Morgengabe erkennen lassen, hat sich später namentlich im sächsischen Landrechte eine — geringe — gesetzliche Morgengabe (in diesem Sinne) aus dem Nachlasse des Mannes für die adelige Wittwe statt oder neben einer vertragsmäßigen Morgengabe entwickelt. Dieselbe umfaßte die Gegenstände, die als freiwillige Morgengabe gegeben zu werden pflegten, in der Folge aber insbesondere das weibliche Weidevieh, das Holzwerk und die Kutsche, also eine Mehrheit von Sachen, deren Grenzen gegenüber der Wittwen-Gerade verwischt waren.

Ein solches Vorrecht der adeligen Frau erscheint nun als ein Anspruch von Todeswegen, wie das Gegenstück, die „gelobte" Morgengabe;[2] daher hier von einem erbrechtlichen Anspruche[3] oder von einem gesetzlichen Erbrechte[4] gesprochen wird. Neben der recipirten römischen Gesammtnachfolge ist dies wieder selbstredend eine gesetzliche Einzel-Nachfolge von Todeswegen in einen bestimmten Sachcomplex des Nachlasses.[5] Die Wittwe haftet daher den Erbschaftsgläubigern mit dem fraglichen legalen Reichnisse nicht, steht ihnen aber damit zurück.[6]

Das wunderliche Institut erhielt sich in sächsischen Ländern bis in die Dreißiger und Vierziger Jahre unseres Jahrhunderts.[7]

Übrigens fand sich dasselbe gleichfalls in manchen Schweizer Quellen, (auch als bäuerliche gesetzliche Morgengabe), und zwar regelmäßig als ein

---

[1] Litteratur bei Stobbe d. Pr. R. § 234, 223; darunter Haubold sächs. Pr. R. § 404 („der Gerichtsgebrauch ... hatte dieses Institut in eine Art nothwendiger Erbfolge umgeschaffen"), Martitz S. 176 f., 224 f., 315 f.; dazu Schröder d. R. G. § 35, 61.

[2] S. nur Agricola Gewere § 50.

[3] Z. B. Schröder ehel. Güterr. III 3 S. 335 f. („rein erbrechtliches Institut"), Martitz S. 315, Huber Schweiz. Pr. R. IV S. 381 A. 28.

[4] Z. B. Martitz S. 229, Agricola S. 504, Stobbe § 218 Nr. 5, § 234 A. 5, 6, Heusler d. Pr. R. II § 145 („gesetzliches" „reines Wittwen-Erbrecht"), § 159 A. 9. Vgl. Gengler d. Pr. R. § 158: „nothwendige Erbfolge der Wittwe".

[5] Heusler II § 177 erblickt für das deutsche Recht auch hier (o. § 5, 23, 47 f.) eine „wirkliche Specialerbfolge" und zwar eine „Universal-Succession" in feinem Sinne.

[6] Vgl. die Nachweise bei Stobbe § 234 A. 6.

[7] Heimbach sächs. Pr. R. § 329 A. 7, Martitz S. 230.

Anspruch auf eine Geldsumme.[8] Aber noch im A. 1820 des liv-, est- und curländischen Pr. R. ist (nach livl. Stadtrechte, mit dem Rigaer St. R. B.,) „die Morgengabe .. ein den unbeerbten Bürger-Wittwen .. auch ohne ausdrückliche Bestellung gebührender Voraus“ in einer geringen Summe Geldes.

Das preußische L. R. II 1 § 534 mischt zwar Gegenstände der deutschen gesetzlichen Morgengabe wieder in die Wittwen-Gerade ein,[9] kennt aber als Morgengabe doch nur die gewillkürte.

Was Oesterreich betrifft, so erinnerte das polnische Recht mit dem sog. pro crinili,[10] die Oels'sche L. O. in Schlesien[11] und das böhmisch-mährische L. R.[12] an die gesetzliche Morgengabe; dermalen besteht aber nach § 1232 ö. b. G. B. nur die freiwillige.[13]

Mit Recht hat der deutsche Entwurf eines b. G. B. die ganze Morgengabe absichtlich bei Seite gelassen.[14]

§ 36. Sonstige gesetzliche Nachlaß-Reichnisse des deutschen Rechts zur Wittwenversorgung.[1]

Hieher gehört:

1) die gesetzliche Widerlage, — ein gesetzliches, von der Bestellung unabhängiges Gegenreichniß aus dem Nachlasse des Mannes mit Rücksicht auf das von der Frau Eingebrachte, u. z. zur „Besserung“ desselben, zur Vermehrung des Brautschatzes (sog. augmentum dotis), wie dies in einzelnen deutschen Particularrechten bestimmt wurde,[2] und noch sich im

[8] Bluntschli Zürcher R. G. I S. 432, Planta zum Bündn. C. G. B. § 500, Bühler bündn. Erb- u. ehel. G. R. S. 80f., Huber Schweiz. Pr. R. I S. 363, II S. 142, IV S. 384. — Dagegen ist die gesetzliche Morgengabe nach bayrischem L. R. I 6 § 16 Nr. 3 nicht erst ein Anspruch von Todeswegen, s. freilich Stobbe l. c. A. 5. — Über Schleswig vgl. Esmarch Schl. Erbr. S. 233 mit Schröder II 3 S. 50, 335. — Hinsichtlich der sog. dos legalis des ungarischen R. s. Putz ung. Pr. R. § 176, 179, 212. [9] S. Koch Erbr. S. 976f. Vgl. Martitz S. 227, 316f.

[10] Ogonowki ö. Ehegüterr. S. 57. [11] Ogonowski S. 75f.

[12] Czyhlarz ehel. Güterr. S. 30f., Pfaff und Hofmann II S. 738f. Keine Erinnerung im Tiroler R., Oberweis in der ö. V. J. S. XI S. 147.

[13] Zu Martini's Entw. III 10 § 22 (Harrasowsky Cod. Ther. V S. 200) und w. g. G. B. III § 335 f. Ogonowski ö. Ehegüterr. S. 345, Ofner Prot. II S. 145.

[14] Motive V S. 370, IV S. 168.

[1] Im liv-, est- und curländ. Pr. R. finden sich dieselben unter die „gesetzliche Erbfolge“ eingereiht.

[2] Stobbe d. Pr. R. § 234 A. 10, 17, 18; dazu Ogonowski österr. Ehegüterr. S. 74, 98. Vgl. auch bad. L. R. Z. 1570b.

A. 1745 des liv-, est- und curländischen Pr. R. findet, wonach der „unbeerbten" Wittwe (nach estl. L. R.) der doppelte Betrag der eingebrachten Mitgabe als (gesetzliche) „Widerlage" gebührt.[3] Da für die wahre (gewillkürte) Widerlage auch der Ausdruck Gegenvermächtniß sehr gebräuchlich geworden ist,[4] so läge es nahe, in unserem Falle von einem gesetzlichen Gegenvermächtnisse zu sprechen.

2) Verwandt damit ist das gesetzliche Leibgedinge der adeligen Wittwe nach jüngerem Sachsenrecht,[5] wonach die Wittwe kraft Rechtens an Stelle[6] ihres Eingebrachten die doppelten „Zinsen"[7] von dessen Werthbetrag auf Lebenszeit aus dem Nachlasse des Mannes verlangen kann.[7a] In den Sachsenländern ist freilich auch diese Besonderheit in unserem Jahrhundert aufgehoben worden.[8] Indeß noch der interessante A. 1797 des liv-, est- und curländischen Pr. R. verfügt: „Nach Ablauf des Wittwenjahres hat die" adelige „unbeerbte" Wittwe (laut Pilten'schen L. R.) „die Wahl, ob sie ihr Eingebrachtes oder statt dessen den lebenslänglichen Genuß der (!) doppelten Früchte ihres Eingebrachten, als Gegenvermächtniß, nehmen will". Es ist da also ein gesetzliches Gegenvermächtniß in einem eigenen Sinne gemeint.[9]

3) Auch ohne Rücksicht auf das Eingebrachte ist dann noch ein gesetzliches adeliges Witthum hervorzuheben, nach einzelnen früheren Paticularrechten Norddeutschlands,[10] aber gleichfalls nach dem bayrischen L. R. I 6 § 15 („unbedungener Wittibsitz", „Leibgedinge" in diesem Sinne) und wieder laut des liv-, est- und curländ. Pr. R. A. 1798 („Leibrente"), 1793f. („als Leibgedinge").

[3] Dazu A. 1746f., 1736. Das Register dieser Codification S. 170 spricht hier von Morgengabe, wie denn bekanntlich überhaupt in manchen Quellen Morgengabe, Widerlage und Leibgedinge nicht scharf getrennt sind. Andererseits spricht dasselbe Register von einer (gesetzlichen) Widerlage (Morgengabe) selbst im Falle des A. 1799.

[4] S. z. B. bayr. L. R. I 6 § 14, pr. L. R. II 1 § 456f. (hier allerdings theilweise in anderem Sinne, vgl. Gruchot pr. Erbr. R. II S. 442f., Förster pr. Pr. R. § 262 A. 55), Cod. Theres. I 3 n. 166 (Harrasowsky I S. 115), Stobbe § 234, Ogonowski S. 78f. [5] Litteratur bei Stobbe A. 19, dazu Heusler § 143.

[6] Etwas anderes bei Harrasowsky I S. 132.

[7] Dazu o. § 22. [7a] S. auch bad. L. R. Z. 1570b, 1535a („Wittumsrente").

[8] Heimbach sächs. Pr. R. § 327.

[9] Vgl. o. § 24. S. auch A. 1777, wo es aber „als Leibgedinge" heißt, und nicht bloß die adelige Wittwe begünstigt ist; dazu A. 1779.

[10] Stobbe § 234; vgl. Ogonowski ö. Ehegüterr. S. 89. Bluntschli d. Pr. R. § 204 spricht da von einem „gesetzlichen Erbanspruch", aber auch insoferne, als ein gesetzlicher Anspruch gegen den Ehemann auf Verstattung des Witthums besteht.

4) Unter gewissen Voraussetzungen stand jeder Wittwe bis zur Wiederverehelichung das Recht auf den Wittwenstuhl und die Leibesnahrung zu, wie in den bei Agricola Gewere zu rechter Vormundschaft S. 469 angeführten deutschen Quellen,[11] wie ferner s. Z. in Vorderösterreich.[12]

§ 37. Das sogenannte nachträgliche praemium emancipationis.[1]

Dieses gründet sich bekanntlich auf c. 3 C. de bonis maternis VI 60:[2] Stirbt die Ehefrau vor dem Ehemanne und wird sie ab intestato[3] von solchen gemeinschaftlichen[4] Descendenten[5] beerbt, welche der patria potestas des Ehemannes nicht unterstehen, mögen sie derselben nicht mehr unterworfen sein oder niemals unterworfen gewesen sein,[6] so gebührt dem Wittwer[7] der lebenslange Nießbrauch einer portio virilis d. i. eines Stammestheils[8]

[11] Der Genannte redet hier wieder von einem gesetzlichen erbrechtlichen Vortheile. S. noch Martitz ehel. Güterr. S. 330 f., Huber Schweiz. Pr. R. II S. 142.

[12] Harrasowsky Cod. Ther. I S. 132.

[1] Schrader Abhandlungen aus dem Civ. R. I 4 „Theorie eines gewöhnlich übersehenen Successionsrechtes des Ehemanns auf das Vermögen seiner Frau“ 1808, Glück Intestaterbfolge § 84, Roßhirt Erbr. § 27, Göschen Civ. R. § 921, Sintenis Civ. R. § 165 D, Vangerow P. § 415, Schirmer Erbr. § 13, 16.

[2] Diese Constitution wurde aus dem C. Theod. VIII 18 c. 9 mit geringen Änderungen herübergenommen (Schrader S. 99) und von der nov. 118 cap. 1 aufrecht gelassen.

[3] Gegenüber Schrader § 8 (der hier eventuell sogar einen notherbrechtlichen Anspruch wider den letzten Willen der Frau annimmt), Seuffert P. § 562 A. 19, s. Roßhirt l. c. A. 152 und Civ. R. § 537, Vangerow l. c. Ungenau Sintenis a. a. O. A. 4 a. E., über Schrader und Schirmer.

[4] Vgl. Schrader § 6, Glück l. c., Roßhirt Erbr. § 27.

[5] Ersten oder entfernteren Grades, c. 3 cit. Manche Schriftsteller reden diesfalls lediglich von „Vater“ oder „Mutter“, z. B. Thibaut P. § 874, Arndts in Weiske's R. Lex. V S. 700 (civ. Schr. II S. 64), Böcking Inst. III § 30 A. 10, Bering Erbr. S. 659 f., Schirmer a. O.

[6] Mehrfach wird hier nur an (von ihm) emancipirte Kinder und etwa noch an Tochterkinder gedacht, z. B. Wening Civ. R. § 434, Arndts l. c., Böcking Inst. III a. a. O., Beckhaus Erbr. § 28, Schirmer § 16, Köppen Gdr. § 50, Windscheid § 572 A. 8, Bering Pand. § 254; s. aber c. 3 cit. im § 3. Bei Tochterkindern s. übrigens hinsichtlich des Verhältnisses zum gesetzlichen Nießbrauche des Schwiegersohnes: Schirmer § 16 A. 58.

[7] Schrader § 6.

[8] S. Baumeister Anwachsungsrecht S. 66 f., Puchta Pand. und Vorl. § 457, Seuffert § 562, Sintenis l. c. A. 4, Schirmer § 16 A. 59, Köppen Grundr. § 50 und Lehrb. § 63, Bering Pand. l. c. Dagegen weisen, mit dem Buchstaben des Gesetzes, dem Wittwer auch bei entfernteren Descendenten verschiedener Stämme einen Kopftheil zum Nießbrauche zu: Roßhirt Civ. R. l. c., Vangerow l. c., wohl auch

zu Lasten des jenen Abkömmlingen[9] zufallenden Erbvermögens. Dieses „beneficium“[10] wird nun vielfach das nachträgliche[11] praemium emancipationis genannt[12], obgleich letztere Bezeichnung offenbar nur auf die Fälle paßt, wo die fraglichen Descendenten s. Z. in der Gewalt des Ehemannes gewesen und von ihm emancipirt worden sind; [13] in solchen Fällen allein ist jener Nießbrauch eine gesetzliche Belohnung und Entschädigung für die erfolgte Emancipation, quoniam omni commodo destituitur pater nec retinet usum fructum, c. 3 cit. pr.[14]

Die Meinung, daß das erwähnte Recht des Wittwers ein (eigentliches) Erbrecht sei,[15] wird jetzt wohl nicht mehr vertreten, wenngleich dasselbe bei der Intestaterbfolge angeführt wird.[16] Dagegen wird da von ver-

Windscheid § 572. In der Mitte steht die Ansicht, welche die Nießbrauchsportion bei jedem Enkelstamm besonders, nach dessen Köpfezahl, berechnet, so (vorhin) Schrader § 9 f. und Roßhirt Erbr. l. c., so Glück und Göschen a. O., Tewes Erbr. § 13.

[9] Hinsichtlich der Erbtheile jener etwa mitconcurrirenden Descendenten, welche in der väterlichen Gewalt des Wittwers sich befinden, steht letzterem ohnehin der Fruchtgenuß kraft der väterlichen Gewalt (§ 28 A. 11) ganz zu; s. nur die cit. c. 3, wo diesfalls von einem retinere usumfructum ex legum auctoritate gesprochen wird. Ungenau Windscheid § 572 Nr. 1 g. E. („auch ... an einem Kopftheile“). [10] C. 3 § 1 cit.

[11] Dernburg Pand. III § 132 A. 4: „ein Zusatz zu dem praemium emancipationis“. Über das eigentliche pr. em. s. § 2 J. per quas pers. II 9, c. 6 § 3 C. de bonis quae lib. VI 61, cf. c. 2 in f. eod., c. 3 cit., Marezoll in der Ztschr. f. C. R. u. Pr. XIII S. 190 f.; dazu u. A. 18, 23.

[12] Von Puchta P. l. c.?; s. Tewes l. c. Die c. 3 cit. versteht unter praemium emancipationis nur das eigentliche; anders Köppen Lehrb. S. 400 A. 1.

[13] Auf diese Fälle beschränken denn wirklich jene Bezeichnung Puchta l. c., Tewes l. c. S. jedoch z. B. Beckhaus l. c., Schirmer § 13, 16, Köppen Lehrb. § 63 (anders Grundr. l. c.).

[14] Vgl. Schrader § 4, Baumeister Anwachsungsr. S. 69, Glück l. c., Roßhirt Erbr. l. c.

[15] Eine „Art Erbrecht“ findet hier Glück l. c., eine „außerordentliche Intestaterbfolge“ Mühlenbruch Pand. § 637; vgl. Witte in Weiske's R. L. I S. 279. Schrader passim nimmt diesfalls zwar „Erbrecht“ (wie „Erbfolge“) an, aber nicht im „eigentlichen“, sondern im Sinne als „gemeinschaftliches“ (!) „Successionsrecht“ m. c.; vgl. indeß über ihn Puchta Pand. § 457 A. c und Schirmer § 16 A. 58, § 13 a. E. Von einem „Erbrechte“ dem „Nießbrauche“ nach wird da (nur) geredet bei Vangerow l. c., Vering Erbr. S. 659, Bluhme Encykl. II § 468. Gegen ein Erbrecht Roßhirt l. c., Büchel Erörterungen II S. 246 f., Mayer Erbr. § 71 A. 1, Puchta P. und Vorl. l. c., Madai zu Mühlenbruch Pand. § 637 A. 2, Arndts in Weiske's R. L. l. c., Seuffert Pand. § 562 a. E., Beckhaus Erbr. § 28, Vering Erbr. S. 394 A. 4 und Pand. l. c., Schirmer § 13 A. 25, § 16 A. 58.

[16] Und zwar zumeist bei der Intestaterbfolge der Descendenten; hie und da aber bei der Intestaterbfolge der Ehegatten oder unter der „außerordentlichen Intestaterbfolge“ (s. letzteres z. B. bei Müller Inst. § 201); dagegen Köppen Lhb. S. 416. In das Intestaterbrecht hat den Anspruch schon Donellus gestellt, während ihn andere Ältere

schiedenen Seiten ein („gesetzliches") „Vermächtniß"[17] oder aber ein rein familienrechtlicher Erwerb[18] angenommen. In letzterer Hinsicht ist es nun zwar richtig, daß hier dem Ehemanne in den wichtigsten Fällen ein Ersatz für einen durch die Emancipation entgangenen familienrechtlichen Vortheil zu Lasten der Descendenten gewährt werden will; allein dieser Ersatz will nur an dem von der Ehefrau herrührenden Vermögen (nicht überhaupt an dem Vermögen der Descendenten) und nur beim Intestatableben der Ehefrau gewährt werden, er ist also doch ein verlassenschaftsrechtlicher Ersatz auf Grund der ehelichen Beziehung zwischen Erblasserin und Wittwer; vollends aber ist diese Beziehung für jene Fälle maßgebend, wo die fraglichen Abkömmlinge der patria potestas des Ehemannes niemals unterworfen waren.[19] Hienach haben wir da wieder einen gesetzlichen Einzelanspruch von Todeswegen vor uns.[20]

Wie beim eigentlichen, so ist auch beim nachträglichen praemium emancipationis die gemeinrechtliche Giltigkeit strittig.[21]

---

in die Lehre vom Nießbrauche gewiesen: vgl. darüber Schrader § 3, Roßhirt Erbr. l. c., o. § 1; der von letzteren gegen Thibaut und Mühlenbruch erhobene Tadel trifft aber wenigstens für deren spätere Auflagen diesfalls nicht zu.

[17] Köppen System d. Erbr. S. 39, Grdr. § 50 und Lehrb. § 63, Seuffert d. J. zu Seuffert d. Ä. Pand. § 598 A. 2; Schrader S. 126 und Arndts in Weiske's R. L. l. c.: „einem Vermächtnisse zu vergleichen"; s. auch Sintenis § 165 D.

[18] S. z. B. Böcking Inst. III § 30 A. 13 („gar nicht Intestat-Succession"). Vgl. selbst Schirmer § 13 A. 25: „mehr den Charakter eines Erwerbes durch die Kinder als von der Frau". — Ein rein familienrechtlicher Vortheil ist das wirkliche praemium emancipationis.

[19] Vgl. Schrader § 4, Glück l. c.

[20] Auch darauf beziehen sich die Worte „maritus .. ex .. lege ad emolumentum vocandus est" in c. 3 § 2 cit., beneficio, quod ... praescripsimus in c. 3 § 1 eod. Von einer „Deferirung" des fraglichen Nießbrauchs spricht ausdrücklich Köppen Lehrb. § 63, 65. Vgl. o. § 8. — Eine „Singular-Succession ab intestato" betont hier Mayer Erbr. l. c. (s. auch Schrader § 2, Roßhirt Erbr. l. c.).

[21] Für die Geltung des nachträglichen pr. em. Schrader § 5, Vangerow l. c., Sintenis l. c. A. 4 (der gar sagt, daß man an der praktischen Bedeutung nicht zweifelt), Windscheid (7. Aufl.) § 572 A. 8 (s. aber über diesen Köppen Lhb. S. 400 A. 1). Dagegen mit Recht Schirmer § 16 A. 59, Köppen Gdr. l. c. (hinsichtlich der „meisten Länder") wie Lhb. l. c. und bes. Dernburg P. III § 132, nach welchem das betreffende römische Gesetz der deutschen Rechtsauffassung durchaus zuwiderläuft und sich wohl keine einzige Anwendung nachweisen läßt. Zweifelnd Arndts P. § 479 A. 5, § 436 A. 3. Überhaupt hat erst Schrader's cit. Abhandlung das fragliche Recht des Wittwers einer „glücklichen Vergessenheit" (Baumeister S. 61) entrissen; s. aber noch Mackeldey Lhb. § 560, 622 f.

In neuere Gesetzgebungswerke ist letzteres mit Recht[22] nicht übergegangen.[23]

§ 38. Gesetzliche Begünstigungen mortis causa unter Verlobten.

I.

Für das gemeine Recht wurde von einer früheren Doctrin behauptet, daß, ebenso wie der dürftigen Wittwe nach dem wohlhabenden Manne, auch der dürftigen Braut nach dem wohlhabenden Bräutigam ein Anspruch auf einen Theil der Erbschaft von Gesetzeswegen zustehe. Diese Lehre wurde jedoch bereits von mehrfacher Seite zurückgewiesen.[1] Allerdings lehnte sich an dieselbe s. Z. die romanisirende österreichische Erbrechtsordnung von 1720 XIV § I. Doch für das geltende österreichische Recht ist eine ähnliche Ansicht Nippel's Comm. V S. 37 wieder entschieden zurückzuweisen.[2]

Einzelnen Schweizer Rechten ist es aber eigenthümlich, daß sie bereits unter Verlobten einen Theil des reinen Nachlasses gewähren.[3] Insbesondere nach dem Zürcher privatrechtlichen G. B. § 898 (vorhin § 1944) „erhält der überlebende Verlobte", „wenn der Verstorbene keine ehelichen Nachkommen" und keine bez. Verfügung (§ 974) „hinterläßt", ein „Erbrecht" zu einem Zehntheil der „reinen Verlassenschaft",[4] während das Civilgesetzbuch von Glarus § 271 in diesem Falle einen Dritttheil des reinen Nachlasses gibt. Selbstredend ist ein derartiges Recht auf einen Theil der reinen Verlassenschaft in Wahrheit kein Erbrecht, (auch nicht im Sinne jener G. B.), sondern ein Singularanspruch von Todeswegen.[5]

---

[22] Vgl. Schrader § 15.

[23] Wenn in einzelnen Particularrechten dem Vater auch nach Erlöschen der väterlichen Gewalt der bisherige Nießbrauch am (ganzen) Muttergut der Kinder lebenslänglich verbleibt, so erinnert dies an das eigentliche praemium emancipationis; s. bayr. L. R. I 5 § 5 Nr. 3 hinsichtlich des siegelmäßigen Vaters (ungenau Bluntschli d. Pr. R. § 223 a. E.) und überhaupt Arndts P. § 436 A. 3, Roth d. Pr. R. § 168 A. 55, Stobbe d. Pr. R. § 255 g. E.

[1] § 27 A. 7. [2] Pfaff und Hofmann Comm. II S. 754.

[3] Wyß in der Z. f. Schweiz. R. XX S. 136, 169 f., Huber Schweiz. Pr. R. II S. 137. S. aber auch Koch pr. Erbr. § 5.

[4] Dazu § 896, 897 eod. S. schon das Zürcher Stadterbrecht von 1716 II § III p. 27 bei Huber IV S. 326 (Schweiz. Erbr. S. 60 f.) und Wyß l. c. Das Schaffhausner G. B. folgt, ungeachtet seines § 1837 (s. u. II), diesfalls dem Zürcher G. B. nicht.

[5] S. o. § 23. Bluntschli Erl. z. § 1944 spricht zwar von einem „Erbtheil" des Ver-

II.

Allgemeiner ist eine gesetzliche Begünstigung des überlebenden verlobten Theiles in der Richtung, daß derselbe im Zweifel gewisse Gaben des anderen Theiles (bez. deren Werth) ungeachtet der Auflösung des Verlöbnisses, gegen die sonstige Regel, behalten kann, eben wegen des Todes[6] des ihm so nahe stehenden Gebers.

Dies ist bereits im römischen und gemeinen Rechte, auf Grund der constantinischen c. 16 C. de donationibus ante nuptias vel propter nuptias et sponsaliciis V 3,[7] der Fall, freilich in ganz sonderbarer Weise, — nur einseitig, eventuell und theilweise: Es kann nämlich bei Auflösung des Verlöbnisses durch Tod[8] die überlebende Braut[9] die Brautgeschenke (sponsalicia largitas)[10] ihres Verlobten interveniente

lobten, zugleich aber von den Verwandten „als eigentlichen Erben" und im d. Pr. R. § 207 von einem dem „Eherecht" auf „Singularsuccession" ähnlichen Anspruche auf die Verlassenschaft. Dagegen betonen hier Wyß l. c., Stobbe d. Pr. R. § 294 A. 8, Huber Schweiz. Pr. R. l. c. schlechthin ein „(gegenseitiges) Erbrecht"; vgl. o. § 28, § 5.

[6] Wenn übrigens der Tod durch Dazuthun eines Brauttheiles erfolgte, gelten wohl dieselben Grundsätze wie bei verschuldeter Auflösung des Verlöbnisses.

[7] C. 6 C. Theod. III 5. — S. bes. Glück Pand. Comm. XXIV S. 395 f., Spangenberg im Arch. f. civ. Pr. XII S. 269 f. (prakt. Erörter. I S. 43 f.), Bruns syrisch-röm. R. Buch S. 259 f., 322. Gegen die gemeinrechtliche Giltigkeit der ganzen röm. Bestimmung die bei Glück S. 399 f. A. 94, 95 Citirten, Spangenberg S. 274; ausdrücklich für die Giltigkeit Göschen Civ. R. § 671. Dazu u. A. 11.

[8] S. aber Böcking Inst. S. 205.

[9] Ungenau Windscheid § 427 A. 13 „Rückforderungsrecht des Bräutigams"; ähnlich Böcking l. c., Bering Pand. § 222. Auch die Erben des (vorverstorbenen) Bräutigams haben nach der c. 16 nur das fragliche beschränkte Rückforderungsrecht; (anders das syr.-röm. R. B., Bruns S. 263). Wenn übrigens der Bräutigam der überlebende Theil ist, so können allerdings die Erben der Braut ev. die Hälfte behalten (s. aber Thibaut Pand. § 708, syr.-röm. R. B. bei Bruns S. 262); dies gehört jedoch nicht mehr hieher, indem da zwar eine (gesetzliche) Begünstigung der Erben mit einem Vermögensvortheile, aber zu Lasten eines Dritten vorliegt, der an sich aus der Erbschaft nicht begünstigt ist. — Ungenau auch Ogonowski ö. Ehegüterr. S. 353 A. 1.

[10] C. 15, 16, C. h. t. S. darüber im Allgemeinen Glück l. c. S. 392 f., Löhr im Arch. f. civ. Pr. XV S. 445 f., Heimbach in Weiske's R. L. II S. 464 f., Erxleben Condict. II S. 152 f., Schott don. propter nupt. S. 26 f., 36 f., neuestens Mitteis Reichsrecht und Volksr. S. 265 f., 286 f., 298 f., 304 f. Viele fassen (auch für das neueste r. R.) als gleichbedeutend mit der donatio sponsalicia auf die arra sponsalicia; s. jedoch namentlich Jagemann Daraufgabe § 14, Schott S. 26 f., Mitteis S. 266. Die c. 16 und ihr ganzer Titel betrifft nur donationes, während C. V 1 de sponsalibus et arris sponsaliciis ... handelt, und im letzteren Titel sagt c. 3 ausdrücklich und schlechthin, daß die arra sponsaliorum nomine data beim Tode eines Brauttheiles zurückzugeben ist, also ganz und ohne Rücksicht auf ein etwaiges osculum oder auf die Person des Gebers. Das syr.-röm. R. B. L § 91 freilich bezieht die zu

osculo[11] zur Hälfte[12] behalten. Was immer der maßgebende Grund dieser Bestimmung sein mag, jedenfalls wirkt hier eine bis zum Tode währende persönliche nahe Beziehung mit.

Weiter gehen neuere Codificationen.

So vor allen diejenigen, welche bei Auflösung des Verlöbnisses durch Tod einen Rückanspruch wegen der Brautgeschenke (bez. auch wegen der arra sponsalicia) gegen die sonstige Regel — im Zweifel — überhaupt nicht stattfinden lassen, weder gegen noch für (irgend) einen überlebenden Brauttheil. Indem da letzterer das (ganze) Empfangene behalten darf, ist er insoferne begünstigt, als er selbst keine Gabe oder eine geringere gemacht hatte.[13] In diese Kategorie ist namentlich das sächsische b. G. B. § 1586[14] zu reihen, wie der deutsche Entwurf § 1229 der 1. Lesung,[14a] dessen Motive IV S. 6 f. diesfalls bemerken: „in einem solchen Falle werden die die Grundlage bildenden persönlichen Beziehungen nicht (?) gelöst, und entspricht es im Zweifel ... dem Willen des Gebers, daß der Beschenkte" („bez. dessen Erben"?) „die Geschenke als Andenken behalten soll".[15]

Das preußische L. R. wieder II 1 § 123 (I 5 § 209) gewährt zu

---

behaltende Hälfte sowohl auf die arra als auf die Brautgeschenke: s. jedoch Bruns S. 262 f., Mitteis S. 305 A. 2.

[11] Ob das osculum gerade bei der Schenkung intervenire muß, wie viele sagen?: dagegen Glück S. 399 (s. indeß auch S. 395). Die verschiedenen Versuche zur Erklärung dieses „theuern" osculum bei den o. A. 7 Cit., dann bei Arndts Pand. (Aufl. von Pfaff und Hofmann) § 413 A. 2: dazu Böcking l. c., Erxleben II S. 156, Windscheid Voraussetzung S. 110, Mitteis S. 225, 299, 305, Dernburg Pand. III § 7 A. 19. Gegen die gemeinrechtliche Giltigkeit des Erfordernisses eines osculum: Baron Pand. § 346, Dernburg l. c. § 7 (s. übrigens eod. A. 20 und dazu Glück S. 401, Wächter Pand. § 232 A. 30).

[12] Vgl. Windscheid im Arch. f. civ. Pr. Bd. 78 S. 184 f. (in der c. 16 liege „eine halbe Anerkennung der Annahme, daß der Bräutigam die Braut nicht als künftige Ehefrau, sondern als geliebte Person beschenkt habe") mit Windscheid Voraussetzung S. 110. — Nach dem syr.-röm. R. B. P § 41a behält auch die Wittwe von der donatio propter nuptias nur die Hälfte.

[13] Ähnlich können auch die Erben des vorverstorbenen beschenkten Verlobten begünstigt sein; s. aber o. A. 9.

[14] Nach Schmidt sächs. Pr. R. II S. 6 im Anschluß an Carpzov jurispr. for. Dazu s. Glück S. 394 f., 400. [14a] „Unter d. stillschweigend erklärten Voraussetzung ... anzusehen". Anders gefaßt § 1207 d. 2. Lesg.

[15] Mit dieser Begründung vgl. Hofmann in Grünhut's Ztschr. VIII S. 318 f., Lenel im Arch. f. civ. Pr. Bd. 79 S. 79, o. § 5. Gegenüber Windscheid in demselben Arch. Bd. 78 S. 186 f. nur die cit. Motive S. 7. — S. dann das württemb. R. Reyscher III § 548, Weishaar I § 103) und das altenb. Ges. v. 1869 § 5 f.

Gunsten des überlebenden Verlobten „die Wahl, ob er die empfangenen Geschenke behalten oder sie zurückgeben und die seinigen zurückfordern will".[16]

Besonders weit geht das frühere Zürcher G. B. § 1943 (welchem das Schaffhausner G. B. § 1837 diesfalls genau folgt): „Wenn ein Verlobter (Bräutigam oder Braut) vor Eingehung der Ehe stirbt, so behält der überlebende Verlobte nicht allein die von dem Verstorbenen erhaltenen Verlobungsgeschenke, sondern erwirbt auch die" von ihm[17] „dem Verstorbenen gegebenen Verlobungsgeschenke,[18] soweit dieselben noch in Natura vorhanden sind, zu Eigenthum, und erhält eine Ersatzforderung für das Nichtvorhandene, soweit die reine Verlassenschaft dafür ausreicht".[19] Es findet da also seitens des Überlebenden (und nur seitens dieses) sowohl ein Behalten des Empfangenen, als auch ein dinglicher Rückfall bez. eine Rückforderung des Gegebenen statt. Zur Rechtfertigung bemerkt Bluntschli Erläut. h. l. Nr. 2: „die beiderseitigen Verlobungsgeschenke haben eine nähere Beziehung zu dem individuellen Verhältnisse der Verlobten; sie dienen daher auch als Andenken an die Verlobung und den Brautstand". Dagegen beschränkt sich hier das gegenwärtige Zürcher G. B. § 898 auf die Bestimmung: „der überlebende Verlobte erhält zu eigen . . die dem verstorbenen Verlobten gegebenen Verlobungsgeschenke, soweit dieselben noch vorhanden sind".[20]

Um nun auf die rechtliche Natur überzugehen, so ist jenes Behaltendürfen hinsichtlich der Gabe (bez. ihres Werths) nach röm. R. und den angedeuteten Gesetzeswerken offenbar nicht eigentlich „ein Erbrecht der Verlobten", wie das frühere Zürcher G. B. in der Überschrift sagte, wohl aber eine gesetzliche Einzel-Begünstigung von Todeswegen, u. z. besteht hier der Vermögensvortheil für den Überlebenden in der aus-

[16] Also wohl nur bei beiderseitigen Gaben darf der Überlebende das Empfangene behalten, sonst gilt § 122 eod.; vgl. Förster pr. Pr. R. 2. Aufl. § 204 (gegenüber der 5. Aufl.). Zu § 123 s. Koch Erbr. S. 47 f. — S. noch das Gotha'sche Ges. vom 15. Aug. 1834 § 45.

[17] Diese Worte fehlen zwar im Gesetze, s. aber Bluntschli Erl. dazu Nr. 2 („beiderseitig").

[18] S. schon das Zürcher Stadt-Erbrecht, — bei Huber Schweiz. Erbr. S. 60 f. (dessen Fassung übrigens nicht ganz correct ist) und Schweiz. Pr. R. IV S. 326.

[19] S. auch Bühler Bündn. Erb- u. ehel. G. R. S. 78.

[20] S. ebenso G. B. f. Glarus § 271, dagegen noch Huber Schweiz. Pr. R. II S. 137.

nahmsweisen Freiheit von einer Rückstellungspflicht; es findet nämlich gegen ihn trotz Auflösung des Verlöbnisses ein Anspruch auf Rückstellung nicht statt, eben wegen des Todes des anderen Theiles, während der Regel nach ein solcher Anspruch infolge der Auflösung des Verlöbnisses allerdings begründet wäre.[21]

Das Zürcher Gesetzbuch (selbst das neue) bezeichnet auch jenen Rückanspruch des Überlebenden hinsichtlich der gegebenen Geschenke als „ein Erbrecht der Verlobten".[22] In Wirklichkeit liegt da selbstredend ein Singular-„Erwerb",[23] ein Singular-Anspruch vor. Eine „Singular-Succession"[24] aber, ja ein Erwerb oder Anspruch von Todeswegen findet nur bei jenem dinglichen Rückfall statt, insoferne ein solcher durch Auflösung des Verlöbnisses unter Lebenden nicht von selbst eintreten würde; die gesetzliche Begünstigung mortis causa besteht hier nur in der Dinglichkeit.[25] Ein Rückforderungsrecht obiger Art dagegen ist nichts anderes als ein Anspruch, der nur anläßlich des Todes, eben durch Auflösung des Verlöbnisses, ob causam non secutam der Regel gemäß begründet und dabei im Umfange beschränkt ist.

Selbstverständlich gilt letzteres gleichfalls für das Rückforderungsrecht, welches nach römischem[26] und preußischem Recht[27] außerhalb der erwähnten Schranken anläßlich des Ablebens eines Brauttheiles eventuell besteht, c. 16 cit.,[28] pr. L. R. l. c. § 122f.

Dasselbe gilt aber auch nach jenen Gesetzgebungen, welche die (beiderseitige) Rückforderung von Brautgeschenken bei Auflösung des Verlöbnisses durch Tod im Zweifel überhaupt nicht beschränken, ebensowenig als sonst bei einer unverschuldeten Auflösung des Verlöbnisses. Hieher gehört ins-

---

[21] Vgl. Bluntschli Erl. l. c. Nr. 1, dann § 67 f., 1229 f. des früheren, § 580 f. des gegenwärtigen Zürcher G. B., Schneider Co. z. Schw. Obl. R. A. 71, auch o. § 21.

[22] S. auch Huber l. l. c. c. „ein (gewisses) Erbrecht". Dagegen Bluntschli Erl. Nr. 2 „kein eigentliches Erbrecht".

[23] Vgl. namentlich den angeführten Wortlaut des cit. § 1943.

[24] Eine solche (und „ein besonderes Recht der Nachfolge") nimmt hier Bluntschli Erl. Nr. 2 an. S. dagegen nur o. § 5. [25] Vgl. § 8.

[26] Vgl. Windscheid Voraussetzung S. 29 f., 109 f. und im Arch. f. civ. Pr. Bd. 78 S. 184 f. („gesetzliche Annahme eines Voraussetzungswillens", dazu o. A. 12, 14a, 15), aber auch Lenel a. a. O. S. 77 f. [27] Vgl. daher § 24.

[28] Der Fall einer Schenkung der Braut an den Bräutigam hat, anders als c. 16, das syr.-röm. R. B. nicht normirt, Bruns S. 264, vielleicht „quod raro accidit" (c. 16)?

besondere das österreichische a. b. G. B., § 1247.[29] Freilich will die Entscheidung in Nr. 4520 der Glaser, Unger, Walther'schen Sammlung bei Auflösung des Verlöbnisses durch Tod des schenkenden Verlobten den Erben des letzteren kein Rückforderungsrecht gegen den überlebenden Beschenkten zugestehen, also diesen das Empfangene behalten lassen; allein die Motivirung dafür wird nur darin gefunden, daß eine solche Rückforderung ein höchstpersönliches Recht sei, welches auf die Erben nicht „übergehen" könne, während es sich doch hier nicht um den „Übergang" eines schon bestehenden Rechtes des Erblassers, sondern um die Entstehung eines Rechtes der Erben anläßlich des erblasserischen Todes handelt.[30]

Die in Rede stehenden Begünstigungen werden, abgesehen von obigen Schweizer Gesetzbüchern, welche dieselben geradezu in das Erbrecht stellen, durchaus nur als familien- (güter-) rechtliche eingereiht; so auch im Cod. V 3.

---

§ 39. Die sog. quarta Divi Pii.[1]

Der unmündige[2] Arrogirte hat einen von Antoninus Pius[3] einge-

---

[29] S. über das österr. R. und insbesondere über die Frage, welche Schenkungen unter Verlobten vom § 1247 gemeint sind, Dolliner in der Ztschr. f. ö. R. Gel. 1837 S. 17 f., Ogonowski ö. Ehegüterr. S. 353 f., Hofmann bei Grünhut VIII S. 312 f.

[30] Vgl. Hofmann l. c. S. 318, Anders ö. Fam. R. § 25.

[1] Francke R. d. Notherben § 37, Arndts in Weiske's R. L. VIII S. 161 f. (civ. Schr. II S. 641 f.) und Pand. § 607, Vangerow P. § 252, Köppen in d. dogm. Jhb. V S. 218 f. wie System S. 133 f. und Gdr. § 89, Tewes Erbr. § 143, Sintenis Civ. R. § 139, F. Schröder Notherbenrecht § 67. Ältere Litteratur bei Glück Pand. Comm. II § 154 A. 30 f.; der da angeführte Frommann hat die Bezeichnung quarta Antoniniana. — Über das Verhältniß zur quarta Sabiniana s. § 40.

[2] Nach erreichter Mündigkeit tritt der Anspruch nicht ein, vgl. u. A. 3; gegen Francke S. 473, Brinz' P. § 385 f. Vangerow Nr. 3, Köppen Gdr. l. c., Rudorff zu Puchta P. § 562 A. b, Seuffert P. § 475 A. 4, Sintenis A. 48, Windscheid § 574 A. 11, Roth bayr. Civ. R. § 350 A. 59, S. Schröder S. 558. Ungenau daher „unmündig Arrogirte", statt „unmündige Arrogirte", z. B. bei Arndts P. l. c., Roth l. c., Wendt Pand. § 365, auch die Ausdrucksweise bei Schütze in Holtzendorff's R. L. v. quarta D. P.

[3] In Folge der Fürsorge dieses Kaisers gegen Mißbrauch der Arrogation eines Geschlechtsunreifen, s. Köppen System S. 135 f. und Gdr. l. c., Windscheid l. c. und die dortigen Citate, dazu c. 2 pr. C. de adopt. VIII 47, Jhering Geist III § 56, 57.

führten Anspruch auf einen Viertheil[4] vom reinen Nachlasse[5] des vorverstorbenen[6] Arrogators, insoferne er nicht aus richterlich geprüfter und gebilligter Ursache (justa causa cognita)[7] emancipirt wurde und nicht ohnehin auf andere Weise jenen Theil des Nachlasses wirklich erhält; § 3 J. de adopt. I 11, l. 22 D. de adoptionibus I 7, l. 8 § 15 D. de inoff. test. V 2, l. 2 § 1 D. fam. erc. X 2, l. 10 § 6 D. de vulg. et pup. subst. XXVIII 6, l. 1 § 21 D. de coll. XXXVII 6, l. 13 D. si quid in fraud. patr. XXXVIII 5, c. 2 C. de adopt. VIII 47.

Die Quart gebührt nicht, wie § 3 J. cit. ergibt und manche[8] meinen, lediglich im Falle der grundlosen Emancipation oder der Exheredation des Arrogirten, sondern ev. auch im Falle der Einsetzung oder des Intestaterbrechts desselben, insoferne der impubes auf diese Weise nicht ohnehin einen Viertheil des Nachlasses wirklich erhält.[9] Übrigens hat derjenige

[4] Da in der Regel die Arrogation nur eines Einzigen und nur einem kinderlosen Greise gestattet war, so kam die quarta D. P. dem gewöhnlichen Pflichttheile bis zur nov. 18 im Allgemeinen gleich; seit dieser aber bestand eine Divergenz, denn die darin angeordnete Erhöhung des gewöhnlichen Pflichttheiles trat für unseren Anspruch nicht ein, nov. 18 c. 1 in f., Glück Pand. Comm. VII § 544 und die dort A. 81 f. Citirten, Arndts im R. L. l. c., Vangerow Nr. 1, Köppen System S. 137 gegenüber den bei Glück A. 78 f. Angeführten; vgl. auch Sintenis A. 45. — In den Basiliken l. 2 § 1 fam. erc. XLII 3 ist die quarta verwandelt in trientem; vgl. Westphal einz. Vermächtnißarten und Erbtheilungsklage § 681, aber auch die Ausgabe der Basiliken von Heimbach.

[5] Die quarta D. P. ist eine quarta pars omnium bonorum, § 3 J. de adopt. I 11, c. 2 C. de adopt., l. 13 D. si quid in fraudem patr. XXXVIII 5, dazu l. 39 § 1 de V. S., nicht eine Quote der Intestatportion; s. Glück VII § 544, Francke S. 472, Vangerow Nr. 1, gegenüber den von beiden ersteren als abweichend Citirten, auch gegenüber Unterholzner Schuldverh. § 711. — § 3 J. cit.: videlicet praeter bona, quae ad patrem adoptivum transtulit et quorum commodum ei adquisivit postea; dazu l. 22 pr. de adopt., Vangerow Nr. 6, Schirmer Erbr. § 11. Die für Restitution letzteren Vermögens zu bestellende Caution des Arrogators ist auf die quarta D. P. nicht auszudehnen, Schrader Inst. Comm. h. l., Francke S. 471, Schröder A. 1; a. M. Müller Inst. § 168 bei A. 28, Kuntze Curs. § 753, Bering Pand. § 236 IV.

[6] Gegen die ältere Ansicht (namentlich von Glück Comm. II S. 387 f., VII S. 25 f.), wonach die Quart „transmittirt" werden soll, wenn der sine justa causa emancipirte impubes vor dem Arrogirenden stirbt, s. nur l. 1 § 21 de coll., l. 22 pr. de adopt., Francke S. 478 f., Vangerow Nr. 4.

[7] Vgl. Puchta Vorl. § 562, Sintenis A. 46, 63.

[8] Z. B. Bering Erbr. S. 395.

[9] S. nur c. 2 de adopt. (in postremo judicio ... praebeatur), l. 13 si quid in fraud. patr., Francke S. 476, Brinz A. 4. Bei der Intestaterbfolge eines nichtemancipirten Arrogirten kann eine Schmälerung der Quart im Falle einer Ausnahme von der o. A. 4 angedeuteten Regel eintreten.

arrogatus impubes, welcher nicht emancipirt, aber in jenem Viertheile verkürzt ist, sowie derjenige, welcher ungerechtfertigt emancipirt wurde, aber zugleich ein im Falle der Intestaterbfolge berufener leiblicher Descendent des Arrogators ist, die Wahl zwischen der quarta Divi Pii und den gewöhnlichen erbrechtlichen Ansprüchen eines Kindes.[10]

Das Recht des fraglichen Unmündigen auf die Quart ist kein wahres Erbrecht (l. 2 § 1 D. fam. erc.: hic neque heres neque bonorum possessor fit),[11] kein Recht auf einen wahren Erbtheil, sondern eine gesetzliche[12] Forderung mortis causa an die (Testaments- bez. Intestat-) Erben auf Überlassung einer reinen Nachlaßquote (l. 8 § 15 D. de inoff. t.: quartam ei quasi aes alienum concedendam; l. 1 § 21 D. de coll.: personalis actio est),[13] also ein gesetzlicher Einzelanspruch von Todeswegen,[14] oder, wie einige wieder sagen, ein gesetzliches Vermächtniß.[15]

[10] Vgl. Vangerow Nr. 2, Arndts im R. L. S. 161 f. und Pand. A. 2, Rudorff zu Puchta Pand. § 562, Sintenis A. 45, Tewes § 143, Seuffert (d. J.) Pand. § 475 A. 4, Brinz § 385, Windscheid § 593 A. 5, Schröder S. 555 f. gegenüber Francke S. 476 f., Puchta P. § 488, 493, 562, Holzschuher Civ. R. II § 174 Nr. 2, Unterholzner l. c. § 574a, 711, Köppen System S. 135 f. und Gdr. l. c. Eventuell findet hier ein gesetzliches Wahlvermächtniß statt (o. § 24).

[11] S. aber die Ausdrucksweise z. B. bei Baron Pand. § 409, Wendt Pand. § 355. Die Einreihung der Quart erfolgt allerdings zumeist unter die Erbfolge; s. z. B. selbst Kuntze Curs. § 911.

[12] L. 22 § 1 de adopt.: hoc non judicio ejus ad eum pervenit, sed principali providentia; l. 8 § 15 de inoff. t.: habeat quartam ex constitutione Divi Pii; l. 2 § 1 fam. erc.: quarta ad aliquem ex constitutione divi Pii adrogatum deferatur; l. 1 § 21 de coll.: impuberi adrogato secundum Divi Pii rescriptum quarta debetur.

[13] S. auch l. 1 § 21 cit.: quarta debetur; l. 22 pr. de adopt.: an heredes adrogatoris teneantur? et dicendum est heredes .. restituturos et .. quartam partem. Vgl. u. a. Francke S. 480 f., Unterholzner § 711, Köppen in d. dogm. Jhb. V S. 219, Petri Pflichttheilsr. d. armen Wittwe § 5. Gar zu wörtlich übersetzt Keller Pand. § 524 („gleichsam als Creditor"). Brinz P. § 385, 431 A. 2 erblickt hier nur „überwiegend" eine Forderung. Die persönliche Klage wird bezeichnet als petitio quartae in l. 1 § 21 de coll. (si jam nata est quartae petitio), als condictio ex constitutione D. P. bei Glück II S. 388, VII S. 25; über die l. 8 § 15 vgl. diesfalls die o. A. 10 Citirten.

[14] Beachte dazu l. 2 § 1 fam. erc.: quarta ad .. adrogatum deferatur; l. 1 § 21 de coll.: ad heredem transferat . . ., si jam nata est quartae petitio; Köppen in d. dogm. Jhb. l. c. und System S. 135 f., Petri l. c. Vgl. o. § 8; auch Brinz P. § 385 (sie ist „noch m. c. capio").

[15] S. Köppen in d. dogm Jhb. l. c. („eine gesetzlich angeordnete mortis causa capio, welche die Natur eines Vermächtnisses hat"), desselben Syst. S. 39, 134 („dem impubes wird lege ein Vermächtniß deferirt"), S. 137, auch Gdr. l. c. und Lhb. S. 399, 416, dann Windscheid § 574 A. 11, § 593 A. 2, Seuffert (d. J.) Pand. § 598 A. 2, Kuntze Cursus § 832 A. 5 und Excurse S. 383 A. 12, Petri § 5, Schröder nach A. 9

Nach der einen Ansicht ist unsere Quart stets ein Pflichttheil,[16] wie sie denn überhaupt zumeist im Notherbrechte dargestellt wird.[17] Richtig ist allerdings ihre Unentziehbarkeit.[18] Nun findet aber der Anspruch gerade im Falle ungehöriger Emancipation auch bei Ermanglung eines letzten Willens statt,[19] weshalb mehrere da wirklich und mit Recht einen Intestatanspruch annehmen;[20] in solchem Falle richtet sich der Anspruch zwar gegen den Emancipationswillen des Erblassers, aber nicht gegen einen letzten Willen,[21] und wenn jener Wille gar wider die erbrechtliche Grundlage, wider die Kindesqualität gerichtet ist, so stützt eben das Gesetz die Zuwendung dennoch auf die einmal begründete Familienverbindung. Freilich zeigt sich die Unentziehbarkeit der Quart auch ab intestato darin, daß dieselbe sogar in dem erwähnten Falle gegen einen verkürzenden Veräußerungswillen (des Erblassers unter Lebenden) geltend gemacht werden kann.[22]

Aus vorstehenden und aus anderen Momenten ergibt sich, daß die

---

(„Vermächtnißforderung"), Dernburg Pand. III § 137. „Wie ein legatarius partiarius anzusehen" ist der Arrogirte nach Westphal einz. Vermächtnißarten u. Erbtheilungsklage § 681, Glück VII S. 3; s. auch Kuntze § 911 („Schuld auf dem Nachlaß nach Art eines Vermächtnisses"); dennoch stellt letzterer den Fall unter die „reinen Universalsuccessionen" und nicht unter die sofort angereihten „reinen Singular-Successionen", § 912 f. — Neuner Wesen u. Arten d. Privat. R. Verh. S. 238 bringt unseren Fall unter seine „indirecten Vermögenszuwendungen kraft Gesetzes" und Schütze l. c. spricht hier einfach von „außerordentlicher Singular-Succession".

[16] S. besonders Köppen, noch neuestens im Lhb. S. 399, 416, Petri § 5. Auch diesfalls wird mehrfach auf das aes alienum obiger l. 8 § 15 de inoff. t. hingewiesen. S. aber Wening Civ. R. § 399 („gleichsam") und gar Holzschuher Civ. R. II § 174 Nr. 2, Schütze l. c.

[17] Einzelne weisen der Materie ex professo eine eigenthümliche Stelle im Erbrecht, außerhalb des Intestat- und Notherbenrechtes, an; Schweppe r. Pr. R. § 977, Puchta P. § 562, Beckhaus Erbr. § 13. Andere wieder beziehen sie in das Familienrecht ein, z. B. Vangerow § 252, Sintenis § 139 (s. daselbst A. 55), Bering P. § 236, oder gar in das Obligationenrecht, wie Unterholzner Schuldverh. II § 574a, 711.

[18] Vgl. § 10. Eine besondere Anwendung in l. 10 § 6, l. 22 § 1 citt. D.: Unzulässigkeit der fideicommissarischen Substitution, Zulässigkeit der Pupillar-Substitution.

[19] S. ausdrücklich l. 1 pr. (verbunden mit l. 13) si quid in fraud. patr.

[20] So Windscheid § 574, Baron P. § 409, Dernburg P. III § 137, Roth bayr. Civ. R. § 350, Wendt Pand. § 355, u. z. die drei ersteren innerhalb der außerordentlichen Intestaterbfolge; ja Dernburg behandelt die Quart im Notherbrechte gar nicht. S. auch Brinz P. § 385.

[21] Gegen Windscheid § 593 bei A. 1 s. Windscheid selbst A. 7.

[22] S. o. § 10. Bekanntlich kann gegen erblasserische Rechtsgeschäfte unter Lebenden auch der gemeine Pflichttheil als solcher sowohl in dem Falle, daß der Erblasser testatus, wie in dem Falle, daß derselbe ab intestato stirbt, geltend gemacht werden. c. 3 C. de inoff. don. III 29, Marcusen Rescission pflichtw. Schenkungen S. 8.

quarta Divi Pii ein sehr eigenthümlicher Anspruch ist, weshalb hier manche von einem außerordentlichen oder anomalen oder Quasi-Pflichttheile reden. Weitere Eigenthümlichkeiten sind nämlich: die Einseitigkeit des Anspruches, die Umwandelbarkeit seiner Größe, die Einflußlosigkeit eines Enterbungsgrundes,[23] die Art des Rechtsschutzes gegen Verkürzungen inter vivos,[24] die Anwendbarkeit der Grundsätze über die Erbtheilung.[25]

Das in Rede stehende Rechtsinstitut gilt zwar im gemeinen Rechte als recipirt,[26] ist aber, abgesehen vom bayrischen Landrechte I 5 § 10 Nr. 8, welches die Quart gar auf alle Arrogirte ausdehnt,[27] den neueren Gesetzgebungen mit Recht fremd geblieben, zumal diese zwischen Arrogation und Adoption nicht unterscheiden.[28] Insbesondere wurde dasselbe in Sachsen bereits durch das Erbfolgemandat v. 1829 ausdrücklich beseitigt.[29]

---

[23] S. § 3 J. cit., Arndts im R. L. S. 162, Vangerow Nr. 2, Köppen Gdr. l. c., Sintenis A. 45 a. E., Windscheid § 593 A. 4, Schröder S. 553, Brinz P. § 385 A. 4 gegen Francke S. 474 f., Unterholzner l. l. c. c.

[24] L. 13 si quid in fraud. patr.: si quid .. in fraudem ejus alienatum fuerit, quasi per Calvisianam vel Fabianam actionem revocandum est, u. z. je nachdem der Arrogator intestatus oder testatus starb; etwas Besonderes sind diese Klagen, gegenüber den betreffenden Schutzmitteln des gewöhnlichen Pflichttheils, auch durch das Erforderniß der fraus (s. aber Dernburg P. III § 156 A. 3 und die dort Citirten) und durch die Ausdehnung auf Veräußerungen überhaupt. Über die vorbildliche actio Calvisiana bez. actio Fabiana zum Schutze des patronatischen Pflichttheilsrechtes s. die bei Windscheid § 593 A. 7 Angeführten, dazu Petri § 8, Schröder S. 558 f., Pfaff und Hofmann fr. de formula Fabiana in d. Mitth. aus d. Samml. d. Papyrus Erzh. Rainer IV; über die Schreibweise Fabiana (nicht Faviana) insbes. s. die letzteren l. c. A. 1.

[25] L. 2 § 1 fam. erc.: quia hic neque heres neque bonorum possessor fit, utile erit familiae erciscundae judicium necessarium; dazu Francke S. 480 f., Brinz P. 2. Aufl. § 385 bei A. 14, Köppen Syst. S. 134 f., Windscheid § 574 A. 11. Infolge der Anwendbarkeit des Erbtheilungsverfahrens sprechen hier einige von einer „Analogie" mit dem Erbrechte u. dgl. Vgl. Brinz P. 1. Aufl. § 225 Nr. 3. — S. noch o. § 8 A. 19 hinsichtlich der Transmission.

[26] Warum aber „trotz der Unbestimmbarkeit eines Pubertätsalters" (wie Schütze l. c. sagt)?

[27] In unklarer Fassung; s. Kreittmayr h. l., Roth b. C. R. § 350 A. 60.

[28] Vgl. Stölzel våt. Gewalt S. 13 f., Roth d. Pr. R. § 154, Stobbe d. Pr. R. § 258, Motive z. deutschen Entw. IV S. 955 f. Eine Nachbildung der quarta D. P. erkennen Pfaff und Hofmann Comm. II S. 728 A. 1 im Entwurfe Horten's I 4 § 40, 44 (Harrasowsky Cod. Theres. IV S. 72 f.), s. dazu den Codex Theresianus bei Harrasowsky I S. 153 f., II S. 384; indeß ist da die Bestimmung eines Erbantheiles durch den Adoptirenden bei der Adoptirung vorausgesetzt; vgl. Stobbe § 258 A. 61.

[29] Schmidt sächs. Priv. R. § 163.

§ 40. Die sog. quarta Sabiniana.[1]

Ein angebliches senatusconsultum Sabinianum, das noch in § 14 J. de heredit. quae ab int. def. III 1 und in c. 10 § 3 C. de adopt. VIII 47 angedeutet wird,[2] verfügte, daß, wenn von drei Söhnen,[3] welche in der Gewalt desselben Vaters stehen,[4] Einer in Adoption gegeben wird, — sog. adoptio ex tribus maribus,[5] — dem Adoptirten ein Viertheil des Vermögens des Adoptiv-[6] Vaters hinterlassen werden soll.

Diese sog. quarta Sabiniana war ein eigenthümlicher Nachlaßtheil, ähnlich der quarta Divi Pii. Sie war nämlich unabhängig von einer Intestatportion gestaltet, nur einseitig gewährt und nicht mit den gewöhnlichen Rechtsmitteln verfolgbar; auch war der Anspruch nur eine Forderung auf Herausgabe eines Viertheils des reinen Vermögens, wie dies die Paraphrase des Theophilus ad § 14 J. cit. bezeugt, wonach eine petitio quartae bononorum adversus heredes zustand.[7]

---

[1] Darüber eigens die bei Glück Intestaterbf. § 110 A. 98 erwähnte Dissertation von Mylius.

[2] Zweifelhaft ist das Alter, — Glück l. c. und Rudorff r. R. G. I S. 116 halten die quarta Divi Pii für das Vorbild, dagegen Schrader Inst. Comm. h. l. (S. 422 f.) für das Nachbild, — ferner der Name des s. c., — vgl. die verschiedenen Lesarten bei Glück l. c., bei Schrader l. c. (wo auch Fabianum), bei Cralle port. legit. S. 59 (Claudianum), Böcking Inst. II § 42 A. 44 (Scabinianum) und in den Ausgaben von Krüger h. l. (Afinianum, Afabinianum, Papinianum); Krüger selbst hat Afinianum, während noch Vering P. § 236 und Brocher l. legitime S. 105 Sabinianum schreiben; — ja zweifelhaft ist sogar die Existenz eines bezüglichen Senatsschlusses, Glück a. a. O.

[3] Wer weniger als drei Kinder hatte, sollte nicht in Adoption geben, Schrader l. c. Eine andere an die tres mares geknüpfte Begünstigung in c. 67 § 6 C. de decurionibus X 32, c. 132 C. Th. de decur. XII 1. Überhaupt hing das s. c. Sab. mit dem jus liberorum zusammen, Schrader l. c., Heimbach in Weiske's R. L. I S. 162.

[4] Nicht hervorgehoben wird dies Moment z. B. von Böcking Inst. II § 42 a. E., Brocher l. c.

[5] So genannt auf Grund des Wortlautes obiger Stellen, nach Theophilus' Paraphrase ad § 14 cit. Gegen die ältere Annahme „tribus manibus" oder „tribus emancipationibus" Schrader a. a. O.

[6] Gegen Vering Erbr. S. 395 f. nur Vering Pand. § 236 VI.

[7] S. Schrader, Böcking, Vering l. c. Vgl. die Ausdrucksweise in § 14 J. cit. und bei Theophilus h. l. (est s. c. Sabinianum, sanciens necesse tibi esse omnino hujusmodi filio ex tribus maribus adoptato quartam tuorum bonorum partem relinquere, sin autem si non relinqueris, dictum s. c. dat ei adversus heredes tuos actionem, ad quartae petitionem) mit § 3 J. de adopt. I 11, l. 22 § 1 D. de adopt. I 7, l. 10 § 6 D. de vulg. et pup. subst. XXVIII 6, l. 1 § 21 D. de coll. XXXVII 6.

Mit Recht hat Justinian in obigen Stellen den ganzen Unterschied zwischen dieser und anderen Adoptionen beseitigt.[8]

§ 41. Forderungsrecht des verletzten Notherben.[1]

Es ist eine schwierige legislative Frage, ob das sog. Notherbenrecht wirklich ein Erbrecht oder nur ein (im Familienrechte wurzelndes) Forderungsrecht von Todeswegen sein soll.[2] Für ersteres sprechen vorwiegend Rücksichten auf den Notherben, und zwar: die Natur des Intestatrechtes, welches da nach Verwirklichung ringt;[3] die Innigkeit des Verhältnisses zwischen dem Notherben und dem Erblasser bez. der erblasserischen Familie, wonach jener, wenn schon quotativ, so doch nicht auch qualitativ zurückgesetzt werden, vielmehr an der Gemeinschaft des Nachlasses und seiner Bestandtheile unmittelbar theilnehmen soll; die größere Sicherung und entsprechendere Realisirung des gegenwilligen Anspruchs; die häufige Entbehrlichkeit einer besonderen, schwierigen und kostspieligen Pflichttheilsbemessung,[4] welche durch die Art der Nachlaß-Bewerthung leicht noch eine weitere quantitative Zurücksetzung des Pflichttheilsberechtigten zur Folge haben kann; endlich, nach romanistischer Auffassung, die formelle Ehre des Erbeseins. Für ein Forderungsrecht dagegen sprechen vorwiegend Rücksichten auf die eingesetzten Erben, namentlich: die Vermeidung einer allfälligen Nachlaß-Zersplitterung, wie einer zeitlichen Unsicherheit der Erbeslegitimation; aber auch die Unabhängigkeit vom Willen des Erblassers und, nach moderner Auffassung, die rein materielle Bedeutung des Notherbenrechtes. Letztere Gründe scheinen mir im Allgemeinen wirklich den Ausschlag zu geben.[5]

---

[8] Unrichtig Heimbach S. 162 f. — Die alte Quart wird in den meisten neuen Hand- und Lehrbüchern richtig nicht mehr erwähnt.

[1] Über die eigenartigen gegenwilligen Ansprüche der dürftigen Wittwe und des arrogatus impubes wurde schon anderwärts gehandelt.

[2] Darüber im Allgemeinen Bruns in d. Ztschr. f. vergleichende R. Wiss. II S. 217 f. (kleine Schriften II S. 130 f.), Schultzenstein Pflichttheilsr. S. 158 f., 203 f., Motive zum d. E. V S. 386 f.

[3] Aus solcher Consequenz war Bruns früher in Holtzendorff's Encykl. I S. 547 f. § 91 für ein Pflichttheilserbrecht.

[4] S. z. B. Arndts a. unten A. 8 a. O. S. 130 f., Seuffert's Archiv XL Nr. 124.

[5] Dafür de lege ferenda u. a. Unger System VI § 85 A 2, Bruns l. c., der 14. d. Juristentag, Schultzenstein l. c., Dernburg pr. Pr. R. III § 196, Wendt P. § 360, ob. Motive l. c. Wenn Gärtner in d. Ztschr. f. wissensch. Bearbeitung d. preuß. R. II S. 416 f. (unter Beistimmung von Gruchot pr. Erbr. III S. 202) gegen ein Pflicht-

Nach dem römischen Rechte mit seinem formellen und materiellen Notherbenrechte[6] gilt in unserer Frage bekanntlich noch heute eine Art gemischten Systems,[7] welches dem verletzten Notherben bald den ganzen Intestaterbanspruch gewährt (u. z. meist zur Strafe für den Erblasser), bald aber nur ein Recht auf Ergänzung des Pflichttheils. Letzteres ist der Fall, wenn dem Pflichttheilsberechtigten vom Erblasser, ohne Verletzung des formellen Notherbenrechtes, doch etwas, aber weniger als der gebührende Pflichttheil (auf Rechnung desselben) zugewendet ist, c. 30, 31, 36 pr. C. de inoff. test. III 28, § 3 J. de inoff. t. II 18, nov. 115 c. 5 pr.[8] In solchem Falle hat eben der verletzte Notherbe lediglich eine gesetzliche Forderung von Todeswegen gegen die Erben auf Bezahlung des zur Pflichttheilsquote fehlenden Werthbetrages,[9] u. z. nach Maßgabe der Todeszeit des Erblassers; der Ergänzungsanspruch (sog. condictio ex lege 30. cit., actio suppletoria s. expletoria, actio ad supplendam legitimam) ist also ein persönlicher Geldanspruch an den Nachlaß von Rechtswegen und die Verpflichtung zur Pflichttheilsergänzung eine qualificirte

theilserbrecht bemerkt, es sei dem „Gefühle" des Erblassers anheimzugeben, wer zur Erbfolge berufen sein soll, so ist zu erwidern, daß ja die Nothnachfolge überhaupt gegen unbillige Gefühlsäußerungen des Erblassers gerichtet ist. Neuner inst. ex re c. S. 230 f. (und mit ihm wieder Gruchot l. c.) glaubt, daß sich eine Einrechnung der titulo singulari gemachten Zuwendungen nicht denken ließe, wenn der Pflichttheil eine Erbschaftsquote ist; allein da wäre eine solche Einrechnung gleichfalls nicht bei der Intestat- und der testamentarischen Erbfolge denkbar! Ebensowenig bedeutend ist der Hinweis — z. B. bei Bruns in ob. Ztschr. S. 219 (in der neuesten Auflage der Encykl. l. c. wird dieses Argument Bruns' gar als sein einziges hingestellt), bei Förster-Eccius pr. Pr. R. § 248 und in den ob. Motiven l. c. — auf den Umstand, daß der Erblasser den Pflichttheil in Geld zuwenden kann. Ähnliches gilt gegen Schultzenstein Pflichttheilsr. S. 114 f., 126 f.

[6] Litteratur im Allgemeinen bei Windscheid P. § 575.

[7] Gegen ein solches übh. mit Recht Bruns a. a. O., ob. Motive l. c.

[8] Glück P. Comm. VII S. 142 f., Francke R. d. Notherben S. 328 f., Mühlenbruch P. Comm. XXXVI S. 1 f., Arndts in Weiske's R. L. VIII S. 137 f., 103 (civ. Schr. II S. 617 f.), Köppen System I S. 141 f., F. Schröder Notherbenr. (vor der nov. 115) § 58, Schultzenstein Pflichttheilsr. S. 50 f., Leist P. Comm. Bücher 37, 38 V Nr. 197 f. Vgl. aber Unterholzner Schuldverh. II § 711.

[9] C. 30 cit. pr.: ... id quod minus ... relictum est ad implendam eam ... exigere, — non licebit ... heredibus ingratos eos nominare ... Nov. 115 c. 5 pr.: ... hoc secundum ... nostras leges ab heredibus adimpleri ... S. auch § 3 J. de inoff. t. II 18. In Paulus Rec. S. IV 5 § 7 hieß es: a coheredibus ... impleatur; dazu Fitting in d. Ztschr. f. R. G. XI S. 439, Schröder S. 485 f. Cf. l. 8 § 9 D. de inoff. t. V 2: Quarta ... accipietur scilicet deducto aere alieno et funeris impensa. Widerlegt ist die alte Ansicht (die sich noch bei Vering Erbr. S. 398 f. und Pand. § 263 findet), daß die Natur des Ergänzungsanspruches je nach der Natur des vom Erblasser letztwillig Zugewendeten richte, daher bald eine Erb-

Erbschaftsschuld.[10] In Folge dieser Natur wird die fragliche gesetzliche Zuwendung, obgleich sie eine gegenwillige ist, öfter als „Vermächtniß" schlechthin[11] oder wieder als „gesetzliches Vermächtniß"[12] oder doch als gesetzlich „vermuthetes" (oder „fingirtes") „Vermächtniß"[13] bezeichnet und ev. mit einem wahren (Pflichttheils-) Vermächtnisse verglichen.[14] Hingegen ging eine ältere gemeinrechtliche Ansicht dahin, daß der Pflichttheil eine Quote nicht des reinen Erbschaftsbetrages, sondern der einzelnen Erbschaftsstücke selbst sei,[15] und im Zusammenhange damit, daß zur Bestimmung des Pflichttheils auch die Nachlaß-Änderungen seit dem Erbanfalle berücksichtigt werden müssen.[16]

Das gemischte römische System ist, mehr oder weniger, in gar manche deutsche Codificationen u. z. selbst noch des 18. Jahrhunderts, übergegangen;[17] insbesondere in das württembergische L. R. III 14 f., in

schafts-, bald eine Vermächtniß-Klage stattfinde; s. Mühlenbruch S. 22 f. und A. 58, Arndts S. 138 f. [10] S. nur Brinz P. 1. Aufl. § 203, 2. Aufl. § 405.

[11] Köppen System I S. 144 f. Gegen diese und die folg. Bezeichnungen s. Zitelmann in Gruchot's Beitr. XX S. 322: „Es heißt ... nicht die Sache erklären, sondern nur sie unklar machen ..."

[12] Arndts S. 139, Köppen Gdr. § 82, Tewes Erbr. § 135, Windscheid P. § 533 A. 3, Seuffert (d. J.) P. § 598 A. 2, Schröder S. 490, 498 („gesetzliche Vermächtnißforderung").

[13] Arndts S. 138 f., Müller Inst. § 204, Köppen Gdr. § 84 und bes. Windscheid § 582 A. 6. Vgl. c. 36 cit. pr.: etsi non adjiciatur viri boni arbitratu repleri .., attamen ipso jure inesse eandem repletionem, auch c. 30 eod., § 3 J. cit. II 18; dazu Rudorff zu Puchta Vorl. § 489, Köppen System S. 144, Leist S. 516 f. Gegen eine solche Präsumtion bez. Fiction Francke S. 333, Mühlenbruch S. 36, Brinz l. c. 1. Aufl. (aber in der 2. Aufl.: „vielleicht"), Schröder S. 490 f., Schultzenstein S. 51 f. Dazu o. § 5.

[14] Arndts l. c. S. 139 und Pand. § 596, Köppen System S. 133 und Grdr. § 82. Bei letzterem s. einzelne parallele Punkte. Als Miterbe kann der Pflichttheilsberechtigte den Ergänzungsanspruch auch im Erbtheilungsverfahren geltend machen, wie sonst ein Miterbe das Prälegat. Gegen ein gesetzliches Pfandrecht richtig Glück VII S. 119 f. Gegen Zulassung der Vermächtnißklage (vgl. o. A. 9) Francke S. 333 f., Brinz § 405 cit. (indem „der Kläger den Legataren nicht vorginge", — übrigens ungenau in A. 26).

[15] So Glück VII S. 117 f. (trotz S. 72); dagegen Mühlenbruch XXXV S. 329 f., Arndts im R. L. S. 135, Motive zum d. E. V S. 405. Unklar Neuner S. 229 f. in der Vertheidigung des Satzes, daß der Pflichttheil keine pars hereditatis, sondern eine pars bonorum ist.

[16] Die betreffenden Schriftsteller bei Francke S. 337, Mühlenbruch S. 280, 284, Schultzenstein S. 163 f. Gegen diese Theorie schon c. 6 C. l. c., Glück S. 67, 94, Arndts S. 130 f. (mißverstanden von Krainz System § 530 A. 16), Schröder S. 498, Leist S. 520; d. E. § 1985 f. Inconsequent Mühlenbruch XXXVI S. 25 f.

[17] Vgl. Gruchot III S. 199 f., Stobbe d. Pr. R. V § 305 A. 3; hinsichtlich des Hamburger R. Baumeister H. Pr. R. § 110 (gegenüber Trummer H. Erbr. § 548).

das bayrische L. R. III 3 § 15 Nr. 5, 6, 13, § 16, § 24 Nr. 3, desgleichen in das westgalizische G. B. II § 585f., 511, 361 und in die früheren Vorläufer des österr. a. b. G. B.[18] Noch jetzt ist dasselbe, wenigstens der Sache nach, von Mommsen's Entwurf § 499, 504 beibehalten.[19]

Jene neuen Gesetzgebungen jedoch, welche nur ein materielles Notherbenrecht kennen, haben mit Recht — wenigstens principiell — nur ein einfaches System, u. z. entweder lediglich ein wahres Erbrecht des Verletzten hinsichtlich der Erbschaft als Einheit,[20] oder aber lediglich ein Forderungsrecht desselben hinsichtlich des Geldwerthes einer Erbschaftsquote;[21] das Pflichttheilsrecht erscheint da mithin entweder als Pflichttheils-Erbrecht oder als Pflichttheils-Forderungsrecht, gewährt also entweder einen Erbschafts-Theil oder eine Erbschafts-Schuld.

Namentlich ist nach preußischem L. R. II 2 § 432f.[22] und nach

[18] Codex Theresianus II 14 n. 53, 55 f., 107 f., II 18 n. 27 f. (Harrasowsky II S. 270 f., 276 f., 356 f.), Entwurf Horten's II 13 § 11 f., 36 f. (Harrasowsky IV S. 234 f.), Entwurf Martini's II 11 § 18, II 14 § 28 f., II 17 § 8 f., 24 f. (Harrasowsky V S. 122, 139, 147 f.). Auf die Vorläufer des a. b. G. B. wird unten mehrfach Bezug genommen.

[19] Dazu Mommsen S. 479 f., Bruns in ob. Ztschr. S. 219.

[20] So das sächs. G. B. § 2589 (dazu den Rechtfertigungsversuch von Siebenhaar Comm., vgl. Schmidt Vorl. § 205 und die Nachweise in den Motiven zum d. E. S. 386), so die meisten thüringischen Erbgesetze (vgl. Heimbach sächs. Pr. R. § 296 A. 15), worunter das Gesetz für Reuß ä. L. § 82 gar sagt: „Pflichttheilsberechtigte sind hinsichtlich ihres Pflichttheils nicht als Singular-Successoren, sondern wie Erben zu beurtheilen", so ferner der hessische Entwurf III A. 113 f. — Nach französ. R. (c. c. a. 913 f.) ist die (aus germanischer Erbauffassung zu erklärende) réserve ein Erbtheil, freilich kein eigentlicher Pflichttheil, s. nur Zachariä-Puchelt fr. C. R. § 678 (aber auch Stobbe l. c. A. 9). Ähnlich ist der Anspruch gesetzlicher Erben nach anderen Gesetzgebungen, welche solchen Erben gegenüber die Testirfreiheit auf eine gewisse Nachlaßquote oder rücksichtlich gewisser Güter beschränken, wie nach dem ital. c. c. a. 808 (dazu jedoch a. 812 f.) und manchen Schweizer R. (vgl. A. 21, Huber Schw. Pr. R. II S. 259 f., 272 f., 282 f.), aber auch s. Z. nach der Tiroler L. O. III 3 Abs. 1; s. noch Stobbe § 305 Nr. IV und dann liv-, est- und curl. Pr. R. A. 1995 f., 2795.

[21] S. außer den im Texte gleich aufgeführten Codificationen das frühere Zürcher G. B. § 2028 f. („reine Verlassenschaft", — freilich s. auch Bluntschli Erl. z. § 2027 a. E., dann § 2044, wonach ein „gesetzliches Erbrecht" dem „pflichttheilsberechtigten Erben" zusteht), § 2111, ebenso das Zuger G. B. § 302 f., (anders wohl das neue Zürcher G. B. § 978 f., 984, 1050, welches da nicht mehr von Theilen der reinen Verlassenschaft spricht); s. ferner das liv-, est- u. curl. Pr. R. A. 2010 f., 2793 f. (für Curland, — „Auskehrung des Pflichttheiles"), das lübische Gesetz von 1862, u. E. § 63 f. Ältere Gesetze bei Gruchot III S. 207 f. — Der „statutarische" Pflichttheil des überlebenden Gatten gebührt häufig nur zur Nutznießung, s. o. § 28.

[22] Wenigstens nach der neuen Theorie und Praxis. Über die strittige Frage, ob Forderungsrecht oder Erbrecht oder Anfechtungsrecht, s. Koch Erbr. § 44 f., 94, Gruchot

österreichischem Recht[23] das Notherbenrecht grundsätzlich ein Forderungsrecht u. z. auf den Pflichttheil, nämlich ein persönliches Recht gegen die Erben[24] auf Entrichtung bez. Ergänzung des entfallenden Geldwerthbetrages.[25] Im a. b. G. B. deuten darauf schon die so häufig bezüglich des Pflichttheils gebrauchten Ausdrücke „fordern" oder „Forderung"[26] in den § 729, 775 f.,[27] 781, 1487 und gar im § 812,[28] wie die Gegenüberstellung des „Pflichttheiles" und des „Erbtheiles" im § 783.[29] Wichtiger ist die Gleichstellung des Pflichttheilsberechtigten mit Erbschaftsgläubigern in § 812 (beim Separationsrecht), § 692 („andere pflichtmäßige Auslagen"), § 786;[30] ferner die Bemessung des Pflichttheils durch Schätzung der Nachlaßbestandtheile, § 784, und Abzug der Schulden, § 785, desgleichen der Umstand, daß das Recht auf Errichtung eines Inventars ausdrücklich außer dem „Erben" „auch" „demjenigen" eingeräumt ist, „dem ein Pflichttheil gebührt", § 803 f.[31] Endlich ist bei der Redaction des a. b. G. B. die (anderweitigen Bestimmungen widersprechende und an jenen älteren gemeinrechtlichen Irrthum mahnende) Norm des w. g. G. B. II § 571 absichtlich weggelassen worden, wonach die Notherben, soferne die Nachlaßsachen theilbar sind, den Pflichttheil „an den Sachen selbst" erhalten sollen; hingegen wurde da betont, daß „der Pflichttheil vermöge des Gesetzes nach

III S. 202 f., 210 f., Zitelmann in Gruchot's Beitr. XX S. 327 f. (für Anfechtungsrecht) und besonders Schultzenstein Pflichttheilsrecht S. 60 f. (welcher S. 153 f. bald ein Forderungs-, bald ein Anfechtungsrecht annimmt!), auch Förster-Eccius § 248, Dernburg pr. Pr. R. III § 196, Entscheidung des Reichsgerichtes VI Nr. 69. Nicht maßgebend sind im pr. L. R. Ausdrücke wie „Pflichttheilserbe" oder „nothwendiger Erbe" u. a. m., wohl aber die Worte „gleich einer Schuld" im § 474 eod.

23 Darüber vorzüglich Unger System VI § 85. Dazu nun Krainz System II § 527.

24 Vgl. diesbezüglich Unger A. 4 mit Gruchot III S. 211, Windscheid § 584 A. 4, Schultzenstein S. 168 f. S. auch Cod. Ther. II 14 n. 126 f.

25 Nach G. U. W. Nr. 3203 erscheint der Pflichttheil als eine „bestimmte, noch nicht ausgemittelte Geldsumme". S. auch G. U. W. Nr. 3759, 5903, 7863, 7865, 13025.

26 Auf das Wort „verlangen" im § 780 darf man sich wohl nicht berufen, angesichts desselben Ausdruckes im § 777, (s. aber Unger § 87 A. 12, dazu unten den Text).

27 „Ergänzung .. fordern" im § 775 erinnert an das römische Recht; noch mehr § 585 w. g. G. B. II.

28 Nicht maßgebend sind die Termini „Erbtheil", „Erbfolge" in § 727, 729, 762, 764 .., ebensowenig die Bezeichnung „Notherben", im Gegensatze zu welchen im § 786 von „Haupterben" d. i. eigentlichen Erben gesprochen wird. 9 Dazu s. u. den Text.

30 Hierin drückt sich die Unabhängigkeit des Pflichttheils vom erblasserischen Willen aus. S. insbesondere die Unabhängigkeit vom testamentarischen Schuldbekenntnisse in G. U. W. Nr. 4388 und schon im Cod. Ther. II 14 n. 70, 79 f. Vgl. o. § 26.

31 Freilich unter der Rubrik „Berechtigung zur bedingten oder unbedingten Antretung oder Ausschlagung der Erbschaft" (dazu G. U. W. Nr. 1921, 3203, Krainz § 527).

dem Werthe entrichtet werden" soll und zugleich eigens die Bestimmung aufgenommen, daß von den Notherben auf eine Feilbietung der Verlassenschaftsstücke nicht gedrungen werden kann (§ 784 a. b. G. B.).[32] Dennoch bestand über die Natur des Pflichttheiles in der früheren österreichischen Litteratur eine Controverse, die mit jener älteren gemeinrechtlichen Anschauung zusammenhängt.[33] Zum Überflusse wurde dieser Streit durch das Hfd. vom 31. Januar 1844 Nr. 781 J. G. S. geradezu entschieden; „der Notherbe hat" hienach „keinen Anspruch auf verhältnißmäßige Antheile an den einzelnen zur Verlassenschaft gehörigen beweglichen und unbeweglichen Sachen, sondern nur auf den nach der gerichtlichen Schätzung berechneten Werth seines Erbtheiles".[34] Allerdings ist aber ein Nachklang an jene irrige gemeinrechtliche Theorie in der Bestimmung des § 786 a. b. G. B. beibehalten, wonach „bis zur wirklichen Zutheilung" des Pflichttheiles „die Verlassenschaft in Ansehung des Gewinnes und der Nachtheile, als ein zwischen den Haupt- und Notherben verhältnißmäßig gemeinschaftliches Gut zu betrachten" ist.[35]

Für ein Pflichttheilsforderungsrecht erklärt sich jetzt auch der deutsche Entwurf § 1975 f., wonach der Pflichttheil „die Hälfte des Werthes des gesetzlichen Erbtheiles" ist und „das Pflichttheilsrecht.. nur einen Anspruch gegen den Erben auf eine Geldleistung (Pflichttheils-Anspruch)" „begründet".[36]

[32] Ofner Protokolle I S. 484. Ähnlich dem w. g. G. B. schon der Martini'sche Entw. II 17 § 9 (o. A. 18). Nicht buchstäblich zu nehmen war Horten's Entw. II 13 § 24 (der Pflichttheil ist „allzeit als ein wahrer Erbtheil anzusehen"), s. nur § 19, 43 eod.; ebensowenig Codex Ther. II 14 n. 4 (Harrasowsky II S. 257, — der Pflichttheil „begreift nach Maß seines Betrages alle Erbrechte, welche sonst einem Erben gebühren"), n. 53 (der Pflichttheil „ist allemal für einen Erbtheil anzusehen, mithin kleben auch demselben alle Erbvortheile .. an .."), n. 129, s. nur n. 55 f. eod. Andererseits ist wieder nicht zu sehr zu urgiren der Ausdruck „Rechtsforderung" in n. 125 f. eod.; s. nämlich auch n. 116. [33] Unger § 85 A. 2. Unrichtig jetzt wieder Schultzenstein S. 59 f., 164.

[34] S. nun auch Judicatenbuch N. 41. Vgl. Prager Mitth. 1875 Nr. 146 f.; u. E. § 67.

[35] Unger A. 3 und schon Verlass. Abh. S. 143 f. S. Hfd. v. 27. März 1847 Nr. 1051 J. G. S. (welches zugleich ausdrücklich sagt: „bis zur wirklichen Zutheilung des Pflichttheils"; dagegen noch die neueste Auflage von Stubenrauch Comm. ad § 786); s. ferner G. Z. 1856 Nr. 39, G. U. W. Nr. 688, (4764), 5044, 5903, 7863, 7865, 8691, 8972, 10454, aber auch Krainz Syst. II § 527 A. 7, § 530 A. 16. Über die Einfügung obiger Bestimmung Ofner I S. 484 f. Im w. g. G. B. (und im Entw. Martini's) stand dieselbe nicht. S. aber Cod. Ther. II 14 n. 53, 86 f. (trotz n. 55), Entw. Horten's II 13 § 15 f.

[36] Motive V S. 385 f., 391 („daß dem Pflichttheilsanspruche der Charakter eines Werthanspruches beigelegt ist").

Übrigens finden sich selbst in den betreffenden neuen Gesetzgebungen ausnahmsweise einzelne Reste des römischen gemischten Systems, insoferne dort nämlich doch nachgebornen oder sonst dem Erblasser unbekannten Notherben gegen den erklärten Willen desselben ein erweiterter Anspruch, auf Mehr als den Pflichttheil, eingeräumt ist, u. z. aus dem richtigen materiellen Grunde, daß da die Beschränkung auf den Pflichttheil dem wahren Willen des Erblassers nicht entspräche.[37] Dies ist insbesondere[38] der Fall nach dem preußischen L. R. II 2 § 444 f., (II 1 § 444, I 12 § 601, 647) und dem ihm mehrfach nachgebildeten österreichischem b. G. B. § 777 f.[39] Nach österr. R. ist aber der erweiterte Nothanspruch ein Forderungsrecht nur insoferne, als nach § 777 f. ein aus Unkenntniß übergangener[40] Descendent[41] dem letztwillig „am mindesten begünstigten"[42] notherbberechtigten Descendenten[43]

[37] S. Bruns in d. Encykl. § 91, welcher zugleich klagt, daß die römische Behandlung solcher Notherben in der Theorie wenig beachtet bez. nur in der Lehre vom Irrthum des Testators angeführt wird, (s. aber Ofner I S. 337 und andererseits ob. Motive S. 51 f.). Die Rücksicht auf den wahrscheinlichen Willen war da theilweise schon im röm. R. maßgebend, c. 3 C. de inoff. t. III 28 (per conjecturam maternae pietatis . ., ac si omnes filios heredes instituisset), l. 93 D. de h. i. XXVIII 5 (ex voluntate testantis putavit imperator ei subveniendum . ., proinde atque si in posterioribus tabulis ipsa fuisset heres scripta); Keller P. § 494. S. dann noch Schultzenstein S. 218 f.

[38] Vgl. außer den sofort angeführten Legislationen das sächsische G. B. § 2601 (mit Rücksichtnahme auf seinen o. A. 20 angedeuteten Standpunkt, dazu Schultzenstein S. 220 f.), im Wesentlichen befolgt von Mommsen § 498, 502, 524, (S. 476 f. S. ferner den d. E. § 1782 (nicht beachtet bei Bruns in der neuesten Aufl. jener Encykl.); hierin wird im Zweifel angenommen, daß der Erblasser zu der Verfügung durch den Irrthum bestimmt worden, und daher ein Anfechtungsrecht gegeben; vgl. die Motive S. 50 f., wonach die Anfechtung des so mangelhaften letzten Willens Raum für den Eintritt der gesetzlichen Erbfolge schafft. S. noch u. E. § 74 f. Älteres R.: Gruchot III S. 252 f. — Dagegen s. z. B. das französische R. bei Zachariä-Puchelt § 724 A. 7, das Zürcher G. B. § 1049 (vordem § 2110), Binding Hauptgdl. d. künftigen Erbr. S. 219; vgl. Stubenrauch in d. Ztschr. f. ö. R. Gel. 1840 II S. 70 f.

[39] Darüber bes. Unger VI § 87. Die Materialien des b. G. B. s. bereits o. A. 18, mit anderem Ausgangspunkt. Als „willkürlich" bezeichnen die Modificirung des röm. R. im preuß. und österr. R. Bruns Encykl. § 91, Schultzenstein S. 220, Dernburg III § 208; s. auch Gruchot III S. 250 f.

[40] S. Unger A. 4, 7, 15.

[41] Über das Verhältniß zu § 779 f. Unger A. 5, 6; dazu Ofner II S. 552.

[42] „Begünstigt" erscheint aber nur derjenige, der mehr als den Pflichttheil erhielt; arg. § 777: es „ist der Übergangene nicht schuldig, sich mit dem Pflichttheile zu begnügen, sondern . ."; hierin liegt zugleich eine Abweichung vom pr. L. R. II 2 § 446. Unger A. 8, G. U. W. Nr. 5389; dazu aber Kirchstetter Comm., Krainz II § 505.

[43] Anders pr. L. R. II 2 § 444 („Erben") trotz c. 3 C. cit., Gruchot III S. 249, Dernburg III § 208 A. 5.

(desselben Grades)[44] gleichzustellen ist,[45] und als zugleich die Begünstigung des letzteren in einem Vermächtnisse besteht, dieser also selbst kein Erbe ist.[46] Unger System VI § 87 A. 12, 13 hält freilich den Anspruch des Übergangenen gar auch insoferne für einen Forderungsanspruch, als der „mindest begünstigte Notherbe“, dem er gleichzustellen ist, zum Erben eingesetzt ist; das übergangene Kind wachse den zu Erben eingesetzten Kindern nie als Miterbe zu, sondern habe immer nur einen persönlichen Anspruch, der zwar größer, aber nicht von anderer Beschaffenheit sei als der Pflichttheilsanspruch. Allein im § 777 deutet das „Sichnichtbegnügen“-Müssen nicht nothwendig auf eine bloße Steigerung im Quantum, ebensowenig das „Verlangen“-Dürfen auf ein technisches Fordern-Dürfen. Wohl aber liegt hier am nächsten, den dem Übergangenen gewährten „gleichen Erbtheil“ als einen wahren Erbtheil zu verstehen, indem dieser eben dem „Erbtheile“ von eingesetzten Notherben gleichgestellt und dem Pflichttheile gegen-

---

[44] Unger A. 10, 14; dazu Ofner I S. 481.

[45] Über das unterscheidende Princip des § 777 gegenüber § 778 f. Unger § 87 Text und A. 8, 9, 15, (wo aber die Worte „nur Dritte eingesetzt“ und „seine übrigen Kinder“ nicht ganz stimmen, vgl. auch Krainz l. c.), G. U. W. Nr. 207. Gegen die Gleichstellung mit dem wenigst begünstigten Kinde de lege ferenda Mommsen S. 478, auch einzelne Redactoren bei Ofner I S. 481. Jedenfalls ist diese eine eigenthümliche Modificirung des röm. und des germ. R., welche den Anspruch des irrthümlich Übergangenen im Umfange dem Intestatanspruche gleichstellen; über c. 3 cit. s. u. Im w. g. G. B. II machte laut § 511, 586 jede Übergehung eines Kindes das ganze Testament ungiltig, während, im Widerspruche damit, der § 361 (bei der Materie vom Irrthume des Testators) nur dem (irrthümlich) übergangenen Kinde den „gesetzlichen Erbtheil“ gewährte, u. z. in dem Falle, als der Testator einen seiner Abkömmlinge mit einem Erbtheile bedacht hatte; (s. schon Martini's Entw. II 11 § 18, II 14 § 28). Über die schließliche Redaction des a. b. G. B. Ofner I S. 337, 480 f., II S. 399. — Eine Gleichstellung mit dem höchst bedachten Kinde des Testators ergibt sich eventuell aus dem (ungenau gefaßten) A. 2796 des liv-, est- und curländischen Pr. R. u. z. für Liv- und Estland. — Der u. E. § 74 f. folgt dem b. G. B. nur theilweise.

[46] Im § 777 ist nur an die Erbeinsetzung des mindest Begünstigten gedacht, was aber obiger Aufstellung ebensowenig hinderlich ist, wie das Wort „ausfällt“; vgl. Unger A. 11 und seine Citate; von Kirchstetter Comm. h. l. wird die Begünstigung mit einem Vermächtnisse gar nicht beachtet; wohl aber von Krainz System II § 505. Ist der wenigst begünstigte Descendent theils mit einem Erbtheile, theils mit einem Legate bedacht, so hat der Übergangene zum Theile ein Erbrecht, zum Theile ein Forderungsrecht. — Noch auffälliger als im b. G. B. ist die enge Fassung im pr. L. R. II 2 § 444 f., wenngleich es dort (unrichtig) heißt „ausgesetzt“. Daher ist die Meinung vertreten (so bei Dernburg III § 208 A. 5, — dagegen unbestimmt Schultzenstein S. 76: „die Accrescenz“ trete „nur in der Höhe des Erbtheiles ein“ —), daß etwaige Prälegate an den mindest bedachten Erben ohne Bedeutung für den Übergangenen seien, also umsomehr gewöhnliche Legate an den mindest Bedachten.

übergestellt wird. Ferner fällt in's Gewicht, daß der § 783 und seine Rubrik, offenbar mit Rücksicht auf die vorher normirten Fälle, ausdrücklich von dem „einem Notherben gebührenden Erb- oder Pflichttheil" sprechen, wobei unter „Erbtheil" eben der erweiterte (Erb-) Anspruch nach § 777 gemeint ist, indem dies die einzige Anordnung ist, die dem Notherben einen vom „Pflichttheil" verschiedenen „Erbtheil" anweist; zudem ist die Hervorhebung auch des „Erbtheiles" im § 783 erst bei der Schlußredaction erfolgt, nachdem man im § 777 das vom w. g. G. B. abweichende Princip der Gleichstellung mit dem mindest Begünstigten beschlossen hatte.[47] In der That erkennt Unger A. 14 an, daß der § 783 auch auf den Fall des § 777 anzuwenden sei nicht nur in Folge seiner Stellung, sondern „vielleicht selbst" in Folge seiner „Fassung".[48] Auch läßt an sich schon der Grundgedanke des § 777, daß der Erblasser das übergangene Kind den übrigen Kindern nicht nachgesetzt hätte, wenn ihm dasselbe bekannt gewesen wäre, nicht nur eine quantitative, sondern zugleich eine qualitative Gleichstellung der betreffenden Kinder als dem wahrscheinlichen Willen des Erblassers entsprechend erscheinen. Nicht zu unterschätzen ist dann, daß noch nach c. 3 C. de inoff. test. III 28 eventuell eine Art „Accrescenz" („Zutritt") des übergangenen nachgebornen Descendenten (der kein postumus suus war) als Miterbe zu den eingesetzten Erben, ac si omnes filios heredes instituisset, stattfand,[49] welche Bestimmung offenbar unserem bezüglichen Vorbilde, dem pr. L. R. II 2 § 444 f., selbst wieder zum Muster diente.[50] Allerdings meint Unger a. O., daß auch nach pr. L. R. der Präterirte da stets nur forderungsberechtigt sei;[51] indeß geht die

[47] S. Ofner II S. 746 gegenüber w. g. G. B. II § 571, Ofner I S. 482, II S. 552.

[48] Nicht hinderlich einer Erbfolge des Übergangenen sind die verhältnißmäßigen „Beiträge" der eingesetzten Erben und der ev. Legatare „zur Entrichtung" des gebührenden Erbtheiles nach § 783; die testamentarischen Erbtheile erfahren nämlich eine quotative Herabminderung und im Verhältnisse zu dieser die ev. Legate eine quantitative Herabminderung. Vgl. Unger A. 14; dazu Ofner I S. 482, II S. 552, Mommsen § 499, 502, S. 480, Schultzenstein S. 76 f., 128 f., unrichtig Kirchstetter Comm. zu § 777. — S. noch u. E. § 73.

[49] Schröder S. 428. Cf. c. 4 § 1 C. de lib. praet. VI 28. Den Accrescenzerben erklären manche als Testamentserben, z. B. Unger A. 12, Förster § 248, Schultzenstein S. 75 f.; s. dagegen mit Recht Schröder S. 18.

[50] Schultzenstein l. c. S. aber auch Gruchot III S. 251.

[51] S. schon Temme pr. E. R. II § 308 und jetzt noch Dernburg § 208. Gegenüber jener Nachwirkung des röm. R. ist der Terminus „Abfindung" im § 447 nicht entscheidend, Förster l. c. A. 116, Schultzenstein S. 97.

herrschende Ansicht richtig dahin, daß derselbe in der Höhe des dem mindest Begünstigten ausgesetzten Erbtheils wirklich Erbe sei;[52] übrigens hat das a. b. G. B. gerade diesfalls die Fassung des pr. L. R. in einigen Punkten verdeutlicht.[53] Schließlich mag noch auf Zeiller's Comm. II S. 793 hingewiesen werden.[54]

§ 42. Unterhaltsanspruch des ausgeschlossenen Notherben nach § 795 des österr. a. b. G. B.[1]

Im römischen Rechte kann der Alimentationspflichtige auf seinen Todesfall unzweifelhaft aus einem Enterbungsgrunde dem bisher alimentationsberechtigten Notherben alles, mithin selbst den Unterhalt ganz entziehen. Dem gegenüber erschien als inconsequent eine — auch in den Quellen nicht begründete — gemeinrechtliche Theorie, welche, zwischen alimenta civilia und alimenta naturalia (zwischen standesmäßigem Unterhalt und nothdürftigem Unterhalt) unterscheidend, dahin ging, daß doch unter Lebenden das Recht auf Alimentation niemals ganz verwirkt werden könne, vielmehr immer, selbst bei schlechtem Betragen, wenigstens alimenta naturalia zu leisten seien.[2] Dabei obwaltete vermuthlich der „publicistische" Grund, daß es

[52] S. die Nachweise bei Schultzenstein S. 75 f. (dazu Gruchot III S. 249), wonach die herrschende Meinung sogar zu weit geht, indem sie ein Miterbrecht auch insoferne annimmt, als der Erbtheil des wenigst „Begünstigten" kleiner ist als der Pflichttheil des Übergangenen (o. A. 42) und letzterer darum die Pflichttheilsergänzung fordert.

[53] Statt „so viel" „als ausgesetzt" hat § 777 „Erbtheil, welcher ... ausfällt", „gleichen Erbtheil"; statt „Abfindung" hat § 783 „Entrichtung" und „Erb- oder Pflichttheil".

[54] S. auch Stubenrauch in der Ztschr. f. ö. R. Gel. 1840 II S. 70 und Comm., Kirchstetter Comm. h. l. (letzterer ist nicht consequent); unbestimmt Krainz System II § 505.

[1] Dazu o. § 22. Gegen einen Ersatz des Pflichttheiles durch den bloßen Unterhalt s. überhaupt Schultzenstein in Gruchot's Beitr. XXIII S. 669 f. und schon die österr. Redactoren bei Ofner Prot. I S. 464 f., 488 f. (namentlich in Bezug auf den Anspruch der Ascendenten).

[2] S. nur Glück Pand. Comm. XXVIII S. 58, 63. Nach der richtigen Ansicht macht ein etwaiger Enterbungsgrund, ja ein schlechtes Betragen überhaupt den Unterhaltsanspruch schon unter Lebenden gänzlich aufhören. Vgl. bereits Puggé im rheinischen Museum III Nr. 29, Holzschuher gem. Civ. R. 1 § 66 Nr. 11 und die sonstigen Nachweise bei Windscheid Pand. § 475 A. 8; auch die Entscheidung des deutschen Reichsgerichts V 40 ist für die weitergehende Ansicht; dazu die Motive IV S. 699 f. des d. E. § 1490. Freilich behauptet Wächter Pand. § 249 A. 8 geradezu ein Gewohnheitsrecht für die Unentziehbarkeit der nothwendigen Alimente, während Lößl in den juristischen Blättern 1892 Nr. 44 den „Nothwendigkeits-Charakter" der Alimentation betont. Allerdings gewähren stets doch den nothdürftigen Unterhalt das preußische und das sächsische Recht, desgleichen jetzt der d. E. l. c. S. noch u. A. 4.

unbillig wäre, einen nahen Angehörigen dem ferner stehenden Gemeinwesen zur öffentlichen Alimentation aufzulasten.[3]

Mit der erwähnten gemeinrechtlichen Theorie hängt nun der § 795 des österreichischen a. b. G. B. zusammen, freilich in sehr eigenthümlicher Weise. Unter Lebenden zwar findet eine strafweise Verwirkung des Unterhaltes nach österr. Recht überhaupt gar nicht statt;[4] aber die citirte, in ihrer Art einzige[5] Bestimmung sichert dem ausgeschlossenen Notherben auch auf den Todesfall des Erblassers stets einen Anspruch, u. z. doch auf die alimenta naturalia. Es heißt da nämlich: „Einem Notherben, der von seinem Pflichttheile selbst gesetzmäßig ausgeschlossen wird, muß doch immer der nothwendige Unterhalt ausgemessen werden".[6] Also hat derjenige, welcher von dem ihm sonst gebührenden Pflichttheile[7] wirklich ausgeschlossen[8] ist,[9] — sei es durch Verfügung des Erblassers,[10]

[3] Gegen die Triftigkeit dieses Grundes Puggé l. c. S. indeß jetzt die ob. Motive l. c., dazu aber dieselben V S. 447, wo gegen einen Ersatzanspruch der öffentlichen Armenanstalt, welcher der Enterbte etwa zur Last fiel, Stellung genommen wird.

[4] S. Lößl Nr. 39, 44. Dagegen meint Hussarek in Grünhut's Ztschr. XX S. 557 f., daß das a. b. G. B. mit dem § 795 sich jene ganze damalige Theorie aneignen und mithin durch unwürdiges Benehmen den anständigen, nicht den nothwendigen Unterhalt verwirken lassen wollte. Allerdings war dies der Fall im josef. G. B. IV § 7, im Codex Ther. I 2 n. 108, 113 f. (Harrasowsky I S. 83 f.) und im Entwurfe Horten's I 4 § 8 f. (Harrasowsky IV S. 65); aber schon im Entwurfe Martini's (Harrasowsky V S. 44 f.) und im w. g. G. B. fand sich eine solche Bestimmung nicht mehr.

[5] Absichtlich vermieden von den Motiven zum b. E. V S. 447. Die „Consequenz" unseres § betonen Puggé, Holzschuher, Hussarek l. c.

[6] S. w. g. G. B. II § 588, wo aber die Worte „selbst gesetzmäßig" und „doch" fehlten und statt „nothwendig" „unentbehrlich" stand, dagegen der Satz folgte: „diesen sind Eltern ihren Kindern und Kinder ihren hilflosen Eltern aus der Verlassenschaft zu bestimmen verbunden"; dazu Ofner Protokolle I S. 482 f., II S. 747. S. bereits Martini's Entwurf II 17 § 27 (Harrasowsky V S. 149, 45), wo das Wort „hilflos" richtiger gestellt war und wo es hieß: „verabreichen zu lassen verbunden"; es hatten die Commissionen in Tirol und Krain, sowie Professor Hupka in Wien Zusätze zum § 7 jos. G. B. IV beantragt, „um einem enterbten Kinde die Fortdauer des nothdürftigen Unterhaltes nach dem Tode des Vaters zu sichern"; und doch sagt der cit. § 7: „Wenn der Nothfall fortdauernd ist, soll dieser Unterhalt dem Kinde" (obgleich es „verdient hat, enterbt zu werden") „auch durch den letzten Willen angewiesen werden." Dagegen folgten der Entwurf Horten's und der Cod. Ther. auch diesfalls dem gemeinen Rechte, indem sie den fraglichen Unterhalt mortis causa nicht aufnahmen.

[7] Gegen die analoge Anwendung des § 795 auf den durch sein Verschulden geschiedenen Gatten s. o. § 29. [8] Verfehlt die Fassung bei Kirchstetter Comm. h. l.

[9] Unpassend steht „wird" in unserem §; s. auch § 767 a. b. G. B.

[10] Unger System VI § 83 A. 22 nimmt den nach § 770 a. b. G. B. Enterbten aus; vgl. u. die nächste Anmerkung.

sei es durch Verzicht,[11] sei es durch Rechtssatz,[12] — aus dem Nachlasse[13] statt des Pflichttheiles den nothdürftigen Unterhalt[14] zu fordern, insoferne letzterer ihm mangelt[15] und den Pflichttheil nicht übersteigt.[16] Als Grund wird auch diesfalls häufig die Rücksicht auf die öffentliche Armenlast angegeben.[17]

Bezüglich der juristischen Natur des in Rede stehenden Alimentationsanspruches gilt Ähnliches wie bezüglich des schon behandelten Anspruches nach § 796 a. b. G. B. Unger System VI § 83 A. 22 behält ihn dem Obligationenrechte vor, während Hofmann in Grünhut's Ztschr. I

[11] Unger VI § 79 A. 8 bezieht den § 795 nur auf den (rechtmäßig) Enterbten und findet es nicht gerechtfertigt, daß der für seinen Verzicht „etwa mit einer beträchtlichen Geldsumme abgefundene Notherbe noch überdies Anspruch auf Alimentation haben solle". Dagegen s. Zeiller Comm. h. l., (wo der § 767 a. b. G. B. citirt wird), Kirchstetter l. c., Pfaff und Hofmann Exc. II S. 55; wenn der Verzichtende die s. Z. etwa erhaltene „beträchtliche" Abfindungssumme noch hat, dann mangelt ihm ja der nothwendige Unterhalt nicht; wohl aber ist vom Gesetze für den Verzichtenden mindestens ebenso wie für einen giltig Enterbten dann zu sorgen, wenn ihm der nothdürftige Unterhalt dermalen mangelt, mag er eine genügende Abfindung nicht erhalten oder mag er diese verbraucht haben. Noch weniger kann der Verzicht den Nachkommen des Verzichtenden im Falle seines Vorablebens jenen Unterhaltsanspruch nehmen; Michel in Haimerl's Magazin VII S. 301, Stubenrauch Comm. ad § 551, Kirchstetter Comm. ad § 795, Pfaff und Hofmann l. c.; dagegen wieder Unger a. O. — Ein etwaiger Verzicht auf den nothwendigen Unterhalt ist ohnehin nicht rechtsverbindlich, s. die Motive zum b. E. § 1492 IV S. 705, Anders ö. Fam. R. S. 147f., Hussarek S. 669f.

[12] Hierher gehört derjenige, welcher „nach den in dem 8. Hauptstücke" des b. G. B. II „enthaltenen Vorschriften von dem Erbrechte ausgeschlossen" ist, § 767 a. b. G. B., s. Zeiller l. c., Stubenrauch ad § 795, Kirchstetter eod. (in wunderlicher Fassung).

[13] Über die Art des Beitrages s. gegenüber Winiwarter und Stubenrauch h. l. mit Recht Ellinger Comm. h. l. und Krainz System II § 530.

[14] Im Codex Ther. und im Entwurfe Horten's (o. A. 4) heißt es: „äußerst nothwendige Unterhaltung"; s. auch o. A. 6. Über die alimenta naturalia s. überhaupt die Motive zum b. E. IV S. 698, Lößl Nr. 43, Hussarek S. 663.

[15] Insoferne hat der nach § 773 a. b. G. B. Enterbte keinen Unterhaltungsanspruch; s. Unger VI § 84 A. 4. Übrigens dauert unser Anspruch nur während dieses Mangels.

[16] Es ist nämlich vom Gesetze der Unterhalt als eine geringere Art Ersatz für den verwirkten Pflichttheil beabsichtigt, wie noch unten betont wird. S. Ofner I S. 482f., die Comm. von Winiwarter, Stubenrauch (der aber mit Unrecht sich diesfalls gegen Nippel wendet) und Kirchstetter, desgleichen Krainz II § 529. Auch Hofmann in Grünhut's Ztschr. I S. 557f. geht wohl nicht weiter. Ungenau Ellinger Comm. h. l. Eine Ausnahme behauptet Stubenrauch l. c. für uneheliche Kinder, wegen § 171 a. b. G. B.; mir scheint aber dieser § gegenüber der Mutter durch den § 795 in dem fraglichen Punkte ebenso modificirt zu sein, wie er ja auch in dem Maße des Unterhaltes durch den § 795 modificirt ist.

[17] Ofner I S. 464, Puggé l. c., Winiwarter l. c., Stubenrauch l. c., Hofmann S. 558f., Lößl Nr. 44; allgemeiner Krainz II § 529.

S. 554, 560 ihn für einen familienrechtlich-obligatorischen Anspruch erklärt; in letzterem Sinne betont dann Anders österr. Fam. R. S. 158, 188, 219, daß er kein erbrechtlicher Anspruch sei.[18] Meiner Ansicht nach ist mit der unzweifelhaften familienrechtlichen Grundlage und obligationenrechtlichen Anlage hier wie anderwärts ganz gut vereinbar, daß der Anspruch der wirklichen Begründung nach wesentlich ein Anspruch von Todeswegen ist.[19] Es liegt da nämlich nicht die bloße Fortsetzung des gegenüber dem bisher zur Alimentation Verpflichteten bestandenen Anspruches vor;[20] desgleichen nicht die Verhaftung des Nachlasses des bisher Verpflichteten für einen unter Lebenden begründeten Anspruch.[21] Dies ergibt sich schon daraus, daß unter Lebenden der Unterhalt bisher als „anständiger", mithin in ganz anderem Umfange gebührte, § 139, 154, 166f. a. b. G. B., daß ferner beim Tode des Verpflichteten der Unterhalt aus seiner Verlassenschaft nach § 795 als „nothwendiger" erst dann zusteht, wenn da nicht zunächst eine hinreichende Devolution der Pflicht zum „anständigen" Unterhalt nach Maßgabe des § 143 an andere Ascendenten stattfindet, daß endlich die uneheliche Mutter zwar nicht gegenüber ihrem Kinde bei dessen Lebzeiten, § 171 a. b. G. B.,[22] wohl aber aus dessen Verlassenschaft im Falle des § 795 Alimente verlangen kann. Unser Anspruch wird vielmehr in Folge des Todes des bisher Alimentationspflichtigen, ähnlich wie in den besprochenen Fällen der § 796, 1243, gegen den Nachlaß von Rechtswegen neu begründet,[23] und zwar hier mit Rücksicht darauf, daß der Unterhaltsbedürftige vom Pflichttheile ausgeschlossen ist. Er ergibt sich geradezu als eine — geringere — Art von erbrechtlichem Ersatz für den erbrechtlichen Anspruch auf den Pflichttheil. Man

---

[18] S. aber denselben S. 95.

[19] Hussarek wird hier wohl einen ähnlichen Zwitter wie beim Unterhalte nach § 796 (o. § 30) erblicken.

[20] Anders die Comm. von Zeiller (unter Berufung auf § 1481 a. b. G. B.), Nippel und Stubenrauch.

[21] Über letztere s. allerdings Hofmann S. 552f. und Hussarek S. 530f., 539f.; vgl. hier u. g. E.

[22] So Krainz II § 460; Zeiller Comm. ad § 795 citirt nur den § 153 (recte 154) über eheliche Eltern. Dagegen s. jedoch Anders S. 223, Hussarek S. 526f. Vgl. G. U. W. Nr. 5477 gegenüber Nr. 4749, 6142.

[23] So rechnet denn Krainz System II § 489, 530, 532 gleichfalls den fraglichen Unterhalt zu den „nach dem Tode des Erblassers entstandenen", kraft gesetzlicher Vorschrift auf dem Nachlasse haftenden pflichtmäßigen Auslagen, neben den Fällen der § 757, 796, 1243 u. a. m.

beachte diesfalls das Wort „doch“ im § 795, wie die Stellung dieses § im Hauptstücke vom Pflichttheile, dann Zeiller's Commentar h. l., welcher die Anfangsworte des durch die Rubrik verbundenen § 796 auch hier verwerthet. Zudem war noch in Martini's Entwurf und im w. g. G. B. und gar im josef. G. B. ganz parallel der Verpflichtung des Erblassers zur Hinterlassung des Pflichttheiles eine Verpflichtung desselben zur Hinterlassung des Unterhaltes an ausgeschlossene Notherben hervorgehoben.[24]

Näher ist dann der fragliche Anspruch von Todeswegen, wenngleich kein Pflichttheilsanspruch,[25] so doch ein unentziehbarer, eventuell ein gegenwilliger Anspruch.[26]

Hofmann l. c. S. 557f. und mit ihm Hussarek in Grünhut's Ztschr. XX S. 530f., 539f. folgern auch aus § 795, daß dem vom Pflichttheile nicht[27] ausgeschlossenen Notherben der Nachlaß wegen des anständigen[28] Unterhaltes hafte, soferne der Pflichttheil dazu nicht hinreicht. Unzweifelhaft spricht dafür schon die Behandlung der Unterhaltspflicht bezüglich der unehelichen Kinder als einer gewöhnlichen Nachlaßverbindlichkeit, § 171 a. b. G. B. Allein angesichts der im § 143 a. b. G. B. beim Tode des bisher verpflichteten Ascendenten vorgesehenen Devolution der Alimentationsverbindlichkeit auf einen anderen Ascendenten[29] ist eine Succession der Erben in diese Verbindlichkeit oder auch nur eine von jenen Schriftstellern angenommene bezügliche Haftung des Nachlasses aus dem Gesetze nicht zu begründen. Allerdings sah der Redactions-Referent die Haftung des Nachlasses hier als etwas Selbstverständliches an; dennoch wurde aber der von ihm als wünschenswerth erklärte diesfällige Beisatz schließlich nicht gemacht.[30] Übrigens erstreckt auch das gemeine Recht, wie die meisten neueren Gesetzgebungen und wie gleichfalls der deutsche Entwurf, die Verpflichtung zur Alimentirung ehelicher Kinder regelmäßig nicht auf den Nachlaß, „zumal“ eben „dem Berechtigten selbst regelmäßig ein

[24] S. die Citate o. A. 6. Dazu Ofner I S. 483.

[25] Ofner I S. 465, 489f.

[26] Vgl. § 10. Holzschuher l. c. spricht diesfalls von einer „Beschränkung des Enterbungsrechtes“. [27] Ungehörig das „selbst“ im § 795.

[28] Nippel Comm. h. l. will auch hier den „nothwendigen“ Unterhalt einräumen; dagegen Winiwarter l. c.

[29] Dagegen freilich Hofmann S. 554, 558, Anders S. 221 (s. aber S. 188), Hussarek S. 531. [30] Ofner I S. 465f., 490f., Hussarek S. 541.

... Pflichttheilsrecht gegenüber dem zur Gewährung des Unterhalts Verpflichteten zusteht und dadurch ein Ersatz für den Wegfall des Unterhaltsanspruchs gewährt wird" (Motive zum d. E. § 1496 IV S. 710 f.); und dennoch ist da die Pflicht zur Alimentation unehelicher Kinder grundsätzlich vererblich, obwohl dabei nicht verkannt wird, „daß die Lage der ehelichen Kinder des unehelichen Vaters ... insoferne eine ungünstigere werden kann, als dieselben unter Umständen weniger als" die unehelichen Kinder „oder vielleicht gar nichts aus dem Nachlasse ihres Vaters erhalten" (s. die Motive zum § 1575 d. E. IV S. 901 f.).

---

§ 43. Das gesetzliche commodum collationis.

Eine gesetzliche Einzelzuwendung von Todeswegen findet sich auch in der Materie von der Collation[1] oder Einwerfung oder besser (Erb-) Ausgleichung.[2] Nur soweit es erforderlich ist, um jene als

[1] D. XXXVII 6 (h. t.) de coll. bonorum, XXXVII 7 de dotis coll., C. VI 20 (h. t.) de coll., nov. 18 c. 6. Litteratur bei Windscheid P. § 609 und bei Kohler civ. Abh. S. 124. Darunter betrifft die neueste Gesammtdarstellung von Leist P. Comm. h. l. III S. 201 f. auch näher den Gegensatz zwischen der römischen und der deutschen Auffassung, insbesondere zwischen der subsequenten „Erbsachencreirung" durch nachherige „Erbtheilszumischung" und der „anticipativen Erbsachencreirung" durch Gewährung eines Voraus auf den künftigen Erbtheil; s. namentlich S. 295 f., 340 f., 349 f., freilich auch Kohler S. 157 f. Über das deutsche Recht vgl. noch Stobbe § 284. Von den modernen Legislationen (darüber Gruchot pr. Erbr. III S. 10 f., 69 f., 92 f., Mommsen d. Erbr. S. 319 f., Stobbe a. O., Motive zum d. E. V S. 698 f.) ist das preußische Recht und mit ihm das österreichische Recht (§ 787 f. b. G. B., darüber Unger System VI § 45 f., 81 und die dort Citirten, dazu Not.-Ztg. 1880 Nr. 6, Krainz System II § 513, 530, Ofner in der G. Z. 1894 Nr. 35) vorwiegend, freilich nicht consequent, auf dem deutschen Standpunkt, desgleichen der code Nap.; dagegen sind das sächsische G. B. wie das liv-, est- und curl. Pr. R. zu dem römischen R. zurückgekehrt; Leist S. 320 f., 359 f.; der d. E. § 2157 f. ist, consequent, von der deutschen Auffassung beeinflußt, übrigens ohne daß diese als solche in den Motiven l. c. anerkannt würde. Vgl. noch Huber Schweiz. Pr. R. II S. 448 f., u. E. § 46 f.

[2] Die sehr gewöhnliche Bezeichnung Einwerfung (auch im Entw. Martini's, im Zürcher und im sächs. G. B.) paßt nicht einmal für die Naturalcollation (Windscheid A. 1, Stobbe l. c.), ebenso „Einbringung" (im Cod. Ther. und Entw. Horten's), — dagegen „Beibringung" (Windscheid eod.) oder „Rückbringung" doch nicht für die Idealcollation (vgl. hess. Motive III S. 194, deutsche Motive S. 700), — „Anrechnung" (in Preußen, Österreich, im hess. Entw.) oder „Einrechnung" (im ö. b. G. B. nebenbei) nur für die Idealcollation; vgl. computari in c. l. 1 § 6 D. de dotis coll., c. 20 C. h. t.; der Entw. Martini's hat „Verrechnung", noch weniger gut; — allgemeiner ist „Ausgleichung" (so pr. L. R., d. E., Stobbe l. c.). Eine Häufung der Ausdrücke im ital. G. B. bei a. 1001 f.

solche an's Licht zu ziehen, kann hier in diese eingegangen werden; eine allseitige Darstellung der so umfassenden und mit der Erbfolge innig verknüpften Lehre würde im Mißverhältnisse zum Rahmen vorliegender Monographie stehen, ohne durch ein betreffendes Bedürfniß entschuldigt zu werden; selbst abgesehen davon, daß die Collationspflicht nicht stets eine gesetzliche ist.[3]

An gegenwärtiger Stelle ist eben die erste Voraussetzung, daß „das Gesetz" die Collation „anordnet"[4] oder vielmehr, daß letztere „kraft Rechtens" stattfindet, ohne daß der Erblasser sie verfügte.[5] Dieses Moment wird in den römischen Quellen häufig betont; nov. 18 c. 6: collationes secundum (legum) virtutem fieri . . . sancimus . . . omnino esse collationes ... cogitur ex lege conferre; l. 1 pr. h. t.: praetor ... consequens esse credit, ut . . . conferant; l. 1 § 1 eod.: dabitur collatio; l. 3 pr.: praetor non sub condicione collationis b. p. c. t. promittit, sed demonstrat, quid data b. p. fieri oportet; l. 1 pr. D. de dotis c.: praetor cogat ... et hoc divus Pius ... rescripsit ... ad collationem ... posse compelli; c. 9 C. h. t.: ad collationem forma edicti perpetui certo jure provocat; c. 12 eod.: pro juris ratione; c. 17 eod.: praesenti legi credidimus inserendum . . . pro tenore . . . legum; c. 18 eod.: collationes facere jubemus compelli secundum ea, quae . . . statuta sunt; c. 19 eod.: onus collationis constitutione Arcadii et Honorii . . . sibi impositum. Der Zweck der gesetzlichen Anordnung ist Ausgleichung einer erbrechtlichen Ungleichheit; nach romanistischer Auffassung beruht aber diese aequalitas (nov. 18 c. 6) zugleich auf der objectiven aequitas (l. 1 pr. D. h. t., c. 17, 20 § 3 C. h. t., c. 12 C. comm. utriusque jud. III 38), daher hier von ausgleichender Gerechtigkeit im vollsten Sinne gesprochen werden kann.[6]

Wenngleich die Collationsanordnung des Gesetzes ohne bezügliche wirk-

---

[3] Über gewillkürte „Erweiterungen" der gesetzlichen Collationspflicht Leist S. 489 f. und schon die Nachweise bei Unger § 46 A. 11; u. E. § 47 f., 53, 55.

[4] D. Mot. S. 699, 709. S. bereits Seuffert's Arch. VIII 276, Brinz P. § 410, Leist S. 380, 462 (speciell gegenüber der Collations-Stipulation).

[5] Vgl. Unger § 81 A. 6, d. Motive S. 699 (mit der sonderbaren Wendung „ohne daß dieser Wille in der Form einer Verfügung von Todeswegen erklärt zu sein braucht"). Eigenthümlich Haan in den Prot. zum b. G. B. I S. 451 f. („ohne eine ... ausdrückliche Erklärung" des Erblassers solle „keine Collation statthaben").

[6] S. Unger § 45 A. 2, Leist S. 238 f., 289, 295 f. und (mit Gegenüberstellung der deutschen Auffassung wie mit Stellungnahme gegenüber Zimmermann) S. 355 f. S. noch Cod. Theres. II 23 n. 2 f.

liche Verfügung des Erblassers erfolgt, so wird sie doch durch die Rücksicht auf den vermuthlichen oder wahrscheinlichen Willen des Erblassers[7] begründet; im Allgemeinen wird nämlich vom Gesetze als Wille des Erblassers angenommen, daß unter seinen Kindern erbrechtlich eine gewisse Gleichheit bestehen soll.[8] So wird denn auch von den Redactoren des a. b. G. B. die „natürliche" „Vermuthung", „daß der Erblasser seine Kinder habe gleich gehalten wissen wollen", zur „gesetzlichen" „Grundlage der Collation" angenommen.[9] Insbesondere erscheint vom deutschrechtlichen Anticipationsprincipe aus schon bei der lebzeitlichen Zuwendung des conferendum der beiderseitige animus vermuthlich auf einen Vorschuß für Rechnung des künftigen Erbtheiles gerichtet.[10]

Das römische und gemeine Recht hat die fragliche Vermuthung und daher die gesetzliche Collation selbst hinsichtlich der gewillkürten Erbfolge,[11] obwohl hier doch vielmehr der gegentheilige Wille des Erblassers wahrscheinlich ist;[12] bekanntlich bestimmt nov. 18 c. 6, während bisher der Grundsatz galt, si ... testati (morerentur), nihil dicentes de eis, locum non fieri collationibus,[13] im Gegensatze dazu: nos sancimus non esse om-

---

[7] Vgl. o. § 5.

[8] S. Seuffert Arch. I 256, (wo aber eine „willkürliche", — Leist S. 380, — „Argumentation aus der präsumtiven Absicht" enthalten ist), VIII 276 („die wahrscheinliche Absicht der Ascendenten im Allgemeinen der letzte Grund des Gesetzes"), Windscheid P. § 610 A. 10 („präsumtiver Wille"), Leist S. 487 f., Huber 449 f. Die d. Motive S. 699 f. weisen wiederholt auf den „anzunehmenden Willen" des Erblassers hin, wie auf dessen „Ergänzen" oder „Nachhelfen" durch das „Gesetz", bez. darauf, daß „eine Ausgleichung ... als vorbehalten anzusehen ist". — Gegen die „präsumtive gleiche Liebe" (z. B. bei Unger § 45 A. 2): Leist S. 296.

[9] Unbedingt wenigstens von der Majorität, Prot. I S. 449 f. Dazu Zeiller Comm. ad § 790 und gar Cod. Ther. II 23 n. 3 f.

[10] Zeiller in den Prot. I S. 449, Unger § 45 f., Leist S. 348 f., 356 f.

[11] Brinz P. § 410, Dernburg P. III § 139 a. A., § 141 a E., Dunkhase im civ. Arch. Bd. 79 S. 276 f. Vorausgesetzt wird, daß die betreffenden testamentarischen Erben auch ab intestato miteinander Erben sein würden, s. die Allegate bei Dunkhase S. 277; dieser setzt mit Dernburg außerdem voraus, daß der Testator seine Descendenten nicht in anderem Maße wie ab intestato letztwillig bedacht habe. Vgl. u. E. § 55.

[12] S. die Citate bei Dunkhase S. 280, dazu Stobbe l. c., d. Motive V S. 699 („In der Regel wird anzunehmen sein, der Erblasser habe durch die Erbeinsetzung vollständig verfügen wollen, ohne daß sein Wille noch durch das Gesetz ergänzt werden solle"). Dagegen wünscht Strützki in den Verh. des d. Jur. Tags XX S. 182, 187 die Ausgleichung als Regel auch bei der letztwilligen Erbfolge, während Gierke und Bähr wider den d. E. eine Forderung im ob. Sinne Dunkhase's erheben.

[13] Vgl. c. 17 C. h. t., auch u. § 55 II.

nino talem opinionem (eine andere Lesart hat wieder praesumptio[14]), sed sive quispiam intestatus moriatur seu testatus (quoniam incertum est, ne forsan oblitus datorum, aut pro tumultu mortis angustatus hujus non esse memoratus!) omnino esse collationes. Dagegen „geschieht" nach § 790 a. b. G. B.[15] richtig „die Anrechnung bei der Erbfolge der Kinder aus einem letzten Willen[16] ... nur dann, wenn sie vom Erblasser ausdrücklich" d. h. wohl wirklich[17] „verordnet wird". Im Schooße unserer Redactoren war übrigens gerade dieser Punkt Gegenstand großer Meinungsverschiedenheit:[18] dem Referenten Zeiller schien „bei der testamentarischen Erbfolge, dafern der Erblasser die Collation nicht ... anordnet, dieselbe dem Willen des Erblassers zuwider zu sein";[19] mit ihm stimmten da Präsident Haan und Pitreich, welch' letzterer bemerkte, die „Vermuthung der Gleichhaltung könne nur so lange eintreten, bis auch nicht durch die geringste Handlung des Erblassers, wofür die Errichtung eines Testaments gehalten werden müsse, dessen Wille zweifelhaft wird"; dagegen entschied sich die Mehrheit zunächst, die Collation auch bei der testamentarischen Erbfolge, wenn nicht bestimmte Theile angewiesen sind,[20] anzuwenden. Zugleich wurde aber beschlossen, diesen ganzen Gegenstand in das Hauptstück vom Pflichttheil zu übertragen — „denn auf die Ausmessung des Pflichttheils habe die Lehre von der Collation den größten Einfluß"[21] —, wo der Referent „die neue Arbeit vorlegen" werde; bei Berathung erst dieses Capitels drang sodann die

---

[14] Dafür Leist S. 480. Eine andere versio hat (verkehrt) praeceptionem.

[15] Auf demselben Standpunkte das sächs. G. B. und nun der b. E.

[16] Dazu die Entscheidungen in der Ausgabe von Schey ad § 788 N. 1, Krainz § 530 A. 19, G. U. W. Nr. 13223.

[17] S. freilich Protokolle I S. 449, 451, Unger § 45 bei A. 3, § 81 A. 6; vgl. u. bei A. 22.

[18] Protokolle I S. 449 f., 487.

[19] Dabei beruft er sich auf die Karolinische Erbfolgeordnung und das w. g. G. B. II § 535 f., welches die Anrechnung einfach nur dort, wo von der gesetzlichen Erbfolge geredet wird, festsetze. S. auch Martini's Entw. II 16 § 7 f. (Harrasowsky V S. 142 f., während Horten's Entw. II 20 § 3 nach dem Cod. Ther. II 23 n. 10 (Harrasowsky IV S. 285, II S. 443) sagte: „bei der letztwilligen Erbfolge ... soll die Einbringung ... allzeit für erlassen angesehen werden, wenn sie nicht ausdrücklich anbefohlen worden"; vgl. damit das „auch" im § 792 a. b. G. B.

[20] In diesem Beisatze erscheinen gemeinrechtliche Aussprüche zu kategorisch verwerthet, vgl. Arndts in Weiske's R. L. III S. 832 f., Leist S. 483 f., 487 f.

[21] S. dagegen Cod. Ther. II 23 n. 6 f. („die Einbringung in die gemeine Theilung ist ... von der Einrechnung in den Pflichttheil wohl zu unterscheiden"), II 14 n. 90 f. (Harrasowsky II S. 274 f.).

Meinung des Referenten durch, übrigens wie es scheint nun ohne besondere Schwierigkeiten.

Daraus, daß die gesetzliche Collationspflicht auf den vermuthlichen Willen des Erblassers gegründet wird, ergibt sich dann von selbst, daß dieselbe nicht wider einen wirklich erklärten Willen des Erblassers, der gegen die Collation gerichtet ist, stattfinden soll, mag gleich dieser Wille ohne die Form eines letzten Willens erklärt sein; nov. 18 c. 6: nisi expressim designaverit ipse, velle non fieri collationem; § 792 a. b. G. B.: „Die Eltern können einem Kinde die Anrechnung auch bei der gesetzlichen Erbfolge ausdrücklich erlassen"; zu einem solchen Collationserlasse wird übrigens trotz des gesetzlichen Wortlautes nicht einmal Ausdrücklichkeit erforderlich sein, sondern nur Unzweideutigkeit.[22] Nur ganz ausnahmsweise greift die Collation selbst bei entgegenstehender Erklärung des Erblassers Platz; § 792 fährt fort: „Wenn aber die nöthige Erziehung und Versorgung der übrigen Kinder weder aus ihrem eigenen, noch aus dem Vermögen der Eltern bestritten werden könnte; so muß das Kind dasjenige, was es zu den im § 788 erwähnten Zwecken in voraus empfangen hat, sich in dem Maße anrechnen lassen, als es zur Erziehung und Versorgung für die Geschwister nothwendig ist".[23]

Die gesetzliche Collationsanordnung erscheint sohin als gesetzliche Zuwendung[24] zu Gunsten einer Person, indem damit ein vermögensrechtlicher Vortheil, das commodum collationis, l. 1 § 2, l. 5 pr. D. h. t.,[25] das emolumentum collationis, l. 3 § 2, l. 9 eod., gewährt[26] wird, welcher Vortheil von der Art ist, daß er auch durch wahres Vermächtniß

[22] S. die Nachweise bei Dunkhase S. 284, der aber das „expressim" festhält, wie auch Unger § 45 bez. A. 7 das „ausdrücklich" des § 792 (ebenso G. U. W. Nr. 13439); richtig Motive zum d. E. § 2158 S. 703. Mit der Ausdrücklichkeit will hier wie im § 790 nur das wirkliche Eingreifen einer ausschließenden Erklärung des Erblassers gegenüber der Dispositivnorm angedeutet werden. Vgl. noch Gruchot I S. 93 f.; u. E. § 51 (urkundlicher Erlaß).

[23] S. schon w. g. G. B. II § 536. Vgl. pr. L. R. II 2 § 312 f. Näheres bei Unger § 45 A. 8. — Über das Verhältniß zwischen Erlaß und Pflichttheil Leist S. 488 f.

[24] In dem Sinne, in welchem man nach o. § 5 überhaupt von gesetzlichen Zuwendungen sprechen darf.

[25] Als Ersatz für das incommodum interventu eines bisher begünstigten Miterben, l. 1 § 5 eod.

[26] Vgl. l. 1 § 1 h. t. (dabitur collatio), l. 3 § 2 (perveniat). In c. 19 § 3 C. h. t. bezieht sich deferebatur wohl auf die Erbportion.

zugewendet werden könnte, aber hier ohne jene gesetzliche Verfügung eben nicht eintreten würde und sich im Allgemeinen darin zeigt, daß kraft Gesetzes ein gewisses plus zu dem Erbtheile einer Person hinzu kömmt (accedit).[27] Weil aber eine Zuwendung, ist die Collationsvorschrift keine bloße Erbtheilungsvorschrift,[28] wenngleich die Collation systematisch ihre richtige Stellung bei der Erbtheilung hat.[29]

Die fragliche Zuwendung ist offenbar eine Zuwendung von Todeswegen, u. z. obwohl sie eine frühere Zuwendung unter Lebenden ausgleichen will; l. 1 § 14 D. de conjung. XXXVII 8: quod nepotibus confertur . . . propter bona . . . eis accessit; es wird etwas „um der Erbschaft willen" gewährt,[30] und zugleich um das rechtliche Schicksal der Erbschaft auch vom Standpunkte der Gleichheit zu ordnen.[31]

Es sind hier nämlich Descendenten[32] des Erblassers bedacht, wenn und weil sie Erben desselben geworden. Freilich sind sie da nicht mit Erbrecht bedacht, und ist unsere Zuwendung nicht als Erweiterung oder Vermehrung ihrer Erbtheile als solcher gegen Verminderung anderer anzusehen; eine etwaige nach Außen hin, insbesondere den Nachlaßgläubigern gegenüber wirkende („dingliche") Verschiebung der Erbquoten würde zu außerordentlichkeiten Unzukömmlichkeiten und vorweg zu Schwierigkeiten in der Berechnung führen.[33] Hienach ist die gesetzliche Collationsanordnung vielmehr eine Einzelzuwendung, wie sich von selbst schon daraus ergibt, daß sie ein Forderungsrecht auf Ausgleichung wegen einer früheren (gewillkürten lebzeitlichen) Einzelzuwendung gewährt.

---

[27] L. 1 § 14 D. de conjungend. XXXVII 8: quod nepotibus confertur . . . propter bona postea eis accessit. Indeß darf man hier doch nicht von einer „Vermehrung" des „Erbtheiles" (d. Motive S. 710) sprechen, s. u.

[28] Im d. E. ist die Ausgleichungspflicht vollständig unabhängig von der sonstigen Auseinandersetzung der Erben, Motive S. 699 f., 708. Vgl. auch § 5, 7, 51.

[29] Fein Coll. S. 392, Leist S. 202. [30] Leist S. 203.

[31] Bis zum Vorableben des Erblassers könnte man von einer prematura spes collationis wie in l. 1 § 21 D. h. t. sprechen, obgleich in dieser Stelle das Ableben eines Dritten in's Auge gefaßt ist.

[32] Über die Collationssubjecte nach röm. R. überhaupt Leist S. 360 f. Für Österreich s. Unger § 45 A. 5, 6 und Cod. Ther. II 23 n. 1 f.; u. E. § 46 f. Einzelne Codificationen haben einen weiteren Kreis, Roth bayr. Civ. R. III § 375, d. Motive S. 698 f.

[33] D. Motive S. 710 zum § 2164 d. E. („Die Forderung des Berechtigten gilt nicht als ein Bestandtheil des gesetzlichen Erbtheiles desselben"). Doch heißt es dort, es solle so beurtheilt werden, „als sei das Recht ein Theil des sonstigen Vermögens des Erben".

In diesen und in anderen Punkten tritt die Parallele mit einem letztwilligen (Collations-) Vermächtnisse u. z. „Vorausvermächtnisse" unverkennbar hervor, worin eine Collation vom Erblasser angeordnet wird.[34] Man mag daher bei der gesetzlichen Collation von einem gesetzlichen (Collations-) Vermächtnisse u. z. Vorausvermächtnisse[35] sprechen.

Wie angedeutet wirkt die Collationsanordnung zunächst nur obligatorisch, nur nach Innen zwischen den erbenden Descendenten; es wird nämlich mit dem Erbewerden vorerst unter ihnen die „Collations-Obligation" begründet, die Verpflichtung, „eine Ausgleichung zu gewähren", eine „Erstattung" (§ 793 a. b. G. B.) zu leisten (restituere),[36] — also die „Ausgleichungspflicht" oder „Ausgleichungsverbindlichkeit",[37] (welche eben auch „erlassen" werden kann). In den betreffenden römischen Quellentiteln weisen wiederholt schon die Ausdrücke auf eine Obligation: so debere, cogi, compelli, urgueri, conferendum, oportet, necesse est, collatio facienda, collationem postulare, satisfacere u. dgl.; s. auch § 790 f. ö. b. G. B. („muß sich einrechnen lassen", zur „Erstattung angehalten"). Mit der fraglichen Verpflichtung sind andere (die „früher begünstigten", § 793 a. b. G. B.) Descendenten des Erblassers, wenn und weil sie Erben sind,[38] „beschwert" („belastet"), die Verpflichtung ist diesen Miterben vom Gesetze „auferlegt";[39] c. 19 C. h. t.: onus collationis constitutione Arcadii et Honorii ... sibi impositum; l. 3 D. de dotis coll.: collationis munere eam fungi ... debere munus collationis sustinere. Dabei ist mit dem Erbserwerbe die Beschwerung nicht in der Gestalt einer Bedingung, sondern eher in der einer (gesetzlichen) Auflage verknüpft;[40] l. 3 pr. D. h. t.: praetor non sub condicione collationis bonorum possessionem contra tabulas promittit, sed demonstrat, quid data bonorum possessione fieri oportet; cf. c. 11 C. h. t.: si legi datae collationi

[34] Vgl. Brinz P. § 410 A. 8, d. Mot. S. 704, 709 f.

[35] Vgl. o. § 7 a. A.

[36] C. 8 C. h. t.

[37] So besonders scharf nun der d. E. und seine Motive a. a. O. O. passim, worin auch von einer „Forderung des Berechtigten" wiederholt die Rede. S. auch pr. L. R. l. c.

[38] Bez. Pflichttheilsnehmer. S. übrigens o. A. 32.

[39] S. die Ausdrucksweise bei Brinz § 410, im d. E. § 2164 und in dessen Motiven S. 699, 709 f. Dazu o. § 6, 7.

[40] Brinz § 410 A. 1. Vgl. Unger § 46 a. E. (des Textes), § 45 A. 4, aber auch d. Mot. S. 709 f.

non pareatur.[41] Indeß ist die Verpflichtung als gesetzliche (d. i. abgesehen von der Collations-Stipulation) im römischen und noch im gemeinen Rechte nicht direct erzwingbar, ihre Nichterfüllung hat nur Verlust des Erbtheiles zur Folge.[42] Nach modernem Rechte dagegen kann der Collationspflichtige richtig direct zur „Erstattung angehalten“ werden, nur nicht über den Werth desjenigen hinaus, was er erbt;[43] so insbesondere nach § 793 a. b. G. B.[44] In diesem Sinne sagt denn nun der d. E. § 2164: „Die Ausgleichungspflicht gilt als eine dem Verpflichteten obliegende Nachlaßverbindlichkeit“ und stellen die bez. Motive wieder einen Vergleich mit einer dem Verpflichteten auferlegten Vermächtnißlast an.

Gegenstand der Ausgleichung sind gewisse frühere Einzel-Zuwendungen des Erblassers an den betreffenden Abkömmling.[45] Vom germanistischen Anticipationsprincipe aus erscheinen die Conferenda bei ihrer Gewährung als ein (gewillkürter) „Voraus“ (cf. § 792 a. b. G. B.) oder „Vorausempfang“ auf den künftigen Erbtheil,[46] während die römischen Quellen zu Folge ihres Ausgangspunktes bei der Erbtheilung das praecipuum einfach als ein non conferendum verstehen, s. nur D. h. t. l. 1 § 15, 16, l. 3 § 4 (emancipatus . . ., quasi praecipiat, retinere debet), c. 12, 13 C. h. t.[47] In jedem Falle erfolgten diese Zuwendungen durch Rechtsgeschäfte

---

[41] So Mommsen's Ausgabe, mit der Bemerkung, daß collationi aus der Glosse beigefügt zu sein scheine. Brinz möchte da lesen: legi datae bonorum possessionis. Eine andere Lesart hat collationis.

[42] Wenigstens nach der herrschenden Lehre, Windscheid P. § 610 A. 25, Kohler civ. Abh. S. 135, 158 f. („Heimschlagung des Erbtheils“, als „Technik der Collationsprocedur“), wogegen freilich Leist S. 450 f. mit Rücksicht auf das deutsche Recht, unter Fingirung der Stipulation. S. noch Stobbe A. 1.

[43] Die Beschränkung der Haftung ergibt sich schon aus der nunmehrigen Collationsweise (s. u.; auch u. E. § 52). Zu weit geht das französische R., Kohler S. 158.

[44] Dazu Unger § 47 A. 5, G. U. W. Nr. 13346. Das pr. L. R. II 2 § 312 f. macht eine Ausnahme bei nicht ausgestatteten Kindern, unter kleinlichen Details, Gruchot III S. 32 f.

[45] Von der alten Emancipirten-Collation kann hier abgesehen werden. Über die Collationsobjecte s. für das gemeine Recht Leist S. 402 f., für das österreichische Recht Unger § 46. S. übrigens noch Leist S. 446 f. A. 48 zu Seuffert Arch. IV 68.

[46] S. die Ausdrucksweise im pr. L. R. II 2 § 303 („zum Voraus“), im d. E. § 2157 („Vorempfangenes“), bei Unger § 45 f. („Voraus“, Vorausempfang“). Über den gesetzlichen Voraus von Todeswegen o. § 7.

[47] S. Bernstein a. o. § 7 a. O. S. 29 f., 81 f., 87 f.

unter Lebenden,[48] mit endgiltiger Wirkung unter Lebenden,[49] daher die Conferendenmasse nicht wirklich zum Nachlasse gehört; l. 1 § 14 D. de conjung. XXXVII 8: quod . . . confertur . . . non de bonis . . . accessit.[50]

Allerdings werden die Collationsgegenstände dennoch gewissermaßen zum Nachlaß hinein bezogen,[51] d. h. aber nur, sie werden theilweise wie ein Nachlaß behandelt, u. z. eben zum Behufe der Ausgleichung; in dieser Weise ist in den römischen Quellen die commixtio oder confusio der conferenda mit den bona defuncti gemeint;[52] es werden nämlich die betreffenden Objecte als mit der Erbschaft vereinigt — und mit derselben nach den Erbquoten[53] vertheilt — angesehen. Nach § 793 a. b. G. B. soll zwar, wie im pr. L. R., „die Anrechnung des Empfangenen zum Erbtheile . . . dadurch" geschehen, „daß jedes Kind den nämlichen Betrag noch vor der Theilung" in Voraus erhält;[54] allein mit Recht führt Unger VI § 47 aus, daß diese Art die Berechnung unnöthig erschwert, übrigens nicht immer anwendbar ist, ja mitunter zu unrichtigen Resultaten gelangt, daher vielmehr ein dem römischen gleichartiges Commixtions-Princip aufzustellen ist.[55]

---

[48] So ausdrücklich d. E. § 2157 (der vorwiegend doch auf dem Anticipationsgrundsatze beruht); s. auch a. b. G. B. § 790 („von dem Erblasser bei dessen Lebenszeit . . . empfangen").

[49] So selbst nach dem deutschen Principe, Leist S. 352 f., 295, vgl. Unger § 45 A. 4, d. Mot. S. 701. Mit Rücksicht auf die Erbtheilsanticipation erblickt aber Leist S. 342 f. hier doch eine „Zuwendung, die nicht „juristisch rein und voll eine Zuwendung unter Lebenden" ist, sondern „ihrem Hauptmomente nach mortis causa geschieht."

[50] Die conferenda sind in Wahrheit extra hereditatem, s. Bernstein a. O., auch Windscheid P. § 609 a. A.

[51] Keine Collation daher unten § 50, dann o. § 27, 29.

[52] Leist S. 445 f. (ähnliche Ausdrücke der älteren deutschen Quellen bei demselben S. 307). In gleichem Sinne spricht Leist S. 202 f. von einer „künstlichen Erbsachen-Creirung", die er in die „subsequente" (römische) und die '„anticipative" (deutsche) unterscheidet, S. 297 f.; vgl. die oft berufene l. 1 §. 14 D. de conjung: quod nepotibus . . confertur . . . non de bonis . . sed propter bona postea eis accessit. S. noch d. Mot. S. 708 ff.

[53] S. Arndts S. 836 f., Leist S. 481 f., d. E. § 2163.

[54] S. auch die Vorwegnahme von ebensoviel Sachen gleicher Art im württemb. R. bei Stein württ. Erbr. § 135, dann Stobbe § 284; desgleichen s. code Nap. a. 830 (prélèvements), ital. G. B. a. 992, aber auch c. Nap. a. 858 f., ital. G. B. a. 1015 f.

[55] S. gleichfalls Leist S. 328, d. Motive S. 701. Dazu östr. Judicatenbuch Nr. 114 und die übrigen Entscheidungen in der Ausgabe des b. G. B. von Schey ad

Die wirkliche Ausgleichung (Real-Collation in diesem Sinn)[56] hat bekanntlich nach gemeinem Recht regelmäßig durch Naturaltheilung zu erfolgen (Natural-Collation), doch kann bei Einverständniß der Parteien oder boni viri arbitratu an Stelle des eigentlichen Gegenstandes ein Surrogat gesetzt werden[57] (fingirte Collation)[58], insbesondere der Werth desselben (Werth-Collation). Im österr. G. B. § 790 f. findet, mit dem pr. L. R.,[59] richtig nur eine Verpflichtung zur Werthausgleichung u. z. durch Werth-einrechnung (Ideal-Collation) statt;[60] desgleichen jetzt im b. G. § 2163.[61] Übrigens selbst insoferne die Collation thatsächlich durch Beibringen aus dem Vermögen des Pflichtigen zu geschehen hat, ist nicht erforderlich, daß das conferendum zur Erbschaft vorerst eingeworfen werde (in medium conferri), sondern ist es genügend, wenn der betreffende Theil direct dem Berechtigten conferirt wird;[62] bei bloßer Einrechnung aber erfolgt die Erfüllung der Ausgleichungspflicht nicht einmal aus dem (bisherigen) Vermögen des Conferenten, sondern durch eine Erstattung aus dem Nachlaßvermögen.[63]

§ 788 N. 2, aber auch Unger § 81 A. 11, ö. Not.-Ztg. 1880 Nr. 6. Krainz § 513, 530; neuestens vergl. Ofner in der G. Z. 1894 Nr. 35. Sorgfältig ist die Fassung im § 2163 b. G., § 52 u. G.

[56] Nach l. 1 § 11 D. h. t. ist die Real-Collation der Gegensatz zur Cautional-Collation, (darüber Leist S. 225 f., 461, Kohler S. 159 f., Dernburg P. § 141 g. E.) und umfaßt dieselbe daher auch die ev. Werth-Collation, Fein Coll. S. 302. Freilich gebrauchen die meisten Neueren die Real-Collation in dem Sinne von Natural-Collation und daher die Ideal-Ausgleichung in dem Sinne von Werth-Ausgleichung, so jetzt d. Motive S. 700, 708. Unger wieder § 47 A. 2 unterscheidet zwar Real- und Natural-Collation als allgemeine und bez. als besondere Art, versteht aber unter Real-Collation das „Einbringen", das auch als Werth-Einbringen (Werth-Collation im Sinne Unger's) möglich ist, im Gegensatze zum bloßen Einrechnen (zur Ideal-Collation). Richtig ist, daß an sich selbst bei der Werth-Collation ein Einbringen und ein Einrechnen auseinandergehalten werden kann, doch abgesehen davon empfiehlt es sich, die überkommenen Ausdrücke in der überkommenen Bedeutung möglichst beizubehalten.

[57] S. Arndts im R. L. III. S. 845, Leist S. 467 f., Windscheid § 610 A. 29, aber auch Dernburg P. III § 141 A. 16.

[58] Vgl. Fein l. c.

[59] Über das ältere deutsche Recht Leist S. 307 f., 466 f.

[60] Nicht consequent hinsichtlich der maßgebenden Zeit des Werthes; Unger § 47 A. 7, dazu Leist S. 344 f., 359 f., 468 f., Dernburg P. III § 141, d. Mot. S. 708 f.

[61] Nicht ganz treffend daselbst „entrichten". S. auch u. G. § 52.

[62] S. Windscheid P. § 609 A. 1 und die dortigen Stellen, darunter l. 1 § 24 D. h. t. (retinere).

[63] L. 1 § 12 D. h. t.: Sed et si tantum forte in bonis paternis emancipatus remittat, quantum ex collatione suus habere debet, dicendum est emancipatum satis contulisse videri.

§ 44. Letztwillige Vorbehalte und Ausnahmen.

Wenn der Erblasser zwar über sein Vermögen als Gesammtheit testirt, aber noch eine besondere letztwillige Verfügung über einen einzelnen Gegenstand (also ein Singular-Vermächtniß) zu errichten sich vorbehält[1] und sodann diese Verfügung nicht wirklich trifft, so sollte es an sich offenbar so gelten, als ob ein Vorbehalt gar nicht gemacht worden wäre, denn eine Beschränkung der eingesetzten Erben war da noch nicht wirklich erfolgt, sondern nur als möglich in Aussicht gestellt.[2] Für die Eingesetzten findet da nicht etwa ein besonderer Erwerb des Reservirten statt, sondern tritt einfach eine gewisse Beschränkung nicht ein.

Dagegen bestimmt, in Entscheidung einer gemeinrechtlichen Controverse,[3] das preußische L. R.[4] I 12 § 630, I 11 § 1087f., daß, falls in einem „Erbvertrage die letztwillige Verfügung über eine gewisse Sache oder Summe vorbehalten" ist, diese bei Ermanglung einer solchen Verfügung nur dann[5] den eingesetzten Erben „anheimfallen",[6] wenn der Erblasser keine „gesetzliche Erben in auf- oder absteigender Linie oder Geschwister oder Geschwisterkinder ersten Grades" hinterläßt; denn sonst haben diese „gesetzlichen Erben" „auf eine solche vorbehaltene Sache oder Summe vor" den eingesetzten „vorzüglichen Anspruch". Und vom hessischen Entwurfe eines b. G. B.[7] III A. 133 wird bei ähnlichen letztwilligen Vorbehalten, die unausgeführt blieben, geradezu „angenommen, daß diese Gegenstände den gesetzlichen Erben als Vermächtniß hinterlassen worden seien."[8] Hiebei wird ein Vermächtniß gesetzlich „vermuthet", für welches ein erblasserischer Zuwendungswille selbst nicht stillschweigend erklärt, ja vielleicht nicht einmal wahrscheinlich ist; in Wirk-

[1] Man denke gar an den Fall, wenn der Vorbehalt eine Schuldbefreiung oder keinen Nachlaßbestandtheil betraf.

[2] S. Beseler Erbvertr. II 1 S. 188 f., Nippel Comm. ad § 554 a. b. G. B. (nicht scharf), Unger System VI § 15 A. 1, Pfaff und Hofmann Comm. II S. 66, Dernburg pr. Pr. R. III § 177 A. 10, d. E. § 1767, 1946 und Motive dazu V S. 31, 63 f. Dagegen s. u. die Motive zum hess. E.

[3] Beseler l. c., Gruchot pr. Erbr. II S. 360 f. Bei letzterem sind diesfalls noch ältere Particularrechte angeführt.

[4] S. darüber aber die Motive zum d. E. S. 63 f.

[5] Nach dem pr. L. R. soll dies gar die Regel (?) sein.

[6] Besser wäre nach Obigem: „verbleiben".

[7] Vgl. auch einzelne thüringische Erbgesetze.

[8] Unrichtig bemerken die Motive III S. 93, daß ein Grund für eine entgegen-

lichkeit haben wir es hier nicht mit einem ausgelegten letztwilligen Vermächtnisse, sondern mit einem hineingelegten gesetzlichen Vermächtnisse zu thun.[9] Berufen sind vom Gesetze da collectiv jene nächsten „gesetzlichen Erben", aber nicht als solche zur Erbfolge, sondern als nächste Angehörige zu einem Singularerwerbe von Todeswegen, wenngleich unter den Voraussetzungen, nach der Ordnung und nach Maß der gesetzlichen Erbfolge.[10] Eigenthümlich ist es, daß das preußische L. R. hier[11] nicht alle nächsten gesetzlichen Erben, nämlich nicht auch den Ehegatten beruft, welch' letzterer doch dem Erblasser näher steht als mindestens die Geschwisterkinder und daher ev. in der vorbehaltenen letztwilligen Verfügung wahrscheinlicher bedacht worden wäre als mindestens diese.

Anders als ein bloßer Vorbehalt enthält die erblasserische Ausschließung (Ausnahme) gewisser einzelner Gegenstände bei einer Erbeinsetzung bereits eine wirkliche Einschränkung des betreffenden Erben.

Dennoch hält das römische Recht die heredis institutio excepta re certa in dem Falle, wo dem Alleineingesetzten — oder wohl allen Eingesetzten[12] — vom Erblasser ein Object einfach excipirt wurde, als unbeschränkte Einsetzung (sine ea exceptione) aufrecht, wie wenn eine solche Ausnahme gar nicht gemacht worden wäre; l. 75 (74) D. de h. i. XXVIII 5: Si ita quis heres institutus fuerit: ‚excepto fundo, excepto usufructu heres esto', perinde erit jure civili atque si sine ea re heres institutus esset, idque anctoritate Galli Aquilii factum est."[13] Die Ansicht Neuner's h. i. ex re certa S. 37 f., 71 f., 93 f., 382 f., daß hier (wie sonst) die heredis institutio excepta re certa eine (indirecte) heredis institutio ex re certa sei, bei welcher die Erbeinsetzung detracta rei certae mentione aufrechterhalten werde, ist bereits von anderer Seite widerlegt worden.[14] Nach Mandry wieder (im civ.

gesetzte Intention des Erblassers mangle, und daß der Vorbehalt „deutlich" (!) zu erkennen gebe, der Erblasser habe dabei nicht die Absicht gehabt, das Vorbehaltene dem Eingesetzten zuzuwenden. Dagegen schon Unger VI § 15 A. 1. [9] Vgl. o. § 5.

[10] Dazu o. § 6. Allerdings sind bei einem ähnlichen Vorbehalte in einer Schenkung des ganzen Vermögens nach pr. L. R. I 11 § 1087 f. die gesetzlichen Erben als solche zur gesetzlichen Erbfolge berufen, indem das Vorbehaltene dann eben die Erbschaft bildet. S. auch code N. a. 946, hier sogar nonobstant toutes clauses et stipulations à ce contraires. [11] Abweichend von den Grundsätzen in II 1 § 621 f.

[12] So ausdrücklich Arndts P. Comm. XLVII S. 43.

[13] In l. 17 (16) § 6 ad s. c. Treb. XXXVI 1 heißt es wohl (nach Mommsen) „ex certa re"; Brinz P. § 372 A. 38 macht da ein ?.

[14] Litteratur bei Windscheid P. § 553 A. 1. Vor Neuner s. schon Mühlen-

Arch. LI S. 92 f.) werde eine solche Eximirung einzelner Objecte vom röm. R. wegen eines anderen Widerspruches mit Wesen und Zweck der Erbeinsetzung beseitigt, indem die exceptio rei certae die Minderung des Nachlasses und den Ausschluß einiger Nachlaßbestandtheile vom Übergange auf den Erben beziele.[15] Allein da müßte die exceptio rei certae auch in dem Falle einen derartigen Widerspruch enthalten, wenn sie zum Nachtheile bloß des Einen von mehreren Erben gesetzt wurde, und doch ist sie in diesem (unten erwähnten) Falle zulässiig. Ferner ist — ganz abgesehen von der Möglichkeit eines Vindicationslegates und einer erbrechtlichen Praeception — mit einer exceptio rei certae nicht nothwendig gesagt, daß der Eingesetzte die fraglichen Gegenstände nicht einmal als Erbe erhalten soll, d. h. daß dieselben auf ihn nicht einmal so übergehen sollen, wie regelmäßig selbst die an andere vermachten Gegenstände durch seine Person gehen; vielmehr legt das Vorhandensein einer Erbeinsetzung und das regelmäßige Schicksal selbst der an andere vermachten Gegenstände an sich die Bedeutung näher, daß der so beschränkte Erbe die ausgenommenen Objecte nur nicht als besondere behalten soll[16], so wenig wie schon die anderweitig legirten Objecte. Die von Mandry angerufene Regel nemo pro parte testatus, pro parte intestatus decedere potest würde in unserem Falle eine gesetzliche oder gar eine gesetzlich „vermuthete" Einzelzuwendung an die Intestaterben ungeachtet der testamentarischen Erbfolge nicht gehindert haben. — Meines Erachtens liegt hier eben eine gesetzliche Verfügung vor, welche aber gegen den wahren und erklärten Willen des Erblassers die ausgenommenen Gegenstände dem eingesetzten Erben beläßt, mit der Fiction, als sei ein gegentheiliger Wille des Erblassers gar nicht erklärt, — also ein sog. gesetzliches (Voraus-) Vermächtniß;[17] und diese Verfügung hat außer dem favor institutionis[18] den Umstand zur Grundlage, daß die Gegenstände vom Erben als solchem einmal in Folge der Erbeinsetzung erworben wurden, und daß — nach römischer Auffassung — vom Erblasser hier nicht deutlich genug erklärt

---

bruch P. Comm. XL S. 167. Zu den Anhängern Neuner's zählt noch Vering Erbr. S. 316, Sintenis Civ. R. § 172 A. 14, wie es scheint auch Unger VI § 8 A. 6, Arndts S. 438 f. Gegen Neuner noch Brinz P. § 372 („nur die excepta res erscheint hier als res certa"), Dernburg P. III § 87 A. 3, Karlowa r. R. G. II S. 869 f.

[15] Vgl. Glück Comm. IX S. 184, Karlowa l. c.

[16] Zu beachten ist namentlich obiges Quellenbeispiel mit dem usufructus.

[17] S. o. § 5, 7.

[18] Über diesen Hofmann krit. Studien S. 101 f.

wurde, an wen dieselben herauszugeben seien. Ein stillschweigend erklärtes Vermächtniß des Erblassers zu Gunsten der Intestaterben hat also das röm. R. in unserem Falle aus jener Beschränkung nicht erschlossen.[19]

Wohl aber wird im modernen Rechte die erblasserische Ausnahme einzelner Gegenstände bei der Verfügung über die Gesammtheit des Nachlasses richtig als ein stillschweigend erklärtes wahres Vermächtniß zu Gunsten der Intestaterben ausgelegt;[20] so ausdrücklich vom sächsischen b. G. B. § 2172[21], welchem Mommsen's Entwurf § 139[22] und der deutsche Entwurf § 1791[23] folgen. Dasselbe wird auch für das österreichische Recht gelten müssen.[24]

Eine entsprechende Behandlung der heredis institutio excepta re certa ist jedoch bereits im römischen Rechte dann statuirt, wenn die exceptio nur einer oder einigen von mehreren Erbeinsetzungen beigefügt ist; hier ist nämlich der erblasserische Wille, die ausgenommenen Gegenstände an bestimmte andere Personen, u. z. an die Miterben, gelangen zu lassen, so unzweideutig ausgesprochen, daß sich ein objectives Recht darüber nicht hinwegsetzen kann; l. 86 pr. D. de leg. II: ‚Gajus Sejus pronepos meus heres mihi esto ex semisse bonorum meorum excepta

[19] Ältere Schriftsteller (s. Glück S. 183 f.) bezogen freilich die Worte sine ea re auf ein stillschweigend erklärtes Fideicommiß für die Intestaterben (fundus exceptus quasi ex causa fideicommissi ad legitimos heredes spectabit, sagte Langebeck). Dagegen Mühlenbruch S. 168, Neuner h. i. ex re c. S. 39 f., 71 f., Brinz § 372, — welche betonen, daß der Erblasser nicht deutlich genug erklärt habe, zu wessen Gunsten er die Beschränkung gesetzt; s. ferner Sintenis § 172 A. 14 (der aber überflüssige Skrupel für den Fall macht, wo der Alleineingesetzte zugleich der nächste und alleinige Intestaterbe wäre), Mandry l. c. S. 93 f.

[20] Über den Gegensatz zwischen stillschweigend erklärten letztwilligen Vermächtnissen und stillschweigenden gesetzlichen Vermächtnissen s. o. § 5.

[21] „Hat der Erblasser Erben ernannt, jedoch einzelne Sachen, Rechte oder Summen davon ausgenommen, so erhalten, in Ermanglung einer anderen letztwilligen Verfügung, die gesetzlichen Erben diese ausgenommenen Sachen, Rechte oder Summen als Vermächtnißnehmer.“ Sintenis Comm. h. l. weist schon auf das sächs. Erbfolgemandat hin.

[22] Mommsen verbessert sein Vorbild (§ 139: „einzelne Vermögensgegenstände“); zugleich hebt er S. 233 hervor, daß „die gesetzlichen Erben als Vermächtnißnehmer angesehen werden“ „auf Grund der .. aussondernden Verfügung des Erblassers“.

[23] „Hat der Erblasser bestimmt, daß ein Vermögensgegenstand den eingesetzten Erben nicht zufallen soll, so ist anzunehmen, daß die gesetzlichen Erben diesen Gegenstand als Vermächtniß erhalten und mit diesem nach Maßgabe der Vorschriften über die gesetzliche Erbfolge bedacht sein sollen.“ Dazu Motive V S. 64.

[24] Nippel Comm. ad § 554, Stubenrauch Comm. eod., Unger VI § 8 A. 6, § 15 A. 1, Pfaff und Hofmann II S. 66.

domu mea et paterna, in quibus habito, cum omnibus quae ibi sunt: quae omnia scias ad portionem hereditatis, quam tibi dedi, non pertinere'. quaero, cum sit in his domibus argentum nomina debitorum suppellex mancipia, an haec omnia, quae illic inveniuntur, ad alios heredes institutos debeant pertinere. Paulus respondi nomina debitorum non contineri, sed omnium esse communia, in ceteris vero nullum pronepoti locum esse.[25] In solchem Falle liegt also ein stillschweigend erklärtes (vom Gesetze als solches anerkanntes und ausgelegtes) Singular-Vermächtniß des Erblassers vor; und zwar ein wahres Vorausvermächtniß an die Miterben.[26]

Letzteres wird da auch für das moderne Recht anzunehmen sein; insbesondere für das österreichische Recht;[27] aber auch nach der erwähnten Vorschrift des sächsischen b. G. B. und deren Nachbildungen, indem hienach die Intestaterben erst bei Ermanglung einer anderweitigen (ausdrücklichen oder stillschweigenden) letztwilligen Verfügung berufen sind.

---

§ 45. Gesetzliches Vermächtniß in Folge der Beschränktheit des Erbeinsetzungsvertrages nach österreichischem Recht. (Unbeschränktheit des Vermächtnißvertrages.)

Ein eigenartiges gesetzliches Legat bietet uns § 1253 des österreichischen a. b. G. B.,[1] in Verbindung damit, daß darin der — bereits subjectiv (auf Ehe- bez. Brautleute) beschränkte — Erbeinsetzungsvertrag noch quantitativ,[2] auf drei Viertheile[3] des „reinen" Nachlasses beschränkt und ein „reiner Viertheil" zur freien letztwilligen Verfügung „vorbehalten" wird: „Durch den Erbvertrag kann ein Ehegatte auf das Recht, zu testiren, nicht gänzlich Verzicht thun. Ein reiner Viertheil, worauf weder der jemanden gebührende Pflichttheil, noch eine andere Schuld haften darf,

[25] Darüber Neuner S. 71 f., 93 f., 382 f. (welcher auch hier eine h. i. ex re certa vermeint), Mandry S. 93 f., Arndts Comm. XLVII S. 42 f., 438 f. S. noch den Fall bei Glück Comm. VII S. 276; dazu l. 19 D. de lib. et post. XXVIII 2.

[26] Glück l. c.: „gleichsam"? [27] Unger VI § 8 A. 6.

[1] Darauf machte ich schon in meinem Vermächtnißbegriff A. 125 aufmerksam; dawider Randa in Grünhut's Ztschr. II S. 474.

[2] Über derartige quantitative Schranken s. de lege ferenda die Protokolle II S. 28, 549 f., Zeiller Comm. h. l., Gruchot pr. Erbr. II S. 359 f. (der sich gegen absolute Schranken ausspricht), Mommsen d. Erbr. S. 270.

[3] Gegen den Vorschlag der Hälfte s. die Protokolle I S. 440.

bleibt kraft des Gesetzes zur freien letzten Anordnung immer vorbehalten. Hat der Erblasser darüber nicht verfüget; so fällt er doch nicht dem Vertragserben, obschon die ganze Verlassenschaft versprochen worden wäre, sondern den gesetzlichen Erben zu". Eine Bestimmung, welche im Wesentlichen aus dem w. g. G. B. II § 523, bez. dem Entwurfe Martini's II 15 § 12 stammt[4] und von unseren Redactoren als eine Verschärfung des preuß. L. R. I 12 § 628 erkannt ward.[5] Offenbar hängt dieselbe mit der älteren gemeinrechtlichen Theorie zusammen, nach welcher bei einer donatio omnium bonorum, mit der ja der Erbvertrag so vielfach in Parallele gebracht wurde, die Testirfreiheit nicht vollständig aufgehoben sein durfte, sondern stets ein Theil „zur freien Verfügung vorbehalten" werden mußte,[6] wie denn in der That der Entwurf Martini's und das w. g. G. B. vorschreiben, daß ein Viertheil „der letztwilligen Verordnung des Erblassers vorbehalten werden soll" („muß"), — von dem Vertragserblasser; das a. b. G. B. änderte dies nun dahin, daß „ein reiner Viertheil ... kraft des Gesetzes zur freien Verfügung immer vorbehalten" „bleibt".[7] Zugleich ward aber jetzt unser b. G. B. (durch die betreffende gemeinrechtliche Streitfrage hinsichtlich obiger Schenkung) zur Entscheidung der Frage veranlaßt, wem das Vorbehaltene bei Ermanglung einer Verfügung gebühre.[8]

---

[4] Harrasowsky Cod. Ther. V S. 141. Dazu Protokolle I S. 440. Dagegen wesentlich anders der Horten'sche Entwurf III 1 § 65 (Harrasowsky IV S. 323f.), worin keine Maximalgrenze für den Erbvertrag besteht, und der Cod. Ther. I 3 n. 231f. (Harrasowsky I S. 126f.), wonach umgekehrt der Erbvertrag als solcher nur bis 1/4 bez. 1/3 wirkt.

[5] Darüber Gruchot l. c. Nach dem pr. L. R. ist die Freiheit des Vertragserblassers hinsichtlich eines Zwanzigstels der Erbschaft unbeschränkt, über welches er durch „Vermächtnisse" (nur?) verfügen darf; aber er kann sich auch dieser Befugniß ausdrücklich begeben. Von anderweitigen Legislationen s. code Nap. a. 1083, 1094, dazu Zachariä fr. C. R. § 688.

[6] Siehe die Nachweise bei Thibaut P. 9. Aufl. § 491r und besonders bei Beseler Erbv. II 1 S. 286f., welch' letzterer im § 1253 geradezu eine „Übertragung" der älteren Behandlung des Vorbehaltes auf den Erbeinsetzungsvertrag erblickt; s. noch Koch pr. Erbr. S. 788; unrichtig aber dieser S. 772 für das preußische Recht („Vorbehalt . . freigestellt") und im Vergleiche mit dem französischen Rechte.

[7] Gruchot l. c. erblickt in obiger „subsidiärer" Bestimmung des pr. L. R. gar eine „Rechtsvermuthung", daß sich der Erblasser die Befugniß vorbehalten habe, Vermächtnisse bis auf den 20. Theil seines Nachlasses zu errichten!

[8] S. die Protokolle l. c. Dazu Beseler S. 288f., welcher aber für das pr. L. R. einer unrichtigen Ansicht ist, indem da vielmehr das gesetzlich Vorbehaltene bei Ermang-

Einen Singularanspruch gewährt nun jener § eben dadurch, daß er gegenüber einem übermäßigen Erbeinsetzungsvertrage einen Theil der „reinen" Verlassenschaft den „gesetzlichen Erben" zufallen läßt, insoferne der Erblasser darüber eine letztwillige Verfügung nicht getroffen hat. Eine solche Verfügung wäre jedenfalls zunächst maßgebend, mag sie zu Gunsten eines Dritten [9] oder des Vertragserben selbst erfolgt sein, nur müßte sie im letzteren Falle laut obiger Vorschrift eine besondere sein;[10] gleichgiltig ist übrigens, ob die Verfügung mit dem Erbvertrage[11] oder in

---

lung einer Verfügung an die Vertragserben fällt; s. Koch S. 788f. Über einen vertragsmäßigen Vorbehalt der Verfügung über einzelne Gegenstände o. § 44.

[9] So ausdrücklich Zeiller Comm. h. l. Insbesondere kann der Erblasser den Pflichttheil oder die Forderungen Dritter auf den vorbehaltenen Theil weisen, s. die Protokolle a. O. und unten. S. dann G. U. W. Nr. 3200: die bloße Ausscheidung des Pflichttheiles Dritter im Vertrage ist keine Verfügung zu Gunsten dieser Dritten, sondern nur eine Beschränkung des Vertragserben.

[10] Als eine solche besondere Verfügung erscheint nicht jede ausdrückliche Verfügung zu Gunsten des Vertragserben, nicht die bloße Wiederholung der allgemeinen vertragsmäßigen Verfügung (vgl. G. U. W. Nr. 1208); sie kann in der Clausel bestehen, daß der Erbvertrag in Ansehung des vorbehaltenen Viertels als ein Testament gelten soll, s. Winiwarter in der Ztschr. f. ö. R. Gel. 1825 I S. 359f. gegenüber Nippel Comm. h. l. Bei Ermanglung einer besonderen Verfügung wird im Zweifel das Rechtsgeschäft als einseitiges anzusehen, G. U. W. Nr. 311, 2627, 12580, auch die event. vormundschaftsbehördliche Genehmigung zu versagen sein, G. U. W. Nr. 1199. — Das fragliche positive Erforderniß, welches erst in das a. b. G. B. eingefügt ward (Protokolle l. c.), wird bei Unger VI § 26 A. 17 vom Standpunkte der Hartmann'schen Construction des Erbvertrages aus mißbilligt, (der § enthält übrigens Spuren nicht bloß dieser Auffassung); auch ist von der herrschenden Construction aus zu bedauern, daß hinsichtlich des vorbehaltenen Theiles nicht einfach eine Conversion des Erbvertrages in einen einseitigen letzten Willen stattfindet, Krainz System II § 508. Gegen die Rechtfertigungsversuche von Nippel und Stubenrauch s. Unger l. c., gegen ersteren auch Winiwarter l. c. — Im Codex Theres. bleibt das „Übermaß" an Zuwendung allerdings (als widerruflich) bestehen. Desgleichen selbstredend im pr. L. R., wenn nicht der Erblasser sich der Befugniß zur weiteren Verfügung selbst begeben hat.

[11] A. A. hinsichtlich der besonderen Verfügung für den Vertragserben Nippel wie Ellinger (Kalessa) Comm. h. l. Nicht genau freilich ist es, wenn es häufig heißt, daß dieselbe in dem oder durch den Erbvertrag getroffen werden könne, (statt: bei oder mit dem Erbvertrage oder ev. in der Erbvertrags-Urkunde). In dem Falle der G. Z. 1853 Nr. 68 (Peitler Sammlung Nr. 1010) war die besondere Zuwendung unmittelbar unter den unterschriebenen Erbvertrag, also nur auf die Vertragsurkunde gesetzt. Selbst in der Vertragsform ist die besondere Verfügung ihrem Wesen nach doch eine einseitige Verfügung, soferne eben die Willenserklärung der anderen Seite zum Bestande des fraglichen Rechtsgeschäftes nicht wesentlich ist; diese Einseitigkeit wird weniger gut als Freiwilligkeit bezeichnet in der Nr. 1208 G. U. W. — Die mit dem Erbvertrage errichteten Vermächtnisse werden übrigens in der Regel nur zu Lasten des Vertragserben und nicht auf Rechnung des Viertheils gemeint sein; vgl. u. a. Zeiller Comm. h. l., Scheidlein

einem eigenen — späteren[12] oder früheren[13] — letzten Willen, und ob sie durch Erbeinsetzung oder Vermächtniß[14] getroffen wird. Hienach bestimmt sich von selbst der Umfang des den „gesetzlichen Erben" zufallenden reinen Nachlaßtheiles. Dieser ist nämlich ein Viertheil der reinen Verlassenschaft dann, wenn der Erbvertrag sich auf die ganze Erbschaft erstreckt und der Erblasser über den vorbehaltenen Theil überhaupt nicht giltig verfügt hat. Dagegen ist derselbe geringer als ein solcher Viertheil dann, wenn eine bezügliche einseitige, aber nicht erschöpfende Verfügung des Erblassers maßgebend und daher in den Viertheil einzurechnen ist; aber auch ohne eine solche Verfügung ist der „reine" Theil der gesetzlichen Erben ein geringerer dann, wenn der übermäßige Erbvertrag nicht die ganze Erbschaft umfaßt und daher den gesetzlichen Erben durch die gesetzliche Erbfolge bereits ein wahrer, voller Erbtheil gewährt ist; im letzteren Falle haben nämlich diese Erben zugleich eine Forderung auf Ergänzung bis zu dem ev. gebührenden reinen Antheile.[15]

Daß es sich bei dem fraglichen Anspruche der „gesetzlichen Erben" wirklich um einen Einzelanspruch handelt, ergibt sich aus Folgendem: Das Wort „rein" wurde zum „Viertheil" unseres § mit besonderer Absicht und zwar erst von den Redactoren des a. b. G. B. beigesetzt; zur näheren Bestimmung dient da der Beisatz, daß darauf „weder der jemanden gebührende Pflichttheil, noch eine andere Schuld haften darf". Nach den Protokollen I S. 440 und dem Zeiller'schen Commentar ist dieser „reine

---

Miscellen § 121; aber auch Winiwarter und Krainz a. a. O. O. Über das preuß. R. Dernburg pr. Pr. R. III § 177 A. 11.

[12] Nur dieses Falles gedenken ausdrücklich die Protokolle l. c. Die nach dem Erbvertrage errichteten einseitigen Vermächtnisse können bloß den Viertheil belasten, § 1254 a. b. G. B., Winiwarter l. c.

[13] Soweit ein solcher durch den Erbvertrag nicht aufgehoben wurde, vgl. jedoch G. U. W. Nr. 11646 gegenüber § 713 a. b. G. B., Winiwarter l. c., Krainz II S. 554. Die vor dem Erbvertrage errichteten und noch giltigen Vermächtnisse sind sogar im Zweifel auf den Viertheil zu übernehmen; anders Ellinger h. l.

[14] § 1253: „letzte Anordnung", „verfügen"; nicht hinderlich ist das dortige Wort „testiren". Vgl. Zeiller Comm. h. l., aber auch die Ausdrucksweise bei Unger l. c., Kirchstetter Comm. h. l., Krainz § 508 („testamentarisch"): letzterer sagt andererseits zu viel, wenn er „sämmtliche Legate" in den Viertheil einrechnen läßt; vgl. o. A. 11 Dazu o. A. 9.

[15] Auf diese Möglichkeiten paßt nicht vollständig die Ausdrucksweise des § und der Litteratur; eigenthümlich die Formulirung bei Kirchstetter h. l. S. dafür die Protokolle l. c. — Über den Fall, daß der Erblasser ein gerichtlich erklärter Verschwender ist, s. Unger, Krainz l. l. c. c. und deren Citate.

Viertheil" wirklich so zu verstehen, wie es der Wortlaut nahelegt, als ein Theil desjenigen Nachlaßvermögens, das nach Abrechnung der darauf haftenden Schulden und sonstigen Lasten erübrigt; es soll nämlich der übermäßig bedachte „Vertragserbe"[16] „alle Schulden des Erblassers und den Pflichttheil" „übernehmen", „berichtigen" und nur den vorbehaltenen Theil des erübrigenden Nachlasses bez. die „Ergänzung" desselben „herausgeben", und zwar ev. den „gesetzlichen Erben. Eine Haftung des vorbehaltenen Theiles wegen des Pflichttheiles oder einer anderen Erbschaftslast wurde dabei nur als eine ausnahmsweise gedacht, nur für den Fall, als der Erblasser durch seine (vorbehaltene) Verfügung „eine Schuld oder den Pflichttheil auf dieses freie" Viertel „ausdrücklich gewiesen hätte". Zudem formulirten unsere Gesetzesverfasser die neue Bestimmung, daß der vorbehaltene Theil u. U. den „gesetzlichen Erben" „zufalle", genau nach der betreffenden obergerichtlichen Anregung, welche sich zweifellos auf die „Herausgabe" eines nur quantitativ bestimmten Theiles bezog, während sie die Formulirung einer weiteren obergerichtlichen Frage, ob „in Hinsicht dieses Viertheils die gesetzliche Erbfolge eintrete", nicht befolgten. Hienach ist der gesetzlich vorbehaltene Theil kein wahrer Erbtheil, zu dem die „gesetzlichen Erben" ein Erbrecht hätten, sondern ein Theil des reinen Erbschaftsbetrages, auf dessen Herausgabe die „gesetzlichen Erben" ein Forderungsrecht haben;[17] und es sind da nicht die „gesetzlichen Erben" als solche zur gesetzlichen Erbfolge berufen, sondern vielmehr die nächsten Angehörigen des Erblassers, welche eventuell seine Intestaterben wären, vom Gesetze[18] zu einem Vermächtnisse, — unter Umständen zu einem gesetzlichen Vorausvermächtnisse,[19] — berufen, wenngleich nach Ordnung und Maß der gesetzlichen Erbfolge.[20] Zeiller Comm. h. l. bemerkt da: „hat" der Erblasser über den reinen Viertheil „nicht verfüget, so ist, weil er den Ehegatten bereits bedacht hat, zu ver-

---

[16] Laut der Protokolle wurde zwar diesfalls in der betreffenden appellgerichtlichen Frage nur der „Vertragserbe", „welchem bestimmte Sachen ... zugesichert sind", gemeint; doch erklärte hierüber der Referent, daß auch von diesem dasjenige gelte, „was von dem Vertragserben überhaupt gesagt wird".

[17] Vgl. die Fassung des Erbvertrages in Nr. 8242 G. U. W.

[18] Weil hier ein Vortheil „aus dem Gesetze" zukömmt, wird in Nr. 3200 G. U. W. der § 787 nicht anwendbar erklärt; dazu aber u. A. 24, bes. Nr. 3686.

[19] Falls nämlich den „gesetzlichen Erben" wirklich außerdem auch eine volle Erbquote zufällt, durch Verfügung des Erblassers oder kraft Gesetzes, s. o. bei A. 15 und Protokolle sub 3a. Dazu o. § 7. [20] Vgl. o. § 6.

muthen, daß er diesen Viertheil seinen übrigen gesetzlichen Erben wolle zukommen lassen"; wir hätten danach hier wieder ein „gesetzlich vermuthetes Vermächtniß".[21]

Die vorstehende Ansicht hat freilich die Autorität Unger's System VI § 26 A. 17 gegen sich, indem dieser einfach die Fassung unserer Bestimmung als eine ungenaue erklärt, welche nur „überflüssigen Anlaß zu Bedenken über die Berechnung der der freien Verfügung vorbehaltenen Portion" gebe. Desgleichen erkennt Krainz System II § 508 die „gesetzlichen Erben" diesfalls geradezu für Erben und ihren Antheil für einen Erbtheil, indem der „reine Viertheil" nur den „Maßstab" für den wirklichen Erbtheil bilde.[22] Auch die Praxis geht mehrfach von solcher Auffassung aus.[23] Allerdings haben wir es hier mit einer unpassenden Bestimmung (in unpassender Fassung) zu thun, indem schon die wahre Erbquote die beste Probe und die Quotalreduction das einfachste Mittel ist, um zu constatiren, bez. zu erreichen, daß auf den vorbehaltenen Theil des Nachlasses nicht mehr als ein Viertheil der Passiva und nicht weniger als ein Viertheil der Activa entfallen. Allein wenn Absicht der Gesetzesverfasser und Worte des Gesetzes derart unzweideutig übereinstimmen, wie in unserem Falle, da kann man sich nicht über Beides hinwegsetzen. Daß der Erblasser über den vorbehaltenen Theil wie gesagt durch Erbeinsetzung verfügen kann, beweist nicht für einen gesetzlichen Erbtheil, so wenig wie der Umstand, daß der Erblasser darüber durch Vermächtniß verfügen kann, gegen denselben beweist; der § 1253 ist eben bei seiner Zuwendung des vorbehaltenen reinen Viertheils an die gesetzlichen Erben überhaupt eine bloß suppletorische Norm, abgesehen nur von der quantitativen Beziehung.

Zugleich geht aus dem § 1253 und seinen erwähnten Materialien hervor, daß bei Berechnung des vorbehaltenen reinen Nachlaßtheils der Pflichttheil den „anderen Schulden" der Erbschaft gleich behandelt werden muß, durch Abrechnung von der gesammten Erbmasse, daß es also un-

[21] Vgl. o. § 5.

[22] Übrigens schließt Krainz selbst die gesetzliche Erbfolge aus, wenn der vorbehaltene Theil durch Legate erschöpft ist. Von „Erben" sprechen trotz des „reinen" Antheiles Scheidlein l. c., Nippel h. l.; Ellinger a. O. einfach von einem „Erben" des „reinen" Viertheils.

[23] G. U. W. Nr. 11646: „gesetzliche Erbfolge" (nach dem Vorbringen des Klägers); Nr. 3686: Einantwortung des vorbehaltenen Theiles an die gesetzlichen Erben, darunter selbst an einen Notherben als solchen; Nr. 1208: Erbserklärung zum „reinen" Viertheil und Verweisung der Vertragserben zur Klage gegen die Intestaterben.

richtig wäre, den Pflichttheil nur der Quote des Vertragserben zu überweisen.[24] Die „Schulden" sind übrigens hier im Sinne des § 786 nicht von rein letztwilligen Erbschaftslasten zu verstehen.[25] —

Der in Rede stehende Fall eines gesetzlichen Vermächtnisses ergibt sich angedeuteter Maßen in Folge der gesetzlichen objectiven Einschränkung des Erbeinsetzungsvertrages. Gegenüber einem Vermächtnißvertrage jedoch kann sich nach geltendem österr. R. ein solcher Fall nicht ereignen.[26] Zwar hatte ich s. Z. in meiner Schrift über den Vermächtnißbegriff 1873 S. 19f. (unter Beistimmung von Krasnopolski in den Mittheilungen des Prager d. Juristenvereines 1873 S. 131) die Meinung vertreten, daß der Vermächtnißvertrag in eben demselben Umfange wie der Erbeinsetzungsvertrag zulässig sei. Allein in Folge der seitherigen Veröffentlichung der Redactionsprotokolle zum a. b. G. B. halte ich jetzt den Legatsvertrag wie subjectiv, so objectiv für unbeschränkt zulässig, was ich in meiner Schrift über den Vermächtnißvertrag 1891 zu begründen unternahm. Da sich nun aber dawider Ofner in Grünhut's Ztschr. XIX S. 527f. und Randa Eigenthumsrecht 2. Aufl. I S. 503f. aussprechen, wobei ein Vermächtnißvertrag von letzterem nur im Advitalitätsvertrage, von ersterem aber in demselben Umfange wie ein Erbeinsetzungsvertrag anerkannt wird, so mag es angesichts der Wichtigkeit der Frage gestattet sein, die meines Erachtens entscheidenden Momente bei dieser Gelegenheit übersichtlich zu präcisiren, auf Grund der Protokolle II S. 548f., 561 und meiner ob. neuen Schrift S. 18—26, 44—64.

Die maßgebenden Anschauungen unserer Redactoren über die verschiedenen „Erbverträge" sind aus der Sitzung vom 7. Dec. 1809 zu entnehmen, auf welche alle einschlägigen Fragen verschoben worden waren. Hier zeigte sich aber unter denselben ein Widerspruch nur in Ansehung der Zulässigkeit des „eigentlichen Erbvertrages" „über das ganze Vermögen" oder vielmehr über das Vermögen als Ganzes (also nur hinsicht-

---

[24] Auf dem irrigen Standpunkte Ellinger Comm. h. l. und s. Z. Nippel R. d. Ehegatten § 172 (dagegen Winiwarter S. 357f. und Krainz § 508), G. U. W. Nr. 3686, 3200 cit.

[25] Winiwarter S. 356f. Nur den § 795 citirt Kirchstetter l. c. — Vermächtnisse sind bei Berechnung des reinen Viertheils an sich nicht vom Nachlaßvermögen abzuziehen; sie sind jedoch in den Viertheil einzurechnen, soferne sie wirklich eine Verfügung über denselben enthalten.

[26] Anders noch im w. g. G. B. II § 517, 523, s. Protokolle l. c.

lich des Erbeinsetzungsvertrages), welcher nach der einen Ansicht wenigstens beschränkt werden sollte. Hinsichtlich des Vermächtnißvertrages dagegen bestand da volle Einigkeit und Geneigtheit: Nicht nur sagte der Referent Zeiller, „theilweise Erbverträge" (so nannte er eben die „particulären Erbverträge") „würden nie abzustellen sein, sie seien mit den gewöhnlichsten täglichen Geschäften in Verbindung, in jedem Heirathsbriefe kommen derlei Anordnungen vor;"[27] sondern es bemerkte selbst der Präsident Haan, der doch der Hauptgegner der universellen Erbverträge war, „die Gründe des Referenten für die theilweisen . . . Erbverträge seien auch ihm nicht entgangen, . . . sein Bedenken sei vorzüglich nur dahin gerichtet, daß Erbverträge über das ganze Vermögen, u. z. an Stelle der Testamente, nicht allgemein würden."[28] Desgleichen erklärte Pfleger, „Erbverträge im Allgemeinen sollte man nicht gestatten, allein Verträge über einzelne Gegenstände, über bestimmte Summen würden sich nicht beseitigen lassen; und wenn es auch schwer halte, hierüber eine Scheidewand aufzufinden, so wäre doch die allgemeine Regel zu statuiren, daß derlei Verträge statthaft seien"; ferner fand Aichen, die (eigentlichen) „Erbverträge schließen nicht aus, daß auch noch andere Verträge über andere Theile des Vermögens geschlossen werden können", und Pratobevera, „es sei" selbst „kein Grund vorhanden", den „usumfructum universalem" post mortem „nicht zu gestatten", ungeachtet seiner „Disparität" mit den universellen Erbverträgen. Nach dieser Verhandlung wartete man dann eine „allerhöchste Entschließung" „rücksichtlich der Erbverträge" ab, d. i. nur rücksichtlich der eigentlichen Erbverträge, denn bloß hinsichtlich dieser hatte sich eine Meinungsverschiedenheit ergeben. Im Hinblick darauf schlug unterdessen der Referent Zeiller laut eines vorfindlichen „schriftlichen Nachtrages" einen bezüglichen Gesetzestext vor, aber

[27] Einzelnes von den Anführungen Zeiller's ist da freilich „naiv", so das Beispiel der Anordnung einer „Gütergemeinschaft"; dagegen ist „die Bedingung, daß die Einrichtung dem Überlebenden bleiben soll", ein zutreffendes Beispiel, falls diese dem Überlebenden nicht ohnehin schon ganz gehörte; selbst die Stipulirung einer „Pension" auf den Fall des Todes des Dienstherrn kann ein Vertragsvermächtniß sein, ebenso wie die einseitige Zuwendung einer Pension auf diesen Fall ein gewöhnliches Vermächtniß, nämlich insoferne damit nicht bloß ein Entgelt, sondern zugleich ein lucrativer Bezug in Folge eines näheren Verhältnisses zwischen dem „treuen Beamten" und dem Herrn bedungen sein wollte. Ein Beispiel aus Zeiller's Commentar s. u.

[28] Schon in einer früheren Sitzung hatte derselbe bemerkt, daß „ein pactum de usufructu post mortem . . . absolut nicht allein auf Ehegatten einzuschränken sei", Protokolle II S. 433.

ausdrücklich „unter der Voraussetzung, daß **eigentliche** Erbverträge nur zwischen Ehegatten giltig sein sollen.“[29] Diese Voraussetzung wurde in der That verwirklicht, indem der Text des a. b. G. B. mit jenem nachträglichen Vorschlage wesentlich übereinstimmt, darunter insbesondere der (im § 1249 citirte) § 602 a. b. G. B., wonach bloß „Erbverträge über die ganze Verlassenschaft oder einen in Beziehung auf das Ganze bestimmten Theil“ beschränkt sein sollen, nämlich „nur unter Ehegatten giltig geschlossen werden“ können u. z. nach den weiteren Bestimmungen der § 1249 f. a. b. G. B. Die Verträge mortis causa über „einzelne Gegenstände“ sollten also damit nicht beschränkt werden, wie auch das argumentum a contrario aus dem § 602 ergibt, zumal der Nachdruck am Eingange dieses § auf den vorhin hervorgehobenen Worten liegt. — Vielmehr hatte der Präsident in der gedachten Sitzung gesagt, daß die „theilweisen Erbverträge“ „eigentlich die Natur anderer Geschäfte an sich tragen“, und er „hätte ... geglaubt“, dieselben eben „mit anderen, verwandten Arten von Geschäften in Verbindung bringen und dort aufnehmen zu können“; desgleichen hatte Pfleger befürwortet, „die allgemeine Regel ..., daß derlei Verträge statthaft seien, ... wäre in die Theorie von Verträgen aufzunehmen“; ja von der ganzen Commission war eigens anerkannt, daß die betreffende Frage mit der „Schenkung auf den Todesfall“ (in der Abtheilung von den „Verträgen“) „in Verbindung“ stehe und dort zu verhandeln sei. In der That ergab sich als solche „Verwandte“ die mortis causa donatio schon nach der damaligen gemeinrechtlichen Doctrin;[30] zur Zeit der Abfassung des a. b. G. B. wurde dieselbe geradezu als identisch mit dem pactum hereditarium singulare angesehen; so namentlich von Thibaut Pand. § 677, welcher sich dafür auf Rheinwald de causis improbati pacti hereditarii ex j. Rom. 1798 beruft; letzterer sagte gar: „omnis ... donatio inter vivos, cujus praestatio in tempus mortis donatoris dilata est, revera pactum singulare acquisitivum successorium est“. Es wurden daher im Gegensatze zu dem universellen Erbvertrage des cit. § 602 in dem (gleichfalls von Zeiller vorgeschlagen gewesenen) § 603 a. b. G. B. die Verträge m. c. über „einzelne Sachen oder Rechte“[31] zur „Schenkung

[29] Ofner Prot. II S. 550 A. 1, S. 513 A. 6, S. 796 A. 1.

[30] Stobbe d. Pr. R. § 312, Schiffner Vermächtnißvertrag S. 62 f. Vgl. Pfaff und Hofmann Comm. II S. 443 A. 33.

[31] Zeiller Comm. ad § 603.

auf den Todesfall" in das Hauptstück „von den Schenkungen" verwiesen, namentlich hinsichtlich der Frage, wann dieselben bindend und wann sie nicht bindend seien. Diese Verweisung wurde dann im § 956 a. b. G. B. vollständig verwirklicht, worin die Voraussetzungen bestimmt sind, unter welchen eine „Schenkung auf den Todesfall" als ein „Vertrag" d. i. bindend, und unter welchen sie als ein „Vermächtniß" d. i. nicht bindend wirkt. Die „Schenkung auf den Todesfall" dieses § wurde in der Sitzung vom 14. Dec. 1809 so weit gefaßt, daß sie mit Rücksicht auf § 938 a. b. G. B. u. a. m. eben auch das vertragsmäßige bindende Vermächtniß ergreift. Sie bedeutet keineswegs, wie die herrschende Lehre annimmt, lediglich eine auf die Todeszeit betagte Schenkung;[32] sagte doch der Präsident Haan, „die Tradition sei" bei der „Schenkung auf den Todesfall überall dilata ad tempus mortis", — letztere Worte sind auch Worte Rheinwald's, — „das Überleben liege überall zum Grunde"; auch die Eingangsworte des § 956 — „eine Schenkung, deren Erfüllung erst nach dem Tode des Schenkenden erfolgen soll", — entsprechen wieder genau obiger Diction Rheinwald's, der darunter sogar geradezu einen singulären Erbvertrag, also einen durch das Überleben bedingten Vertrag versteht. In Wirklichkeit ergibt sich aus Zeiller's Comm. ad § 956 unter den dort vermeinten „Schenkungen auf den Todesfall" ein Beispiel eines wahren Vermächtnißvertrages; es erscheint da nämlich als ein bindender Vertrag, wenn A dem B eine schriftliche Erklärung übergibt, worin es heißt, dem B soll unwiderruflich nach dem Tode des A dessen Haus zufallen, und wenn B dieses „Anerbieten" annimmt; daß hier das Geschäft durch das Überleben des Bedachten bedingt ist, ergibt sich schon daraus, daß nach Zeiller's Bemerkung dieselbe Erklärung bei Ermanglung des einen oder anderen wesentlichen Merkmales doch als ein gewöhnliches Vermächtniß giltig sein kann. Nicht minder darf es auch auf einen Legatsvertrag bezogen werden, wenn in Zeiller's Commentar eine „Schenkung auf den Todesfall" dahin charakterisirt wird, daß dadurch ein „Wohlthäter ... den Besitz und Genuß (z. B.) seines Hauses ... sich zwar für seine Lebenszeit vorbehalten, mithin die wirkliche Übergabe erst nach dem Tode

[32] Krainz II § 526 muß gestehen, daß die herrschende Meinung nicht mit voller Deutlichkeit im b. G. B. zum Ausdruck gebracht sei, ungeachtet sie gerade das charakteristische Merkmal der romanistischen m. c. donatio aufgegeben. Der — eine betagte Schenkung normirende — § 725 Rev. Entw. wurde eben durch die weite Fassung des § 956 a. b. G. B. „entbehrlich" (Protokolle II S. 561).

erfolgen lassen" will, aber zugleich will, daß der andre doch „ein sicheres, unwiderrufliches Recht erlangen" soll; läßt ja die ältere Doctrin bereits durch den Vermächtnißvertrag ein festes Recht am Zugewendeten entstehen.[33] Freilich meint da Zeiller eine „Schenkung unter Lebenden" zu erblicken; aber nur, weil ein bindender Vertrag vorliegt, wie denn umgekehrt Rheinwald l. c. vermeintliche donationes inter vivos als singuläre Erbverträge erklärt.

Übrigens selbst wenn man zugeben müßte, daß im § 956 die unwiderruflichen Verträge m. c. nur als betagte Schenkungen auf die Todeszeit gedacht sind, würde da nicht schon argumento a majori ad minus die Zulässigkeit (nicht nur von unwiderruflichen bedingten Schenkungen auf den Todesfall, sondern) auch von Legatsverträgen folgen, in welchen die Parteien doch weit geringere Rechtswirkungen beabsichtigen?[34]

Und widerspricht es nicht aller Consequenz, daß Erbeinsetzungsverträge bezüglich dreier Viertheile als voller Erbquoten und ein Fruchtgenußvertrag sogar bezüglich der ganzen Erbschaft giltig ist, dagegen ein Vermächtnißvertrag über die geringste Erbschaftssache und über die geringste reine Nachlaßquote[35] (überhaupt bez. selbst unter Eheleuten) ungiltig sein soll? Gebietet da nicht schon die Consequenz, die Anhaltspunkte für einen Vermächtnißvertrag, welche uns Gesetzesverfasser und Gesetzgeber an die Hand geben, unbedenklich zu ergreifen, mögen dieselben auch nur unbedeutende sein? Sind aber die obigen Anhaltspunkte wirklich nur unbedeutende?

§ 46. Vulgar-Substitution trotz Unförmlichkeit des erblasserischen Willens.

Nach dem preußischen a. L. R. I 12 § 531 sollen, wenn der mit einem Legate[1] Bedachte vor dem Anfalle stirbt, seine ihn beerbenden[2] Kinder das Legat selbst dann erhalten, wenn der Wille des Vermächtnißgebers, diese Kinder zu substituiren,[3] nicht aus der letztwilligen „Dispo-

[33] Vgl. Schiffner S. 38 f., 70.

[34] Für ein arg. a majori erklärte sich auch Strohal in einer Zuschrift an mich.

[35] Vgl. G. U. W. Nr. 12580.

[1] Die strittige Frage der Anwendbarkeit der Bestimmung bei Erbeinsetzungen berührt uns hier nicht.

[2] Hinsichtlich dieses Erfordernisses Gruchot pr. Erbr. II S. 191.

[3] Unpassend „zugleich" im § 531, s. Gruchot l. c.

sition" „erhellt", sondern nur „sonst hinlänglich erwiesen werden" kann.[4] In solchem Falle stützt sich die Zuwendung des Legates an die Kinder zwar noch auf den erblasserischen Willen,[5] aber auf einen unförmlich erklärten Willen, also nicht auf einen letzten Willen; sie ist daher eigentlich eine Zuwendung auf Grund des Gesetzes, die allerdings mit Rücksicht auf einen Willen des Testators erfolgt, m. a. W. sie ist eine gesetzliche Vulgar-Substitution hinsichtlich eines Legates,[6] welche an Stelle einer formlosen gewillkürten Substitution tritt.

Koch pr. Erbr. S. 291 f., 301 f. erblickt hier lediglich eine gesetzliche Interpretationsregel hinsichtlich einer letztwilligen Zuwendung. Allerdings kann ein Vermächtnißwille mit Hilfe von solchen erweislichen Umständen, die außerhalb desselben vorkommen, ausgelegt werden; c. 16 § 1 C. de fideicommissis VI 42: sane quoniam in fideicommissis voluntas magis quam verba plerumque intuenda sunt, si quas pro rei veritate praeterea probationes habes, ad commendandam hanc patris voluntatem, quam fuisse adseveras, apud praesidem provinciae experiri non vetaris. Insbesondere sind dabei spätere Erläuterungen und gewisse Ergänzungen des Erblassers selbst als formlose zu berücksichtigen, l. 21 § 1 D. qui test. facere poss. XXVIII 1 (nihil enim nunc dat, sed datum significat).[7] Allein soferne überhaupt die Förmlichkeit des letzten Willens zur Giltigkeit desselben vorgeschrieben ist, kann die Auslegung als solche doch nicht so weit gehen, daß sie aus formlosen Behelfen, die außerhalb des letzten Willens liegen, die Zuwendungsabsicht in eine andere, förmliche Verfügung überhaupt erst hineinträgt, in welcher dieselbe, wie vorausgesetzter Maßen hier, an sich ganz und gar nicht, nicht einmal stillschweigend erklärt ist.[8] Eine solche Hineinlegung (eines gesetzlichen Vermächtnisses) ist keine Auslegung mehr (eines letztwilligen Vermächtnisses), kein bloßes Erläutern (significare datum), sondern schon ein neues Zuwenden (nunc dare), ein Ändern (mutare) des förmlichen letzten Willens, wozu es aber eines neuen förmlichen letzten Willens oder — einer gesetzlichen Verfügung bedarf.[9] Letztere greift eben in unserem Falle Platz.

---

[4] Über diesen Beisatz setzen sich hinaus Gruchot l. c., Förster pr. Pr. R. § 254 A. 3 (der sich mit Unrecht auf Koch beruft); dagegen Dernburg pr. Pr. R. III § 120 A. 3.

[5] Pr. L. R. l. c.: „Wille des Testators". [6] Vgl. o. § 12.

[7] Dazu Mayer Legate und F. C. § 30 A. 16, Arndts P. Comm. XLVII S. 384.

[8] Richtig Zürcher G. B. § 1028 (nur sollte es statt „aus dem Testamente" heißen: „letztwillig"). [9] Vgl. o. § 5.

§ 47. Das Heergewäte.[1]

Nach einem verstorbenen Manne[2] bildet in deutschen Rechten ursprünglich die Kriegsausrüstung, bei späterer Entwickelung aber überhaupt die ausschließlich für Männer brauchbaren Fahrnisse[3] des Erblassers, — das Heergewäte (Heergeräthe), — eine besondere Mobiliarmasse, welche einem bestimmten (nächsten) männlichen Verwandten als solchem zufällt.

So sollten seinerzeit u. a. noch kraft der Tiroler Landesordnung von 1602 III 9, 19[4] des Mannes Kleider, Kleinodien, Pferde, Geschütz, Harnisch, Waffen, Siegel und Bücher auf die Söhne und überhaupt auf den Mannsstamm übergehen. Für gewisse Fälle hat indeß diese Landesordnung, wie manche Particularrechte, das Heergewäte objectiv beschränkt, namentlich bei Enkeln.[5]

In unserer Zeit allerdings, in welche das fragliche Institut nicht

---

[1] Grimm deutsche Rechtsalterthümer S. 566f., Sydow d. Erbr. § 34, Heydemann Joachimische Const. passim, Siegel d. Erbr. § 30, 55f., Martitz ehel. Güterr. S. 108f., 317f., R. Schröder ehel. Güterr. passim, Stobbe d. Pr. R. § 293, Heusler d. Pr. R. § 32, 177, 192. Ältere Litteratur bei Mittermaier d. Pr. R. § 446, Haubold sächs. Pr. R. § 315, Grimm S. 582f., Martitz S. 92. Über die Etymologie Grimm S. 567, Martitz S. 110. Über die Terminologie vgl. Dabelow Civ. R. § 213, Grimm S. 567, Siegel S. 172; auch u. Anm. 2, 3; im preuß. L. R. II 1 § 524 ist „Hausgeräthe" ein Druckfehler. Die Entstehung des Heergewätes bringt Dargun in den Untersuchungen zur d. St. u. R. G. XVI S. 67 in Verbindung mit dem Mutterrechte; s. übrigens Mittermaier § 446 A. 1, Grimm S. 566f., 583f., Schröder ehel. Güterr. I S. 144 A. 4, Martitz S. 110f.

[2] Gemeint ist hier also nur das eigentliche, das sog. todte Heergewäte, (über das sog. lebendige s. § 31), u. z. nur das freie Heergewäte, (über das unfreie Martitz S. 114, Heusler § 32).

[3] Die „vorzugsweise" „männlichen Sachen" (z. B. nach Grimm S. 584 Witte pr. Int. Erbr. § 67), das „vorzugsweise männliche Gut" (Bluntschli d. Pr. R. § 233), „ein besonders männliches Vermögen" (Martitz S. 114), das „Mannsgeräthe"; nicht ganz zutreffend Berner G. B. S. 526, 537, 543 („Beweglichkeiten, welche zu dem persönlichen Gebrauche" des Erblassers „ausschließend bestimmt sind"), ähnlich Koch pr. Pr. R. § 879. S. noch die Charakterisirungen bei Grimm S. 583f., Heusler a. u. Anm. 10 a. O.

[4] Oberweis in der österr. V. J. S. IX S. 330f., XI S. 112f., 126. Vgl. die L. O. für Kempten bei Roth bayr. C. R. § 352 A. 26. Stobbe A. 10 stellt der Tiroler L. O. das Pfälzer L. R. diesfalls zur Seite. Das tirolische Heergewäte ist beachtenswerth als eine der wenigen ernstlichen Spuren des Heerg. in Süddeutschland, vgl. Schröder II 1 S. 159f.

[5] S. aber Stobbe A. 15.

mehr paßt,[6] besteht dasselbe nur vereinzelt,[7] namentlich nach gewissen bayrischen Statuten,[8] in einigen wenigen preußischen Städten gemäß den subsidiären Bestimmungen des preußischen L. R. II 1 § 502f.,[9] nach dem liv-, est- und curländischen Pr. R. A. 1931 und besonders in mehreren Schweizer Cantonen, so nach dem Berner G. B. S. 526, 537f., 543f., 624, 626, dem Luzerner G. B. § 400, selbst nach dem neuen Zürcher G. B. § 855f., 860, 872 und dem Zuger G. B. § 261.[10] Mit Recht bleibt es im deutschen Entwurfe durch Nichterwähnung unberücksichtigt.[11]

Hinsichtlich des Heergewätes liegt nun wieder eine gesetzliche[12] Singular-Succession[13] von Todeswegen[14] in einen einzelnen (besonderen) rechtlichen Complex (in eine Specialmasse) des Nachlasses[15] vor. Wenn von mehreren Seiten namentlich hier eine „Special-Succession" (eine besondere Succession) und zugleich eine „Universal-

---

[6] Voigtel in Gruchot's Beitr. z. Erl. des d. R. XII S. 390f. Ausdrücklich abgelehnt ist das Heergewäte bei Mommsen Entw. § 30 und Motive S. 157.

[7] Ungenau Bluntschli d. Pr. R. § 233 a. E. Eine Übersicht hinsichtlich der Zurückdrängung bei Stobbe A. 17. [8] Roth l. c. § 352 A. 26, § 353 A. 17.

[9] Dernburg pr. Pr. R. III § 98, wo A. 2 nicht zu übersehen ist. Zu weit gehen Koch pr. Pr. R. § 879 A. 2, Gerber d. Pr. R. § 248, Gruchot pr. Erbr. II S. 522. Specielles im pr. L. R. II 11 § 1141, 1215.

[10] S. auch das frühere Zürcher G. B. § 1899, 1901, 1905f., 1918 und schon das Zürcher Erbrecht von 1716; in Zürich besteht die Beschränkung auf den Werth von $^{5}/_{100}$ der reinen Verlassenschaft. S. übh. Huber Schweiz. Pr. R. II S. 40f., 76, IV S. 305, 549. Vgl. noch Heusler (über das alte Walliser Recht) in der Zeitschr. f. deutsches R. XVII S. 114f., Mommsen S. 157, Bühler bündn. Erb- u. ehel. Güterr. S. 57f., 106. — Über das frühere ungarische R. Putz System d. ung. R. § 225f.

[11] Motive V S. 360. S. auch u. E. § 14.

[12] Pr. L. R. II 1 § 520: „durch . . Gesetz oder Statuten berufen". Der Todte „verläßt" das Heergewäte, eod. § 503, 518, (o. § 6). In diesem Sinne gehört letzteres zu demjenigen Gut, „was die Kinder nicht von den Eltern, sondern nur durch die Eltern erhalten" (II 2 § 397); vgl. aber Witte § 68. — Ungehörig (s. u. A. 23) sprechen hier schlechthin von einer Intestat-Succession u. dgl. Witte § 2, 65f., Koch Erbr. § 112f. — Über die Frage einer successiven gesetzlichen Berufung o. § 13.

[13] So Witte § 2, 24, 65f., Heydemann S. XVIII, 54, 104 und sonst passim, Bluhme Encykl. § 453, Koch Erbr. § 112f., Voigtel l. c., Agricola Gewere z. r. Vorm. S. 421, 461, Roth d. Pr. R. § 148 A. 16; Förster pr. Pr. R. § 264 („gesetzliche Sondernachfolge" „in einzelne Stücke" „des Nachlasses").

[14] Schröder II 3 S. 3: „das Heergewäte ist . . weniger eine Institution des ehelichen Güterrechts, als vielmehr des Erbrechts". S. auch Witte S. 95, Martitz S. 120f., Agricola S. 421f., 438f. („mortis causa capio"), dann die u. A. 16 Citirten.

[15] Vgl. diesfalls pr. L. R. II 2 § 397 cit., namentlich angesichts der Rubrik zu II 1 § 502f.; auch Witte § 68. Unrichtig Koch pr. Pr. R. § 879 a. A. Über die bezügliche gemeinrechtliche Controverse Glück Comm. VII S. 106f.

Succession" (eine „Erbfolge") angenommen wird,[16] so ist diese eben eine Succession nur in eine specielle universitas, mithin gegenüber der übernommenen romanistischen Universal-Succession in die allgemeine universitas doch lediglich eine Singular-Succession;[17] letztere wird ja wie gesagt dadurch nicht ausgeschlossen, daß in dem Nachlasse eine Gruppe einzelner Vermögensbestandtheile als ein besonderer oder engerer vermögensrechtlicher Verband[18] Gegenstand besonderer Nachfolge ist;[19] zudem sind gerade die Stücke des Heergewätes häufig aus dem Nachlasse (eventuell unter Mitwirkung des sonstigen Erbnehmers) vorerst durch Prüfung oder Wahl zu individualisiren und auszufolgen.[20] Praktisch erweist sich die Art der Succession natürlich bei der Frage nach der Haftung für Erbschaftsschulden.[21]

[16] So neuestens für das ältere Recht von Martitz S. 109, 160f., 317f., 322f. rc. und von Stobbe § 278, 293, Heusler d. Pr. R. § 175, 177, 192f.; von letzterem vorwiegend darum, weil der Empfänger des Heergewätes nach älterem d. R. die darauf bezüglichen Schulden des Erblassers zu bezahlen habe; s. dagegen u. A. 21. Ferner beruft sich Heusler darauf, daß der fragliche Complex, falls kein erbfähiger Abnehmer dafür vorhanden war, erbloses Gut wurde, (was übrigens im heutigen Rechte längst nicht mehr der Fall ist): allein der Grund davon lag eben nur in der bezüglichen Unfähigkeit der Erbnehmer und nicht auch im Complexe des Heergewätes. — Vgl. noch die Ausdrucksweise bei Sydow d. Erbr. § 33f., Brackenhöft in Weiske's R. Lex. V S. 750f., Siegel d. Erbr. § 27, 54f., Gengler d. Pr. R. § 175. Von „erben" schlechthin redet diesfalls u. a. die Tiroler L. O. l. c.

[17] Agricola S. 421 („nicht Universal-Succession, aber . . . Succession in eine juristische universitas", welche lediglich „mit Beziehung und mit Rücksicht auf einen Todesfall" existirt), S. 438f., 461. Dernburg l. c. § 98, 185 erblickt hier eine „specielle" „Erbsuccession", die er in Gegensatz zur Universalsuccession bringt, aber auch in Gegensatz zu gesetzlichen Vermächtnissen und damit noch zu dem ähnlichen Vorauscomplexe der § 628f pr. L. R. II 1 (o. § 31).

[18] Vgl. Grimm S. 583f. („eine engere Nachfolge in ein gleichsam vertrauteres, privateres Vermögen"). S. schon o. § 5, 23.

[19] Als Parallele s. Dig. XXXIV 2 de auro argento mundo ornamentis unguentis veste vel vestimentis . . . legatis, besonders l. 23.

[20] S. nur Sachsenspiegel I 22 § 4, pr. L. R. II 1 § 523. Insoferne eine Wahl unter den vorfindlichen Nachlaßstücken erforderlich ist, mag man hier für das moderne Recht von einem gesetzlichen Wahlvermächtnisse (o. § 24) sprechen.

[21] Der Empfänger des Heergewätes hat an den Erbschaftsschulden nur wie ein Vermächtnißnehmer Theil, Dernburg § 98; vgl. pr. L. R. II 1 § 522, o. § 5, 26. Eine gesetzliche Haftung desselben für die auf das Heergewäte verwendeten Schulden des Erblassers (Heusler l. c.) ist für das moderne Recht nicht begründet, würde übrigens eine Singularsuccession ebensowenig hindern, wie die vom Erblasser dem Legatar der Ausrüstung auferlegte Haftung für solche Schulden. Noch weniger steht hier im Wege, daß der Empfänger die auf den Objecten des Heergewätes etwa dinglich ruhenden Lasten zu

Mehrfach wird das Heergewäte auch als ein gesetzlicher „Voraus“, als ein gesetzliches „praecipuum“ hingestellt, namentlich insoferne der Empfänger zugleich Erbe ist.[22]

Zu betonen ist dann, daß der Anspruch auf das Heergewäte selbst gegen den Willen des Verstorbenen stattfindet,[23] und daß hie und da ausdrücklich zwischen „Anfall“ und „Erwerb“ des Anspruches unterschieden wird; so spricht das pr. L. R. II 1 § 513, 517f., 520 von „Anfall“, „Zufallen“, „Berufen“, von „Zukommen“ des „Rechts auf Heergeräthe“, und fordert dasselbe andererseits zum Erwerbe die „Ausübung“ durch „Meldung“ d.i. durch Inanspruch-„Nehmen“ der Objecte binnen Jahresfrist.[24]

Eigenthümlich sind endlich auch gewisse besondere Bestimmungen über die Fähigkeit, ein Heergewäte zu „verlassen“ und zu „nehmen“, wie noch im pr. L. R. II 1 § 503f., II 11 § 1141, 1215.[25]

§ 48. Die Niftelgerade.[1]

Im Nachlasse eines Weibes bildet nach deutschen Rechten einen eigenen

tragen hat; s. schon Sachsenspiegel I 24 § 4 und Heusler § 177 selbst. — Über das deutsche Recht s. noch Agricola S. 387, 449f. gegenüber Martitz S. 156f., 252f.

[22] S. nur Siegel § 30, 55 (dieser spricht in den Fällen, wo der Empfänger des Heergewätes bez. der Gerade nicht Erbe ist, von einer „indirecten Folge“, weil sich das Recht „nicht direct Geltung verschafft, sondern nur dadurch, daß . . der Erbe . . die Gegenstände . . auszuliefern“ hat), Oberweis l. c. IX S. 331, Schröder II 1 S. 187, II 3 S. 49, Martitz S, 114, Roth bayr. C. R. § 352 A. 26, § 374 II und d. Pr. R. § 148 A. 16, Mommsen § 30, S. 157, Stobbe § 293, Motive zum b. E. V S. 360, Heusler d. Pr. R. § 192; s. auch die Stellen bei Siegel A. 699, 707, Tiroler L. O. III 9 („frei voraus zustehn“), Zürcher G. B. l. c. („ohne Ersatz an die Erbmasse vorweg zu nehmen“, „Vorzugsrecht“). Vgl. jedoch Heydemann S. XVIII, 99f., 125f., Martitz S. 160f. Dazu s. im Allgemeinen o. § 7. — Nach einigen neueren Gesetzgebungen besteht ein Vorrecht des Mannsstammes, wenigstens eventuell (nämlich bei unverhältnißmäßig hohem Werth des Heergewätes), nur gegen einen Anschlagspreis, Heusler l. c., so noch im neuen Zürcher G. B. l. c.; in diesem Falle liegt aber lediglich ein Vorrecht bei der Erbtheilung vor, insoferne nicht der Anschlagspreis ein Vorzugspreis ist (vgl. u. § 52).

[23] Haubold sächs. Pr. R. § 315, Heusler in der cit. Ztschr., Stobbe § 301 A. 36, pr. L. R. II 1 § 513f., Tiroler L. O. l. c. („sollen“). S. dagegen das Berner G. B. S. 544.

[24] Vgl. Witte § 66f., (welcher betont, daß der Erwerb nicht wie bei Vermächtnissen erfolgt), Koch pr. Pr. R. l. c. und Erbr. § 113f., auch Dernburg l. c.; dazu o. § 8 und über die Natur der Frist o. § 26. S. noch Berner G. B. S. 526 („anfallen“). Von einem „Nehmen“ des Heergewätes sprechen wiederholt deutsche Quellen und deutsche Schriftsteller, so auch das Zürcher G. B. l. c., das Berner G. B. S. 537.

[25] Vgl. o. § 6, Stobbe § 293, auch die Citate bei Brackenhöft l. c. A. 301.

[1] Grimm R. Altert. S. 576f., Sydow Erbr. § 37, Heydemann Joachim.

Complex, welcher regelmäßig einer bestimmten (nächsten) weiblichen Verwandten als solcher zufällt, die eigentliche oder Niftel-Gerade,[2] worunter bekanntlich zuerst die weiblichen Schmuck- und Kleidungsstücke, nach späterer Entwickelung aber überhaupt die für den besonderen weiblichen Gebrauch bestimmten Fahrnisse[3] der Erblasserin begriffen wurden, welche einem Mädchen als Aussteuer gegeben zu werden pflegten, während noch später der Umfang des fraglichen Complexes (namentlich im Interesse der Wittwers) wieder verengert wurde.

So sollten noch nach der Tiroler L. O. III 9, 19 der verstorbenen Frau Gewand, Gebänd und Kleinodien auf die Töchter und überhaupt auf den Weibsstamm fallen, wogegen in gewissen Fällen die Gerade objectiv noch mehr beschränkt war.[4]

In Folge der erbrechtlichen Gleichstellung der Geschlechter hat das ganze Institut die Berechtigung verloren. In der That kömmt dasselbe heute nur mehr vereinzelt vor;[5] insbesondere nach mehreren bayrischen Statuten,[6] in einigen preußischen Städten gemäß preuß. L. R. II 1 § 502, 509 f., 525 f.[7] und vornehmlich nach manchen Schweizer Gesetzgebungen, so nach dem Berner G. B. S. 522, 537, 543, dem Luzerner G. B. § 400, dem Zuger G. B. § 261 und sogar nach dem neuen Zürcher G. B. § 858 f.,

---

Const. passim, Siegel d. Erbr. § 27, 31, 54 f., Gaupp germ. Abh. S. 62 f., Martitz ehel. Güterr. S. 90 f., 243 f., 310 f., 318 f., Agricola Gewere z. r. Vorm. S. 418 f., Schröder ehel. Güterr. passim, Stobbe d. Pr. R. § 293, Heusler d. Pr. R. § 32, 177, 193. Ältere Litteratur bei Agricola S. 418. Über Etymologie und Terminologie Stobbe A. 22 f., Martitz S. 96, Agricola S. 428, 436 f. Über die Entstehung Martitz S. 95 f., 100, Dargun a. o. § 47 a. O. S. 65 f. („Mutterrecht"), Heusler l. c.

[2] Oder sog. todte Gerade, im Gegensatze zur sog. lebendigen oder Wittwen-Gerade aus dem Nachlasse eines Mannes (§ 31). Gemeint ist übrigens hier nur die freie Gerade; über die unfreie Heusler § 32.

[3] Die „fräulichen" Sachen (Grimm S. 584), das weibliche oder Frauen-Geräthe: vgl. Berner G. B. S 522, 537, 543. Weniger gut: „weibliches" oder „Frauen-Vermögen".

[4] Oberweis in der östr. V. J. S. IX S. 330 f., XI S. 112 f., 126. Ähnlich besonders die L. O. für Kempten bei Roth bayr. C. R. § 352 A. 26. Die wenigen Spuren der Gerade in Süddeutschland sind besonders beachtenswerth, vgl. Schröder II 1 S. 159 f. und dazu Agricola S. 424 f. — Hinsichtlich Schlesiens s. Ogonowski ö. Ehegüterr. S. 75.

[5] Stobbe A. 17, 40 f. Zu weit geht Bluntschli d. Pr. R. § 233 a. E.

[6] Roth l. c. § 352 A. 26, § 353 A. 17. [7] Dazu o. § 47 A. 9.

873.[8] Dagegen hat Mommsen's Entwurf § 30[9] und der deutsche Entwurf[10] auch diese Besonderheit absichtlich nicht aufgenommen.

In Ansehung der rechtlichen Natur des Anspruches ist das oben hinsichtlich des Heergewätes Gesagte entsprechend anzuwenden.[11] Desgleichen hinsichtlich des Anfalls und Erwerbs, wie hinsichtlich der persönlichen Fähigkeit. Etwas Besonderes ist das Anwachsungsrecht im pr. L. R. II 1 § 521.

§ 49. Der Voraus der nichtabgefundenen Kinder.

Auch abgesehen von Heergewäte und Gerade kommt ein kleiner einzelner Voraus an bestimmten Verlassenschaftsfahrnissen von Rechtswegen für die ab intestato erbenden Descendenten, ohne Unterschied des Geschlechtes, vor. Namentlich bei Auflösung einer gütergemeinschaftlichen Ehe durch Tod, für welchen Fall im preußischen L. R. II 1 § 641 den mit dem überlebenden Gatten etwa concurrirenden nichtabgefundenen[1] Kindern des Verstorbenen „die zu dessen persönlichen Gebrauch bestimmt gewesenen Kleidungsstücke, Betten und Leibwäsche ... zum voraus" angewiesen werden. Koch preuß. Erbrecht § 115 spricht hier wieder von einer „landrechtlichen Singular-Succession ab intestato". In der That liegt hier wieder ein „gesetzliches Vorausvermächtniß" vor.

§ 50. Das Zuchtgeld aus dem Nachlasse.

In einzelnen Gebieten erhalten ab intestato neben erzogenen Kindern die unerzogenen Kinder, namentlich insoferne ihr Erbtheil zur Bestreitung

[8] S. schon das frühere G. B. für Zürich. § 1903 f., 1919, auch Bluntschli ad § 1903 („Dieses Vorzugsrecht .. hat einen guten Grund darin, daß diese Gegenstände vorzugsweise dem weiblichen Leben angehören und die Mutter in dieser Beziehung eher in den Töchtern als in den Söhnen fortlebt"). Übh. o. § 47 A. 10.

[9] Motive S. 157. [10] Motive V S. 360, 370.

[11] Insbesondere über den erbrechtlichen Charakter der Gerade s. vorzüglich Agricola S. 420 f., 438 f. Zu o. § 47 A. 23 vgl. Martitz S. 250, 312 („Charakter eines Notherbenrechts"), zur A. 24 die Nachweise bei Agricola S. 439 („stirbt an", „fällt beim Tode an"). Schröder d. R. G. § 61: „Geradeerbrecht".

[1] Ungenau Koch pr. Erbr. § 94 (S. 965), § 115. Wieder anders Witte pr. Int. Erbr. § 25. Allerdings sind die § 641 f. des pr. L. R. II 1 diesfalls nicht ganz klar gefaßt.

der Erziehung nicht hinreicht,[1] ein entsprechendes Erziehungsgeld oder „Zuchtgeld"[2] aus der Verlassenschaft.

Dies ist vornehmlich in einigen Schweizer Rechten, so noch im neuen Zürcher G. B. § 867[3] der Fall; aber desgleichen im württembergischen L. R. IV 16 § 3, und vorhin war dies allgemeines Gewohnheitsrecht in Tirol.[4] Auch der preußische Entwurf von 1835 hatte die fraglichen Erziehungskosten aufgenommen, wogegen dermalen die Motive zum deutschen Entwurfe V S. 360 solche ausdrücklich ablehnen.[5]

Das Zuchtgeld ist nicht etwa ein Vorausempfang, welchen die erzogenen Kinder ausnahmsweise[6] in die Verlassenschaft „einzuwerfen" und auf ihren Erbtheil sich einrechnen zu lassen verpflichtet wären,[7] sondern eine Vorausnahme, welche die unerzogenen Kinder ausnahmsweise aus der Verlassenschaft vorweg zu ziehen berechtigt sind. Dies geht schon daraus hervor, daß die Höhe der seinerzeit vom Erblasser auf erstere Kinder verwendeten Erziehungskosten nicht gerade maßgebend ist für die fraglichen Ansprüche der unerzogenen Kinder,[8] ja ebensowenig für die nunmehrigen Erbschaftsansprüche der erzogenen Kinder.[9]

Nur im eben erwähnten Sinne kann das Zuchtgeld als ein „Voraus", als ein „praecipuum" erklärt werden.[10]

[1] Über das Zürcher G. B. (nun § 867) — „nach Umständen und Vermögen" — unrichtig Bluntschli Erl. ad § 1913.

[2] Diese Bezeichnung z. B. bei Oberweis in der ö. V. J. S. IX S. 334, Stobbe d. Pr. R. § 284 a. E.

[3] Früheres G. B. § 1913; s. schon das Zürcher Stadterbrecht II § 12. Nachgebildet u. a. das Schaffhausner G. B. § 1815. Dazu Huber Schweiz. Pr. R. II S. 466. S. noch die Citate bei Stobbe l. c. A. 24.

[4] Oberweis l. c.

[5] Vgl. noch Putz ungar. Pr. R. § 208.

[6] Vgl. die Übersicht bei Stobbe A. 21, 22, dazu Zürcher G. B. § 866.

[7] Vgl. § 43 (auch A. 23, 44). Dagegen bringen das Erziehungsgeld unter den Gesichtspunkt der Collation: das Zürcher G. B. § 867, Bluntschli a. O., Stobbe § 284 a. E. („zurückbehalten"). Richtig die Motive zum d. E. l. c.

[8] Über das Maß des Zuchtgelds s. Zürcher G. B. § 867 („billig"), Oberweis l. c. („hinreichend").

[9] Man betrachte namentlich den Fall, wo für die verschiedenen erzogenen Kinder seinerzeit vom Erblasser ungleiche Kosten aufgewendet worden waren.

[10] S. die Ausdrucksweise im Zürcher G. B. l. c. und bei Oberweis l. c.

§ 51. Das besondere Recht des Anerben.[1]

Dort, wo das Anerbenrecht besteht, bekömmt nach dem Tode des Bauern ungeachtet der Mehrheit von Erbsinteressenten Einer, der Anerbe, den Hof ungetheilt, — unter gewissen Voraussetzungen und Modalitäten. Dies ist dermalen in verschiedenen deutschen Landen, namentlich nach neuen particulären Höfegesetzen und Landgüterordnungen der Fall;[2] in Österreich aber nur mehr in Deutschtirol, u. z. da noch gemäß dem a. h. Patente vom 9. Oct. 1795 Nr. 258 J. G. S.;[3] allerdings will das österr. Reichsgesetz vom 1. April 1889 Nr. 52 R. G. B., — das Reichshöfegesetz oder näher das Reichsanerbengesetz, R. A. G., — wieder allgemein das Anerbenrecht für landwirthschaftliche Besitzungen mittlerer Größe einführen, es überläßt jedoch vorerst die Regelung einer Reihe von betreffenden Punkten der Landesgesetzgebung,[4] und diese hat die bisherigen einzelnen Regierungsvorlagen von Landeshöfegesetzen — bez. von Landesanerbengesetzen, L. A. G., — zur Zeit nicht erledigt.[5]

Das (neuere) Anerbenrecht ist nun ein besonderes Recht nicht etwa

---

[1] Über das Wesen des Anerbenrechts s. nur Gengler d. Pr. R. § 186 f., Stobbe d. Pr. R. § 322, Frommhold d. rechtl. Natur des Anerbenrechts nach der neuesten deutschen Höfegesetzgebung und das Verhältniß desselben zu dem älteren bäuerlichen Anerbenrecht 1885, — dieselben führen die sonstige anerbenrechtliche Litteratur an, darunter besonders Miaskowski in den Schriften des Vereins für Socialpolitik XXV, — s. ferner Schiffner d. geplanten Höfebücher f. Deutschtirol 1892 S. 37 f. Neuestens hat sich in den Wiener Verhandlungen obigen Vereins (1894) die Majorität gegen ein Anerbenrecht erklärt. — Über das Verhältniß zum sog. Mannsvortheile s. u. § 52.

[2] Diese s. bei Miaskowski S. 378 f., Frommhold S. 1 f. Über die Frage, ob das künftige deutsche Höferecht Reichsrecht oder Particularrecht sein soll, s. die Citate bei Schiffner I A. 2. Das Einführungsgesetz zum d. E. A. 83 f. lehnt die Regelung des Anerbenrechts ab; dagegen Gierke d. Entw. u. d. deutsche R. S. 567 f.

[3] Dazu J. M. V. v. 17. Juli 1850 Nr. 277 R. G. B. Litteratur bei Pfaff und Hofmann Comm. II 1 S. 800. [4] Vgl. Schiffner l. c. A. 1, 2.

[5] Zuerst (1892) legte die Regierung den Entwurf eines L. A. G. für Deutschtirol vor, aber mit Rücksicht auf die dort noch bestehenden Theilungsbeschränkungen für Bauerngüter; in wesentlicher Verbindung damit steht der gleichzeitige Entwurf eines Gesetzes, wodurch für die fraglichen Höfe daselbst überhaupt Beschränkungen hinsichtlich der Grund-Theilbarkeit und -Vereinigung bestimmt und, mit Rücksicht auf das mangelhafte tirolische Verfachbuchwesen, sogar Höfebücher eingeführt werden wollen; s. darüber eigens meine erwähnte Schrift. Bald darauf wurden auch bei einigen anderen Landtagen (Mähren, Niederösterreich, Salzburg) bezügliche Höferechts-Vorlagen eingebracht, welche abgesehen von Höfebüchern im Wesentlichen, namentlich im Anerbenrechte, mit den tirolischen übereinstimmen (citirt wird hier nach dem tirolischen Entwurfe eines L. A. G.). Im Landtage von Niederösterreich wurden zunächst weitaussehende Erhebungen eingeleitet.

in dem Sinne eines Individualsuccessionsrechtes des Anerben; nach dem Erblasser findet da keine sog. Individualsuccession (des Anerben) statt, weder als Universalsuccession noch als Singularsuccession,[6] vielmehr eine Generalsuccession (aller Erben) und zwar als Universalsuccession (in das Nachlaßganze).[7] Der Anerbe ist nämlich „einer der Erben",[8] ein „Miterbe" (R. A. G. § 8 f., L. A. G. § 7 f.). Übrigens erweist sich das Erbrecht des Anerben nicht gerade als ein Intestat-Erbrecht, sondern es kann dasselbe auch bei einem Testamente oder Erbvertrage platzgreifen, wenn nur dessen Inhalt nicht entgegensteht, R. A. G. § 3, 11, L. A. G. § 2, 9.[9]

---

[6] Im ältesten bäuerlichen Recht wird nach der altgermanischen Erbsbehandlung eine Singularsuccession in das Bauerngut stattgefunden haben. Seit dem Eindringen der römischen Universalsuccession aber ist der Anerbe meist Alleinerbe des ganzen Nachlasses und sind die übrigen Erbsinteressenten nur Abfindlinge. Die Vermittlung zum neueren System bildete dann die Annahme einer Individualsuccession in das Gut neben einer Universalsuccession in den übrigen Nachlaß, so daß die sonstigen Theilnehmer in letzterer Hinsicht Erben und nur in ersterer Hinsicht Abfindlinge sind. S. Stobbe § 322, Frommhold § 4, 5 und die dort Citirten. Neuerdings nimmt wieder Gierke in Schmoller's Jhb. XII S. 401 f., 416 eine „deutschrechtliche Sondererbfolge" oder eine „Sondernachfolge in den Grundbesitz" an; ähnlich Gengler l. c. und die Motive zum deutschen Entwurfe V S. 360. Wie verträgt sich aber damit die ev. Haftung des Anerben mit dem Hofe auch für Allodschulden? In Österreich ist es mehr eine Ungenauigkeit, wenn mit dem § 761 a. b. G. B. („Abweichungen von der .. gesetzlichen Erbfolge in Rücksicht auf Bauerngüter", s. dagegen ob. Pat. § 1) zumeist von einer besonderen gesetzlichen Erbfolge in Bauerngüter gesprochen wird; das Anerbenrecht ist da in Wahrheit kein Erbgangsrecht; Unger VI § 44a A. 5. Im Comm. von Pfaff und Hofmann wird die „Individualfolge" (II 1 S. 800) erst zu bestimmen sein.

[7] So besonders Frommhold § 4, 5, der aber doch zugleich den Nachlaß nach dem „thatsächlichen Erwerbe" unterscheidet und eine Generalsuccession nur „rein rechtlich", „formell", „nur in den Werth der ganzen Erbschaft", nicht dem „praktischen Erfolge nach" annimmt. S. noch Schiffner S. 38 f.

[8] So die Landgüter-Odg. f. Pr. Schlesien § 10, s. auch die L. G. O. für Westphalen § 10, das Höfegesetz für Hannover § 13 u. a. m. Die Abfindungsbeträge der übrigen Erben sind Surrogate für deren Erb-Antheile, Frommhold § 7; vgl. Ges. f. Braunschweig § 11, f. Hannover § 19; R. A. G. § 13, L. A. G. § 11 („Erbtheil").

[9] § 3 cit. R. A. G.: „Die Bestimmungen dieses Gesetzes finden bei der gesetzlichen Erbfolge jederzeit, bei der testamentarischen oder vertragsmäßigen aber nur dann Anwendung, wenn der Erblasser eine der im a. b. G. B. unter die gesetzlichen Erben aufgenommenen Personen als Übernehmer bestimmt, wobei er weder an die gesetzliche, noch an die durch die Landesgesetzgebung festgesetzte Reihenfolge gebunden ist." S. auch § 3 des cit. Pat.: „In dem Falle der gesetzlichen Erbfolge, und wenn nicht schon der Vater oder die Mutter das Bauerngut einem Kinde namentlich zugedacht hätte" ... S. ferner z. B. Ges. f. Hannover § 17, f. Westphalen § 21. Gewöhnlich freilich wird das Anerbenrecht geradezu als ein Intestaterbrecht erklärt, so im § 761 a. b. G. B. („Abweichungen von der ... gesetzlichen Erbfolge in Rücksicht auf Bauerngüter"), dann namentlich im strittigen Gegensatze zwischen „directem" und „indirectem" Intestat- oder Anerbenrechte,

Wenngleich aber das Anerbenrecht nicht ein ausschließliches Erbfolgerecht und nicht gerade ein besonderes gesetzliches Erbrecht, so ist es doch ein gesetzlich besonderes Erbrecht. Es sind nämlich an jenes Miterbrecht des Anerben von Gesetzeswegen gewisse Besonderheiten geknüpft.[10] Vor allem ein besonderes Erbtheilungsrecht oder besser ein gesetzliches Vorrecht „bei der Erbtheilung", indem da der Hof nebst Zugehör nur" dem Anerben, als „Übernehmer" ungetheilt „zugewiesen" wird, gegen Hinauszahlung (Abfindung) an die Miterben, o. Pat. § 3, R. A. G. § 4, 6, 8, L. A. G. § 3, 5, 7.[11] Ja mitunter wird nur in diesem Vorzuge bei der Erbtheilung der ganze Inhalt des Anerbenrechtes erblickt, wie sich denn das R. A. G. und die L. A. G. geradezu (in der Überschrift wie im § 13 bez. § 11) selbst als „besondere Erbtheilungsvorschriften" hinstellen.[12] In Wirklichkeit aber bestehen hier noch weitere gesetzliche Besonderheiten.

Namentlich drückt sich eine wichtige gesetzliche Begünstigung des Anerben in dem geringeren Betrage (in der sog. Übernahmstaxe)[13] aus, um welchen der Anerbe den Hof nach dem Gesetze übernimmt, sei es, daß derselbe den Hof zu einem geringeren Anschlag als dem wahren Werthe

(s. Schiffner S. 42), s. noch Miaskowski S. 412 (aber dazu S. 457 f.), Frommhold S. 17 („Sonderintestaterbrecht"), S. 33, doch auch S. 6 („keine anderen letztwilligen Verfügungen"), Motivenbericht zum R. A. G. (Beilage 70 des Abgeordnetenhauses 1886 II) S. 610, 656 („Intestatanerbenrecht"), Pospischil d. Heimstätte mit bes. Rücks. auf d. Verh. d. bäuerl. Gdb. in Österr. S. 113. Richtig ist nur, daß das neuere Anerbenrecht ein dispositives (subsidiäres, mildes) und nicht wie das ältere ein obligatorisches (absolutes, strenges) Anerbenrecht ist; s. die bei Schiffner S. 40 f. Angeführten. — Umgekehrt s. gegen die frühere Annahme einer successio ex pacto et providentia majorum die Cit. bei Stobbe A. 57, Frommhold S. 12.

[10] Nur (vgl. o. A. 6) in diesem Sinne ist es richtig, wenn das Anerbenrecht so häufig als ein singuläres Erbrecht erklärt wird, wie bei den von Schiffner S. 38 A. 7 Citirten; s. auch Gengler § 186. Vgl. Koken Grundideen d. deutschen Colonats S. 110 f., Gengler § 186 („lediglich eine Qualification des einfachen jus succedendi").

[11] Der Übernehmer wird „bis zur Höhe des lastenfreien Werthes des Hofes Schuldner der Verlassenschaft" und „bei der Theilung des Nachlaßvermögens ist an Stelle des Hofes der dem Übernehmer .. als Schuld angerechnete Betrag einzubeziehen", § 6, 8 R. A. G. S. auch schon das ob. Pat. § 3, 5, 8 („bei der Theilung", „zugetheilet"). Für Deutschland s. die Bestimmungen bei Schiffner A. 8, dann Frommhold § 4, 5, 7 (dazu Schiffner A. 14) und bes. G. f. Hannover § 16. S. noch u. § 52 A. 4.

[12] Dazu Motivenbericht S. 23. S. auch Unger A. 5, Peyrer Entw. in seiner Denkschr. betr. d. Erbfolge in landwirthsch. Güter . . . § 5, 7 f., 13, 36 (aber noch denselben S. 141), Förster pr. Pr. R. § 264, Dernburg pr. Pr. R. III § 247 Nr. 9.

[13] Vgl. Pat. § 6 („Übernehmungspreis"), R. A. G. § 10, 12, L. A. G. § 10.

(sog. brüderlichen Anschlag, geschwisterlichen Werth, Bruder- und Schwestertaxe) übernimmt, sei es, daß ihm ein Theil des wirklichen Werthes geradezu als ein Präcipuum („Vorzug", eine „Vortheilsgerechtigkeit") zu Gute kömmt; in beiden Fällen hat der Berufene einen persönlichen Anspruch auf einen gesetzlichen Voraus, dort auf einen verdeckten oder verhüllten Voraus, hier auf einen eigentlichen oder offenen Voraus. Nach ob. Patente § 5, wie nach dem R. A. G. § 7, L. A. G. § 6 [14] gilt der verhüllte Voraus, insoferne der Werth des Hofes, in Ermanglung einer sonstigen Festsetzung, durch gerichtliche Schätzung nach billigem Ermessen so bestimmt wird, „daß der Übernehmer" „auf dem Gute wohl bestehen kann";[15] allerdings vereinigt dies das R. A. G. § 10 zugleich mit einem offenen Voraus, indem da der Landesgesetzgebung freigestellt wird, „daß hiebei zu Gunsten des Übernehmers ein Betrag in Abzug gebracht werde, welcher jedoch ein Drittel des gerichtlich ermittelten lastenfreien Werthes des Hofes nicht übersteigen darf"; allein die L. A. G.-Entwürfe machen m. W. von dieser Ermächtigung keinen Gebrauch.[16] Außerdem ist der Übernehmer noch dadurch begünstigt, daß ihm in manchen Anerbengesetzen auf Verlangen zur völligen Begleichung des an die Miterben auszuzahlenden Betrages eine entsprechende Frist gewährt werden muß.[17] Endlich kann unter Umständen selbst das Pflichttheilsrecht der Miterben, aber auch des Anerben thatsächlich berührt sein.[18]

Diese weiteren gesetzlichen Besonderheiten sind nicht mehr Besonderheiten der bloßen Erbtheilung, indem sie nicht lediglich die Art und Gegenstände der Erbtheilung, sondern gar das Maß der quantitativen Theile betreffen; sie sind aber auch nicht Besonderheiten kraft des bloßen Miterbenrechtes, die quotativen Erbtheile werden vielmehr hiedurch nicht

[14] Dagegen legen die s. z. Anerbenpatente von 1790 und 1793 den „wahren Werth" zu Grunde. — Von der im letzten Absatze des § 7 R. A. G. enthaltenen Berechtigung macht das Tir. L. A. G. § 6 keinen Gebrauch.

[15] S. auch Pospischil d. Heimstätte S. 117.

[16] Hinsichtlich Deutschlands s. nur Miaskowski S. 138, 158f., 424f., 435f., 440f., Stobbe S. 389f., Frommhold S. 32f.; bes. die Ges. f. Hannover § 16 und für Braunschweig § 11, welche diesfalls dem R. A. G. zum Vorbilde dienten.

[17] Nach § 9 R. A. G., § 8 L. A. G. eine Frist von 3 Jahren seit der Rechtskraft der Einantwortung; nach dem Ges. f. Westphalen § 11, 12, 18 „billige Zahlungsfristen"

[18] So, ungeachtet ihres gegentheiligen Anfangssatzes, nach § 13 R. A. G., § 11 L. A. G. Vgl. ob. Motivenbericht S. 616f.; für Deutschland Miaskowski S. 412f., 457, Frommhold S. 33f. und bes. Ges. f. Hannover § 18f.

berührt. Sie sind in Wirklichkeit einzelne Begünstigungen[19] kraft Gesetzes neben dem Miterbrechte des Anerben, m. a. W. besondere gesetzliche Einzelzuwendungen mortis causa. Darf man derartige Einzelzuwendungen gesetzliche Vermächtnisse nennen, so liegen hier, soweit der Anerbe begünstigt wird, gesetzliche Vorausvermächtnisse vor.[20]

§ 52. Der sog. Mannsvortheil.

Auf der älteren germanischen erbrechtlichen Bevorzugung des männlichen Geschlechtes[1] beruht in manchen Quellen der sog. Mannsvortheil,[2] insbesondere der Sohnsvortheil,[3] um welchen von Rechtswegen bei der Erbfolge der männliche Verwandte bez. der erbende Sohn des Erblassers vor den anderen Verwandten aus der Verlassenschaft geradezu begünstigt werden soll,[4] u. z. auch abgesehen von dem Heergewäte.[5] Dieser gesetzliche erbrechtliche „Vorzug"[6] gehört an diese Stelle selbstverständlich nur insoferne, als er nicht in einem wirklichen (größeren) Erbtheile,[7]

---

[19] Gengler l. c.: „Erbvermehrungen" zu Lasten der Miterben.

[20] An ein Prälegat erinnern hier u. a. Gengler l. c., Miaskowski S. 454, Frommhold § 5; s. dagegen Dernburg l. c. Nr. 9. Vgl. schon Schiffner S. 39f.

[1] Neue Übersicht diesfalls bei Gengler d. Pr. R. § 177, Heusler d. Pr. R. § 183. Dazu das böhm.-mähr. L. R. bei Pfaff und Hofmann II S. 763; aber auch Opet in den Unters. z. d. Staats- u. R. G. XXV S. 43f., Frommhold eod. XXXIII S. 2f.

[2] Einen eigenthümlichen anderen Sinn hat der „ehrliche Mannsvortheil" im bayr. L. R. III 12 § 2 Nr. 7 (nicht berücksichtigt in den Motiven zum d. E. V S. 360 A. 2), welcher übrigens aufgehoben wurde (Roth bayr. C. R. § 352 A. 26).

[3] Diesen Ausdruck hat noch jetzt das Zürcher G. B. § 854. Litteratur bei Stobbe d. Pr. R. § 290 A. 36.

[4] Im Zusammenhange mit dieser Bevorzugung stehen dann hier, — aber auch beim Anerbenrechte, — u. U. gesetzliche Alimentationsrechte der zurückgesetzten Verwandten: vgl. Stobbe d. Pr. R. § 324 III, Huber Schweiz. Pr. R. II S. 45 f., auch o. § 19 A. 8a.

[5] Im weiteren Umfange wird unter dem Mannsvortheile auch das Heergewäte begriffen, wie andererseits die Gerade als Weibervortheil bezeichnet wird, s. z. B. Kreittmayr Anm. III S. 937f.

[6] S. die Ausdrucksweise im Zürcher G. B. § 854, 860 und bei Oberweis in der ö. V. J. S. IX S. 334.

[7] So nach dem früheren Zürcher G. B. § 1902 (anders jetzt § 857, dazu Schneider im Vorworte zum neuen G. B. S. VI), so nach dem Luzerner G. B. § 391, nach dem Zuger G. B. § 261, nach dem liv-, est- und curl. Pr. R. A. 1928; vgl. Mommsen d. Erbr. S. 157, Stobbe § 290 A. 36, Huber Schweiz. Pr. R. IV S. 558f., 907, II S. 53f. Dagegen waren die in Tirol diesfalls üblichen Quoten nur Werthsquoten, L. O. III 9 (s. u.).

sondern in einem einzelnen Voraus[8] besteht. Letzteres ist noch jetzt namentlich in einigen Schweizer Rechten der Fall; z. B. im Zürcher G. B. § 581 f., 860, 872, 897, wonach hinsichtlich der Verlassenschaft eines Mannes die männlichen Descendenten bez. Ascendenten „vorzugsweise“ vor den weiblichen das Recht haben, das hinterlassene liegende Gut sammt gesetzlicher Zubehörde zu ermäßigtem Schätzungswerthe, durch Abzug einer bestimmten Quote des vollen Verkehrswerthes, an sich zu ziehen;[9] aber z. B. auch im liv-, est- und curländischen Pr. R. A. 1728, 1897 f., 1919 f., wonach männliche Descendenten von den zum Nachlasse gehörenden Landgütern eventuell einen doppelten oder Sohnestheil im Vergleich zum Antheile eines concurrirenden weiblichen Descendenten erhalten;[10] ebenso im A. 2719 Satz 2 ebenda, demgemäß unter mehreren zum Indigenatadel gehörigen Geschwistern, welche sich in den elterlichen Nachlaß theilen, einem Sohne die Gutsgebäude ev. als „Voraus“ gebühren, indem diese bei der Schätzung behufs der Erbtheilung nicht in Betracht kommen. Aus der früheren Zeit sei nur auf die Tiroler L. O. III 9 verwiesen, laut welcher den Söhnen nach Herkommen und Verhältnissen ein ziemlicher Vortheil zur Erhaltung des Namens und Stammes nach Erkenntniß ehrbarer Leute oder des Gerichts vorerst „erfolgt und zugestellt“ werden sollte; dieser Vortheil konnte auch nicht durch letzten Willen des Vaters entzogen werden.[11]

Der Mannsvortheil ist ebensowenig bloß ein Vorrecht bei der Erbtheilung[12] wie das Anerbenecht. Das Verhältniß zu letzterem[13] ergibt

[8] Diese Bezeichnung z. B. bei Stobbe l. c., bei Oberweis l. c. (hier auch „praecipuum“ und im Gegensatze zu einem wahren „Vorausvermächtnisse“). Einen andern Umfang als der „Voraus“ hat der „Vorlaß“ („Fürling“, „Fürschutz“), der auch einen Vorzug in einer größeren Erbquote bedeuten kann; vgl. Huber l. c., dazu dens. II S. 46 und schon Schweiz. Erbr. S. 80, Bühler bündn. Erb. . . R. S. 106.

[9] Zu den entsprechenden § 1895 f. des früheren Zürcher G. B. s. Bluntschli Erl., der hierin einen angemessenen Ausgleichungsversuch zwischen römischer und deutscher Rechtsansicht erblickt. S. noch Luzerner G. B. § 392, Zuger G. B. § 261, 297, Bühler bündn. Erb. . . R. S. 57 f., 106, Huber Schweiz. Pr. R. II S. 47 f.

[10] A. 1898 eod. spricht diesfalls gar von einer „Erbportion“.

[11] Darüber Oberweis S. 332 f. Dazu L. O. III 34, Pfaff und Hofmann Exc. I S. 408 f. und Comm. II S. 695. — S. ferner Putz ungar. Pr. R. § 226.

[12] S. aber Stobbe § 283 A. 20. Allerdings betrifft nur die Erbtheilung ein bloßes Vorwahlrecht ohne Preisbegünstigung, wie bei Roth b. C. R. § 352 A. 27 und im liv-, est- und curl. Pr. R. A. 1890, 2710 f., 2719 S. 1.

[13] Vgl. Bluntschli Erl. z. Zürcher G. B. § 1895, Mommsen S. 157.

sich daraus, daß der Mannsvortheil an sich nicht auf einen einzigen Erben und nicht auf Bauerngüter, dagegen allerdings auf das männliche Geschlecht beschränkt ist.

In Folge der Bevorzugung der Söhne wurde andererseits in manchen Rechten den Töchtern ein Anspruch m. c. auf die Aussteuer eingeräumt,[14] u. z. auch abgesehen von dem Anspruche auf die Gerade (dem sog. Weibervortheile).

Mit Recht ist in den meisten neueren Codificationen der ganze erbrechtliche Vorzug des Mannsstammes überhaupt verschwunden.[15]

---

§ 52a. Gesetzliche Rückansprüche von Todeswegen.[1]

In den auf der Gesammtnachfolge aufgebauten Rechtssystemen sollte ein gesetzliches Rückfallsrecht oder Fallrecht in dem Sinne des germanistischen jus recadentiae oder revolutionis[2] der väterlichen und der mütterlichen Verwandten eines kinderlosen Erblassers hinsichtlich der von väterlicher bez. mütterlicher Seite herrührenden Nachlaßobjecte nicht vorkommen.[3] Dennoch wird noch jetzt vereinzelt die Beziehung zwischen den Verwandten der einen Seite und dem Stammgute derselben Seite als eine genügende Grundlage[4] anerkannt, um den Satz paterna paternis, materna maternis festzuhalten; so noch im privatrechtlichen G. B. für Schaffhausen § 1817 ff. und in c. c. für Neuenburg a. 583 f.[5]

Verschieden davon ist das Rückfallsrecht in dem Sinne eines gesetz-

---

[14] Dazu o. § 25, auch Puß § 225.

[15] Ausdrücklich und principiell gegen erbrechtliche Begünstigung des Mannsstammes z. B. code Nap. a. 745, ö. a. b. G. B. § 732, Schaffhausner G. B. § 1809, Mommsen § 29, S. 157, u. E. § 14; vgl. die Motive zum d. E. V S. 360. Dagegen s. Bluntschli l. c. und d. Pr. R. § 238.

[1] Dieser § wurde erst nach Absendung des Manuscripts eingefügt, indem ich erst da auf die kürzlich erschienene einschlägige Forschung Brunner's aufmerksam wurde; in anderen § ist daher die Materie noch nicht entsprechend berücksichtigt. — Über ges. Rückansprüche unter Verlobten o. § 38. — Nicht in diesen Zusammenhang gehört der Fall des § 56, ebensowenig die Wieder-Consolidirung des Eigenthums durch Wegfall des Nießbrauchs beim Tode des Nießbrauchers o. § 19.

[2] Darüber s. nur Stobbe d. Pr. R. V S. 6, 104 f., 116 (wo auch die Tiroler L. O. III 13 citirt ist), S. 118 f., 377. Dazu jetzt Huber Schweiz. Pr. R. IV S. 582 f. und a. u. a. O.

[3] S. die deutschen Mot. V S. 359 f. sammt Nachweisen; dazu ungar. E. § 14 (Kern S. V f.) gegenüber dem gegenwärtigen ung. R. (Puß Syst. § 210, 226, 229).

[4] Vgl. o. § 9, 23. [5] Huber II S. 86 f., 65 f.

lichen droit de retour, welches heute noch im code Napoléon a. 351f., 747, 766 gilt[6] und von Brunner (unter Zustimmung Schröder's) mit dem „neutralen" Ausdrucke „Wiederanfallsrecht" bezeichnet wird, obwohl in einzelnen Schweizer Quellen mit „Wiederfall" gerade das jus recadentiae gemeint wird.[7] Kraft der citirten Bestimmungen des französischen Gesetzbuches sollen nach einem kinderlosen Erblasser Vermögensstücke, die derselbe unentgeltlich von einem (ehelichen resp. natürlichen oder Adoptiv-) Ascendenten erworben hatte, an diesen Ascendenten bez. an dessen Descendenten zurückfallen („retourner"), falls sie noch in natura oder in gewissen Surrogaten vorhanden sind[8] und nicht ein anderweitiger Wille des Erblassers erklärt ist.[9] Dieser retour légal[10] ist ein gesetzlicher Erwerb von Todeswegen und insoferne ein retour successoral, wie denn der c. c selbst hier von einem succéder spricht und die fraglichen Fälle bei der Regelung der succession nach den betreffenden Erblassern behandelt.[11] Doch ist nicht der gewöhnlichen Meinung[12] beizutreten, welche diesfalls eine romanistische Universal-Succession annimmt. Zu derselben nöthigt die

[6] Darüber Zachariä franz. Civ. R. § 608, namentlich aber Aubry und Rau dr. civ. franç. § 608, 640 bis, wo auch die weitere Litteratur angegeben ist. Die fraglichen Bestimmungen sind ungeachtet ihrer textlichen Verschiedenheiten möglichst in Übereinstimmung zu bringen, vgl. Zachariä A. 1, Aubry und Rau § 608 A. 20, 32, 49, § 640 bis A. 16. „Über den germanischen Ursprung des droit de retour" nach a. 747 Brunner in seinen Forschungen zur Geschichte des d. und fr. R. S. 676f.; dazu R. Schröder d. R. G. § 61 A. 195.

[7] Huber IV S. 582. Ficker wird in der Fortsetzung d. Unters. z. ostgerm. E. das dr. de retour mit „Schenkerrecht" wiedergeben.

[8] Diesfalls werden in der französischen Litteratur mit Rücksicht auf ihre Annahme einer Universal-Succession häufig die bekannten Maximen berufen: in judiciis universalibus pretium succedit loco rei et res loco pretii und qui actionem habet ad rem recuperandam rem ipsam habere videtur.

[9] S. nur Zachariä A. 26, Aubry und Rau § 608 A. 44, welch' letztere geradezu von einem droit de succession ab intestat sprechen; dazu o. § 10.

[10] Uns berührt hier nur der retour légal (vgl. Zachariä § 608: ex privilegio s. ex speciali fundamento, — Aubry und Rau § 608 A. 32), nicht der retour conventionnel (c. c. a. 951f.).

[11] Dagegen war vorhin in Frankreich das droit de retour nur nach coutumiärem Recht wirklich ein jus successionis, während es nach dem droit écrit des Südens als ein jus reversionis auf Grund einer der Gabe ex lege stillschweigend beigefügten Resolutivbedingung erschien, wodurch der bezügliche Gegenstand dem Geber verfangen blieb; so Brunner S. 677f. mit Marquis.

[12] Diese Meinung wird selbst von Zachariä bes. A. 28, 29 vertheidigt, welcher den „Rückfallserben" als einen eigentlichen (außerordentlichen) „Erbfolger", als successor universalis auffaßt, desgleichen von Aubry und Rau namentlich § 608 A. 29, 32, § 640 bis A. 2, welche da einen successeur universel, eine succession à titre universel

Ausdrucksweise des code Nap. durchaus nicht, indem letzterer das „succéder“ hinsichtlich der betreffenden bestimmten Objecte vielmehr in einer gegensätzlichen Bedeutung gegenüber der „succession“ als Erbschaftsgesammtheit gebraucht. Selbst das ist nicht maßgebend, daß der Rückfallsberechtigte (der „Tournist“) mit der Verpflichtung belastet ist, zu den Erbschaftsschulden pro modo emolumenti beizutragen, „contribuer“ (a. 351), ganz abgesehen davon, daß es fraglich ist, ob diese Beitragspflicht eine directe Schuldenhaftung bedeutet;[13] ausnahmsweise kann ja selbst bei einer Singular-Succession eine verhältnißmäßige Haftung für die erblasserischen Schulden vom Gesetze eigens angeordnet sein. Desgleichen darf es nicht zu viel betont werden, wenn hier die einzelnen Objecte zu einer Art universitas, zu einer „universalité juridique“ (Aubry und Rau) zusammengefaßt erscheinen, wobei wir wieder davon absehen wollen, daß doch nicht immer eine Mehrheit von Objecten in Betracht kömmt. Entscheidend ist lediglich, daß da eine Succession gerade nur in bestimmte Bestandtheile der Erbschaft stattfindet, daß daher diese Objecte, wenn sie zu einer universitas zusammengefaßt sind, doch nicht die allgemeine universitas der Erbschaft, auch nicht eine verhältnißmäßige Quote derselben bilden, sondern einfach eine besondere universitas, die innerhalb der allgemeinen Vermögensgesammtheit auf gleicher Linie mit den sonstigen singulae res steht. Es liegt also in Wahrheit eine gesetzliche Singular-Succession, ev. in einen Complex von gewissen Nachlaßgegenständen vor.[14] Übrigens wird bei Zachariä, einem Vertreter der abgelehnten Meinung, selbst hinzugesetzt, der „Rückfallserbe“ sei „gleich als ein legatarius in sensu juris Romani zu betrachten, cui lex loco testatoris imposuit obligationem solvendi debita heridataria pro rata emolumenti sui;“ ebenso müssen seine Bearbeiter Aubry und Rau gestehen, „le droit de retour légal forme à côté de la succession ordinaire une succession privilegée et anomale, dont la dévolution a lieu en vertu d'une vocation spé-

erblicken und den Gesichtspunkt dann im Einzelnen durchführen. Zugleich wenden sich die Genannten mit Recht gegen diejenigen, welche hier gar wahre héritiers im Sinne des c. c. annehmen.

[13] S. freilich Zachariä A. 29, Aubry und Rau § 640 bis A. 18 gegenüber Delvincourt und Duranton. Wenn übrigens Aubry und Rau sich auf den Satz bona non dantur nisi deducto aere alieno stützen, so gelten ähnliche Sätze auch für besondere Vermögens-Gesammtheiten, s. nur Kohler bei Jhering XXIV S. 296 f.

[14] Vgl. o. § 5, 23.

ciale, et qui a pour objet une classe particulière de biens, .. distincte de l'hérédité générale". Auf dieselbe Bedeutung ist aber auch das „singuläre Erbrecht" zurückzuführen, welches Brunner (und mit ihm Schröder) hier, wie bei Heergewäte und Gerade, erblickt.

Das in Rede stehende eigenthümliche gesetzliche Vermächtniß gründet sich offensichtlich auf eine Beziehung nicht bloß zur Person des Erblassers, sondern auch zu bestimmten Gütern desselben[15] und wird, soferne die Rückfallsberechtigten außerdem wirklich zur Erbfolge berufen sind, sich als ein gesetzliches Vorausvermächtniß darstellen.[16] Wie jetzt Brunner Forschungen S. 676f. nachweist, beruht dasselbe auf der alten germanischen Auffassung der Schenkung[17] als einer Gabe mit der stillschweigenden[18] Zweckbestimmung (bloß) für den Beschenkten bez. für dessen Descendenz, einer Auffassung, die sich bis auf die neueste Zeit in dem Rückfall des abgetretenen Lehens an den Vater nach bayrischem L. R. IV 18 § 42 und nach preußischem L. R. I 18 § 398[19], wie in dem Rückfalle von Kronarenden nach liv-, est- und curländischem Pr. R. A. 1972f.[20] erhalten hat. Bei der Ausbildung eines entsprechenden Ascendenten- und Collateralen-Erbrechtes, wie eines angemessenen ehelichen Güterrechtes ist selbstverständlich ein droit de retour überflüssig, daher denn der italienische und der rumänische Civilcodex dasselbe über Bord geworfen haben, während allerdings der c. c. für Neuenburg dem französischen Gesetzbuche auch hierin gefolgt ist.[21]

Merkwürdiger Weise sucht die französische Litteratur seit jeher das droit de retour aus dem römischen Rechte u. z. namentlich aus den Bestimmungen des klassischen Rechts über die dos profecticia zu begründen.[22] Bekanntlich kann da der väterliche Ascendent der Ehefrau, ohne Rücksicht auf eine väterliche Gewalt desselben, die von ihm her-

---

[15] Vgl. Aubry und Rau § 640 bis A. 2, o. § 9.

[16] Vgl. Zachariä A. 4, Schröder l. c., o. § 7.

[17] Darüber schon Brunner die Landschenkungen der Merowinger und der Agilolfinger in den Sitzungsberichten der Berliner Akademie 1885 (Forschungen S. 1f.).

[18] Vgl. o. § 5. [19] Brunner Forschungen S. 734f.

[20] Hierin wird von „Erbrecht", „Erbfolge" u. dgl. gesprochen. — Vgl. auch die früheren königlichen Donationen in Ungarn, Putz ung. Pr. R. § 66f., 223.

[21] S. Huber II S. 66, 76f., 90, 111, 131, wo auch auf den c. c. für Wallis a. 792 hingewiesen wird. In Genf wurde a. 766 des code Nap. mit Gesetz von 1874 aufgehoben. — Das badische L. R. hat den Zusatz 747 und eine kleine Änderung im S. 351. S. noch o. § 9 A. 16. [22] Darüber und dawider Brunner S. 677f., 680f.

rührende dos zurückfordern, wenn die Ehe bei seinen Lebzeiten durch Tod der Frau aufgelöst wird, wogegen der überlebende Ehemann wegen jedes Kindes aus der Ehe ein Fünftel der dos für sich retiniren durfte;[23] s. u. a. besonders Ulp. fr. VI § 4: mortua in matrimonio muliere dos a patre profecta ad patrem revertitur, quintis in singulos liberos in infinitum relictis penes virum; vat. fr. § 108; l. 10 pr. D. sol. matr. XXIV 3: dos ab eo profecta reverti ad eum debeat; l. 6 pr. D. de jure dot. XXIII 3: jure succursum est patri, ut filia amissa solacii loco cederet, si redderetur ei dos ab ipso profecta, ne et filiae amissae et pecuniae damnum sentiret. Nunmehr hat aber Brunner wesentliche Unterschiede zwischen diesem Rückforderungsrechte und jenem Wiederanfallsrechte dargethan; dazu kömmt, daß das Recht des Ascendenten auf die dos profecticia, wenngleich es in letzterer Stelle als eine gesetzliche Begünstigung auf Grund des nahen persönlichen Verhältnisses zum Verstorbenen erscheint,[24] doch offenbar nur ein Anspruch aus Anlaß deren (früheren) Todes[25] und nicht ein Anspruch von Todeswegen d. h. nicht ein verlassenschaftsrechtlicher Anspruch ist, indem die Verlassenschaft der Tochter hiebei gar nicht in Betracht steht.[26] Angesichts solcher Verschiedenheiten entfällt dann die Nothwendigkeit einer Beantwortung der strittigen Frage, inwieferne jene Bestimmungen des klassischen Rechtes im späteren Rechte überhaupt noch aufrechtblieben.[27]

Ebenso ist es nicht gerechtfertigt, wenn diesfalls die c. 12 C. communia utriusque judicii III 38 (hoc quod dedit iterum in eundem revertatur ... lege hoc faciente) angerufen wird, u. z. schon darum nicht, weil hier die dos oder donatio propter nuptias an den Vater bereits bei Lebzeiten des betreffenden Kindes gelangt.[28]

Mit mehr Grund könnte c. 9 Cod. Theodos. III 5 herangezogen werden, (was aber in der Litteratur nicht geschieht); hiernach sollen Gaben, welche ad nuptias sponsaliorum nomine pro sollemnitate traduntur, — also Hochzeitsgeschenke, — mortua in matrimonio puella ad dantis

---

[23] S. besonders Bechmann r. Dotalr. I S. 100f., II S. 422f., Czyhlarz r. Dotalr. S. 47f., 316f. [24] Ähnliche „Tröstungsmittel" s. o. § 9.

[25] Bis zum Vorableben der Tochter hat der Ascendent nur spem quandoque recipiendae dotis, l. 71 D. de evict. XXI 2. [26] Vgl. o. § 5.

[27] Vgl. diesfalls außer Bechmann und Czyhlarz l. l. c. c. die Übersicht bei Windscheid P. § 499, neuestens aber Mitteis Reichsrecht und Volksrecht S. 235., 247f., Brunner S. 685f. [28] S. Brunner S. 688. Vgl. u. § 55 II.

commodum revocari, veteri scilicet jure neglecto. Aber diese Neuerung hat das spätere Recht, insbesondere der Cod. Just. nicht aufgenommen.[29]

---

§ 53. Der Fruchtgenuß der mater binuba nach verstorbenen Kindern.[1]

Unter den eigenthümlichen privatrechtlichen Folgen der Wiederverehelichung eines gewesenen conjux überhaupt, welche das römische Recht vornehmlich im Interesse der Kinder aus den betreffenden Ehen aufstellt,[2] gibt es mehrere, welche auch hieher gehörige Fälle liefern. Diese Fälle, die zum Ursprung einzelner Güter des Erblassers in wesentlicher Beziehung stehen,[3] sind noch im gemeinen Rechte als giltig hinzunehmen,[4] dagegen mit gutem Grund in den neueren Gesetzgebungen nahezu verschwunden, wie die meisten sog. poenae secundarum nuptiarum;[5] im österreichischen Rechte insbesondere gelten sie nicht. Dieselben werden übrigens von vielen ausschließlich im Familienrechte vorgeführt[6] und nur von wenigen auch im Erbrechte erörtert oder doch angedeutet.[7]

---

29 Brunner S. 684 f.

1 Glück Pand. Comm. XXIV S. 135 f., Marezoll in d. Ztschr. f. Civ. R. u. Pr. IV S. 415 f., V S. 370, 397 f., Geiger eod. XIX S. 204 f. Hieher gehört bayr. L. R. I 6 § 47 f. (zweite „Straf"). Nicht erwähnt wird dies damnum secundarum nuptiarum bei Böcking Inst. III § 6.

2 Darüber im Allgemeinen die Litteratur bei Windscheid § 511*.

3 Schirmer Erbr. § 16, Arndts Pand. § 479, Brinz P. § 471, Baron P. § 350; a. A. Wächter, s. aber u. A. 6. Vgl. noch nov. 22 c. 20 § 2, Marezoll in d. Z. f. C. R. u. Pr. III S. 111; o. § 9.

4 Vgl. nur J. C. Koch succ. ab int. § 24 A. 16, Glück Int. Erbf. § 154 A. 55, Roth d. Pr. R. § 150 A. 3, Entsch. d. Reichs-Ger. IV 7, Motive zum deutschen Entw. IV S. 559 f., auch u. § 54 A. 6, § 57 A. 2, § 58 A. 1.

5 Vgl. Hinschius in Holtzendorff's R. L. II Art. zweite Ehe und Strafen ders., Roth d. Pr. R. § 150, Stobbe d. Pr. R. IV § 248, Motive z. d. E. l. c. S. aber u. § 57, 58, o. § 28, bayr. L. R. l. c., Zürcher G. B. § 901, 904, Schaffhausner G. B. § 234, 1839 f., Berner G. B. S. 160.

6 S. geradezu Wächter Pand. § 279 A. 2; gegen diesen mit Recht Pfaff und Hofmann in der Herausgabe von Arndts Pand. § 479 A. 4.

7 So bezüglich des gleich zu behandelnden Falles bei J. C. Koch l. c. § 24, Glück Int. Erbf. § 154 (freilich da unter der Nachfolge der Kinder aus verschiedenen Ehen), Arndts Pand. § 479 A. 4, 5, Schirmer Erbr. § 16, Rudorff zu Puchta Pand. § 460 A. f; s. auch u. A. 13 f. Übersehen wird dieser Fall von Seuffert (d. J.) Pand. § 598 A. 2. Dagegen wird vom letzteren eod. schlechthin der Erwerb nach Seuffert P. § 464 A. 2 als gesetzliches Vermächtniß bezeichnet; auch wenn da der Erwerb der Kinder nicht von Todeswegen, sondern durch die Wiederverehelichung des parens erfolgt?

Zunächst ist nun hier auf die mater[8] binuba insoferne hinzuweisen, als gemäß der nov. 22 c. 46, 47[9] der Mutter, die sich wieder verehelicht hatte, bei der späteren Intestaterbfolge[10] nach einem verstorbenen Kinde aus ihrer früheren Ehe neben den miterbenden Geschwistern dieses Erblassers in Ansehung des Vatergutes[11] desselben nur der Nießbrauch[12] einer Virilportion gebührt, während das „Eigenthum" davon bloß jenen Geschwistern zukömmt.[13]

[8] Viele dehnen die bezüglichen Bestimmungen für die Zeit nach der nov. 118 auch auf den Vater und damit auf das Muttergut des Erblassers aus, so die bei Glück Int. Erbf. A. 54, Comm. S. 138 und bei Marezoll V S. 398 A. 1 Citirten, dann Puchta Pand. § 428 A. f, Keller Pand. § 408, besonders aber Geiger l. c., desgleichen Seuffert § 464, Holzschuher Civ. R. § 65 Nr. 1, Windscheid § 511 A. 9, § 670 A. 9, Sintenis § 137 A. 9, Köppen Lhb. S. 153; s. gleichfalls das bayr. L. R. l. c. Dagegen die bei Glück Int. Erbf. A. 53 Cit., Löhr im Arch. f. civ. Pr. XVI S. 46f., besonders Marezoll V S. 383f., 397f., ferner Vangerow Pand. § 227 A. 1 Nr. 2a, Arndts Pand. § 417, Schirmer A. 54, Bering Pand. § 232 Nr. 7, Dernburg Pand. III § 27 A. 5. S. überhaupt noch die Nachweisungen bei Windscheid § 511 A. 9, Roth b. Pr. R. § 150 A. 18, Stobbe d. Pr. R. § 248 A. 18.

[9] Die Gesetzgebung hat in dieser Materie rasch und mehrmals gewechselt, c. 3 § 1 C. de sec. nupt. V 9, nov. 2 c. 3, Glück Comm. S. 115f., 123f., 135f., Löhr S. 44f., Brinz § 471 A. 54, Seuffert Archiv I Nr. 239; s. auch u. A. 11, 15.

[10] Das ihr vom Kinde testamentarisch Zugedachte kann die Mutter nach der nov. 22 c. 46 § 1 (anders früher, s. u. A. 15) zu unbeschränktem „Eigenthum" erlangen. Nicht unterschieden wird diesfalls im bayr. L. R. l. c.

[11] Nov. 22 c. 46 § 2: paterna substantia; bald darauf: paterna successio. Nicht beschränken den mütterlichen Nießbrauch auf das Vatergut Sintenis Civ. R. § 137, Dernburg Pand. III § 27, Wendt P. § 308. In Ansehung des übrigen Vermögens des Kindes vocetur . . et ipsa . . ab intestato ad . . successionem. eod. Zu den folg. Worten daselbst et haec dicimus in rebus quae extra nuptialem donationem sunt . . . s. schon nov. 2 c. 3 § 1, Mühlenbruch Pand. Comm. XXXVII S. 386f. A. 71, Schirmer A. 53. Nicht bloß dem Nießbrauche (der Mutter) unterliegt der nun etwa nach § 56 anfallende Theil der (seinerzeit entgangenen) lucra nuptialia.

[12] Die nov. 22 spricht eod. einerseits von χρῆσις, usus, (vgl. o. § 27), andererseits hinsichtlich der nuptialis donatio von χρῆσις καὶ ἐπικαρπία, usus et usufructus; s. auch eod. c. 46 § 1, c. 47. Eigenthümlich die Formulirung bei Hinschius a. a. O. — Als Grund der Gewährung des Nießbrauchs gibt c. 5 C. ad s. c. Tert. VI 56 an: humanitatis contemplatio. — S. noch Kohler dog. Jhb. XXIV S. 251 f.

[13] Nicht participiren da solche Geschwister des Erblassers, welche sich gegen diesen oder gegen die Mutter einer ingratitudo im Sinne der nov. 22 c. 46 § 3, 4, c. 47 pr. schuldig gemacht haben; ungenau Holzschuher l. c. S. 696, auch Keller Inst. § 347, Windscheid § 670 A. 9. Die herrschende Lehre nimmt hier überhaupt Erbunwürdigkeit der ingrati an, dagegen Windscheid l. c. (in unserem Falle) nach Keller l. c. mit Recht Erbunfähigkeit derselben, während Köppen Lhb. S. 153f. mit Unrecht beides (durch Annahme eines gesetzlichen Vermächtnisses) für ausgeschlossen hält; Marezoll IV S. 421f. wieder setzte, unter Beistimmung Wächter's im civ. Arch. XXIII S. 55, gar wirkliche Enterbung voraus. — Damit erledigt sich dann die Frage, was mit den ev.

Unzutreffend ist es, wenn manchmal die Mutter ungeachtet dieses bloßen Nießbrauchsrechtes an einigen Nachlaßgegenständen schlechthin als Erbin[14] oder als Fiduciarerbin[15] bezeichnet wird, zumal schon unsere nov. diesfalls die Worte solummodo usum gerade im Gegensatze zur vocatio ad successionem u. z. et secundum dominium et secundum usum gebraucht.

Köppen Lhb. S. 153 f. erblickt hier wieder ein „gesetzliches Vermächtniß", — insoferne als die Mutter, welche wirkliche Miterbin ist, die Proprietät des Vatergutes in ihrem Erbtheile den Kindern erster Ehe zu „präſtiren" hat. Außer diesem gesetzlichen (Voraus-) Vermächtnisse an die miterbenden Kinder ist jedoch vorweg jenes Nießbrauchsrecht als solche gesetzliche Einzelzuwendung an die Mutter selbst festzustellen.

Andererseits nimmt Köppen ein gesetzliches Vermächtniß gar noch in dem Falle an, wo die Mutter erst nach dem Tode des betreffenden Kindes wieder heirathet und daher nunmehr den bloßen Nießbrauch ihres Antheiles am Vatergute behält, dagegen das „Eigenthum" desselben an die Geschwister des Erblassers verliert (nov. 22 c. 46 § 2, c. 5 C. ad s. c. Tert.). Indeß liegt da für letztere kein Erwerb von Todeswegen nach dem Erblasser, sondern ein Erwerb unter Lebenden von der Mutter her vor.[16]

„Antheilen" der ingrati geschieht. Nach Köppen soll daran auch die Mutter (wie die Geschwister des Erblassers) stets die Proprietät haben, wegen c. 47 pr. der nov. 22. Mir scheint das c. 47 in diesem Punkte vom c. 46 nicht abweichen zu wollen; jene „Antheile" sind eben wegen der Erbunfähigkeit der ingrati an die Mutter und die übrigen Geschwister als Erben in deren Erbtheilen gelangt und erfahren dann die gleiche Behandlung wie die sonstigen Antheile des nachgelassenen Vatergutes.

[14] Z. B. Puchta Pand. § 428, Wendt Pand. § 308, bayr. L. R. l. c.

[15] So Seuffert's Archiv I Nr. 239; vgl. o. § 27, 29. Allerdings verfügte c. 3 § 1 C. de sec. nupt., daß diejenige Quote des Kindes-Nachlasses, welche auf die Mutter ab intestato oder ex testamento neben Geschwistern des Erblassers übergegangen, sola tantum possessione delata (und nicht pleni proprietate juris), seinerzeit diesen Geschwistern hinterlassen werden müsse. Diese Vorschrift ward aber schon durch nov. 2 c. 3 aufgehoben, welche der Mutter da freie Verfügung einräumte; darauf folgte dann unsere nov. 22 c. 46, 47.

[16] Vgl. Windscheid l. c., gegenüber der Annahme einer Erbunwürdigkeit in solchem Falle.

§ 54. Der Voraus der Kinder aus späterer Ehe.[1]

Auf Grund der nov. 22 c. 29 fallen den Kindern aus einer späteren Ehe[2] beim Ableben des parens binubus, behufs einiger Ausgleichung für dasjenige, was den Kindern aus früherer Ehe schon durch die Wiederverheirathung des parens an lucra prioris matrimonii zugekommen war,[3] die dos und die donatio propter nuptias[4] aus der späteren Ehe in Voraus ausschließlich und gleichtheilig zu,[5] — soweit sie der binubus bei Auflösung dieser Ehe zu Eigen lucrirt hatte, was aber in Folge der nov. 98 c. 2 und der nov. 127 c. 3[6] nur mehr in Ansehung einer Virilportion davon stattfindet.[7]

Der fragliche Voraus[8] wird bei einigen wieder als „gesetzliches

[1] Der fragliche Anspruch wird von manchen übergangen, s. z. B. Böcking Inst. III § 6, Vering Pand. § 232, Roth d. Pr. R. § 150, Dernburg Pand. III § 27.

[2] Dazu Brinz Pand. § 471 bei A. 52, aber auch die u. verwerthete nov. 127 c. 3.

[3] N. 22 c. 23 f., c. 29 f. Dazu § 55 A. 7, Kohler S. 251 f., Mitteis S. 238 f., 253.

[4] Nicht sonstiger Ehegewinn, nov. 22 c. 29 § 1, Schirmer Erbr. § 16 A. 51 und die dortigen Citate; unrichtig Brocher la légitime et les réserves S. 114. Hinsichtlich der donatio propter nuptias s. schon c. 4 C. de sec. nupt. V 9.

[5] Nov. 22 c. 29: ex solido, . . absolute . . accipiat, . . modis omnibus . . habeant, . . servetur . . lucrata dos. C. 4 C. cit.: tantummodo filii . . ex secundo matrimonio . . pro soliditate possideant, . . retineant.

[6] Unrichtig bezeichnet Böcking Pand. I 2. Ausg. Anh. IV die nov. 127 als unglossirt.

[7] Auch an die Kinder früherer Ehe gelangt seit letzterer Novelle durch Wiederverheirathung des parens nur ein Kopftheil. S. Marezoll in d. Ztschr. f. C. R. u. Pr. III S. 97 f., Vangerow Pand. § 227 A. 1 Ia, Schirmer A. 51, 52, Sintenis Civ. R. § 137 A. 2; aber u. a. auch Glück Int. Erbf. S. 591 f., Göschen Civ. R. § 712, Keller Pand. § 408, Czyhlarz Dot. R. § 124 A. 22, Windscheid § 572, Baron Pand. § 350, Roth d. Pr. R. § 150, welche von der Beschränkung auf den Kopftheil Umgang nehmen. — Was von den lucra nuptialia gemäß nov. 98, 127 schon beim Tode des anderen parens an die Kinder früherer Ehe, statt an den überlebenden parens, als „Eigenthum" gelangte, kam denselben, wenngleich nach den Grundsätzen der Intestaterbfolge, so doch nicht von Todeswegen, sondern wegen der Eheauflösung zu und würde ihnen ev. auch im Falle einer Ehescheidung zugekommen sein, (n. 98 c. 1: matrimoniis quocumque modo solutis); s. Marezoll S. 100 f. gegenüber Puchta Pand. § 428 A. b, Holzschuher Civ. R. § 65 ad Nr. 1. Auch machen diese Kinder beim Tode des binubus durch das Erlöschen von dessen Nießbrauch der lucra einen Gewinn nicht jure successionis, sondern jure consolidationis, s. Glück Int. Erbf. S. 591, der übrigens dennoch hier von einem Voraus spricht; vgl. § 13, 19.

[8] So z. B. Brinz Pand. § 471 bei A. 52, Windscheid § 572 A. 9, Baron Pand. § 350.

Vermächtniß"[9] bezeichnet, und die Quellen sprechen diesfalls von einem speciale tamquam paternum vindicandum (c. 4 pr. C. de sec. nupt. V 9) im Gegensatze zu den res, welche ad eorum velut propias successiones perveniant (nov. 22 c. 29 § 1).[10] Wirklich liegt hier ein verlassenschaftsrechtlicher[11] Ausgleich familienrechtlicher Verschiedenheiten ohne Rücksicht auf Erbfolge und Erbtheile der betreffenden Kinder, u. z. selbst gegen[12] den allfälligen widerstrebenden Willen des Erblassers vor.

Ein Anklang, aber auch nur ein Anklang an vorstehenden Voraus[13] findet sich anscheinend in der (von Mommsen d. Erbr. § 27, S. 153 nachgebildeten)[14] Bestimmung des preußischen L. R. II 2 § 657,[15] wonach eheliche Kinder aus dem Nachlasse der Mutter, wenn sie darin ab intestato[16] neben unehelichen Kindern[17] ihrer Mutter als Erben concurriren, dasjenige „zum Voraus" erhalten, „was die Mutter von dem Vater" der ehelichen „Kinder oder dessen Ascendenten durch Verträge, letztwillige Verordnungen oder gesetzliche Erbfolge überkommen hat".[18] Indeß dürfte darin eher eine Anlehnung an einzelne ältere deutsche Rechte erblickt werden, wonach uneheliche Kinder die Mutter nur hinsichtlich des erarbeiteten Guts beerbten.[19] Auch hinsichtlich dieser Vorausnahme aus der Verlassenschaft spricht Koch pr. Erbr. § 115 von einer „landrechtlichen Singular-Succession ab intestato" und Förster pr. Pr. R. § 264 von einer „gesetzlichen Sondernachfolge".

---

[9] So von Windscheid § 533 A. 3 mit Bezug auf § 572 A. 9, Seuffert (d. J.) Pand. § 598 A. 2 mit Berufung auf § 464 A. 6. [10] Dazu o. § 7—10.

[11] Im (Intestat-)Erbrechte deuten unseren Anspruch an Schirmer § 16, Arndts Pand. § 479 A. 4, Baron § 350. Von einem hériter spricht da Brocher S. 114.

[12] Siehe die Ausdrucksweise in o. A. 5. Eine Art Verfangenschaft, o. § 10 a. E.

[13] Gruchot pr. Erbr. III S. 368 A. 2 und Dernburg pr. Pr. R. III § 188 betonen die Ähnlichkeit mit dem Falle der nov. 22 c. 23 cit. Allein der Anspruch nach n. 22 c. 23 ist nicht ein Voraus aus der Verlassenschaft.

[14] Dagegen s. die Motive zum d. E. V S. 359f.

[15] S. aber Förster pr. Pr. R. § 258 bei A. 25, Roth d. Pr. R. § 172 A. 22.

[16] Der fragliche Anspruch ist kein Pflichttheilsanspruch, Förster § 260 A. 13.

[17] Beziehungsweise neben deren Descendenten, Dernburg § 188.

[18] Über den Umfang des Anspruches Dernburg A. 9 (dazu o. A. 13), Förster § 260 A. 13 (bona paterna et paterni generis); zweifelhaft Witte pr. Int. Erbr. § 42. Vgl. Koch Erbr. § 101 III. [19] Vgl. Stobbe d. Pr. R. § 295 A. 12.

§ 55. Sonstiger Voraus der Kinder in Ansehung gewisser lucra.

I.[1]

Soweit der Ehegewinn[2] beim Tode des lucrirenden Gatten in dessen Vermögen noch vorhanden und nicht anders zugewendet ist, gelangt derselbe auch in dem Falle, wo der Gatte keine zweite Ehe eingegangen war, gleichtheilig an die Descendenten aus der betreffenden Ehe, wenn sie nicht ingrati waren, nov. 22 c. 20, 21.[3]

Nach letzteren Bestimmungen ergibt sich auch dieses „praemium ex lege descendens" als ein gesetzlicher Voraus[4] der Kinder, welcher der für die heredes bestimmten substantia defuncti gegenübergestellt und ohne Rücksicht darauf, ob die Kinder jenen parens beerben oder nicht,[5] gewährt wird. Dabei erscheint sogar ein Vermächtniß gesetzlich „vermuthet",[6] u. z. mit der Begründung, (res) tamquam ex causa (filiorum) . . . adquisitas (esse).[7]

II.

An dieser Stelle ist noch die Bestimmung der c. 12 C. communia utriusque judicii III 38 zu erwähnen:[8] Soferne der Erblasser die für ein

---

[1] Nicht erwähnt wird der Fall z. B. von Göschen Civ. R. § 712, Baron Pand. § 350.

[2] Über den Begriff der lucra nuptialia s. die Litteratur bei Windscheid § 511 A. 2, dazu Roth d. Pr. R. § 150, Motive zum deutschen Entw. IV S. 559. Hieher gehört auch jener Kopftheil nach der ob. nov. 127 c. 3, Marezoll in d. Z. f. C. R. u. Pr. III S. 109f. [3] C. 5 § 7, c. 6 § 10, 11, c. 8 § 1 C. de sec. nupt. V 9.

[4] Pater . . voluerit . . servare filiis . . et non . . deducere, . . . dabuntur haec filiis honore praecipuo ex nostra lege, nov. 22 c. 20 § 2. Licebit liberis vindicare, c. 6 § 11 cit. Von einem Vorwegnehmen redet hier Brinz § 471 bei A. 33. Vgl. o. § 7—10.

[5] Nur entferntere Descendenten müssen den Zwischenparens beerbt haben, damit sie an dessen Stelle treten können, nov. 22 c. 21 § 1.

[6] Nov. 22 c. 20 § 2: per praesumptionem, quia pater, dum non vivens alienaverit aut expressim obligaverit aliquid rerum harum aut moriens non expressim in alium eas transposuerit, voluerit magis servare filiis . . et non ad extraneos deducere; dazu o. § 5. In der Regel wird dies ein gesetzliches Vorausvermächtniß an erbende Kinder sein.

[7] Vgl. das wirkliche Prälegat im Testamente der Murdia bei Rudorff in d. Z. f. R. G. IX S. 288 (quae judicio viri sui ex patrimonio meo cepisset), 319f.

[8] Darüber Francke civ. Abh. S. 252, Fein Coll. S. 244, 393, Leist P. Comm. B. 37, 38 III S. 354f., 393, Bernstein a. o. § 7 a. E. S. 87f., o. § 52a A. 28.

Kind desselben von irgend jemanden bestellte dos oder donatio propter nuptias bei Auflösung der Kindesehe erworben und solche Kinder zu Erben eingesetzt, welche von ihm eine dos, donatio propter nuptias oder militia vorempfangen haben, aber nicht zur Collation verhalten sind, soll das ersterwähnte Kind dafür die obige betreffende Gabe aus dem Nachlasse des parens vorausnehmen, sibi praecipue hanc partem vindicare, u. z. gerade insoweit, als jene Vorempfänge anderer Kinder sich erstrecken; wenn dagegen der parens nur extranei zu Erben eingesetzt, kömmt dem ersterwähnten Kinde jener Erwerb des Erblassers omnimodo als praecipuum zu. So wenigstens bei Ermanglung einer bezüglichen entgegenstehenden Anordnung.

Hier liegt wieder ein erbrechtlicher Voraus von Gesetzeswegen vor. Derselbe hat bei Einsetzung von Kindern des Erblassers offenbar den Zweck, als Äquivalent eines non conferendum einzutreten, um eine unbillige Ungleichheit unter den Kindern auszugleichen; was bei der Intestaterbfolge durch die Collationspflicht bewirkt wurde, sollte im Falle der testamentarischen Erbfolge durch Praeceptionsrecht erzielt werden. Zugleich spielt die Vorstellung mit, daß die fraglichen Vermögensstücke aus dem Nachlasse des parens doch naturaliter als ein Sondergut auszuscheiden seien, das gewissermaßen dem fraglichem Kinde schon gehörte (quarum occasione res ad patrem revertitur) und nur juristisch quasi paternae facta substantiae (est).[9]

Die Geltung unseres Präcipualrechtes wurde durch die spätere Collations-Reform Justinian's (die allgemeine gesetzliche Collationspflicht unter erbenden Descendenten)[10] nicht beseitigt, aber auf jenen Fall der Einsetzung von extranei beschränkt.[11] Dennoch trägt ihn Heimbach in Weiske's R. L. III S. 953 f. noch unbeschränkt vor, während er anderwärts wieder gewöhnlich für das neueste Recht gar nicht mehr angeführt wird.[12]

---

[9] Vgl. Bernstein l. c. Die angedeutete Vorstellung findet sich im cit. Gesetze sogar zweimal, u. z. insoweit, als dem fraglichen Erwerbe nicht gleiche Gaben an andere Kinder gegenüberstehen. S. auch Bechmann r. Dotalr. II S. 318, 299 f. Vgl. noch o. § 7, 8. [10] Nov. 18 c. 6, o. § 43.

[11] Auch haben die sohinigen Reformen Justinian's betreffend die Restitution der dos einen Erwerb der dos durch den parens bloß eingeengt; vgl. nur Windscheid P. § 499.

[12] So von Roth bayr. Civ. R. § 374 bei A. 31, der sonst der Anführung Heimbach's folgt. Vgl. diesfalls auch die o. A. 8 Citirten.

§ 56. Ehegewinn aus dem Nachlasse des Kindes.[1]

Von denjenigen lucra nuptialia aus einer aufgelösten Ehe, welche zu Gunsten eines Kindes dieser Ehe dem parens binubus s. Z. kraft Gesetzes entgangen waren,[2] erhält letzterer beim kinderlosen Ableben des ersteren pro rata[3] den Vermögensbetrag, der ihm etwa in den Ehepacten für den Fall der Eheauflösung bei Kinderlosigkeit (pactum non existentium filiorum oder pactum in casum orbitatis factum)[4] zugesichert ward, mag übrigens das Kind mit oder ohne Testament gestorben sein; so ergeben nov. 2 c. 2, nov. 22 c. 26 pr.[5] Dieses lucrari des parens wird dabei als Einzelerwerb[6] deutlich in Gegensatz zur Erbfolge nach dem Kinde gebracht,[7] dagegen unrichtig als etwas, das ex pacto pervenit, bezeichnet;[8] es ist ja die eine Voraussetzung jenes pactum, die Kinderlosigkeit, noch jetzt nicht eingetreten, insoferne nicht alle Kinder aus der Ehe verstorben sind, während die damit wesentlich zusammenhängende Voraussetzung, die Auflösung der Ehe, schon vor dem Tode des fraglichen Kindes verwirklicht ist; auch war von den Paciscenten die Zuwendung nicht aus dem Vermögen des Kindes und nicht gerade hinsichtlich jenes Gegenstandes beabsichtigt; der Grund des gegenwärtigen Erwerbes ist vielmehr eben das „Gesetz", welches hier nur den Maßstab aus dem angeführten pactum theilweise entnimmt.

---

[1] Auch dieser Anfall (nicht: „Rückfall") wird von mehreren Schriftstellern übergangen. Ungenau Holzschuher Civ. R. § 65 Nr. 7.

[2] Nov. 22 c. 23f., nov. 98 c. 2, nov. 127 c. 3, o. § 54.

[3] Löhr im Arch. f. civ. Pr. XVI S. 39, Windscheid § 511 A. 5, Sintenis Civ. R. § 137 A. 6 und Text (übrigens ziemlich unklar). Anders Vangerow Pand. § 227 A. 1 Ia Nr. 4, dem gesetzlichen Wortlaute folgend; aber letzterer würde ergeben, daß bei kinderlosem Ableben des zweiten Kindes der in den Ehepacten ausgesetzte Betrag nochmals gebühre u. s. w. [4] Darüber vgl. Schott donatio p. n. S. 59f.

[5] In diesen Stellen (cf. Kohler S. 252), die theilweise nachlässig redigirt sind, wird zugleich die verhältnißmäßige Convalescenz früherer Veräußerungen des parens bin. (nicht bloß des Vaters, wie Windscheid § 511 Nr. 1 sagt,) ausgesprochen. — Löhr S. 39, Schirmer S. 291 u. a. führen hier noch c. 11 C. de sec. nupt. an; s. jedoch die Codexausgabe von Krüger h. l. [6] Ungenau Brinz Pand. § 471 bei A. 49 („beerbt").

[7] Nov. 22 c. 26: reliquum . . in filii venire successores, sive fratres sint sive extranei, . . alias partes, quaecumque ad filii heredes veniunt.

[8] So auch von Löhr S. 43f., Krüger l. c., gegenüber Wening Civ. R. § 385 (1. Aufl.), Brinz A. 49.

§ 57. Ansprüche auf das dem neuen Ehegatten zu viel Zugewendete.[1]

Nach nov. 22 c. 27, 28, 31,[2] — deren bezügliche Bestimmungen in zahlreichen Particularrechten,[3] insbesondere im bayrischen Landrecht I 6 § 47 f. (dritte „Straf")[4] und im code civil a. 1098 f.[5] sich wiederspiegeln, — wird dasjenige, um was ein sog. parens binubus[6] dem neuen Ehegatten auf den Todesfall oder unter Lebenden mehr[7] durch freigebige[8] Verfügungen zugewendet[9] hat, als dem von ihm

[1] Glück Comm. XXIV S. 140f., 147f., Köppen System I S. 317f. und Lhb. S. 71f.; ältere Litteratur, namentlich zur u. cit. c. 6, bei Thibaut P. § 681 und Glück A. 58. Hervorzuheben ist hier noch die Litteratur des französischen Rechts, ad a. 1098 c. N., s. besonders Aubry und Rau dr. civ. fr. § 690, wo weitere Angaben. Über das Verhältniß zu den Nachtheilen der vorzeitigen Wiederverehelichung u. § 58.

[2] S. schon c. 6 pr. — § 3 C. de sec. nupt. V 9 gegenüber c. 9 pr. eod. — Für die gemeinrechtliche Giltigkeit s. nur die bei Köppen System S. 318 Citirten.

[3] Roth d. Pr. R. § 150 A. 20 (wo übrigens nov. 22 nicht citirt ist), Stobbe d. Pr. R. § 248 A. 19. [4] Roth bayr. C. R. III § 300 A. 137f.

[5] S. schon das édit des secondes noces von 1560 I. S. ferner das ital. G. B. a. 770f., den rumänischen cod. civ. a. 939f.

[6] Nov. 22 c. 27: secundum aut deinceps .. matrimonium; s. auch a. 1098 c. N. Ungenau Brocher la légitime et les réserves S. 114 („veuf ou .. veuve").

[7] Seuffert Archiv VII Nr. 204. Im Novellentexte bei Köppen Lhb. S. 71 A. 1 Satz 3 ist bei „tantum" noch „solum" zu subintelligiren. Über den Beweis des plus Seuffert Archiv VII Nr. 62, XIII Nr. 98. Über die maßgebende Zeit s. u. A. 16.

[8] Dies Moment wird stillschweigend vorausgesetzt z. B. bei Böcking Inst. III § 6, Windscheid Pand. § 511 Nr. 3; s. aber Bekker Pand. § 100 A. e. Ausdrücklich nov. 22 c. 27 (oblationibus .. ex .. largitate) und gar bayr. L. R. l. c. (titulo mere gratuito et lucrativo). S. übrigens die u. A. 9 angeführten Entscheidungen bei Seuffert VII Nr. 61, XVI Nr. 120.

[9] Nicht kömmt in Rechnung dasjenige, was zwar aus dem Vermögen des binubus, aber nicht durch dessen (freigebige) Zuwendung „erhalten", „hinterlassen" wurde oder „gekommen" war; s. jedoch die Fassung z. B. bei Bucher Pand. § 83, Köppen l. l. c. c. In nov. 22 c. 27 Satz 2 bezieht sich das relinquere auch auf die vorangehenden Worte quamlibet .. largitatem (anders freilich der Novellentext bei Köppen Lhb. S. 71: quid relinquere); s. ferner den 4. Satz eod. (venire ex .. largitate), c. 6 cit. pr. § 2. Von Bedeutung ist die Frage hinsichtlich der einer zweiten Ehefrau gebührenden statutarischen Portion; für deren Einrechnung Köppen eod., Seuffert Archiv VII Nr. 61 (wo übrigens die portio statutaria in der testamentarischen Zuwendung mitbegriffen war), dagegen Glück S. 125, Thibaut Pand. § 681, Roth d. Pr. R. l. c. A. 19, Stobbe l. c., Seuffert Archiv XVI Nr. 120 (u. z. hier geradezu obwohl die statutarische Portion letztwillig mit zugedacht war), XXV Nr. 136. — Die Art der freigebigen Zuwendung kann eine sehr verschiedene sein, nov. 22 c. 27: quamlibet .. largitatem . . ., ex quacumque largitate u. dgl.; s. auch die Aufführung ebenda, wie in c. 6 cit. pr.; vgl. Seuffert Archiv VII Nr. 204, XXI Nr. 60, aber auch IX Nr. 43, XX Nr. 46. Zu eng die Ausdrucksweise

mindest[10] bedachten,[11] nicht enterbbaren[12] Descendenten (bez. Descendentenstamme)[13] aus früherer Ehe, vom begünstigten[14] Gatten nicht erworben,[15] sondern aus dem Nachlasse des binubus[16] kraft Rechtens gleichmäßig den

---

bei Thibaut Pand. § 681 („schenken"), Bucher Pand. § 83 („schenken und hinterlassen"), Puchta Vorl. § 471 („eingesetzt"), Holzschuher Civ. R. § 65 Nr. 1 („zueignen"), Mühlenbruch Comm. XXXIX S. 347 („Schenkung oder letztwillige Verfügung"), Brinz Pand. § 471 („Liberalität ehehalber oder letztwillig", s. nur c. 6 cit. pr. in f.), Vering Pand. § 258 („letztwillige Verfügung"), Dernburg Pand. III § 27 („von Todeswegen hinterlassen").

[10] C. 6 cit. § 2: minor portio. Ist aber einem nicht enterblichen Descendenten weniger als der Pflichttheil zugewendet, so gilt doch der Pflichttheil als gesetzlicher Maßstab, nov. 22 c. 27; Seuffert Archiv IX Nr. 173; s. aber u. A. 11, auch Dernburg Pand. III § 27 („wenigst begünstigte", — vgl. ö. a. b. G. B. § 777, o. § 41, Unger System VI § 87 A. 8). Nach dem code Nap. l. c. kann übrigens dem neuen Ehegatten keinesfalls mehr als ein Viertheil des Vermögens zugewendet werden; das ital. G. B. folgt ihm dabei nicht. Über Braunschweig s. Roth l. c. A. 20.

[11] Ungenau wird auch hinsichtlich der Kinder öfters schlechthin ein „Erhalten", „Bekommen", „Erwerben", „Hinterlassen", „von Todeswegen Erhalten" vorausgesetzt: z. B. Puchta Pand. § 428, Böcking Inst. III § 6, Vangerow § 227 A. 1 I b, Windscheid § 511 Nr. 3, Stobbe § 248, Dernburg P. III § 27, Köppen Lhb. S. 71, Brocher l. c., code Nap. l. c. (le moins prenant). S. dagegen nov. 22 c. 27: aut ex novissima voluntate dimissum aut in vita datum. S. andererseits noch Seuffert Archiv IX Nr. 173, wonach, selbst wenn einem Kinde nichts vom Erblasser zugewendet wurde, dennoch der Pflichttheilsbetrag als Grenze für den Gatten gilt; desgleichen Roth § 150 g. E.

[12] Gegenüber Seuffert P. § 464 („nicht rechtmäßig enterbt"), Köppen Lhb. S. 71 („pflichttheilsberechtigt") vgl. nur Glück S. 154.

[13] Seuffert Archiv II Nr. 63, XVI Nr. 120. Unrichtig setzt Puchta Vorl. § 471 überhaupt voraus, daß der betreffende Descendent vor dem Testator gestorben sein müsse.

[14] Bei Kuntze Exc. S. 622 beruht die bezügliche Anführung des conjux binubus bloß auf einem Versehen.

[15] Nur von „Herausgeben" bez. „Abnehmen" des plus reden z. B. Seuffert P. § 464, Geiger in d. Ztschr. f. Civ. R. und P. XIX S. 211, Vering P. § 232; s. allerdings nov. 22 c. 28 (auferre). — Bei Zuwendungen mortis causa liegt diesfalls eine Beschränkung der Capacität vor; nov. 22 c. 27: non amplius . . percipiant . . ., tantum . . solum ad novercam . . venire . ., quod plus est deducebatur. Der Fall wird daher zumeist (s. aber z. B. Böcking Inst. III § 20, Vering Erbr. S. 286) auch im (testamentarischen) Erbrechte angeführt. Statt theilweiser Incapacität nimmt hier noch Vangerow P. § 429 A. 2 eine theilweise Einsetzungsunfähigkeit an; dagegen Köppen System S. 301 und Lehrb. S. 73, Arndts P. § 492 A. 6, Windscheid § 550 A. 9 (dazu s. Vering P. § 258 A. 26). Wendt P. § 341 wieder erblickt vorweg eine relative Beschränkung der Testirfreiheit, denn die Beschränkung wende sich zunächst an die Person des Testators und laufe nur auch zuletzt auf einen Nachtheil des Bedachten hinaus; allein müßte dann nicht die Zeit der Testirung maßgebend sein?

[16] Maßgebend ist hier überhaupt erst die Zeit des Ablebens des binubus, auch zur Beurtheilung des Übermaßes jener Zuwendung; nov. 22 c. 28; Glück S. 155 f. Bis zu diesem Tode liegt nur eine spes vor, nov. 22 c. 27 g. E.

Descendenten[17] (bez. Descendentenstämmen)[18] aus früherer Ehe,[19] insoferne kein Enterbungsgrund vorliegt, zugewiesen. Dieser Anspruch der Kinder auf das plus besteht also gegen den Willen des Erblassers[20] und darf seitens desselben[21] weder unmittelbar noch durch mittelbare Zuwendungen verkürzt werden, insbesondere nicht per interpositas personas[22] oder durch vertragsmäßige Verminderung des lucrum dotis seu donationis propter nuptias.[23]

Häufig wird nun der fragliche Anspruch ein Einzelanspruch[24] (von Todeswegen) sein u. z. auf jenen Mehrbetrag als einen quantitativen Vermögensbetrag. So namentlich dann, wenn vom Erblasser dem mindestbedachten Descendenten oder dem späteren Ehegatten oder beiden ein Singularvermächtniß zuwendet ward; ist dies zu Gunsten des späteren Ehegatten wirklich geschehen,[25] so liegt für die Descendenten aus früherer Ehe ein gesetzliches Ersatzvermächtniß[26] vor. Aber ein bloßer Einzel-

---

[17] Gegen die Meinung, daß auch der neue Gatte participire, s. Köppen Lhb. S. 72 und die dort Citirten, auch Dernburg P. III § 85 A. 7 u. a. m. Unzutreffend Zimmermann im prakt. Arch. XII S. 375f. (gegen Tewes und Windscheid): soferne nämlich die Descendenten selbst sich da zur Restituirung eines tacitum fideicommissum an den zweiten Gatten anheischig gemacht, wird das ihnen bereits angefallene plus nur wegen Indignität vom Fiscus entrissen: gegenüber einer ähnlichen Indignität einer dritten persona (interposita) aber ist der Erwerb der Descendenten dauernd unentziehbar.

[18] Nov. 22 c. 27 in f., Glück S. 154 gegenüber c. 9 cit. pr. Dagegen betont Vering P. § 232 „arithmetisch gleiche Theile" der „Kinder".

[19] Seuffert Archiv XVII Nr. 63, s. aber Kuntze Exc. l. c. Aus früherem Recht s. c. 6 cit. pr. gegenüber c. 9 cit. pr. An letztere hält sich die französische Praxis, Aubry und Rau A. 42.

[20] Nov. 22 c. 27: quod plus est .. ac si neque scriptum neque relictum aut datum vel donatum competat filiis. Vgl. Brocher S. 114 („des rapports les plus directs avec la légitime").

[21] Ob durch Erlaß dieser poena seitens des früheren Ehegatten? Darüber neuestens Dernburg P. III § 27 A. 9, Köppen Lhb. S. 72.

[22] Glück S. 152f. S. auch c. N. a. 1099f. und überhaupt J. Pfaff in fraudem legis agere S. 103, 109f.

[23] C. 19 in f. de don. ante n. V 3, nov. 22 c. 31. Vgl. Bechmann Dotalr. II S. 33, 439f. mit Löhr im civ. Arch. XVI S. 48, Francke eod. XVIII S. 27f., Mühlenbruch Comm. XXXIX S. 348f.

[24] Von einer possessio spricht diesfalls nov. 22 c. 27 in f.

[25] Diesen Fall hebt c. 6 cit. pr. ausdrücklich hervor.

[26] S. § 12; auf eine Art (gesetzlicher) Substitution weisen überhaupt hin Aubry und Rau A. 1. Für dieses Eintreten eines (gesetzlichen) Vermächtnisses an die Stelle eines anderen (eines wahren) Vermächtnisses passen die unten hervorgehobenen Worte revocare, deducere besonders gut.

anspruch der Descendenten kann, (als gesetzliches Vorausvermächtniß), auch dann bestehen, wenn vom Erblasser sowohl dem mindest bedachten Descendenten als auch dem Stiefparens eine Nachlaß-Quote zugewendet ward, u. z. so daß beide Quoten in verschiedener Weise belastet oder beschränkt sind. In der That gewähren die Quellen den in Rede stehenden Überschuß ganz unabhängig von etwaigen Erbtheilen.[27]

Was den Erwerb[28] unseres Singularanspruches betrifft, so ist es wohl belanglos, daß die Ausdrücke deferre, revocare in c. 6 § 3, c. 9 pr. C. V 9 von der nov. 22 c. 27, 28 nicht beibehalten wurden, in welcher diesfalls von competere, deducere, accipere, dare, applicare ... gesprochen wird.

§ 58. Einschlägige Folgen vorzeitiger Wiederverehelichung.

Die vorzeitige Wiederverheirathung einer Frau hat nach nov. 22 c. 22[1] Beschränkungen nicht nur der Erbfähigkeit, sondern auch der Erwerbfähigkeit und der Erbwürdigkeit, u. z. selbst bei Vermächtnissen, zur Folge.

Was zunächst die Erbwürdigkeit[2] betrifft, so ist es allerdings hier von geringem Interesse, daß die Frau dasjenige, was ihr eine andere Person als ihr gewesener Mann letztwillig (oder überhaupt freigebig) zugewendet hat, nicht erhalten, beziehungsweise (wenn sie es vor der neuen Heirath erworben) nicht mehr behalten kann,[3] neque percipiet penitus ab

[27] Dafür spricht schon jene gleichmäßige Zutheilung des plus. — S. dagegen das französische Recht bei Aubry und Rau A. 40.

[28] Dazu o. § 8. In der Litteratur finden sich diesfalls widersprechende Ansichten: vgl. Marezoll in d. Ztschr. f. Civ. R. u. Proc. V S. 371 („fällt ohne weiteres zu"), Mühlenbruch Pand. § 542 („fällt ipso jure an"), andererseits Thibaut P. § 681 und Bucher P. § 83 („auf Verlangen"). Über das französ. R. s. die o. A. 27 Citirten.

[1] Dazu schon l. 11 § 1—3 D. de his qui not. III 2, c. 1, 2 C. de sec. nupt. V 9, c. 4 C. ad s. c. Treb. VI 56, sodann nov. 39 c. 2, nov. 22 c. 40, nov. 94 c. 2. Litteratur bei Windscheid Pand. § 512 A. *. Über die Frage nach der heutigen Geltung Arndts Pand. § 418 a. E., Schirmer Erbr. § 4 A. 32 f., Windscheid A. 2 f. — Theilweise parallel ist § 121 des österreichischen a. b. G. B.; s. gleichfalls ital. G. B. a. 57, 128. In den meisten neueren Gesetzgebungen aber sind privatrechtliche Strafen für vorzeitige Wiederverehelichung mit Recht nicht aufgenommen, s. bayr. L. R. I 6 § 46 (Roth bayr. C. R. III § 296 A. 72 f.), Motive zum d. E. IV S. 561, V S. 14 f.

[2] Unter der Indignität wird unser Fall von den Schriftstellern freilich nicht aufgeführt.

[3] In der Litteratur wird hinsichtlich der fraglichen Zuwendungen von solcher „fremden" Seite nur gesagt, daß die Frau nicht erwerbe, nicht auch, daß sie das Erworbene verliere. Allerdings heißt es in der nov. „neque percipiet", (während es

nullo extraneorum[4] non hereditatem, non fideicommissum, non legatum, non mortis causa donationem; diese Beschränkung findet ja zu Gunsten der Erben des Zuwendenden statt, sed haec venient aut manent apud heredes defuncti,[5] bei welchen da von einem Singular-Erwerb mortis causa nicht mehr die Rede sein kann. Wohl aber ist für uns von Bedeutung, daß die Frau gleichfalls letztwillige Zuwendungen — u. z. insbesondere Vermächtnisse[6] — seitens ihres gewesenen Gatten nicht behalten, bez. (wenn noch nicht erworben) nicht einmal erhalten kann,[7] indem diese kraft Rechtens ab ea sublata[8] venient ad decem personas relinquentis viri cognationis, quae edicto continentur, . . . gradibus in suo servandis ordine; quibus non existentibus ad aerarium veniunt[9]; es wird also vom Gesetze auch ein etwaiges letztwilliges Vermächtniß des Mannes nach bez. statt der Frau den Verwandten des ersteren bis incl. zum 2. Grade ohne Rücksicht auf die Erbfolge nach der Nähe des Grades, ev. in bestimmter Reihenfolge, zuletzt aber dem Fiscus zugedacht, — d. i. wieder ein gesetzliches Nachvermächtniß, resp. ein gesetzliches Ersatzvermächtniß. Daß bezüglich letztwilliger Zuwendungen an die Frau wirklich Indignität vorliegt, geht, — wenn nicht schon aus obigem „sublata“, wofür eine frühere Lesart, wie sonst bei der Erbunwürdigkeit, „ablata“ hatte, — doch daraus hervor, daß die Nichteinhaltung der Wartezeit selbst dann noch schadet, wenn sie erst nach Erwerb des Zugewendeten erfolgt ist, während dies bei einer Erbunfähigkeit oder Erwerbunfähigkeit bekanntlich nicht der Fall ist. Freilich ist diese Indignität eine eigenartige, indem ihr Eintritt nicht stets gerade das Behalten, sondern unter Umstän-

in c. 1 cit. lautete: „sit expers“); aber ebenso heißt es eod. hinsichtlich der Zuwendungen von Seite des Mannes, obgleich zumeist die Frau dieselben vor der Verletzung der Wartezeit bereits erworben haben wird, und es sich daher, unbestritten, da um das Behalten der Frau handelt; und wie hier mit neque fruetur sponsalicia largitate, so will sonst mit neque extrinsecus sentiet largitate ein Behaltendürfen verneint werden: vollends aber entscheidet der Passus: aut coheredes ejus, si poterat heres esse, utpote ea nullam utilitatem habente. Anders freilich bei Intestat-Erbschaften, nov. 22 c. 22 § 1 (sed neque longius . . veniet . .).

[4] Dazu Schirmer § 4 A. 29.

[5] Die c. 1 cit. sagte gar: ab heredibus vindicari. Vgl. übh. o. § 15.

[6] Die Novelle sagt allgemein: aliquid horum quae a priore relicta sunt.

[7] Hinsichtlich der ehemännlichen Zuwendungen wird in der Litteratur wieder das (näherliegende) „Verlieren“ der Frau ausschließlich betont; s. auch c. 1, 2 cit.

[8] Frühere Lesart s. u. c. 1 cit. § 3: vacuata esse coeperunt.

[9] Charakteristisch c. 1 cit.: praesumi a fisco; vgl. o. § 7.

den schon vorweg den Erwerb (und die Berufung) hindert; indeß steht dies dem Begriffe der Erbunwürdigkeit nicht entgegen.[10] In der That wird der verwandte § 121 des österreichischen b. G. B., (welcher freilich keinen eigenen Kreis ereptionsberechtigter Dritter kennt), diesfalls von einer technischen Erbunwürdigkeit verstanden, selbst von Unger System VI § 5 A. 4, 18, der doch sonst eine technische Indignität für das österreichische Recht nicht zugeben will.[11]

Im Zusammenhange mit dem Obigen steht übrigens ein Legalvermächtniß in Ansehung der Hälfte ihres Vermögens, welche die Frau nach derselben nov. 22 c. 22[12] sofort ihren Kindern früherer Ehe abtreten mußte, wenn ihr die verdienten Strafen vom Regenten sollen erlassen werden können. Es hat nämlich bei kinderlosem und ohne Testamentshinterlassung erfolgtem Tode eines dieser Kinder dessen Antheil an der fraglichen Hälfte, soweit darüber nicht unter Lebenden verfügt worden ist, lediglich an die übrig bleibenden Kinder zu gelangen, bei deren Ermanglung aber an die Frau zurückzufallen,[13] als consolatio infelicitatis.[14]

In Ansehung der Erwerbfähigkeit aus letzten Willen, namentlich aus Vermächtnissen ist endlich zum Nachtheile des neuen Ehegatten und zum Vortheile der erstehelichen Descendenten die bezügliche Beschränkung, welche nach dem vorstehenden § bei Wiederverehelichung überhaupt stattfindet (nov. 22 c. 27, 28, 31), auch bei vorzeitiger Wiederverehelichung insbesondere anzuwenden;[15] die nov. 22 c. 22 erwähnt zwar davon nichts, aber im widrigen Falle wäre die Frau, welche die Wartezeit nicht einhält, in der Dispositionsfreiheit günstiger gestellt, als diejenige mater binuba, welche die Wartezeit einhält, was entschieden der Tendenz der ganzen betreffenden Gesetzgebung widerspräche. Nur ist freilich hier noch als specielle Maximalschranke festzuhalten, daß die das

[10] Vgl. Pfaff und Hofmann Comm. II S. 20 f. und Exc. II S. 10 f.

[11] Schon Michel in der ö. V. J. S. II S. 56 f. findet am § 121 eine „Ähnlichkeit" mit der Erbunwürdigkeit. Bestimmt für letztere Pfaff und Hofmann l. l. c. c., Anders ö. Fam. R. § 42. Mit Unger Krainz System II § 535, 507 (gegen § 482). Wider jede Indignität Kirchstetter Comm. ad § 540 f. Vgl. o. § 15 A. 11.

[12] Damit ward die c. 4 C. ad s. c. Tert. theilweise geändert. S. übrigens Schirmer S. 293.

[13] Bezeichnend sagte wieder c. 4 C. cit.: ipsa separatim ab ultimi filii vel filiae hereditate praesumat. Dazu o. § 7, 8.

[14] Vgl. o. § 9 und schon c. 4 C. cit.

[15] Köppen Syst. S. 318, Lhb. S. 70 läßt das plus an die „übrigen Testamentserben fallen".

Recht verletzende Frau dem späteren Ehemann keinesfalls mehr als ein Drittel ihres Vermögens zuwenden kann,[16] also selbst dann nicht, wenn sie dem mindest bedachten erstehelichen Descendenten mehr als ein Drittel zugewendet hätte. Sollte übrigens die Frau dem neuen Gatten mehr als ein Drittel durch (Erbeinsetzung oder) Vermächtniß zugewendet haben und zugleich kein Descendent aus früherer Ehe auf das plus berechtigt sein, so gilt wohl auch hier wie im ersterwähnten Falle der nov. 22 c. 22 haec venient aut manent apud heredes defuncti,[17] indem die Novelle den fiscus ausdrücklich in den Hintergrund treten läßt und die decem personae des anderen Falls der Novelle doch gar zu singulär sind.

§ 59. Ansprüche öffentlicher Anstalten nach ihren verstorbenen Pfleglingen.

Während für das gemeine Recht der vielfach behauptete Anspruch gewisser Wohlthätigkeitsanstalten auf den (erblosen) Nachlaß der darin bis zum Tode verpflegten Personen sich in Wahrheit nicht begründen läßt,[1] gewähren mehrere Particularrechte verschiedenen Humanitäts- bez. Strafanstalten nach ihren verstorbenen Pfleglingen bald einen Universalanspruch,[2] bald aber Singularansprüche, u. z. letztere entweder auf einzelne

[16] Gegen Vangerow P. § 429 A. 2, der hier wieder eine Einsetzungsunfähigkeit annimmt, s. Köppen System S. 301, Lhb. S. 73.

[17] Dies sind aber wieder nicht bloß „Testamentserben".

[1] Der fragliche Anspruch wird von sehr vielen auf eine angebliche Praxis gestützt und dem Rechte des fiscus auf die bona vacantia (s. u. § 61) an die Seite gestellt. Gegen denselben s. jedoch Schröter in der Z. f. C. R. u. Pr. X S. 94 f. und Citate, Sintenis Civ. R. § 165 A. 5, Roth bayr. Civ. R. § 359 A. 18, Wächter Pand. § 281 A. 11, Köppen Lhb. § 65 A. 6.

[2] In Österreich sollte nach Harrasowsky der Codex Theresianus und seine Umarbeitungen II S. 401 in Folge der Instruction vom 22. September 1731, „wenn einem Pfleglinge" eines Spitals oder Armenhauses „später ein Vermögen zufällt", derselbe „seine zurückbleibenden bedürftigen Kinder nur bis zum Betrage von 50 fl. bedenken, den Rest aber der Anstalt zuwenden"; eine eigenthümliche Bestimmung, die durch das nachmalige Notherbenrecht aufgehoben wurde. Hins. der Krankenhäuser in Böhmen behauptet Čelakowský Heimfallsrecht in Böhmen S. 43 f. noch für die jetzige Zeit ein ev. Heimfallsrecht auf $1/3$ der Verlassenschaft eines fremden Kranken, zu der sich in der gesetzlichen Frist niemand gemeldet. S. ferner preuß. L. R. II 19 § 50 f., bayr. L. R. III 12 § 5, sächsisches b. G. B. § 2057 f., 2617, die französische loi vom 13. Fbr. 1805 und überhaupt Gengler d. Pr. R. § 192, Mommsen d. Erbr. S. 496 f., Stobbe d. Pr. R. § 297, Tomaschek Heimfallsrecht S. 38. Nach dem deutschen Entwurfe § 1974 A. 1 sollen im Einführungsgesetze die Landesgesetze unberührt bleiben, welche den Anstalten in Ansehung der von ihnen verpflegten Personen ein Erbrecht zugestehen.

bewegliche Vermögensbestandtheile oder auf einzelne besondere Vermögensmassen[3] der Verstorbenen.

Ein Singularanspruch steht nun vor allem hie und da den Krankenhäusern und anderen öffentlichen Anstalten in Ansehung eingebrachter Kleidungsstücke und ähnlicher Effecten der daselbst gestorbenen Pfleglinge zu. So in Österreich dermalen dem Lemberger allgemeinen Krankenhause, indem diesem nach dem Hfkzd. vom 21. April 1815 Goutta'sche G. S. X Nr. 87 die „mitgebrachten" „Kleidungsstücke und Effecten" der dort gestorbenen Kranken, ohne „eine weitere gerichtliche Verhandlung" „anheimfallen" („zufallen"), wenn diese Fahrnisse „binnen 3 Monaten nach dem Sterbetage weder von der Abhandlungsinstanz noch von dem Erben gefordert werden".[4] Vorhin war in Österreich überhaupt „den Spitälern und Armenhäusern" durch die Instruction vom 22. Sept. 1731 „ein Heimfallsrecht hinsichtlich der von den aufgenommenen Pfleglingen eingebrachten Mobilien, falls nicht bedürftige Kinder zurückbleiben, eingeräumt worden",[5] — welche Bestimmung schon längst nicht mehr als geltend angeführt wird. Beim Wiener allgemeinen Krankenhause aber bestand infolge des Hfkzd. v. 28. Fbr. 1814 pol. G. S. XLII S. 29 Abs. XII die Übung, daß „die von den verstorbenen Kranken da hinterlassenen Effecten nur binnen 3 Monaten vom Tode des Kranken gerechnet den Erben erfolgt, nach Verlauf dieser Frist aber als ein dem Krankenhause heimgefallenes Eigenthum betrachtet" wurde (Hfkzd. vom 5. Aug. 1829 Nr. 2422 J. G. S.); in der That ergibt jenes Hfkzd., daß den Erben eine Frist von 3 Monaten zur Übernahme der „zurückgelassenen Kleidungsstücke" „gesetzt" war; allein durch das Hofkzd. vom 5. Aug. 1829 Nr. 2422 J. G. S. wurde die fragliche Übung abgestellt und gesagt, daß nach Ablauf obiger Frist die Krankenhausverwaltung die „Effecten" nur zu deponiren, ev. nach Weisung des Obergerichts vorzugehen habe, „um außer jeder Verantwortlichkeit gesetzt zu werden."[6] Für Sachsen gehört hieher ein ähn-

[3] Vgl. Stobbe l. c. g. E. Nicht bemerkt von Gengler l. c., obwohl dieser allgemein von einer „Nothgebühr" spricht.

[4] Nicht erwähnt wird dies Ganze von Winiwarter wie Ellinger Comm. zu § 760, andererseits das Erforderniß des Mitgebrachtseins von Tomaschek S. 55. Im cit. Hfkzd. und bei manchen Schriftstellern werden die Verstorbenen nicht genau genug (als Pfleglinge) bezeichnet. — S. dann o. § 13.

[5] Harrasowsky l. c. Nahezu gleichzeitig ergingen ähnliche Statuten anderwärts, s. z. B. u. A. 8. Vgl. Tomaschek S. 40f.

[6] Das Hfkzd. von 1814 will nur die Begräbnißtaxpflicht der Erben aussprechen.

liches Recht gewisser Hospitäler und anderer öffentlicher Anstalten,[7] ebenso für Frankreich ein ev. Anspruch der hospices auf eingebrachte effets mobiliers.[8]

Weitergehend ist nach preußischem L. R. II 19 § 56f. der Anspruch der Waisenhäuser auf das eingebrachte und das während der Waisenverpflegung etwa erworbene Vermögen verstorbener Waisen, u. z. ungeachtet deren etwaigen Austrittes, gerichtet.[9]

Sodann ist hier noch die Bestimmung des österreichischen Hfkzd. v. 4. März 1836 J. G. S. Nr. 130 pol. G. S. LXIV anzuführen, wonach, wenn „ein Verbrecher während der Strafzeit stirbt", seine vorhandenen sog. „Überverdienstgelder" „nicht" den „Erben" „zu verabfolgen", sondern für die Kasse der Strafanstalt einzuziehen sind. Freilich ist dies durch den (in der Sistirungsaera ergangenen) J. M. E. v. 14. Fbr. 1866 („über die Beschäftigung der Sträflinge") Z. 1753 Nr. 31 „für die in der Verwaltung des Staates stehenden Provincial- und Central-Strafanstalten" „einstweilen" außer Kraft gesetzt worden, indem danach „die Ersparnisse eines" solchen „Sträflings seinen gesetzlichen" d. h. gesetzmäßigen „Erben" zufallen sollen; dagegen ist wohl obiges Hfkzd. für die

---

Gewöhnlich wird ein bezügliches „Recht" des Wiener allg. Krankenhauses betont, welches durch das spätere Hfkzd. aufgehoben worden sei. Sonderbar ist übrigens, wenn letzteres jene Übung als „mit den allgemeinen Gesetzen nicht vereinbar" unter der Beschränkung abstellt, „insoferne diese Übung nicht auf einem besonderen der Anstalt verliehenen Privilegium beruht". Durch das Hfkzd. vom 18. Dec. 1837 n. ö. Prov. G. S. XIX S. 530 wurde obige Frist auf 6 Wochen herabgesetzt und durch das Hfkzd. v. 15. Dec. 1842 Nr. 661 J. G. S. neuerlich eingeschärft, daß die Erfolglassung von derlei Effecten seitens des Krankenhauses den berechtigten Parteien nicht verweigert werden darf; vgl. F. Schuster Comm. zum B. P. § 60. — Nippel Comm. zu § 760 wieder erwähnt das Hfkzd. von 1829 gar nicht.

[7] Hier aber „unbedingt". Vgl. Mandat v. 11. April 1772, Armen-Odg. v. 22. Oct. 1840, Bekanntmachung v. 26. Sept. 1855; s. Haubold sächs. Pr. R. § 356c, B. G. Schmidt sächs. Pr. R. II § 183.

[8] Hier bei unentgeltlicher Verpflegung unter Ausschluß der héritiers, bei entgeltlicher Verpflegung erst im Falle der Ermanglung von héritiers; genehmigtes Gutachten des Staatsrathes v. 3. Nov. 1809 bull. d. lois IVB 248 n. 4778; s. Zachariä fr. Civ. R. § 604, Aubry und Rau dr. civ. § 606 g. E., Demolombe code Nap. XIV Nr. 190f. (auch über ältere Statuten z. B. für ein Pariser Spital von 1744); o. § 12.

[9] Dazu Stobbe A. 38 und die dort Erwähnten. Ungenau Förster pr. Pr. R. § 263 („hineingebracht"). — S. ferner das Ansbacher Recht (Roth bayr. Civ. R. § 358 Nr. 2) und die Hamburger Stat. (Trummer Hamb. Erbr. II § 369, Baumeister Hamb. Pr. R. II § 105). — S. noch Mommsen § 529, 526, S. 498, (u. § 61). — Eventuelle Verpflegskostenansprüche der Anstalten an die Verlassenschaft der Pfleglinge dagegen sind selbstredend keine Ansprüche von Todeswegen.

„gerichtlichen Gefängnisse" nicht aufgehoben und nunmehr in Ansehung der den dortigen Sträflingen gutgeschriebenen „Arbeitsprämien" (J. M. E. vom 12. Jän. 1885 Nr. 8 V. B.) anzuwenden.[10]

Namentlich berührt uns hier wieder der rechtliche Charakter der betreffenden Fälle. Von mancher Seite wird diesfalls ein Heimfallsrecht der betreffenden Anstalt im Munde geführt.[11] Wenn Unger System VI § 90 A. 3 gegen ein solches Recht bemerkt, daß „die betreffenden Objecte, welche jenen Anstalten zufallen, .. weder die bona defuncti noch vacantia" sind, so ist dies zwar nicht, wie gemeint wurde, undeutlich[12] oder gar unrichtig,[13] indeß doch nur gegen ein erbrechtliches Heimfallsrecht auf den erblosen Nachlaß als Ganzes zutreffend. In der That liegt hier ein derartiges romanistisches Caducitätsrecht offensichtlich nicht vor. Freilich auch nicht ein germanistisches im Sinne eines Behaltungsrechtes des Gerichtsherrn hinsichtlich solcher Sachen, um die sich kein Berechtigter in gehöriger Zeit gemeldet.[14] Immerhin mag man aber hier, wie üblich, bei der Mehrdeutigkeit der bezüglichen Ausdrücke, von Caducitäts- oder Heimfallsrechten weiteren Sinnes sprechen, indem die betreffenden Personen und Objecte in der Obhut der Anstalt in gewissem Maße bisher gestanden waren. Nur ist festzuhalten, daß diese sog. Heimfallsrechte ganz eigenartige sind, indem sie nur auf einzelne Vermögensbestandtheile als solche, auf letztere jedoch eventuell auch beim Vorhandensein von Erben und

[10] Vgl. Pfaff und Hofmann Comm. II S. 799. Bezüglich des sog. Überverdienstes übh. s. Hfd. v. 7./12 1817 Nr. 1193 J. G. S., den cit. J. M. E. v. 1866 Nr. 21 f. („der Antheil des Lohnes, welcher einem Sträfling zufällt, heißt dessen Überverdienst"), ferner den J. M. E. v. 2. Dec. 1872 Z. 14527. Berührt wird der J. M. E. v. 1866 nur bei Schuster Comm. zum V. P. § 60, 130 und Kirchstetter-Maitisch Comm. (4. Aufl.) zu § 760, in letzterem Commentar ungenügend. — Vgl. Stobbe § 297 a. E.

[11] S. das cit. Hfkzd. v. 1815 („anheimfallen", allerdings abwechselnd mit „zufallen") und jenes von 1829 („ein dem Krankenhause heimgefallenes Eigenthum"), Harrasowsky l. c., die Comm. von Nippel, Ellinger und Stubenrauch zu § 760, Schuster ad § 130 V. P. Dagegen außer Unger: Pfaff und Hofmann l. c., Krainz System II § 491. [12] S. jedoch Pfaff und Hofmann l. c.

[13] Dies gegen Tomaschek S. 55, welcher zugleich ungenau ist.

[14] Pfaff und Hofmann l. c. Mit der Jurisdiction hängen ja unsere Fälle nicht zusammen, wenn auch mit einem anderen deutschen Gedanken (s. u. bei A. 23), und eine Meldung ist lediglich nach ob. Hfkzd. v. 1815, und zwar da bloß innerhalb einer sehr kurzen Frist, zum Erwerbe abzuwarten. Über das deutsche Heimfallsrecht übh. s. nur Gengler d. Pr. R. § 190, Stobbe l. c., und die Übersicht bei Pfaff und Hofmann II S. 773 f., 785 f., 799.

selbst gegen den etwaigen Willen des Erblassers gehen.[15] Vor allem aber sind sie eben als (gesetzliche) Singularansprüche von Todeswegen zu charakterisiren,[16] und geradezu verkehrt ist es, wenn dieselben mehrfach als (gesetzliche) Erbrechte hingestellt werden.[17]

Damit ist zugleich die systematische Stellung angedeutet. Bisher war dieselbe bald in der Materie von den erblosen Gütern,[18] bald im Intestat-Erbrechte[19] (nicht-verwandter Personen), bald aber unter den Stiftungen.[20]

Der Grund unserer Ansprüche ist eine durch Aufnahme in die Verpflegung entstandene und bis zum Tode[21] dauernde, öffentlichrechtliche[22] innige Beziehung zwischen Pflegling und Anstalt. Hiebei mag der ältere deutsche Gedanke mitgespielt haben, daß derjenige, in dessen Gewere der Erblasser gestorben ist, ein Recht auf dessen Nachlaß habe;[23] aber zugleich waltete noch die Rücksicht ob, „der gemeinnützigen Anstalt eine neue Zuflußquelle zu eröffnen",(so wenigstens im obigen Hfkzd. v. 1815). Der Gesichtspunkt einer directen Entschädigung für die Verpflegskosten dagegen tritt insoferne nicht hervor, als jene Ansprüche auch bei s. z. entgeltlicher Aufnahme in die Anstalt stattfinden.[24]

---

[15] Vgl. Stobbe § 297 II, Pfaff und Hofmann S. 799 A. 150. S. für Österreich die o. Hfkzd. verb. „von den Erben gefordert", „nicht den Erben zu verabfolgen", „zufallen", „einzuziehen"; s. ferner das citirte französ. Staatsrathsgutachten v. „à l'exclusion des héritiers" (dazu u. A. 24), das preuß. L. R. II 19 § 51 f., 75, Schmidt sächs. Pr. R. l. c., aber auch das Ansbacher Recht bei Roth § 358 Nr. 2.

[16] So in Ansehung der cit. § 56 f. pr. L. R.: Koch pr. Pr. R. § 854 („Singularsuccession"), J. Schmidt pr. R. 4. Aufl. II S. 181, Stobbe § 297 g. E.; s. auch schon Schiffner Vermächtnißbegriff A. 125. Übergangen ist unser Singularanspruch bei Koch pr. Erbr. § 115, Gengler d. Pr. R. § 192, Förster pr. Pr. R. § 264.

[17] S. pr. L. R. II 19 § 56 f., Witte pr. Int. Erbr. § 47, Roth l. c., Förster l. c., Mommsen S. 496, Dernburg pr. Pr. R. III § 193, auch Trummer § 369, Baumeister l. c. Der Erwerb der effets mobiliers nach jenem Gutachten des französischen Staatsrathes wird als eine succession irrégulière aufgefaßt, parallel der succ. irr. nach obiger (A. 2) loi v. 13. Fbr. 1805, Demolombe l. c. Nr. 183, 190.

[18] So insbesondere bei den österreichischen Commentatoren ad § 760 a. b. G. B.

[19] S. namentlich die in o. A. 17 cit. Schriftsteller. [20] So pr. L. R. l. c.

[21] Die ob. angeführten österr. Bestimmungen legen ausdrücklich auf den Tod in der Anstalt Gewicht. Abweichend die erwähnten Bestimmungen für Preußen, Ansbach, Hamburg. [22] Förster § 263 (Überschrift). Vgl. o. § 9.

[23] Vgl. die bei Witte l. c. Angeführten, auch Dernburg l. c. Dagegen will Stobbe A. 30 auf die nov. 115 c. 3 § 12 zurückgehen.

[24] Vgl. freilich preuß. L. R. II 19 § 50, 69 f. und Mommsen S. 426 f., desgl. Haubold A. e. Obiges Staatsrathsgutachten sagt zwar „comme un léger dedommagement des dépenses occasionées par les malades", läßt aber den Anspruch auch bei

§ 60. Die Quart der Curialen.

Die von Theodosius und Valentinian eingeführte, von Justinian modificirte quarta curiae — C. X 35 bez. 34 quando et quibus debetur quarta pars ex bonis decurionum et de modo distributionis eorum[1] — ist mit besonderen Bestimmungen ausgestattet, welche gerade für die rechtliche Natur als gesetzlicher Singularanspruch von Bedeutung sind und daher ungeachtet der Antiquirung der Curialverfassung hier verwerthet werden müssen.

Wenn nämlich nach einem verstorbenen decurio Personen als Erben (ab intestato oder ex testamento) eintreten,[2] die außerhalb der curia und der Curiallasten stehen, so war dem corpus (curiae) eine quarta de facultatibus (quarta pars substantiae) secundum leges — omnino — als solacium[3] zugewendet (deputanda, debet offerri, competit, addicatur). Es ist dies eine Art gesetzliches legatum partitionis.[4] Universalsuccessoren waren nämlich hier jene andern Personen (heredes, bonorum possessores, fideicommissarii per universitatem); diese allein werden da wiederholt als successores bezeichnet; an diese deferantur facultates curialis, decurrit hereditas. Gegen dieselben hatte die curia (als juristische Person) eine bloße Forderung (debetur quarta ex bonis, debet offerri, a curia peti decernimus) auf Herausgabe eines Viertheils (quartae datione, ... ex heredibus colligenda). Den Curialen wurde ausdrücklich untersagt, besondere Nachlaßbestandtheile sich anzueignen (occupandi ... copiam denegamus, ... uniuscujusque rei sibi particulam vindicando); vielmehr obliegt es den Erben, omne patrimonium in ... partes quattuor dividi. Über diese distributio waren eigenthümliche Vorschriften getroffen: so über die Schätzung und die Vertheilung auf vier Lose; und von den Nachlaßforderungen zwar unusquisque a debitoribus sibi exigat portionem, aber nur dann, si pretium quod pro quarta parta actionum curiae competit successores praestare noluerint. Bedenklicher ist es, wenn es umgekehrt bei den Erbschafts-

entgeltlicher Verpflegung zu, wenigstens gegenüber dem fiscus, wenngleich allerdings nicht gegen die héritiers; Demolombe Nr. 193 f. — S. noch überh. Trummer Hamb. Erbr. § 368 f.

[1] Über den historischen Zusammenhang neuestens Karlowa r. R. G. I S. 898 f.

[2] Über das Recht der curia auf den erblosen (ganzen) Nachlaß c. 4 C. de hereditatibus decurionum etc. VI 62. [3] Vgl. o. § 9. [4] Vgl. o. § 23; § 10 A. 12.

schulden heißt: eque diverso aes alienum, si cui defunctus fuerat obligatus, tam idem successores quam curia pro sua sorte restituere compellentur. Mit Rücksicht darauf wohl sagt Brinz Pand. § 383 A. 3, § 431 A. 2, man möchte das Recht der Curialen auf „gesetzliche Berufung zur Erbfolge“ zurückführen. Indeß bemerkt derselbe, daß das Recht „doch mehr Forderungsrecht, als Erbrecht“ sei; und in der That beziehen sich angesichts der maßgebenden Momente jene besonderen Vorschriften nur auf die distributio, nicht auf die successio; selbst die Anklänge an eine Art Gemeinschaft (participibus relictarum opum, ... communiter possidetur, ... promiscui rerum dominii ...) stehen einem Forderungsrechte auf Herausgabe eines Viertheils des Nachlasses nicht entgegen.

Dieselbe Natur hatte offensichtlich in der cit. Constitution die Quart auch als ev. Pflichttheil eines Kindes des verstorbenen Curialen; c. 3 § 2 eod.: Sed si quid minus fuerit vel minime derelictum, hoc modis omnibus filio curiali vel filiae, quae nupta est ejusdem civitatis decurioni, ex substantia patris curialis vel deputari vel adimpleri.[5]

In nov. 38 c. 1, 2 hat Justinian den der Curie zukommenden Antheil verändert, und zwar u. U. in drei Viertheile der wahren Erbschaft (propria substantia).

§ 61. Das Heimfallsrecht auf erbloses Gut.[1]

Das Recht des Staates auf den erblosen Nachlaß war vom Standpunkte der älteren germanistischen Auffassung als gerichtliches Zurückbehaltungsrecht[2] und noch vom Standpunkte der seinerzeitigen romanistischen Auffassung als Occupationsrecht[3] nur auf einen Singular-Erwerb[4] gerichtet. Nunmehr sind diese Constructionen zwar allgemein

[5] Vgl. damit o. § 27.

[1] Die Litteratur s. in der eingehenden Darstellung von Pfaff und Hofmann Comm. II S. 775, dazu Unger Erbr. § 90, Gruchot Erbr. III S. 394 f. Über uneigentliche Heimfallsrechte § 59, 62.

[2] S. nur Gengler d. Pr. R. § 190, Stobbe d. Pr. R. § 297. Vgl. o. § 59 A. 14.

[3] Vgl. die Übersicht bei Vangerow Pand. § 564, Unger A. 9; gegen die Occupationstheorie nun auch die Motive zum d. E. V S. 378 f. Über die Spuren dieser Theorie in der früheren österreichischen Litteratur Unger l. c., Pfaff und Hofmann S. 785 f.; s. aber noch aus der neueren Zeit z. B. Kirchstetter Comm. zu § 760 a. b. G. B. Über das württembergische L. R. IV 23 f. Römer württ. Erbr. S. 80.

[4] Von einer (Singular-) Succession sollte bei jener angeblichen Occupation

aufgegeben, dafür wird aber von mancher Seite ein Singular-Erwerb anderer Art angenommen, soferne der Fiscus nur auf den etwaigen reinen Uberschuß der Verlassenschaft berechtigt erklärt wird.[5] Dies seinerzeit wohl nach der Tiroler Landes-Ordnung III 30, die da sagt, daß wo nach Bezahlung aller Ansprüche ein „übertewr" vorhanden wäre, derselbe „in" die „Kammer frey lediglich heimfallen und zustehen" soll[6]; ebenso noch jetzt in Schleswig,[7] auch in Mommsen's Entwurf § 526, 530 f.[8] Die richtige Stellung des Fiscus hinsichtlich der bona vacantia ist unzweifelhaft die als Gesammt-Nachfolger;[9] es kann höchstens das fraglich sein, ob derselbe wirklich Erbe[10] oder nur an Erbesstatt[11] ist.

---

des Staates keine Rede sein; s. aber Vangerow l. c., Arndts Pand. § 608 A. 1, Sintenis Civ. R. § 165 A. 9, Unger l. c., Tewes Erbr. § 18, Roth bayr. C. R. § 359 A. 31, Tomaschek Heimfallsrecht S. 32 u. a. m.

[5] Dagegen die Motive zum d. E. l. c., welche jedoch zu weit gehen und den Anhängern der Universalsuccession nicht gerecht werden, insoferne diesen ein Recht auf den Überschuß erst in zweiter Linie sich ergibt; s. u. A. 8.

[6] Oberweis in der österreich. V. J. S. XI S. 130 bemerkt zwar, daß die l. f. Kammer „als Erbin nur in jenes Vermögen, welches nach Bezahlung der Schulden übrig bleibt", succedirte, betont aber dennoch, daß es in Tirol ein eigentliches Erbrecht der l. f. Kammer gab. [7] Esmarch Schlesw. Erbr. § 89.

[8] Dazu seine Motive S. 498. — Die Motive zum d. E. l. c. verweisen unrichtig wegen einer gleichen Auffassung: auf Windscheid P. § 622 A. 1 für das gemeine Recht; auf den code Nap. a. 812 f. (s. auch Mommsen S. 498, dagegen a. 723 f., Zachariä fr. C. R. § 607 A. 3, Demolombe c. Nap. XIV Nr. 180); ferner auf das württembergische L. R. (s. dagegen Römer l. c.); auf den hessischen Entwurf III A. 363, wonach aber doch „der Staat .. die Rechte und Klagen des Erben" bekömmt und auch „mit den Erbschaftsklagen belangt werden kann", s. dazu dessen Motive III S. 207, — (allerdings ist Stellung und Fassung des A. 363 und seiner Motive verfehlt, Unger A. 9). Selbst auf Unger § 90 wird dort verwiesen, für das österr. R., obgleich er den Fiscus zunächst geradezu als Universalsuccessor erklärt. Der Annahme einer Universal-Succession steht nicht entgegen, daß sohin, wie die Motive zum d. E. betonen, eine „Nachlaß-Auseinandersetzung von Amtswegen zu erfolgen hat", nach welcher schließlich ein Überschuß an die Staatskasse abzuführen ist (vgl. Pfaff und Hofmann II S. 791); ebensowenig, „daß der Fiscus in keinem Falle über den Betrag des Empfangenen hinaus haftet". S. auch Krainz ö. Pr. R. II § 491; gegenüber diesem vgl. indeß wieder G. U. W. Nr. 8687. [9] Die praktische Bedeutung s. nur bei Unger A. 9, 13.

[10] So geradezu im pr. L. R. II 16 § 25 f. (Litteratur in den Motiven zum d. E. S. 379 A. 3, dazu Koch Erbr. § 97 f.), im Zürcher G. B. (nun) § 907 und Schaffhausner G. B. § 1848 (vgl. übh. Huber Schweiz. Pr. R. II S. 154 f.), im sächs. G. B. § 2620, im ital. G. B. a. 758 und rum. c. c. a. 652 (die vom c. Nap. in der Fassung abweichen), im liv-, est- und curl. Pr. R. A. 1970 und jetzt im d. E. § 1974.

[11] So im r. R. (heredis loco, s. außer Vangerow l. c. nur Köppen Lhb. § 65, der hier eine außerordentliche Intestaterbfolge erblickt), im bayr. L. R. III 12 § 5 Nr. 1, im österr. R., — V. P. § 129, 155, Hfd. v. 12. Oct. 1835 J. G. S. Nr. 90, (Unger A. 9, Pfaff und Hofmann II S. 786, 791 f., Krainz l. c., vgl. G. U. W.

Auch das einzelnen Corporationen und Anstalten hie und da verliehene Recht am erblosen Nachlasse ist der richtigen Ansicht nach ein Universalfolge-Recht.[12] Nur erhalten nach gewissen Schweizer G. B. die Heimatsgemeinden eine Quote (die Hälfte) lediglich der reinen Verlassenschaft ihres Gemeindemitgliedes, aus den Händen des Fiscus;[13] und Mommsen § 526 f. gewährt jenen Nachlaß-Überschuß vor dem Staate zunächst gewissen Gemeinden und milden Stiftungen.[14]

Ausnahmsweise trifft übrigens ein Heimfallsrecht nur bestimmte einzelne Bestandtheile im erblosen Nachlasse, wo dann natürlich wieder ein Singular-Erwerb stattfindet. So hie und da in Deutschland ein Heimfallsrecht evangelischer Consistorien am Mobiliar-Nachlasse eines ohne Erben verstorbenen Geistlichen;[15] so mitunter das Heimfallsrecht des Staates im internationalen Verkehre, im Nachklange an jene Occupationstheorie;[16] so das vormalige grundherrliche Heimfallsrecht am Grunde.[17] So wurde ferner entschieden, daß der mit der ersten österreichischen Sparkasse verbundenen allgemeinen Versorgungsanstalt kraft ihrer Statuten vom J. 1824 § 27, 31 Einlagen erblos verstorbener Mitglieder zufallen;[18] ähnliches gilt in Frankreich von gewissen Versorgungskassen.[19]

Nr. 13197, 13454, aber auch den Codex Theresianus II 20 n. 181 f. bei Harrasowsky II S. 401: „in allem an Erbensstatt", „Erbanfall", „anderem Erben" u. dgl.), — nach dem hess. Entw. III A. 363 und dessen Motiven S. 206 f. S. auch den Entwurf eines ungar. Erbrechts § 491. Im französischen Recht gehört der Staat zu den successeurs irréguliers, A. 8.

[12] Jene frühere Controverse über die rechtliche Natur des Erwerbes des Fiscus mußte aber auch diesfalls von Bedeutung sein. Das „Erben" seitens gewisser Anstalten und Corporationen wird betont z. B. im liv-, est- und curl. Pr. R. A. 1965 f.

[13] Zürcher G. B. § 906, (s. dazu o. § 21, Bluntschli E. ad § 1964 des früheren Zürcher G. B., welcher einen ähnlichen Antheil an der reinen Verlassenschaft als ein „privatrechtliches Erbrecht" erklärt), Schaffhausner G. B. § 1847, — Berner Ges. über das Vollziehungsverf. in Schuldsachen § 609, Luzerner G. B. § 421, Zuger G. B. § 272 f.; in den letzteren G. B. findet die Abgabe an den Armenfond der Gemeinden statt, da diese verpflichtet, „ihre Angehörigen im Falle der Armut zu unterhalten" (Pfyffer zum Luzerner G. B. l. c.); s. übh. Huber II S. 156 f. Vgl. Gengler d. Pr. R. § 191. [14] Dazu seine Motive S. 497 f.

[15] Gengler l. c. Vgl. das österr. Hofrescript v. 2. Sept. 1782 für Ungarn und Siebenbürgen bei Füger Erbr. III S. 84, wo noch andere Fälle zu entnehmen sind.

[16] Wie nach österreich. R., B. P. § 21 f., 137 f., C. J. N. § 79 f., b. G. B. § 300, Unger A. 13. [17] Vgl. nur Pfaff und Hofmann II S. 782 f. und deren Citate.

[18] Linden Zusätze zu seinen Abhandlungen über Cameral . . Gegenstände S. 10 f., Pfaff und Hofmann II S. 799.

[19] Aubry und Rau dr. civ. § 606 a. E. — S. noch Stobbe d. Pr. R. § 297

§ 62. Das Recht des socius liberalitatis imperialis.[1]

Durch die c. un. C. si liberalitatis imperialis socius sine herede defecerit X 14[2] wird, wenn mehrere Personen[3] etwas[4] in Gemeinschaft[5] vom Kaiser[6] zu Geschenk[7] erhalten[8] und so auch behalten[9] haben, bei erblosem[10]

A. 47 a. E. — Der besondere Heimfall des Heergewätes und der Gerade ist im späteren R. verschwunden, Stobbe § 293 A. 14 f., 37 f.; s. daher pr. L. R. II 1 § 520.

[1] Glück Int. Erbf. § 205 (wo auch ältere Litt.), Roßhirt Erbr. I § 31, Steinlechner jur. comm. II § 18. — Andere Bezeichnungsweisen bei Glück l. c., Höpfner Comm. § 701, Dabelow Civ. R. § 1909 u. a.; s. auch u. A. 17. Den socius übersetzt das preuß. L. R. II 16 § 23 in der Rubrik als „Gesellschafter", ungeachtet des § 1 II 6; richtig Mommsen d. Erbr. S. 496 „Genosse".

[2] Die Constitution (deren Urheber von verschiedenen Schriftstellern noch jetzt verschieden angegeben werden) entstammt aus dem Cod. Theodos. si petitionis socius sine herede defecerit X 14 c. 1, 2; dazu Cod. Just. X 12, Bucher Pand. § 378.

[3] Nicht gerade zwei Personen, wie es auf Grund der citirten c. un. gewöhnlich heißt; aber auch nicht gerade mehr als zwei Personen, wie in und mit dem preuß. L. R. II 16 § 23 angenommen wird.

[4] Aliquid, c. un. cit. Nicht gerade eine Sache, wie manche sagen; das Extrem wieder ist die Häufung in und mit dem pr. L. R. l. c. („eine Sache oder ein Recht"). Einzelne mögliche Gegenstände bei Steinlechner l. c.; dazu u. A. 5. Eine unrichtige Voraussetzung bei Bucher l. c. A. 2.

[5] Voraussetzung ist nämlich, daß eine wirkliche Rechtsgemeinschaft durch das Geschenk entstanden ist, arg. v. communiter, socius, consors; s. u. bei A. 13. Dagegen lassen Baron Gesammtrechtsverhältnisse S. 453 und Steinlechner l. c. die Constitution auch bei verschenkten Forderungen platzgreifen. — Nicht erforderlich ist, daß der Schenkungsact ein gemeinschaftlicher sei; der Kaiser konnte z. B. dasselbe Landgut zuerst zur einen Hälfte dem A und später zur anderen Hälfte dem B geschenkt haben; vermieden wird hier daher die geläufige Ausdrucksweise „zugleich beschenkt" u. dgl. Andererseits wieder ist ein „Zusammen"-Beschenken nicht schlechthin genügend, insoferne dies nämlich auch nach reellen Theilen erfolgen könnte.

[6] Ungenau diesfalls Arndts in Weiske's R. L. V S. 700, und nach anderer Richtung Windscheid P. § 570, Sintenis Civ. R. § 165 E, Mommsen S. 496.

[7] Zu vag „verliehn" oder „zugetheilt"; so namentlich in Preußen.

[8] Kreittmayr z. bayr. L. R. III 1 § XVI Nr. 2, III 8 § XII Nr. 4 meint, daß sich die c. un. auf noch nicht erworbene Geschenksantheile bezog; vgl. u. A. 27.

[9] Arg. v. solacium; es muß also die persönliche Beziehung zum Erblasser, die infolge der Gemeinschaft entstanden war, bei seinem Tode noch vorhanden sein, wenn sie einen Anspruch m. c. begründen soll; vgl. c. 1, 5 C. de hereditatibus decurionum etc. VI 62. S. Puchta Pand. und Vorl. § 564, Seuffert Pand. § 563 A. 6, Bierer würt. Pr. R. § 243 A. 4, preuß. L. R. l. c.; dagegen Sintenis l. c., Steinlechner l. c.

[10] Nullo herede relicto, c. un. cit. Unrichtig ist die Einschränkung auf den Mangel von Testamentserben und Kindern (wie bei den von Glück A. 70 Angeführten, mit Rücksicht auf c. 1 cit. C. Th.) oder auf den Mangel von successionsberechtigten Verwandten (wie bei den von Glück A. 72 Citirten), s. Glück § 205, Roßhirt a. O., Beckhaus Erbr. § 16 A. 8. Einige lassen die privilegirten Corporationen mit ihrem Rechte auf die bona vacantia dem socius l. i. vorgehen, s. die drei letzteren, dann

Ableben des einen Beschenkten dessen[11] Antheil dem (den) überlebenden Beschenkten zugewiesen.[12]

Der fragliche Erwerb gründet sich auf eine persönliche Beziehung zum Erblasser, in Folge der aus kaiserlicher Gunst entstandenen und fortan verbliebenen Rechtsgemeinschaft, wie denn in der cit. Constitution ein solacium für den Verlust des Genossen durch Tod gewährt werden will.[13]

Die merkwürdige römische Bestimmung wird fast allgemein noch für das gemeine Recht vorgetragen,[14] unter Übertragung auf solche Geschenke des „Regenten",[15] wobei freilich ein wirklicher Anwendungsfall in Deutschland kaum nachzuweisen sein wird.[16] Wie eine baufällige Ruine ragt sie noch in einen modernen Rechtsbau, u. z. in das preußische L. R. II 16 § 23 herein.[17]

Das Recht des überlebenden socius wird von jeher sehr verschieden aufgefaßt: Vereinzelt als ein (gesetzliches) Erbrecht[18] oder doch als ein erbrechtähnlicher Anspruch,[19] wenngleich es sich hier um Vermögensbestand-

Thibaut P. § 882; indeß fehlt dazu ein gesetzlicher Anhaltspunkt, vielmehr sind diese Collegien überhaupt auf die bona vacantia gleichfalls erst dann berufen, wenn ihre Angehörigen sine herede moriantur, und neben der Universalsuccession dieser Corporationen verträgt sich die Singularsuccession des socius l. i. ebenso wie neben der Universalsuccession des fiscus; s. Puchta, Sintenis l. c. — Wie wenn der unbeerbte socius doch über seinen Geschenkantheil verfügte? M. E. wird dies maßgebend sein, o. § 10 A. 2, 10.

[11] Ungenau Arndts Pand. § 609.

[12] Ipso-jure? Dafür Bucher P. § 161 A. 4, Böcking Pand. § 142 (der aber doch von einem „Anfall" spricht), Förster pr. Pr. R. 2. Aufl. § 182 A. 83; c. un.: perveniat. Dagegen Schweppe r. Pr. R. § 981 b, Wening Civ. R. § 440, o. § 8.

[13] Vgl. Gans Erbr. II S. 405 f. Dazu o. § 9.

[14] Nicht erwähnt wird der socius l. i. von Göschen, Keller, Dernburg, Wendt in ihren Pandektendarstellungen. Als antiquarisch bezeichnet ihn Bucher § 378 A. 2, dazu o. A. 4; s. aber denselben § 161 Nr. 4.

[15] Vgl. bayr. L. R. III 8 § 12: „fürstliche Schenkungen".

[16] S. Reyscher würt. Pr. R. III § 639, Bierer l. c.

[17] Witte pr. Int. Erbr. § 48, Koch pr. Erbr. § 111, 115: socius l. regiae. Nicht erwähnt wird der ganze Fall von Gruchot pr. Erbr. III S. 393 f. — S. auch bayr. L. R. l. c.

[18] So nur Ältere z. B. Höpfner Comm. § 701, Wening Civ. R. § 440. Dagegen eigens z. B. Thibaut Pand. § 882, Bucher § 378 A. 2, Roßhirt l. c., Mayer Erbr. § 71 A. 1, Arndts in Weiske's R. L. V S. 700 (civ. Schr. II S. 64), Seuffert Pand. § 563 A. 6, Brinz Pand. § 431, Windscheid § 570 A. 8, Köppen Gdr. § 53. Manche reihen unseren Fall unter die Erbfolge, obwohl sie da keine Erbfolge annehmen, z. B. Mühlenbruch Pand. § 638, Mackeldey Pand. § 629.

[19] So Sintenis Civ. R. § 165 E, welcher sich zugleich für eine außerordentliche Intestaterbfolge u. z. für „eine besondere Nachfolge von ganz eigenthümlicher Art" erklärt; dazu fügt er: „doch wird es gewiß der Absicht des Gesetzgebers als entsprechend zu be-

theile als einzelne handelt.[20] Häufiger aber als ein („gesetzliches) Vermächtniß"[21] oder doch als ein vermächtnißähnlicher Anspruch.[22] Andere wieder, namentlich Ältere, erblicken da ein Accrescenzrecht,[23] u. z. bald ohne nähere Bestimmung,[24] bald ein ähnliches wie das Accrescenzrecht des Collegatars,[25] bald ein „anomales" Anwachsungsrecht,[26] bald endlich einen Fall von allgemeiner Accrescenz.[27] Indeß die Annahme einer letzteren steht mit der Windscheid'schen Grundanschauung von der sog. Idealtheilung,[28] und ein besonderes (normales oder anomales) Anwachsungsrecht könnte nur dann platzgreifen, wenn jedem von mehreren ein und derselbe Gegenstand wirklich ganz (idem aliquid conjunctim) zugedacht

zeichnen sein, daß der socius hier für die Schulden pro rata hafte". Woraus aber ist diese Absicht zu erschließen? — Vgl. noch die Überschrift bei Arndts Pand. § 608.

[20] Aber „sollte das ganze Vermögen" des Verstorbenen „in dieser Liberalität bestehn, so muß der socius als Universalsuccessor" erkannt werden, Roßhirt Civ. R. § 538. Wenn letzterer jedoch hinzusetzt, „Legate braucht er so wenig wie der Fiscus zu bezahlen", so ist dies schon hinsichtlich des Fiscus bekanntlich unrichtig.

[21] Mühlenbruch Pand. § 638, Thibaut l. c., Kuntze Cursus § 832 (welcher auch von „Anwartschaft" u. z. wohl nicht bei Lebzeiten des socius spricht, o. § 8 A. 5) und Excurse S. 383 A. 12, Windscheid § 533 A. 3, § 570 A. 8, Köppen Gdr. § 53 und Lhb. § 65, Seuffert d. J. zu Seuffert d. Ä. § 598 A. 2.

[22] Arndts im R. L. l. c. und Pand. § 609 (hier aber „gleichsam als gesetzliches Vermächtniß"), Seuffert d. Ä. Pand. § 563 A. 6, Roth bayr. C. R. § 359 A. 51.

[23] S. jedoch Dernburg pr. Pr. R. III § 194.

[24] S. Puchta Pand. § 564 („eine Art Accrescenzrecht"); preuß. L. R. l. c., dazu Koch Erbr. § 111, 115 („Anwachsrecht"), Förster pr. Pr. R. 2. Aufl. § 182 A. 83, Dernburg l. c.

[25] Vgl. die Schriftsteller bei Glück A. 74, dann Tewes Erbr. § 18; dagegen Glück § 205 und die dort A. 75, 76 Angeführten, mit Rücksicht darauf, daß die Accrescenz unter Collegataren wegfällt, insoferne die Antheile bereits erworben sind, — auch Roßhirt l. c.

[26] So, unter Hinweisung auf die Anwachsung eines schon erworbenen Theils beim ususfructus legatus, der bei Glück A. 79 Erwähnte; s. auch bayr. L. R. III 8 § 12, Kreittmayr l. l. c. c., Baron Ges. R. Verh. S. 446f., 452f., Eck doppels. Klagen S. 95; vgl. noch Göppert Miteigenthum S. 48.

[27] Vgl. besonders Steinlechner l. c., unter Anreihung an die „Accrescenz unter Lebenden"; vgl. Czyhlarz Pand. Comm. Buch 41 I S. 147 A. 42. Gegen das von älteren Juristen vertretene allgemeine Accrescenzrecht bei noch nicht angenommenen Versprechungen oder Schenkungen an mehrere s. schon die bei Baron S. 453 A. 3 Citirten, auch Kreittmayr a. O., Baron selbst (der aber schlechthin von „Verträgen" spricht), Göppert S. 48; pr. L. R. I 11 § 1085. — Die Germanisten erblickten früher eben im socius l. i. eine Bestätigung der vermeinten gegenseitigen Succession der Gesammteigenthümer, Duncker Gesammteigenthum S. 39.

[28] Einer Anschauung, der ich nicht beistimmen kann. Auf diese Streitfrage kann bei solchem gelegentlichen Anlasse natürlich nicht eingegangen werden; Litteratur bei Windscheid § 142 A. 4, § 169a A. 5; darunter bekanntlich eben Steinlechner.

wurde, wie dies denn auch bei Schenkungen mortis causa gilt,[29] während es für den Anspruch des socius liberalitatis imperialis genügt, wenn mehreren ein Gegenstand gemeinschaftlich (aliquid communiter), daher jedem der mehreren nur ein Theil des Gegenstandes, jedem etwas Besonderes zugedacht wurde.[30] Wir werden also in unserem Falle nicht eine Consolidation der ursprünglichen Succession nach dem Geschenkgeber, sondern eine nachträgliche Succession nach dem verstorbenen Geschenknehmer vertreten dürfen.[31] Dagegen wird über die rechtliche Natur offenbar zu wenig gesagt, wenn manche lediglich die „Singularität", die „bloße" „gesetzliche Wohlthat"[32] oder einfach das Vorrecht auf gewisse vacantia[33] betonen u. dgl.[34] Als richtige Ansicht werden wir demnach schließlich jene erkennen, welche hier eine (singuläre) gesetzliche Singularsuccession mortis causa[35] (in einen einzelnen erblosen Vermögensbestandtheil) hervorhebt.

Eingereiht wird der fragliche Erwerb in die Lehre von den bona vacantia[36]

---

[29] C. un. § 14 C. de cad. toll. VI 51.

[30] S. nur selbst Windscheid § 644, bes. A. 13, vgl. mit § 603 bes. A. 2a, § 604 A. 6; dann Arndts Pand. Comm. Theil 46 S. 480, 504 f., Theil 48 S. 21 f., 30 f.; preuß. L. R. I 12 § 368, Dernburg III § 135. Anders Baron S. 453.

[31] Schneider Anwachsungsr. bei Legaten S. 38; dagegen allerdings Steinlechner a. O.

[32] Glück l. c. und die dort A. 78 Angeführten; (s. aber darüber Glück selbst S. 466 und Baron S. 453 A. 1).

[33] Z. B. Schweppe § 981 b. — Daß die Succession des socius zwar neben der Universalsuccession der Collegien oder des Fiscus in die bona vacantia stattfindet, aber dieselben von dem erblosen Antheile am Geschenkten ausschließt, s. o. A. 10; vgl. aber Köppen Lhb. § 65.

[34] Unbestimmt auch Reyscher § 639, Dabelow l. c. Eine „mortis causa capio" e. S. bemerken hier Tewes Erbr. § 144, Wächter Pand. § 269 A. 30, § 281 A. 11.

[35] Dieser (von Sintenis A. 5 übersehenen) Ansicht sind u. a. Puchta Vorl. l. c., Mayer l. c. („Singularsuccession ab intestato"), Schmidt Lhb. d. preuß. R. 4. Aufl. II S. 180 f. (welchem dies im r. R. gar der einzige Fall einer gesetzlichen Singularsuccession ist); s. auch Thibaut § 882, Mackeldey l. c., Roßhirt Erbr. l. c. und Civ. R. § 538. Manche vertreten diese Ansicht in Verbindung mit dem Accrescenzrechte, Puchta Pand. l. c. („eine gesetzliche Singularsuccession durch eine Art Accrescenzrecht"), Koch Erbr. § 115 (der das angebliche „Zuwachsrecht" unter die „landrechtlichen Singularsuccessionen ab intestato" stellt). Dagegen s. Tewes § 18. Vor der gesetzlichen Sondernachfolge besprechen den socius l. i. Witte § 48, Förster § 263.

[36] Z. B. Schweppe § 981 b, Wening § 440, Bucher § 378, Roßhirt Civ. R. § 538, Puchta Pand. u. Vorl. l. c., Böcking Gdr. III § 11 und Inst. III § 24, Arndts Pand. § 609, Beckhaus § 16. S. auch die Einreihung unserer c. un., dann im preuß. L. R. die (sonderbare) Rubrik zu II 16 § 23.

oder unter die Intestaterbfolge,[37] insbesondere unter die sog. außerordentliche Intestaterbfolge;[38] hie und da aber wird er auch beim gesetzlichen Eigenthumserwerbe angedeutet.[39]

III. Theil.

Auszuscheidende Fälle.

§ 63. Gesetzliche Nachlaßbeiträge zu öffentlichen Fonden.

Gesetzliche Singularansprüche gegen den Nachlaß gehen u. a. auf Abgaben, welche, unter verschiedenen Namen und in verschiedener Weise, anläßlich der vermögensrechtlichen Erwerbungen von Todeswegen kraft Gesetzes zu Gunsten des Staatsschatzes oder anderer öffentlicher Fonde in Geld zu entrichten sind. Dem Privatrechte gehören sie selbstverständlich nicht an.[1]

An gegenwärtiger Stelle sind doch die österreichischen sog. „Fondsgebühren",[2] d. h. die gesetzlichen Nachlaßbeiträge zu bestimmten öffentlichen Wohlthätigkeits- oder sonst gemeinnützigen[3] Fonden, schon mit Rücksicht darauf einigermaßen zu erwähnen, daß unser a. b. G. B., am Ende des Hauptstückes von den Vermächtnissen, den — allerdings vorwiegend negativen und verweisenden — § 694[4] über „gesetzliche Beiträge zu

[37] Z. B. bei Vangerow § 425; selbst bei solchen, die nicht für eine Erbfolge des socius stimmen, s. o. A. 18 a. E.

[38] Z. B. J. C. Koch succ. ab. int. § 106 f. (ex causa speciali), Höpfner § 701, Thibaut § 882, Glück § 205, Bierer § 243, Sintenis § 165 E.

[39] S. die o. A. 12 „dafür" Citirten.

[1] S. dennoch einerseits z. B. Hesse sachs.-altenburg. Privat-Recht § 202 („Collateralgelder") und für Österreich die Commentare von Nippel und Ellinger ad § 694 a. b. G. B., andererseits wieder z. B. Mayrhofer polit. Verwaltungsdienst 4. Aufl. II S. 1118 f., der die fragliche Materie nicht ausführt.

[2] Die bestehenden diesfälligen Vorschriften bei F. Schuster Comm. z. V. P. 3. Aufl. Anhang IV (sub II 2), Manz östr. Ges. III 1890 Anhang III (I B), Nachtrag S. 307 f., Geller östr. Justiz-Ges. kleinere Ausgabe III 4. Aufl. Nr. 132 f. Die älteren Bestimmungen bei Wessely gerichtl. Verf. S. 1281 f., Winiwarter Hdb., Michel Hdb. und Nippel Comm. ad § 694 a. b. G. B.

[3] Nur von Wohlthätigkeitsanstalten spricht Krainz System II § 532. Vgl. § 646 a. b. G. B.

[4] Dieser § stimmt fast wörtlich überein mit § 46 des Martini'schen Entwurfs II 13 (Harrasowsky Cod. Ther. V S. 136) und besonders mit § 482 w. g. G. B. II; seine Abweichungen sind nicht gerade Verbesserungen; s. unten, wie Pfaff und Hofmann Comm. ad § 694. Über die Redactionsgeschichte Pfaff und Hofmann

öffentlichen[5] Anstalten", u. z. über „die Beiträge", welche „nach den politischen[6] Vorschriften zur Unterstützung der" bestimmten öffentlichen „Armen-[7] . . .[8] und Kranken-[9] Häuser[10] und des öffentlichen Unter-

eod., Ofner Urentwurf I S. 415. Das w. g. G. B. II § 635 hatte mit dem Entwurfe Martini's II 18 § 46 (Harrasowsky S. 154) noch eine Verweisung auf die „gesetzmäßigen milden Beiträge für Kranken-, Armen- und Schulanstalten", welche aber bei dem § 818 a. b. G. B. in die allgemeine Verweisung hinsichtlich der „Abgaben" aufgegangen ist; dazu Ofner I S. 494, II S. 293.

[5] Anders als diese seine Rubrik betont der § 694 selbst die Öffentlichkeit nur beim „Unterricht", der § 635 w. g. G. B. II erwähnt dieselbe dagegen gar nicht.

[6] Besser w. g. G. B. II § 482, Martini's Entw. II 13 § 46, wenngleich die betreffenden Vorschriften nicht durchaus „Gesetze" sind.

[7] S. schon die österr. Vorschrift von 1734 über den Beitrag ad cassam pauperum bei Stobbe d. Pr. R. § 300 A. 10. Jetzt gehört hieher der Beitrag zum städtischen allg. Versorgungs- od. Wohlthätigkeits-Fonde des Wiener (s. Geller's Centralbl. XI S. 570 f., G. U. W. Nr. 13274) Armen-Bezirkes. S. u. d. Nachtrag. Das „Armen-Halbpercent" von allen in Graz vorkommenden Verlassenschaften, welches früher dem steirischen Hauptarmenfonde gebührte, fließt nun in den städtischen Krankenhausfond, seit dem Übereinkommen zwischen dem Lande Steiermark und der Stadt Graz vom 5. bez. 10. März 1863 § 6, welches in dem (nicht publicirten) Erlasse des Staatsministeriums vom 30. Juni 1863 Z. 4572 zur Kenntniß genommen wurde, wobei das Ministerium gegen das Übereinkommen nichts zu erinnern fand; s. Geller's C. B. IX Nr. 327, G. U. W. Nr. 10939. Zumeist wird dies von den Schriftstellern übersehen; übrigens frägt es sich, ob die s. z. Bestimmungen über die Verwendung des Armenhalbpercents giltig aufgehoben wurden? Der J. M. E. vom 4. August 1852 Z. 9454 in Hye's Ges. S. Nr. 1240 (auch Schuster S. 435) erwähnt besondere gesetzliche Armeninstitutsbeiträge für Mähren; s. aber Michel Nr. 1075, 1101. Den weltlichen Stiftungsfond in Prag (u. A. 9) vermeinen einige als einen Armenfond, s. aber Michel Nr. 1075. 1095 f. und die auf Grund des J. M. E. v. 2. Juni 1854 Z. 9939 (bei Hye Nr. 2067) erflossene Entscheidung in G. U. W. Nr. 6040.

[8] Der § 694 erwähnt hier (anders als § 635 w. g. G. B. II) noch den Beitrag für die „Invalidenhäuser"; von dem Invalidenfondsbeitrage bez. Militär-Abfahrtsgelde erhielt es im Jahre 1843 sein Abkommen, Ellinger ad § 694, Michel Nr. 1075.

[9] Hieher sind zu zählen: der neue Wiener Krankenanstaltenfonds-Beitrag nach dem n. ö. L. G. vom 31. Dec. 1891 Nr. 72 L. G. B. (vielfach nachgebildet den u. erwähnten neuen Schulbeitragsgesetzen, vgl. Giegl in den j. Bl. 1892 Nr. 8 und in der G. Z. 1893 Nr. 14, dazu Geller C. B. XI S. 570 f.), der Beitrag zum „weltlichen Stiftungs- resp. Krankenhausfonde" in Prag, das Halbpercent (nun) zum städtischen Krankenhausfonde in Graz (o. A. 7), die Beiträge für die Local-Krankenanstaltenfonde in Brünn und Olmütz (ungenau Manz h. l.), wie für das allg. Krankenhaus in Lemberg; nach dem (von deutschen Schriftstellern zumeist übersehenen) galizischen L. G. v. 23. Apr. 1874 Nr. 37 L. G. B. haben auch die vorhin „mit dem Hfkzd. v. 2. Nov. 1837 (Michel Nr. 1104) dem israelitischen Spitale in Lemberg zugewendeten Pflichtlegate (sic!) von den Verlassenschaften der in Lemberg ansässigen Israeliten" wieder „in die Kasse des" „dortigen „allgemeinen Krankenhauses" zu fließen, in welches nun auch Juden aufzunehmen sind.

[10] Gegen die bezügl. textuelle Abweichung von dem w. g. G. B. II § 482 (s. aber auch § 635 eod.) vgl. Pfaff und Hofmann h. l. A. 1.

richtes"[11] oder sonstiger öffentlicher Zwecke[12] von den Verlassenschaften zu entrichten sind, aufgenommen hat. Namentlich aber ist auch Rücksicht darauf zu nehmen, daß die fraglichen Beiträge bei uns in der Gesetzgebung, wie in

[11] Bis in die Siebziger Jahre wurde allenthalben in Österreich ein sehr geringer, nach dem erblasserischen Stande in wenigen „Abstufungen" fixirter sog. Normalschulfondsbeitrag von den Verlassenschaften eingehoben. Ein derartiger Beitrag besteht dermalen nur mehr in Galizien als „gesetzliche (Schulfonds-) Taxe" (nun) an den gemeinschaftlichen galizischen Landesschulfond, dann in Vorarlberg als gesetzlicher Beitrag an die dortige Lehrerpensionscasse (ungenau Manz h. l.), endlich — wohl nur noch für kurze Zeit — in Tirol u. z. hier noch in seiner ursprünglichen Gestalt. Dagegen wurde der bisherige Normalschulfondsbeitrag in Schlesien einfach aufgehoben und in den übrigen Kronländern vom J. 1870 ab zufolge der Schulgesetzgebung behufs entsprechender Dotirung der betreffenden öffentlichen Fonde mittelst besonderer Landesgesetze durch einen „Schulbeitrag" aus den Verlassenschaften ersetzt, welcher vorwiegend in größerem Maße u. z. meist unter progressiver Combinirung des Scala- und des Percentualprincips, unter Berücksichtigung des persönlichen Verhältnisses zwischen Erbnehmer und Erblasser, eingehoben wird. In Tirol wurde zufolge der 1892 zu Stande gekommenen Landesschulgesetze dem Landtage 1893 ein bezüglicher Gesetzentwurf (zum 3. Male) vorgelegt, der mit den Schulbeitragsgesetzen der meisten anderen Kronländer vielfach verwandt ist und vom Landtage (mit einiger Änderung) angenommen wurde, dessen Sanctionirung aber nicht erfolgt ist. Darüber und im Allgemeinen s. Schiffner in der ö. G. Z. 1893 Nr. 11 f., Verh. des Tiroler Landtages 1893 S. 312 f.

[12] Einen eigenthümlichen, specifisch tirolischen Nachlaßbeitrag, der bisher wenig gekannt war, betrifft nun die Entscheidung des Verwaltungsgerichtshofes vom 9. Juni 1892 Z. 1390. Es ist dies die sog. Seelenrechts- oder Pönfall-Gebühr, welche in verschiedenen Pfarrbezirken Tirols u. z. in der vormals Chiemsee'er und Freisinger, nun Salzburger Diöcese für den Seelsorger von den dortigen Verlassenschaften seiner Pfarrlinge (hie und da sogar mit 1%) vor langer Zeit bald durch die „Obrigkeit" angeordnet, bald von den Gemeinden eingegangen wurde, seitdem noch immer in Übung steht und durch das Hfkzd. v. 10. Nov. 1825 Z. 32781 dort, wo sie observanzmäßig besteht, ausdrücklich als zulässig aufrecht erhalten, wie vom Verwaltungsgerichtshofe jetzt anerkannt wurde. Freilich faßt letzterer auf Grund dieses Hfkzd. den Beitrag als eine Stolgebühr auf; allein in Wirklichkeit ist dieser, schon abgesehen von der Höhe, „keine Vergütung für vollzogene geistliche Verrichtungen" (so sagt die Entscheidung selbst), sondern ein Ersatz für ein mangelndes Stola-Einkommen oder (wie das Hfkzd. bemerkt) „eine der Form nach minder zweckmäßige Art, die Seelsorge zu dotiren". Ein solcher Beitrag zur Dotirung eines kirchlichen Amtes ist aber nichts anderes, als ein „gesetzlicher Beitrag" „zu einer öffentlichen Anstalt" (§ 694 cit.), oder, wie die betr. Beschwerdeführer sagten, als eine „Steuer nach dem Vermögen Verstorbener" zu kirchlichem Zweck und Fond, mithin als eine kirchliche Nachlaß-Fondssteuer. Darf man von gesetzlichen Vermächtnissen überhaupt sprechen, so wäre dies ein gesetzliches frommes Vermächtniß (im strengen Sinne), und damit ein Gegenstück zu dem letztwilligen „frommen Vermächtnisse" an die Geistlichkeit „zur Rettung und Ruhe der Seele" (wie etwa nach den Hfd. bei Michel Nr. 1068 und bei Prockner in d. Z. f. ö. R. Gel. 1837 II S. 37), resp. zur Dotirung eines Seelsorgers (wie bei Prockner S. 39 f.). — Manz h. l. führt unter den gesetzlichen Beiträgen zu öffentlichen Anstalten auch den Gemeindezuschlag zur Staats-„Gebühr" für Übertragung von Realitäten

der Litteratur und Praxis seit langer Zeit gewöhnlich die „gesetzlichen Vermächtnisse"[13] oder „frommen Vermächtnisse" (legata pia) oder „gesetzlich frommen" „Vermächtnisse",[14] mitunter auch „amtswegige"[15] oder „Pflichtlegate"[16] oder Vermächtnisse schlechthin[17] genannt werden.

Diese Bezeichnung erinnert daran, daß in deutschen Landen Verfügungen des Erblassers zu milden Zwecken („Seelgeräthe") wohl die zuerst anerkannten einseitigen letzten Willen, die zuerst zugelassenen Vermächtnisse in unserem Sinne waren, daß dieselben mit der Zeit, infolge ihrer Üblichkeit (unter dem Einflusse der Kirche), seit allgemeiner Statthaftigkeit der Testamente bei concreter Ermanglung supplirt oder — gar dem Erblasser zur Pflicht gemacht wurden,[18] daß sich also da aus freiwilligen Vermächtnissen des Erblassers gesetzlich vermuthete Vermächtnisse (legata pia praesumpta) und gesetzlich vorgeschriebene Vermächtnisse[19] (Pflichtvermächtnisse)[20] herausbildeten; jene waren gesetzliche fromme Vermächtnisse (gesetzliche legata pia), diese zumeist nothwendige letztwillige fromme Vermächtnisse.[21] Eine Mahnung daran findet sich wohl selbst im cit. § 694, der von den „gesetzlichen Beiträgen" aus-

in Wien an, obgleich dieser eben- an die politische Gemeinde als solche u. z. selbst für Übertragung unter Lebenden abzuführen ist; ebensogut könnte man dann noch die Staats-„Übertragungsgebühren" u. dgl. zu jenen Beiträgen zählen. — Geller Ges. S. S. 544 rechnet sogar die Todtenbeschaugebühr der Gemeinde Wien zu den Fondsgebühren.

[13] So namentlich noch jetzt manche der angedeuteten Schulbeitragsgesetze; s. Schiffner l. c. vor und in A. 7, G. U. W. Nr. 13080. Dagegen hat der Tiroler Landtag die Bezeichnung aus der Schulbeitragsvorlage eliminirt, Verhandlungen 1893 S. 315 f. (s. o. § 2 A. 3). [14] S. Schiffner l. c. A. 8.

[15] Diese unpassende und unschöne Bezeichnung führt Hellmann in d. jur. Bl. 1886 Nr. 49 an. [16] S. o. A. 9, dazu u. A. 20.

[17] Z. B. Winiwarter Hdb. II S. 262, Michel Nr. 1083, F. M. E. v. 15. Dec. 1852 Z. 40332, der im J. M. E. v. 4. Aug. 1852 (o. A. 7) mitgetheilte M. E. v. 26. Juni 1852 („Armeninstitutsvermächtniß"), Ellinger Comm. h. l.

[18] S. vorzüglich Stobbe d. Pr. R. § 300, wo auch reiche Nachweisungen; für Österreich insbesondere s. die dort erwähnte Vorschrift von 1734. Vgl. Bühler bündn. Erb- und ehel. G. R. S. 63 f., Heusler Inst. § 200, Hellmann l. c. S. noch das Hamburger Statut bei Trummer Hamb. Erbr. II § 520, 523, wonach bei Errichtung eines neuen Testaments die etwaigen früheren milden Anordnungen in gewissem Maß zu „inseriren" sind, widrigens nur der frühere Wille gilt; ja wurde das frühere Testament einfach widerrufen, so ist doch in der Regel das darin enthaltene pium legatum nicht revocirbar, sondern als ein „legatum ab intestato relictum" (!) zu behandeln, also gegen den Aufhebungswillen des Erblassers.

[19] Vgl. Schiffner l. c. A. 10. [20] Vgl. Schiffner l. c. A. 11, 90.

[21] Über gesetzlich vermuthete und über nothwendige Legate übh. s. o. § 2, 5.

geht, „welche ein Erblasser nach den .. Vorschriften .. in dem Testamente ausgesetzt hat", wie denn Zeiller Comm. h. l. bemerkt, man pflege die gesetzlichen Beiträge „Vermächtnisse zu nennen, weil sie häufig von dem Erblasser ausdrücklich u. z. in einem höheren Betrage, als der zur Pflicht gemacht ist, ausgesetzt werden".[22] Eine besonders deutliche Mahnung ist aber die in gewissen Pfarrbezirken Nordtirols noch jetzt bestehende sog. Seelenrechtsgebühr, welche theilweise durch die „Obrigkeit" s. Z. angeordnet worden war.[23]

Nachdem aber die gesetzlich vorgeschriebenen milden Nachlaßbeiträge zuletzt von einer letztwilligen Zuwendung ganz losgelöst und reine gesetzliche Auflagen geworden waren, ist jedenfalls für das geltende Recht ihre Charakterisirung als gesetzliche Vermächtnisse überflüssig,[24] ja bedenklich. Mit derselben ist nun nicht mehr gesagt, als daß der gesetzliche milde Beitrag als solcher kraft gesetzlicher Einzelzuwendung aus den Nachlässen zu entrichten ist, im Gegensatze zu den „freiwilligen" oder vielmehr „letztwilligen" Zuwendungen eines solchen Beitrages,[25] zu den „pia legata ex testamento".[26] Daß der gesetzliche Beitrag wirklich ein Vermächtniß sei oder nach den Grundsätzen der Vermächtnisse behandelt werden solle, ist damit nicht gemeint. Schon der § 694 ergibt, daß derlei „gesetzliche Beiträge" „nicht als Vermächtnisse anzusehen" sind,[27] u. z. eben darum nicht, weil sie als „Staatsauflagen" ohne darauf gerichteten letzten Willen entrichtet werden müssen. Allerdings sagt der § 694 in seiner ersten Hälfte nur, daß die milden Beiträge, welche ein Erblasser „nach den politischen Vorschriften" „in dem Testamente", also überhaupt in dem letzten Willen „ausgesetzt hat, .. nicht als Vermächtnisse anzusehen" sind; allein um so mehr muß dies von den gesetzlichen Beiträgen als solchen gelten, und der darauf folgende Satz, „sie sind eine Staatsauflage, müssen selbst von den gesetzlichen Erben entrichtet[28] und können nicht nach den Grundsätzen des Privatrechtes, sondern nur nach den politischen Vorschriften beurtheilt werden", ist, wie die Rubrik des Paragraphen, offenbar

---

[22] S. gleichfalls Winiwarter Comm. h. l., aber noch das Fragezeichen bei Pfaff und Hofmann h. l. [23] S. o. A. 12.

[24] S. aber Geller ö. J. G. S. 530, G. U. W. Nr. 7085. Hellmann l. c. verbindet mit der nunmehrigen Umwandlung der früheren legata pia praesumpta die Frage nach der Beitragspflicht und nach der Einrechnung letztwilliger Beiträge.

[25] Vgl. Schiffner A. 14, 15. [26] So z. B. Michel Nr. 1090.

[27] Dazu Schiffner A. 16. [28] S. Schiffner A. 19.

auch auf die Beiträge gerichtet, welche nur vom Gesetze und nicht von einem letzten Willen auferlegt sind. Ja es ist überhaupt der ganze Paragraph nur für die gesetzlichen Beiträge als solche richtig; in Wahrheit ist nämlich die letztwillige Zuwendung des schon gesetzlich gebührenden Beitrages doch ein Vermächtniß, ebenso wie die letztwillige Zuwendung einer sonstigen pflichtmäßigen Auslage, namentlich wie das Schuldvermächtniß und das Pflichttheilsvermächtniß, und wird daher dieselbe nicht „nur“ „nach den politischen Vorschriften“, sondern, soweit letztere nicht entgegenstehen, auch „nach den Grundsätzen des Privatrechtes beurtheilt werden“ müssen.[29]

Was dann noch jene Bezeichnung als (gesetzliche) fromme Vermächtnisse betrifft, so führt sie leicht zur Verwechslung mit den wahren frommen Vermächtnissen des Erblassers, den wahren legata ad pias causas (nach § 685, 778 a. b. G. B.).[30]

Ihrem Wesen nach sind nun die gesetzlichen milden Beiträge als solche einfach „Staatsauflagen“ (§ 694) oder besser gesetzliche „Auflagen“,[31] öffentliche „Abgaben“ (§ 818 a. b. G. B.),[32] und zwar im Sinne des österreichischen Finanzrechtes „gesetzliche Gebühren“, nur keine „allgemeinen“ oder „Staatsgebühren“, vielmehr besondere oder sog. Fondsgebühren oder fromme Gebühren, nämlich Gebühren zu bestimmten provinciellen oder gar localen öffentlichen Fonden; dagegen sind sie im Sinne der Finanzwissenschaft Vermögenssteuern, nur keine allgemeinen oder Staatssteuern, vielmehr besondere Fondssteuern, nämlich Steuern zu bestimmten provinciellen oder gar localen öffentlichen Fonden.[33] Näher sind dann die gesetzlichen milden Beiträge als Verlassenschaftsbeiträge (Verlassenschafts-

[29] S. Schiffner l. c. IV, dort insbesondere auch die Frage nach der Einrechnung derartiger Vermächtnisse. Dazu u. Nachtrag.

[30] Pfaff und Hofmann ad § 694. Der § 685 betrifft m. E. nur wohlthätige Vermächtnisse, (wogegen der § 694 wohlthätige und sonst gemeinnützige Beiträge); vgl. Pfaff und Hofmann ad § 685 und die dortige Litteratur, auch G. U. W. Nr. 11558, B. P. § 159, Michel Nr. 1096. Der cit. § 778 hinwieder unterscheidet die „zu frommen Absichten bestimmten Vermächtnisse“ von den „zu öffentlichen Anstalten bestimmten Vermächtnissen“, während doch gewisse fromme Vermächtnisse zugleich zu öffentlichen Anstalten bestimmt sind.

[31] Zum Theile sind sie particuläre u. z. Landes-Auflagen, im Sinne von landesgesetzlichen Auflagen, s. o. A. 9, 11, u. Nachtrag.

[32] Dazu und zum Folgenden Schiffner A. 20—33, aber auch G. U. W. Nr. 13243. Gegen die Bemessung durch die Abhandlungsgerichte s. Schiffner A. 134, dann G. Z. 1893 Nr. 14.

[33] Der Beitrag an einen provincialen Fond ist nicht gerade stets eine Landessteuer im Sinne einer Steuer an das Land; s. nur Schiffner A. 34 f.

gebühren bez. Verlassenschaftssteuern), d. h. als Beiträge von übertragenen Verlassenschaften zu erkennen; übrigens doch nicht als sog. Verlassenschaftsübertragungsgebühren, bez. nicht als Erbsteuern, d. h. nicht als Beiträge für die Übertragung von Verlassenschaften,[34] vielmehr als Verlassenschaftsbeiträge „zur Unterstützung" (§ 694) einer bestimmten wohlthätigen oder sonst gemeinnützigen öffentlichen „Anstalt", mithin als besondere Nachlaß-Schulsteuern oder -Spitalsteuern oder -Armensteuern oder -Kirchensteuern. In Folge dieses öffentlichrechtlichen Charakters gelten für dieselben an und für sich ausschließlich die sog. „politischen Vorschriften" (§ 694), das sind die besonderen öffentlichrechtlichen (Reichs- bez. Landes-) Vorschriften.[35]

Als „pflichtmäßige Auslagen" „belasten" (§ 692, 785 f. a. b. G. B.)[36] die fraglichen Beiträge die Verlassenschaft selbst gegen den Willen des Erblassers.

§ 64. Die gesetzliche praeceptio dotis aus dem Nachlasse des Gewalthabers.[1]

Zu Gunsten des Ehemannes[2] findet von Rechtswegen[3] ein persön-

[34] Darüber und über die Consequenz für Substitutions-Nachlässe s. Schiffner A. 30.

[35] Insoferne greift hier nicht Platz z. B. der Abzug nach § 692, die theilweise Entkräftung nach § 778, die Verpflichtung des § 783, die Zahlungsfrist nach § 685 b. G. B. (s. vielmehr in letzterem Punkte § 818 a. b. G. B., § 154 f. V. P. und die Schulbeitragsgesetze bei Schiffner sub VI). S. auch F. M. E. v. 31. März 1853.

[36] S. Schiffner A. 40 f. Über die Beitragspflicht und die verhältnißmäßige Vertheilung der percentualen Fondsgebühren auf die Erbnehmer s. Schiffner sub III; dazu J. M. V. B. 1892 Nr. 818 (Entsch. v. 2. Aug. 1892 Z. 9295), Verh. d. Tiroler Landtages 1893 S. 330, G. U. W. 13080, 13409.

[1] Westphal einzelne Vermächtnißarten u. Erbtheilungsklage § 759 f., Bechmann röm. Dotalrecht I S. 26 f., II S. 45 f., 278 f., Brinz Pand. § 473, Czyhlarz röm. Dotalrecht S. 17 f., 23 f., 321 f., Mandry gem. Fam.-Güterrecht I S. 288 f., Kretschmar Natur d. Prälegats S. 189 f., Sternberg Restitution d. dos nach aufgelöster Ehe § 15 f., Karlowa röm. R. G. II S. 194 f., Bernstein a. o. § 7 a. D. S. 29, 89 f., 136. — Über den historischen Zusammenhang vgl. Voigt l. Maenia de dote S. 59 f., Arndts in d. Ztschr. f. R. G. VII S. 31 f., Bechmann II S. 290 f., Czyhlarz S. 26, 328 f., Mandry S. 299 f., Sternberg § 17.

[2] Vorausgesetzt ist Bestand der Ehe noch beim Tode des Gewalthabers, s. d. gleich cit. l. 20 § 2, l. 1 § 9, 13, c. 2; in l. 46 fam. erc., l. 2 pr., l. 7 § 3 de dote prael. ist an Auflösung der Ehe nach dem Tode des Gewalthabers gedacht; s. gegenüber Bechmann II S. 283 f.: Czyhlarz S. 323 und Mandry S. 294 f. Kömmt der Ehemann durch den erblasserischen Tod in eine neue Gewalt, so hat consequent der neue Gewalthaber die praeceptio hinsichtlich der dos des ersteren, l. 20 § 2 fam. erc. — „Eine merkwürdige Parallele zu jenem legalen Präceptionsrechte des Sohnes" findet Voigt S. 64 a. E. in der l. 31 § 2 D. sol. matr. XXIV 3.

[3] „Ipso jure", Voigt S. 64. Von einem „directen" „Anfall" des Rechts spricht hier Brinz, s. u. A. 15.

licher Anspruch auf praeceptio[4] dotis,[5] auf Vorwegnahme der dos aus dem Nachlasse seines bisherigen Gewalthabers[6] gegenüber den Erben[7] statt, in Folge der l. 20 § 2, l. 46, 51 pr.[8] D. familiae erciscundae X 2, l. 1 § 9, 13, l. 7 § 3 D. de dote praelegata XXXIII 4, l. 85 D. ad l. Falcidiam XXXV 2, l. 3 § 4 D. de coll. XXXVII 6, c. 2 C. familiae erciscundae III 36, c. un. § 10 C. de rei uxoriae actione V 13.

Kuntze Cursus § 832 A. 5 und Excurse S. 383 A. 12 bezeichnet dies geradezu als „gesetzliches Vermächtniß", als „gesetzliches" „Präceptionslegat", während dem von ihm berufenen Kretschmar Prälegat S. 190 eine solche „gesetzliche praeceptio" „die größte Ähnlichkeit mit der letztwilligen, im Vorausvermächtnisse steckenden praeceptio" (in seinem Sinne) hat; dabei ist aber letzterem die praeceptio, die gesetzliche wie die letztwillige, im Grunde und ihrer eigentlichen Natur nach nichts anderes als eine besonders modificirte Gestaltung des Rechtsverhältnisses, in welchem Miterben als Erbgenossen stehen.[9] Selbst Mandry gem. Fam.-Güterrecht I S. 292, 302, der doch den „materiellen Rechtsgedanken des Präceptionsrechtes" als einen dotalrechtlichen erkennt, findet hier theils eine Erweiterung der ohnehin vorhandenen erbrechtlichen Ansprüche, theils eine Einräumung sonst nicht vorhandener Rechte dieser Art und erklärt, wenigstens in Einer (eventuellen) Beziehung, die Präsumtion eines legatum dotis hier doch für möglich.[10]

In der That war nach dem in obigen Stellen bezeugten Rechte die

---

[4] Wie die Quellen diesfalls von praeceptio, praecipuum, so sprechen z. B. Westphal § 759, 762, Roth b. C. R. § 374 A. 31, Kretschmar S. 190, Mandry S. 293 von „Vorwegnahme", von einem „Voraus".

[5] Mag die dos dem pater familias oder dem filius familias maritus bestellt worden sein, l. 20 § 2 fam. erc., vgl. u. A. 11. Über den Umfang und die Fristen der Präception, über die s. z. Restitution und deren Sicherung vgl. Mandry S. 296f. und die dort Angeführten, auch Sternberg § 16.

[6] Über den Fall, wo die bisherige patria potestas durch Emancipation oder Adoption des filius familias maritus aufgehoben wurde, vgl. Mandry S. 303f. und die dortigen Citate. Bis zur Lösung der Gewalt kann man mit Mandry S. 292 von einer „Anwartschaft" des Haussohnes auf die dos reden.

[7] Hinsichtlich des Falles, wo der Sohn-Ehemann Alleinerbe ist, s. l. 2 pr. de dote prael., l. 85 ad l. Falc., Arndts S. 25f., Bechmann II S. 281, Mandry S. 292.

[8] Nur auf letztere beiden Stellen beruft sich Kuntze am unten a. O.

[9] Dazu u. A. 14, 18, 22. Über eine Combinirung der gesetzlichen und der letztwilligen praeceptio Kretschmar A. 94.

[10] S. u. A. 16, 21. Vgl. Czyhlarz S. 27 („erbrechtliche Nothwendigkeit dieser Vertheilung der Erbschaftsmasse"). — Roth b. C. R. § 374 A. 31 scheint den betr. „Voraus" gleichfalls für einen erbrechtlichen zu halten.

für die Ehe des filius familias bestellte dos in das Vermögen des pater familias übergegangen, so daß sie nach des letzteren Ableben einen Theil seines Nachlasses bildet, mag sie z. B. dem Gewalthaber oder dem Ehemann bestellt worden sein, l. 22 § 12 D. sol. matr. XXIV 3.[11]

Ferner betont allerdings l. 51 pr. fam. erc. die Analogie des praelegatum dotis: praecipi ita debet, ut ea causa filii sit, in qua futura esset, si dos per praeceptionem legata fuisset. Diese Stelle ruft „den Gedanken hervor, daß die Sitte der Prälegirung der dos an den Ehemann zur Präsumirung eines derartigen Legates geführt und dieses präsumirte Legat die Grundlage des" obigen „Präceptionsrechtes abgegeben habe".[12]

Zudem ist bei der legalen praeceptio, wie bei der praeceptio relicta, nur ein Anspruch obligatorischer Natur vorhanden.[13] Und für diesen wird in obigen Stellen dieselbe Klage wie beim legatum per praeceptionem, nämlich die actio familiae erciscundae gewährt, auf den Fall, wo der filius familias Miterbe nach dem pater familias ist, so daß er bei der Erbtheilung die Vorwegnahme der dos gegen die übrigen Erben durchsetzen kann.[14] In dem Falle aber, wo der Sohn-Ehemann Erbe nicht wird oder unter einer noch schwebenden Bedingung eingesetzt ist, hat er zur Verfolgung des praecipuum doch eine utilis actio, l. 1 § 9 de dote prael., (l. 46 fam. erc.), welche von den einen als utilis actio familiae erciscundae,[15] von anderen als utilis actio legati[16] aufgefaßt wird.

Allein gegen die Präsumtion eines Legates sprechen sehr deutlich

---

[11] Vgl. Mandry S. 288f., aber auch Brinz A. 2. Gegenüber Bechmann II S. 46f. s. Brinz § 473, Mandry A. 2. Über Westphal und Glück s. u. A. 22.

[12] Mandry S. 201. Vgl. Voigt S. 63f., Arndts in ob. Ztschr. VII S. 27, VIII S. 435f., Bernstein S. 90. Über die Lesart Mandry A. 9. — Vgl. o. § 5 A. 15.

[13] S. Voigt S. 64, Bechmann I S. 27, Karlowa II S. 921f., auch u. A. 22f.

[14] Durch diese Klage wird nach Kretschmar S. 192f. die praeceptio zu einer „wahren", „activen praeceptio" und der Berechtigte ein Erbgenosse.

[15] So von Voigt S. 64, Bechmann II S. 291 („der enterbte Mann wird ... zum Zwecke der Präception ... als Erbe fingirt"), Brinz A. 13 („die Verfolgung ist in Ermanglung eines Erbganges eine indirecte, der Anfall des Rechts selbst hier direct wie sonst"), Kretschmar S. 191, Lenel ed. perp. S. 164, Sternberg § 17, Dernburg P. III § 137 A. 10, Karlowa S. 195, Bernstein S. 90; vgl. o. § 39 A. 25.

[16] So von Czyhlarz S. 328f. — Unentschieden Arndts VII S. 29, auch Mandry S. 293, 302 („die Schaffung einer möglicherweise auf die Präsumtion eines Legates sich stützenden actio utilis").

l. 1 § 9, 13, l. 7 § 3 de dote prael., welche das gesetzliche Präceptionsrecht des Ehemannes geradezu im Gegensatze zu einem Legate der dos anführen.[17]

Die Grundlage unseres Anspruches ist überhaupt keine verlassenschaftsrechtliche, sie liegt vielmehr schon vor dem Erbgange; l. 46 cit.: mortuo patre quaedam filios sequuntur etiam antequam fiant heredes.[18] Es ist dies nämlich ein rein familienrechtlicher Anspruch, der durch den Tod des Erblassers nur veranlaßt wird,[19] der also nur post mortem patris (l. 46 cit.) entsteht; dieselbe lex fügt richtig hinzu: ut matrimonium, ut liberi, ut tutela.[20] Näher ist dann die Grundlage als eine dotalrechtliche zu charakterisiren, denn et dotem praecipere debet, qui onus matrimonii post mortem patris sustinuit, l. 46 cit.; so sagt auch l. 20 § 2 fam. erc.: filius ... dotem ... praecipiet, nec immerito, quia ipse onera matrimonii sustinet; und l. 56 § 1 de j. dot.: ibi dos esse debet, ubi onera matrimonii sunt; dazu § 2 eod. (parallel zur ob. l. 46): post mortem patris statim onera matrimonii filium sequuntur.[21] Die betreffende Verpflichtung zur Herausgabe der dos ergibt sich dann einfach als eine vorabzuziehende familienrechtliche Nachlaßschuld,[22] wie dies in den Quellen hinsichtlich der

[17] S. Mandry S. 301, welcher zugleich bemerkt, daß ein solcher Anknüpfungspunkt doch immer rein formeller Natur wäre; indeß würde letzterer doch die erbrechtliche Grundlage bezeugen.

[18] So selbst Kretschmar S. 191, der hervorhebt, daß der Präcipient eigentlich nichts jure hereditario oder jure legati hat.

[19] Wie denn ein gleicher Anspruch u. a. auch durch Auflösung einer Gesellschaft unter Lebenden veranlaßt sein kann, l. 65 § 16 D. pro socio XVII 2; vgl. zu dieser Stelle bes. Czyhlarz S. 24f. S. schon o. § 5 A. 41.

[20] S. auch l. 56 § 2 D. de j. dotium XXIII 3, l. 2 pr. in f. de dote prael. (matrimonii causa), l. 16 pr. D. de castr. pec. 49. 17 (matrimonio cohaerens).

[21] S. noch l. 7 pr. eod., l. 16 pr. de castr. pec. (zu letzterer Stelle Bechmann I S. 26, Fitting castr. pec. S. 72f., Brinz § 473, Czyhlarz S. 18f.). Überhaupt s. in diesem Sinne Westphal l. c., Voigt S. 58f. („Dotalrecht im Todesfalle"), Arndts VII S. 35, Brinz l. c., Mandry S. 302f., welch' letzterer hierin den „materiellen Rechtsgedanken des Präceptionsrechtes" erblickt (dazu Brinz A. 16): vgl. auch Hofmann in Grünhut's Ztschr. I S. 552, Karlowa S. 194f. Auf bloße Billigkeitserwägungen führt das Präceptionsrecht zurück Bechmann II S. 279f.; gegen dessen Eliminirung der onera matrimonii aus dem Dotalbegriffe Windscheid P. § 492 A. 1 und die dort Citirten. Czyhlarz wieder S. 23f. sieht das Präceptionsrecht als Ausfluß der Billigkeit und des concreten Gemeinschaftsverhältnisses an; dagegen neuestens Karlowa S. 194f. Vgl. noch Sternberg § 15f., Bernstein S. 89f.

[22] Dies meinen wohl Westphal § 759, 762, Glück Comm. XXV S. 205, wenn

quarta Falcidia eigens ausgesprochen ist, l. 1 § 13 de dote prael.,[23] l. 85 ad l. Falc.[24] (dotem in aere alieno deducet), und wie dies in ähnlicher Weise auch gegenüber dem Rechte des Haussohnes stattfindet, aus dem väterlichen Nachlasse den Betrag derjenigen seiner Schulden im judicium familiae erciscundae zu präcipiren, für welchen der Vater adjecticisch haftete, l. 20 § 1, 6, 7 fam. erc., — quia et hoc patris aes alienum fuit, § 6 cit.[25]

Für das neueste röm. R., wie für das gemeine (und moderne) Recht, hat die fragliche praeceptio dotis nicht statt, insoferne die dos nicht mehr in das Vermögen des Gewalthabers des Ehemannes gelangt.[26] Brinz Pand. § 473 freilich meint, daß auch da noch die dos nicht im Vermögen des gewaltunterthänigen Ehemannes sein könne, weil die Lasten der Ehe noch immer auf dem Gewalthaber ruhen;[27] indeß das Aufkommen des letzteren für die ehelichen Lasten kann auch bei seinem nunmehrigen Genußrechte hinsichtlich der dos des Haussohnes bestehen.

---

§ 65. Erbrechtliche Ansprüche nach und von unehelichen Vätern.[1]

Nach den justinianischen Novellen 18 c. 5 und 89 c. 12, 13[2] erhalten,

---

sie sagen, daß die dos „nicht zum Nachlaß des Vaters gehört". Vgl. Kretschmar S. 191 („kraft eigenen Rechts wie ein Gläubiger").

[23] Darüber Arndts in ob. Ztschr. VIII S. 432f., Brinz A. 9, Mandry S. 293f.

[24] Darüber Bechmann II S. 281, Arndts VII S. 26f., Czyhlarz S. 324f., Mandry S. 292.

[25] Auch diese gesetzliche Präception stellt Kretschmar S. 190 der letztwilligen an die Seite. Vgl. Westphal § 758, 763f., Mandry II S. 176f., 296, Karlowa II S. 921, Bernstein S. 91.

[26] Bechmann II S. 48f., 283, Arndts VII S. 31, Scheurl in der kr. V. J. S. XI S. 113f., Czyhlarz S. 19f., Dernburg Pand. III § 16 A. 1.

[27] S. übrigens das bei Brinz A. 17 von seinem Herausgeber angebrachte Fragezeichen. — Als noch schlechthin geltend scheint auch Windscheid P. § 493 A. 1 das römische Präceptionsrecht vorzutragen.

[1] Glück Intestaterbfolge § 127 f. (wo auch ältere Litteratur), Busch Rechte geschwächter Frauenspersonen § 153 f., 294 f., Roßhirt Erbr. § 29, M. S. Mayer das Intestaterbrecht der liberi naturales nach heutigem r. R. 1838 (darüber ungenau Puchta Pand. § 455 Anm. f), Holzschuher Civ. R. II § 134, Sintenis Civ. R. § 165 A, Schirmer Erbr. § 12 Nr. 4; Köppen Gdr. § 47 und Lhb. § 61.

[2] Die nov. 18 c. 5 ist dem Wesentlichen nach wiederholt in der nov. 89 c. 12 § 4, 5.

wenn ein Mann mit Einer[3] (freien) Concubine[4] in Hausgemeinschaft[5] lebte,[6] die da im Hause geborenen[7] und auferzogenen[8] Concubinen-Kinder,[9] liberi naturales, beim Intestat-[10]Ableben dieses ihres Va-

[3] Der da erlaubte Concubinat war wesentlich monogamisch wie die Ehe, nov. 18 c. 5, nov. 89 c. 12 § 4, 5; in letzterer Novelle wird eine betreffende Stelle der ersteren entsprechender gefaßt: mulierum fornicantium (sic enim dicere melius est). Vgl. Mayer S. 11 f., 18 f., Schirmer A. 20. Eine successive Mehrheit von Concubinen war arg. a contrario („simul“) gestattet, Sintenis A. 1 Nr. 7 und lit. f; s. aber Seuffert Archiv XXIII Nr. 236; wohl nur ungenau im Ausdrucke z. B. Müller Inst. § 200 A. 2, Wächter Pand. § 258. Über d. griech. Pellikat Hruza Beitr. II.

[4] Über die gesetzlichen Erfordernisse des Concubinates überhaupt s. Roßhirt l. c., Mayer l. c. Zu denselben gehörte es ohnehin auch, daß der Erzeuger nicht zugleich in einer (Bucher Pand. § 379: „anderen“!) Ehe lebte, Glück § 128.

[5] Dies Moment wird von den Schriftstellern nicht durchaus erwähnt, z. B. Müller l. c.; vgl. übrigens nov. 18 c. 5: domi .. in habitu concubinae cum eo degens, .. in domo habita, .. cohabitaverit ..; nov. 89 c. 12 § 4: ei .. in schemate concubinae sociata .., in domo ..

[6] Daß die Concubine bis zum Tode des Erblassers mit diesem zusammenlebte, wird für das Erbrecht der Kinder nicht vorausgesetzt, nov. 18, 89 l. c.: etiam praedecedente concubina, — obwohl es davor heißt donec vixerit, Schirmer A. 25; anders Glück § 128, Arndts Pand. § 482 A. 1). Dagegen allerdings für den Anspruch der Concubine selbst, nov. 89 c. 12 § 4 in fine, wo unter eis wie vorher nur die filii zu verstehen sind, und die früheren Worte cum matre partiendas absichtlich weggelassen wurden, die in der That bei der mors unmöglich, bei der separatio aber unpassend wären; s. Roßhirt l. c., Mayer S. 19 f., dagegen Schirmer A. 24; letzterer legt zu viel Gewicht auf die anknüpfenden Worte et haec dicimus, welche vielmehr erst durch die folgenden tunc enim ihre nähere Bestimmung erfahren.

[7] Nov. 18, 89 l. c.: filiorum ibidem proles. Von manchen wird freilich darauf nicht gesehen, z. B. Vangerow Pand. § 413 A. 1, Keller P. § 467, Müller l. c., Windscheid P. § 574 A. 12.

[8] Nov. 18, 89 l. c.: filiorum ibidem .. alimentum (nutrimentum, dazu u. A. 17 a. E.), .. filii ei domi .. Darin liegt zugleich eine väterliche Anerkennung der Kinder. Einige verlangen aber ausschließlich (irgend) eine Anerkennung durch den Vater, z. B. Roth bayr. Civ. R. § 350 I B, Wächter Pand. § 258. Andere wieder gar Anerkennung und Erziehung, so Göschen Civ. R. § 930, Keller l. c.

[9] Nicht entferntere Descendenten, nov. 89 c. 12 § 6 in f., c. 12 C. de nat. lib. V 27, Glück § 128 a. E. Vgl. Roth bayr. Civ. R. I § 86 a. E. Ebensowenig andere uneheliche Kinder, nov. 89 c. 15 pr., vgl. Glück § 133 f., Mühlenbruch Pand. § 633 A. 7, Schirmer A. 33 f.; daß insbesondere incestuosi, adulterini etc. nicht berufen sind, folgt übrigens schon aus dem Wesen des Concubinates, welches beiderseitige Ehefähigkeit voraussetzt.

[10] S. gegenüber c. 8 C. de nat. lib. V 27 die nov. 18 c. 5, nov. 89 c. 12 § 4: praesens autem de his quae ab intestato sunt loquitur; .. moriatur non disponens de substantia; .. ab intestato; etc. Gegen die ältere Annahme eines Pflichttheilsrechtes der Concubinenkinder Francke R. d. Notherben S. 178 f., Glück Pand. Comm. VII S. 376, Mühlenbruch eod. XXXV S. 162 f., Fr. Schröder Notherbenr. § 33 A. 17. Die nov. 89 spricht allerdings im c. 13 so seltsam, als ob es sich hier nicht um ein

ters,[11] in Ermanglung[12] einer Ehefrau[13] und[14] einer rechtmäßigen[15] Descendenz[16] desselben, zusammen ein Sechstel — (nie mehr)[17] — vom Nachlasse, das sie aber mit der etwa noch lebenden Mutter nach Köpfen zu theilen haben;[18] und umgekehrt hat der natürliche Vater[19] ein gleiches Recht[20] nach jenen

---

Intestaterbrecht handeln würde, sicut parentes prospiciunt naturalibus filiis secundum nostram legem, und umgekehrt ipsi decentem naturalibus patribus devotionem servent .. et .. parentibus compensent; Schlesinger im civ. Arch. L S. 207 f.

[11] Auf die väterlichen Verwandten erstreckt sich der Anspruch nicht, vgl. Schirmer A. 27 und ob. A. 9.

[12] Über dieses Moment vgl. Holzschuher l. c., Arndts in Weiskes R. L. V S. 699 (civ. Schr. II S. 64), Schlesinger S. 210. S. nov. 89 c. 12 § 4, 6: non extante, .. relinquat, .. habet. Im widrigen Falle haben die Concubinenkinder nur die Alimente von den Erben zu fordern, n. 89 c. 12 § 6, wogegen freilich eine mildere byzantinische Praxis ihnen da ein Zwölftel des Nachlasses gewährte, Schirmer A. 23; vgl. u. A. 39.

[13] Übersehen bei Koch preuß. Erbr. § 115 Nr. 5, Gengler d. Pr. R. § 179.

[14] Ungenau „oder" bei Mühlenbruch Pand. § 633, Mackeldey Pand. § 616.

[15] Nov. 18, 89: legitima .. sobole. Dies ist aber nicht bloß die eheliche Descendenz, wie es gewöhnlich heißt, sondern, abgesehen von der legitimirten, auch die adoptirte, vgl. Glück Intestat-Erbf. § 127, Roßhirt S. 204.

[16] Häufig wird hier von „Kindern" gesprochen, was aber, gegenüber den vorerwähnten Concubinenkindern, zum Irrthum verleiten könnte, daß es sich auch da nur um Kinder ersten Grades handle. — Beim alleinigen Vorhandensein anderweitiger Intestatberechtigter treten die Concubinenkinder in Mitconcurrenz; nec (aerario) quantum ad hoc parcimus; nov. 18, 89.

[17] Nov. 18, 89: duas .. uncias .. quanticumque fuerint filii. Insbesondere findet für Concubinenkinder ein Anwachsungsrecht nur innerhalb ihres gesetzlich bestimmten Höchstmaßes statt; Bucher P. § 379. — Beckhaus Erbr. § 22 gibt denselben außer dem sextans des Nachlasses noch die Alimente; nach nov. 89 c. 12 § 6, c. 13 (seu) dürfte dies nicht einmal insoweit zutreffen, als der sextans zur Alimentation nicht genügen sollte; vgl. Schlesinger S. 210. Gegen die ähnliche Annahme der Vulgata Glück Int. Erbf. § 130 A. 20.

[18] Eine Voraussetzung des Anspruches der Concubine s. o. A. 6. Im Falle keine Kinder concurriren, hat dieselbe ab intestato keinen Anspruch, Justinian erwähnt davon nichts; s. namentlich Puchta Vorl. § 455, Schirmer A. 25, Sintenis A. 1 Nr. 5 und lit. e; dagegen gewähren ihr da manche 1/12 nach Analogie ihrer testamentarischen Capacität (so Glück Int.-Erbf. 2. Aufl. § 129 und die dort Citirten, Göschen Civ. R. § 930, Holzschuher l. c., letzterer unter ungenauer Referirung) oder 1/6 (so Busch § 154) oder einen Kopftheil je nach der Zahl der verstorbenen Concubinenkinder (so Roßhirt S. 205 f.; wenn die Concubine aber überhaupt gar keine Kinder geboren?). Über den Fall von Kindern mehrerer Concubinen s. Sintenis am o. A. 3 a. O. — Eine eigenthümliche Bestimmung bei Trummer Hamburg. Erbr. II S. 15, wonach beim Ableben der Mutter den unehelichen Kindern allein kein Anspruch zusteht.

[19] Nov. 89 c. 13; s. aber die bei Glück § 131 dagegen Angeführten, auch Roßhirt S. 207. Nicht succediren da die väterlichen Verwandten, vgl. o. A. 9, 11, ebensowenig die Concubine, vgl. Schlesinger S. 208. S. noch o. A. 10.

[20] Auch hier muß der Vater weder Ehefrau noch legitime Descendenz haben, so

Kindern. Diese gesetzlichen Ansprüche gründen sich nicht bloß auf die Humanität, denn letztere spräche auch für andere uneheliche Kinder,[21] ebensowenig bloß auf die Sicherheit der Vaterschaft, denn eine solche wäre auch bei gewissen anderen unehelichen Kindern vorhanden,[22] vielmehr zunächst auf die Eheähnlichkeit des Concubinates, welche eben bei der gesetzlichen Regelung desselben angestrebt wurde.[23]

Im gemeinen Rechte hätten die vorstehenden Bestimmungen mit ihrem Gegenstande, dem römischen Concubinate, wegfallen sollen. Allein nach einer stark vertretenen Auffassung wurden sie in Deutschland gewohnheitsrechtlich sogar überhaupt auf uneheliche Kinder und Väter (übrigens nicht auch auf uneheliche Mütter) angewendet, wenn nur die Kinder vom Vater anerkannt und nicht in gewissen verwerflichen Verbindungen erzeugt waren.[24] In Wirklichkeit schwankt aber die deutsche Praxis nach verschiedenen deutschen Gebieten, wie denn auch neuestens das deutsche Reichs-

---

nun Schlesinger im civ. Arch. L S. 208 f. unter Beistimmung von Windscheid § 574 A. 13, Arndts Pand. § 482 A. 5; auch das Concubinenkind zwar muß keine intestaterbberechtigten Descendenten hinterlassen haben, aber dies Erforderniß gründet sich nicht auf obige Bestimmungen. Dagegen meinte man vorher durchgehends, das Concubinenkind dürfe nach unseren nov. da weder Gatten noch legitime Descendenz haben, so selbst Schirmer A. 26 (der nur von einer Ehefrau dieses Kindes spricht, vgl. Schlesinger S. 209 A. 3, — letzterer ist aber auch wieder ungenau: „lediglich") und noch Brinz P. 2. Aufl. § 383 A. 16. Die Erbquote des Vaters wird vielfach schlechthin auf 1/6 bestimmt, ohne Rücksicht auf eine Mehrheit von Kindern, z. B. Göschen § 930, Bering Erbr. S. 647, Sintenis § 165 A; s. aber n. 89 c. 13 (eademque mensura), Bucher Pand. § 380, Mackeldey Pand. § 616, o. § 14. — Wo der Vater keinen Erbtheil anzusprechen hat, gebühren ihm doch Alimente, u. z. wie umgekehrt dem Kinde, n. 89 c. 13, Schlesinger S. 210; s. aber Windscheid A. 13 („unter allen Umständen"?).

[21] Gegenüber n. 18 c. 5 pr. (multi .. molesti sunt nobis semper, precesque crebrae et flentes filii; et semper equidem clemens aliquid definimus, sed quia non hoc cum lege agimus, erubescimus ..), n. 89 c. 12 pr. § 1 (humanum, .. humana ..), Glück § 130, Busch § 298, Köppen Lhb. S. 396 u. a.: vgl. noch Sintenis A. 1.

[22] Gegenüber n. 18 c. 5, n. 89 c. 12 § 4 (indubitatus), Wening Civ. R. § 433 u. a. vgl. z. B. Vangerow P. § 413 A. 1.

[23] Vgl. Roßhirt S. 200 f., Gett R. V. aus der außerehel. Geschl.-Gemeinschaft S. 256, Mayer S. 14 f., Brinz § 383 A. 14 („als das Factum der Ehe"), Sintenis l. c. („Analogie des ehelichen Verhältnisses"). — Den Gesichtspunkt der Alimentationspflicht (vgl. u. bei A. 36) ziehen hier auch herein Roßhirt S. 206 f., 210 und schon die bei Glück § 130 A. 32 Genannten.

[24] Vgl. bes. Glück § 130, Roßhirt S. 207 f., Busch § 295 f., Mayer S. 29 f. (dessen Schrift eben hauptsächlich diese Frage behandelt), Holzschuher l. c., Vangerow § 413 A. 1, Sintenis A. 1, Schirmer bei A. 28 f., Böhlau Meckl. L. R. § 82 f., Roth bayr. C. R. § 86, 350 und d. Pr. R. § 174, Stobbe d. Pr. R. § 295.

gericht ein allgemeines Gewohnheitsrecht da nicht als begründet erachtet.[25]

Was die rechtliche Natur der fraglichen Ansprüche betrifft, so geht bereits eine ältere Ansicht dahin, daß in Ansehung jenes Sechstels „nur successores singulares" anzunehmen seien, indem die Betreffenden nie zur Intestaterbfolge ex asse gelangen können;[26] es liegt jedoch auf der Hand, daß die gesetzliche Beschränkung des Anwachsungsrechtes auf ein bestimmtes Höchstmaß sich auch mit dem Begriffe der Erbfolge verträgt und daher die Natur der Ansprüche noch nicht entscheidet. In neuerer Zeit wieder stellt Neuner Wesen und Arten der Privatrechtsverhältnisse S. 238 „das römische Successionsrecht aus dem Concubinate" zu den „indirecten (Einzel-) Vermögenszuwendungen" aus der Erbschaft „kraft Gesetzes".[27] Köppen aber (System S. VI, 39 f., Grundriß § 47, Lehrbuch S. 396 f., 416) nimmt hier geradezu ein „gesetzliches Vermächtniß" von einem Sechstel der reinen erbschaftlichen Activa an, welches den Concubinen-Kindern[28] (bez. deren Vater)[29] „deferirt" werde, wogegen die Concubine eine „Forderung" gegen die Kinder auf Überlassung eines Kopftheiles davon habe.[30] Andererseits soll nach Kuntze Cursus § 832, 983 ein gesetzliches Vermächtniß eben nur für die Concubine statthaben, während zwischen Vater und Kindern ein Intestat-Erbrecht bestehe. Außer der festen Beschränkung des Umfangs wird für ein solches gesetzliches Legat die Analogie der armen Wittwe wie das arrogatus impubes, obwohl diese doch in quantitativer Beziehung weit besser als die Erwähnten gestellt sind, angerufen, desgleichen der Umstand, daß der Concubinat kein familienrechtliches Verhältniß erzeugte. Berücksichtigt man dagegen, daß letzterer nach Absicht des Gesetzes doch ein familienähnliches Verhältniß begründete, so wird man in Wirklichkeit den Novellenausdrücken, welche auf eine

---

[25] Entsch. XII S. 227, wo auch bisherige Praxis pro und contra.

[26] So Glück Pand. Comm. VII § 554 und die dort A. 61 Citirten gegenüber Glück Int.-Erbf. § 127 f. So aber noch Koch preuß. Erbr. § 84 a. A., 115 g. E.

[27] Vgl. o. § 2.

[28] Übersehen von Sintenis A. 1 g. E. — Petri Pflichttheilsr. d. armen Wittwe S. 14 spricht von einem „ges. Vermächtnißrecht" der Concubine (allein).

[29] S. aber Köppen System S. VI, 39 f., vgl. Lhb. S. 416 A. 1.

[30] Vgl. auch Schirmer A. 25, Sintenis l. c. und schon Roßhirt S. 207, Seuffert Pand. § 555 A. 1. Im System S. 39 gewährte Köppen auch der Concubine ein „gesetzliches Vermächtnißrecht".

Erbfolge der Concubinenkinder hinweisen,[31] volles Gewicht beilegen dürfen. Sind aber die Concubinenkinder Erben, so ist es auch die Concubine; die Worte cum[32] (*ἅμα*) matre partiendas (dividendas) nöthigen nicht, da eine bloße obligatorische Verpflichtung zur Überlassung eines Kopftheils anzunehmen, vielmehr berechtigen die folgenden Worte ut unius filii portionem (pro portione, pro rata, *πρὸς ἀναλογίαν*) et mater accipiat, eine erbrechtliche Theilung nach gleichartigen Erbquoten zu erblicken. In der That erkennt die herrschende Meinung hier für alle Berechtigten eine wahre[33] (u. z. meist eine außerordentliche)[34] Intestat-Erbfolge.

Eine ähnliche Controverse findet sich für das, dem vermeinten gemeinen Rechte diesfalls größtentheils nachgebildete[35] preußische Recht (a. L. R. II 2 § 651 f.), wonach allen gesetzmäßig anerkannten unehelichen Kindern nach dem Erzeuger (nicht umgekehrt und nicht der Mutter) bei Ermanglung von rechtmäßigen Abkömmlingen desselben ein Sechstel des Intestat-Nachlasses (ev. alternativ mit den Alimenten) gebührt. Insbesondere stellt Koch preuß. Erbr. § 84, 112, 115 Nr. 5 dieses „Singularerbrecht", welches „niemals zu einer größeren Portion wächst", unter die „landrechtlichen Singularsuccessionen ab intestato", während Förster preuß. Privatr. § 258 den Fall zwar nicht in die „gesetzliche Sondernachfolge" (§ 264) reiht, aber doch das Sechstel eigentlich als keinen Erbtheil, sondern als ein Äquivalent für die Verpflegungspflicht des Erzeugers auffaßt. Allein auch hier ist die herrschende Meinung mit Recht für eine Gesammtnachfolge, wie denn das pr. L. R. selbst diesfalls von „Erbtheil", „Erbrecht", „Erbportion", „Erbfolge" spricht; nur liegt ein (durch seine Beschränktheit und ev. Alternativität) eigenthümliches Erbrecht vor, welches allerdings einen gleichartigen ökonomischen Zweck wie eine Forderung auf Alimentenabfindung verfolgt.[36]

---

[31] Nov. 18 c. 5, n. 89 c. 12 § 4: damus eis ab intestato duarum unciarum vocationem (*δίδομεν αὐτοῖς τὴν ἐξ ἀδιαθέτου πρὸς τὸ διούγκιον κλῆσιν*), wobei diese Quoten, wie z. B. in nov. 18 c. 5 pr. und in nov. 89 c. 12 § 3, sich auf die Nachlaßeinheit als solche beziehen; s. ferner nov. 18 im späteren Verlaufe, nov. 89 c. 12 § 5: ad successionem ejus introduci; nov. 89 c. 13: vocavimus ad successionem, .. in successionibus. [32] Sintenis l. c. hat una cum matre.

[33] So nachdrücklich Windscheid A. 12, Dernburg preuß. Pr. R. III § 192.

[34] Vgl. aber Müller Inst. § 200 f.

[35] Gegen Koch preuß. Erbr. § 86 Nr. 4 („geschichtslos") s. Koch selbst eod. § 115 Nr. 5.

[36] S. Dernburg l. c. § 192, (A. 11 auch gegen Bornemann und — mit Unrecht —

Die meisten übrigen neueren Gesetzgebungswerke[37] gewähren zwischen unehelichem Kind und Vater entweder gleichfalls entschieden einen Intestat-Erbanspruch[38] oder aber, was den Vorzug verdient, überhaupt keinen Intestatanspruch. Zur letzteren Kategorie gehört u. a. das österreichische a. b. G. B. § 754, 756[39] und neuestens der deutsche Entwurf § 30, 1965.[40]

§ 66. Successiver Erwerb.

Von einigen Schriftstellern[1] werden, namentlich für das preußische Recht, verschiedene Fälle, wo anläßlich des Ablebens des bisher Berechtigten ein successiver Erwerb stattfindet, unter die „gesetzliche Sonder-Nachfolge" von Todeswegen oder gar in die „Singular-Succession ab intestato"[2] einbezogen.

gegen Witte), Eccius in der Herausgabe von Förster l. c. (aber unter Annahme eines „bedingten" Erbrechtes), ja Koch selbst l. c. § 86 Nr. 4, § 104 Nr. I 4 und Comm. zum pr. L. R. II 2 § 652. Vgl. o. A. 23.

[37] Vgl. Gett S. 264 f., 291 f., Gruchot preuß. Erbr. III S. 359 f., 374 f., Roth bayr. Civ. R. § 86, 350 und deutsch. Pr. R. I § 174, Mommsen Erbr. S. 152 f., Anders in den jur. Bl. 1882 Nr. 17, Stobbe § 295, auch Weber d. R. d. unehel. Geburt in der Schweiz 1860 S. 108 f., Bühler Bündn. Erb- und ehel. Güterr. S. 59 f., Huber Schweiz. Pr. R. II S. 111 f., 278 f., u. E. § 40 f., 83.

[38] Insbesondere ist im code Nap. a. 756 f., 723 f. nicht eine bloße Forderung anerkannt, Zachariä fr. Civ. R. § 638; wohl aber im badischen L. R. arg. Z. 757a, S. 760 f. („Forderung") und im italienischen c. c. a. 743 f., 815 (o. § 24), — auch hinsichtlich der Mutter —, während sich der rumänische c. c. an das österr. R. anlehnt. Einen bloßen Nießbrauch s. bei Bühler S. 60, Planta zu § 489 Bündn. G. B., Stobbe d. Pr. R. § 295 A. 6 (und S. 424 verbo Leibzucht?). S. noch Stobbe § 295 A. 12. — Über a. 766 code Nap. und ähnliche Gestaltungen s. § 52a.

[39] Dazu Unger System VI § 31 A. 5, Anders l. c., auch Harrasowsky Cod. Theres. IV S. 258, V S. 146. Pfaff und Hofmann Comm. II 1 S. 726 behalten sich einen bezüglichen Excurs vor. — Eine Erinnerung (1/6, 1/12) an ob. just. Novellen, aber auch an die o. A. 12 erwähnte byzantinische Praxis wie an die Capacitätsbeschränkung (o. § 14) war im Cod. Theres. II 12 § 2 Nr. 24 f., Harrasowsky II S. 206, und, nach anderer Richtung, im Entwurfe Horten's II 16 § 38, II 13 § 48 f., Harrasowsky IV S. 258, 241. — Über das frühere tirolische Recht Oberweis in der ö. V. J. S. IX S. 326 f. [40] Motive V S. 359.

[1] Witte pr. Int. Erbr. § 49 f., 59 f., 65 und schon S. 9, Koch pr. Erbr. § 112 (theilweise im Widerspruch mit seinem pr. Privatr. § 278, 812 Anm. 13), Bluhme Encykl. § 453, Schmidt Lhb. d. pr. R. II S. 181, Förster pr. Pr. R. § 264, Dernburg pr. Pr. R. III § 98, 135. Doch werden nicht von allen diesen alle unten angeführten Fälle einbezogen; insbesondere führt Koch § 112 f., der doch eine erschöpfende Aufzählung der gesetzlichen Singularsuccessionen (in seinem Sinne) geben will, die Erbbegräbnisse und Erbkirchstühle nicht an. Vgl. noch d. Mot. V S. 360.

[2] Letztere Ausdrucksweise bei Witte l. c. — Koch § 112 hat gar „singuläre" oder

So der successive Eintritt in Lehen, Familienfideicommisse, Familienstiftungen,[3] desgleichen in Familien- bez. Erb-Begräbniß- und Kirchstuhl-Rechte.[4] Und doch ist da der jeweilige Erwerb ein gewillkürter, (wenngleich ein gesetzlich geregelter), indem er sich auf den rechtlichen Act stützt, durch welchen seinerzeit der Autor das Recht zu Gunsten eines bestimmten Kreises von gegenwärtigen oder künftigen Personen begründet hat.[5] Nach diesem Urheber findet zudem hier der Erwerb nicht stets erst von Todeswegen und nicht stets als Singular-Erwerb statt, vielmehr kann derselbe unter Umständen bereits unter Lebenden erfolgen, beziehungsweise das Vermögen des Autors als Gesammtheit ergreifen;[6] zugleich ist er da nicht nothwendig eine Nachfolge engeren Sinnes.[7] Nach dem letzten Vorgänger aber liegt nur factisch ein Nachrücken aus Todes-

„mittelbare Intestaterbfolge"; Bluhme l. c. wieder spricht bei Lehen von „directer gesetzlicher Singularsuccession", in seinem Sinne, und Dernburg a. O. erblickt in gewissen einschlägigen Fällen eine „wahre (gesetzliche) Special-Succession", welche er der Universal-Succession, — freilich auch den gesetzlichen Vermächtnissen, — gegenüber, aber der gesetzlichen „Special-Erbfolge" in Heergewäte und Gerade zur Seite stellt.

[3] So vereinzelt Witte § 65. Eine interessante Parallele bei Dahn in der Zeitschrift für Rechtsgeschichte VII S. 279f., IX S. 327f., der aus Cassiodor variar. XII 9 „ein der Intestaterbfolge vergleichbares Rechtsverhältniß" bei einer Stiftung entnimmt.

[4] Ähnliches müßte auch gelten von den „Kronarenden" im liv-, est- und curl. Pr. R. A. 1972f. und von den alten ungarischen königlichen Donationen, Putz ungar. Pr. R. § 67f., 223.

[5] Man vgl. nur die Ausdrucksweise des pr. L. R. selbst, I 18 § 358f., II 4 § 21f., 134f. S. auch l. 5 D. de religiosis etc. XI 7: familiaria sepulchra dicuntur, quae quis sibi familiaeque suae constituit, hereditaria autem, quae quis sibi heredibusque suis constituit. Hinsichtlich der Lehen und Familienfideicommisse ist auf die alte Construction einer successio ex pacto et providentia majorum zu verweisen. Vgl. o. § 13.

[6] S. schon Schiffner Vermächtnißbegriff S. 37. Gerber d. Pr. R. § 266f. erklärt mit anderen die Lehnsfolge schlechthin für eine Universal-Succession. Neuestens fassen Pfaff und Hofmann Comm. II S. 275, Exc. II S. 192f. die sog. Fideicommißnachfolge stets für einen Universal-Erwerb auf, indeß denken sie dabei lediglich an eine besondere universitas, Schiffner Vermächtnißvertrag § 6. Umgekehrt sehen die d. Motive V S. 360 in der Fideicommißfolge schlechthin eine „besondere Erbfolge" „nur" in „gewisse Nachlaßgegenstände".

[7] In Ansehung der Fideicommisse vgl. z. B. Pfaff und Hofmann Comm. u. Exc. II ad § 618. Bei den Erb-Begräbniß- und Kirchstuhl-Rechten findet der Begriff der Nachfolge besondere Schwierigkeiten, namentlich wenn man jene als Servituten ansehen will (wie neuestens Meurer heilige Sachen II S. 34, Randa Eigenthumsr. § 3 Anm. 36) oder als Familienrechte (wie Köppen System I S. 196f., in den dogm. Jhb. V S. 129 und Lehrb. I S. 32f.) oder als öffentliche Rechte (wie Hinschius Kirchenr. IV S. 344f., H. Singer im Staatslexikon sub v. Kirchhöfe).

anlaß und nicht eine Rechtsnachfolge von Todeswegen, u. z. nicht einmal eine Nachfolge weiteren Sinnes vor.[8]

Von einigen werden in gleicher Weise noch die Erbpacht- und Erbzins-Verhältnisse wie die Colonate des preußischen L. R. angeführt. In der That findet bei diesen ev. eine wahre Nachfolge von Todeswegen des jeweiligen Berechtigten statt. Allein, wie die betreffenden Gesetzesbestimmungen (I 18 § 690f., I 21 § 187f., 626f.) ergeben, kann die Nachfolge eine Einzelnachfolge nur insoferne sein, als sie gewillkürt wurde; als gesetzliche dagegen ist die Nachfolge hier eine Gesammtnachfolge (des Erben).

§ 67. Der Voraus der Vorkinder.

Koch preuß. Erbrecht § 115 bezeichnet als eine „landrechtliche Singularsuccession ab intestato" gar die „Succession" in den „Voraus",[1] welcher nach preußischem L. R. II 2 § 725f. bei der Einkindschaft den Vorkindern aus dem eingebrachten Vermögen des leiblichen parens eventuell gebührt, und ähnlich begreift Förster preuß. Pr. R. § 264 die „vom Gesetze" den Vorkindern „bewilligte Vorausnahme" unter die „gesetzliche Sondernachfolge" von Todeswegen.[2] Allerdings ist dieser Voraus nach dem preuß. L. R., anders als nach den meisten einschlägigen Rechten,[3] eine Zuwendung erst von Todeswegen,[4] die vom objectiven Rechte geradezu vorgesehen ist, und zwar als die Zuwendung einer „Summe".[5] Allein seiner wahren Natur nach ist der fragliche Voraus keine gesetzliche, sondern eine vertragsmäßige Zuwendung, (insbesondere zumeist ein vertragsmäßiges Prälegat),[6] indem er doch nur insoferne statt-

[8] Treffend diesfalls die Rubrik zum § 501 pr. L. R. II 1 („Absonderung der zum Nachlaß nicht gehörenden Stücke").

[1] Andere Ausdrücke: praecipuum, Aussatz, Ausspruch; s. nur preuß. L. R. a. unten a. O., Koch l. c. Anm. 7, liv-, est- und curländisches Pr. R. A. 2516.

[2] Witte preuß. Int. Erbr. § 36 vergleicht zwar den fraglichen Voraus mit der quarta Divi Pii und mit der Quart der armen Wittwe, aber wohl nicht im Rechtsgrunde.

[3] Stobbe d. Pr. R. § 244 Anm. 23f.; dazu liv-, est- und curl. Pr. R. l. c. Vgl. Roth d. Pr. R. § 157 Anm. 38.

[4] Pr. L. R. l. c.: „Summe auf seinen künftigen Todesfall zum Voraus". S. Witte l. c., Koch l. c.

[5] S. auch liv-, est- u. curl. Pr. R. l. c. Dagegen spricht Förster § 221 hier schlechthin von einem „Erbtheil".

[6] So selbst Koch l. c.; s. auch Förster § 221, Dernburg pr. Pr. R. III § 66; vgl. noch Beseler d. Pr. R. § 145, Bluntschli d. Pr. R. § 219, Gengler d. Pr. R. § 140, Stobbe d. Pr. R. § 244. Koch § 87 erblickt übrigens bei einem Einkindschafts-

findet, als er im Einkindschaftsvertrage vom leiblichen parens wirklich ausgesetzt wurde.[7] Abgesehen davon kann der Voraus auch in einem wahren Erbtheile bestehen.

Nachtrag zu § 23.

Eine reine Nachlaßquote — „eine Art“ (gesetzliches) „Legat“, Mitteis Reichsr. und Volksr. S. 317, — ist wohl auch der Fars, welcher nach hanefitisch-arabischem Erbrecht, wie dieses noch 1884 für die Muhammedaner des hanefitischen Ritus in Bosnien und Herzegovina amtlich zusammengestellt wurde, bestimmten nahen Angehörigen des Erblassers gebührt. Tewes in der Ztschr. f. d. Privat- und öfftl. R. XIII S. 541 f. erblickt darin ein (bevorzugtes) gesetzliches Nebenerbrecht gegenüber dem Rechte der Haupterben; indeß ist auch hinsichtlich der rechtlichen Natur der Farse zu beachten, daß diese nur als späteres ungenügendes „Flickwerk“ „vorwegnehmend“ eingreifen „in das Recht des Erben“ (Tewes l. c.) zu Gunsten von gewissen (namentlich weiblichen) Personen, welche nach altem arabischen Rechte vom Nachlasse ausgeschlossen waren; s. Tewes selbst S. 547, wo er zur Gleichstellung der Weiber an sich Erbrechte, nicht Farse fordert. Das Farsprincip findet übrigens Tewes S. 553 f. ebenfalls im syrisch-römischen Rechtsbuche (vgl. jedoch Mitteis S. 317 f.) und in der justinianischen Quart (nicht im Kopftheile) der uxor inops (vgl. § 27).

Nachtrag zu § 63 (A. 7, 29, 31 f.)

Für Österreich unter der Enns, mit Ausschluß Wiens, gilt jetzt das Gesetz vom 13. Oct. 1893 Nr. 54 L. G. B. (Vdg. v. 12. Dec. 1894 Nr. 3 L. G. B. pro 1895), wonach von Verlassenschaften ein „Landesarmenfondsbeitrag“ als eine progressive „Gebühr“ in Procenten der staatlichen Vermögensübertragungsgebühr und in ähnlicher Weise wie letztere einzuheben ist. Beträge, welche der Erblasser dem Landesarmenfonde zuwendet, werden in die auf Grund dieses Gesetzes zu entrichtende „Gebühr“ nicht eingerechnet. Den Erben bleibt es im Zweifel überlassen den auf die Vermächtnisse entfallenden Betrag von den Vermächtnißnehmern im Ersatzwege einzubringen.

vertrage sogar im Erbrechte der Kinder ein Intestat-Erbrecht; dagegen s. z. B. Dernburg § 67, Stobbe § 244 Anm. 33; vgl. Roth d. Pr. R. § 157.

[7] Ungeachtet jener Vorschrift ist die wirkliche Aussetzung eines Voraus für die Giltigkeit des Einkindschaftsvertrages nicht wesentlich, (s. nur Witte § 34, Förster § 221 A. 16), so daß unter Umständen den Vorkindern ein Voraus eben nicht zusteht.

Druck von August Pries in Leipzig

FSC
www.fsc.org
MIX
Papier | Fördert gute Waldnutzung
FSC® C083411

Kolibri 360 GmbH
Ferdinand-Jühlke-Straße 7
99095 Erfurt, Deutschland
produktsicherheit@kolibri360.de